创新思维法学教材
Legal Textbooks of Creative Thinking

婚姻家庭继承法学

Law of Family and Succession

主　编 ▶ 李明舜
副主编 ▶ 林建军　赵学云
撰稿人 ▶（以撰写章节排序）
邓　丽　李秀华　林建军　但淑华
樊丽君　李明舜　张冬梅　杨晓林
党日红　王竹青　黄　晶　赵学云
周应江　付翠英

WUHAN UNIVERSITY PRESS
武汉大学出版社

图书在版编目(CIP)数据

婚姻家庭继承法学/李明舜主编. —武汉：武汉大学出版社,2011.11
(2019.6重印)
创新思维法学教材
　ISBN 978-7-307-09169-6

　Ⅰ.婚…　Ⅱ.李…　Ⅲ.①婚姻法—法的理论—中国—高等学校—教材　②继承法—法的理论—中国—高等学校—教材　Ⅳ.D923.01

中国版本图书馆 CIP 数据核字(2011)第 189149 号

责任编辑：田红恩　　责任校对：刘　欣　　版式设计：马　佳

出版发行：武汉大学出版社　　(430072　武昌　珞珈山)
　　　　　(电子邮箱：cbs22@whu.edu.cn　网址：www.wdp.com.cn)
印刷：北京虎彩文化传播有限公司
开本：720×1000　1/16　印张：23.25　字数：417 千字　插页：1
版次：2011 年 11 月第 1 版　　2019 年 6 月第 4 次印刷
ISBN 978-7-307-09169-6/D · 1112　　定价：48.00 元

版权所有，不得翻印；凡购我社的图书，如有质量问题，请与当地图书销售部门联系调换。

目 录

第一编 婚姻家庭法

第一章 婚姻家庭法概述 ·· 3
 第一节 婚姻家庭的概念和本质 ···························· 3
 第二节 婚姻家庭制度 ·· 8
 第三节 婚姻家庭法概述 ···································· 12
 第四节 我国婚姻家庭立法沿革 ··························· 19

第二章 婚姻家庭法的基本原则 ··························· 25
 第一节 婚姻家庭法基本原则概述 ······················· 25
 第二节 婚姻自由原则 ······································· 27
 第三节 一夫一妻原则 ······································· 33
 第四节 男女平等原则 ······································· 35
 第五节 保护妇女、儿童和老人的合法权益原则 ····· 38
 第六节 计划生育原则 ······································· 43
 第七节 对婚姻家庭关系的倡导性规定 ················· 46

第三章 亲属制度 ·· 51
 第一节 亲属的概念和种类 ································· 51
 第二节 亲系和亲等 ·· 55
 第三节 亲属关系的发生和终止 ··························· 61
 第四节 亲属关系的法律效力 ······························ 65

第四章 结婚 ·· 71
 第一节 结婚制度概述 ······································· 71
 第二节 婚约 ·· 75

第三节　结婚条件 …………………………………………… 77
  第四节　结婚的程序 ………………………………………… 82
  第五节　无效婚姻和可撤销婚姻 …………………………… 88
  第六节　事实婚姻和非婚同居 ……………………………… 93

第五章　夫妻关系
  第一节　夫妻人身关系 ……………………………………… 99
  第二节　夫妻的财产关系 …………………………………… 112

第六章　父母子女关系
  第一节　父母子女关系概述 ………………………………… 131
  第二节　婚生子女与非婚生子女 …………………………… 136
  第三节　继子女 ……………………………………………… 144
  第四节　人工生育子女 ……………………………………… 147
  第五节　亲权 ………………………………………………… 153

第七章　收养
  第一节　收养概述 …………………………………………… 161
  第二节　收养成立的实质要件 ……………………………… 165
  第三节　收养成立的形式要件 ……………………………… 173
  第四节　收养的效力 ………………………………………… 177
  第五节　收养的解除 ………………………………………… 181

第八章　其他家庭成员关系
  第一节　其他家庭成员关系概述 …………………………… 187
  第二节　祖孙关系 …………………………………………… 188
  第三节　兄弟姐妹关系 ……………………………………… 192

第九章　离婚
  第一节　婚姻终止概述 ……………………………………… 197
  第二节　登记离婚 …………………………………………… 208
  第三节　诉讼离婚 …………………………………………… 213
  第四节　离婚的效力 ………………………………………… 221

第十章　救助措施与法律责任 ································ 238
第一节　救助措施与法律责任概述 ·················· 238
第二节　救助措施 ······································ 240
第三节　法律责任 ······································ 246

第十一章　婚姻家庭法附论 ································ 260
第一节　民族婚姻家庭 ································ 260
第二节　涉港澳台婚姻家庭 ·························· 262
第三节　涉外婚姻家庭 ································ 269

第二编　继　承　法

第十二章　继承法概述 ······································ 273
第一节　继承与继承制度 ····························· 273
第二节　我国继承法的基本原则 ··················· 278
第三节　继承法律关系 ································ 282

第十三章　法定继承 ·· 290
第一节　法定继承概述 ································ 290
第二节　法定继承人的范围和继承顺序 ·········· 292
第三节　代位继承与转继承 ·························· 297
第四节　法定继承中的遗产分配 ··················· 302

第十四章　遗嘱继承和遗赠 ································ 305
第一节　遗嘱 ··· 305
第二节　遗嘱继承 ······································ 320
第三节　遗赠 ··· 323
第四节　遗赠扶养协议 ································ 327

第十五章　遗产的处理 ······································ 331
第一节　继承的开始 ··································· 331
第二节　债务清偿与遗产分割 ······················· 339
第三节　无人继承遗产的处理 ······················· 352

第十六章　继承法附论…………………………………………… 355
　　第一节　涉港澳台继承………………………………………… 355
　　第二节　涉外继承……………………………………………… 364

后　记………………………………………………………………… 367

第一编 婚姻家庭法

第一章 婚姻家庭法概述

【本章重点难点提示】 学习本章内容，重点要理解婚姻家庭的制度本质和制度内容，尤其要掌握我国婚姻法的各项基本原则，本章难点在于把握婚姻家庭文化现象、婚姻家庭制度、婚姻家庭法三者之间的逻辑关系。

第一节 婚姻家庭的概念和本质

一、婚姻家庭的概念

何为婚姻，何为家庭？每个身处社会关系中的人都能对此给出自己的解答，有多少个回应者就可能有多少种表述。但是法学意义上的"婚姻"和"家庭"有其特定的内涵。

在本书的论域中，婚姻是指为当时社会制度所确认的、男女两性共同生活互为配偶的结合。其意义可从三个方面加以把握：第一，婚姻系指男女两性的结合，即异性之结合。在人类历史上，婚姻承载着满足个体在性方面的自然需求、实现人类种族繁衍的重要功能，就此而言，两性结合是最为自然、最为普遍的方式和路径。当然，我们也要看到，现今社会思潮和世界范围内出现了同性结合的事例，当事者亦有积极争取婚姻权益之举动，有的国家或地区也在一定程度上予以包容。但相对于两性结合而言，这仍然只是例外的情形，并且也绝不可能超越例外，社会制度、法律体系所面对的主要调整对象仍是广泛存在、占主导地位的异性结合形成的婚姻关系。第二，婚姻系男女两性以共同生活为目的之结合。传统上，我们常用"同财共居"来概括婚姻生活的内容和特点，随着婚姻财产制度越来越多元化、婚姻生活方式越来越多样化，这种概括不一定完全适用。但这只是共同生活的形式和方式发生了变化，而共同生活本身仍是婚姻关系不可缺少的意旨。第三，婚姻系为当时社会制度所确认的两性结合。两性结合本身只是婚姻自然属性的体现，而婚姻的本质在于其社会属性，只有符合社会制度要求、为社会制度所确认的两性结合才属于婚姻范畴。

家庭则是指主要以婚姻关系、血缘关系为纽带而形成的、包含一定范围的亲属在内的社会生活单位。

一般认为，婚姻关系是家庭关系的基础和源泉，婚姻双方是家庭里的基本成员和重要成员，广义上的家庭关系概念本身就可涵盖婚姻关系。

二、婚姻家庭的属性

了解婚姻家庭的属性，主要着眼于考察和把握那些决定或影响婚姻家庭关系的因素或规律。当前，我国婚姻法学界已就此问题达成普遍一致的认识，即婚姻家庭关系兼具自然属性和社会属性。

（一）婚姻家庭的自然属性

作为人类社会的基本生活单位，婚姻家庭之所以历经数千年而一直保持稳定的存在，是因为它是满足人类自然需求所必需的社会组织形式，这正体现了婚姻家庭的自然属性。

一方面，婚姻家庭的形成有着深层的自然动因，主要表现在生理学和生物学方面的一些自然因素，如男女两性的生理差别和人类的性本能，是促成两性结合的生理学基础，而通过生育实现种族繁衍则是促成两性结合的生物学基础。

另一方面，自然规律对于人类婚姻家庭的形成和发展有着重大影响。比如，人类从杂乱性交关系的状态渐渐演变至群婚制、对偶婚制，这其间自然选择规律起着至关重要的作用。人们在长期的生育和生活实践中发现，排除近亲结婚能够造就体质和智力更加健全更具优势的人种，能够提高群体生存能力和生活水平，因此他们有意识地确立了越来越多、越来越严格的婚姻禁忌。这正反映出，人们认识到自然选择规律并顺应这一规律修正着自己的行为方式，从而发展出更加符合客观规律和生存需要的婚姻家庭形态。

即使在当今文明时代，婚姻家庭制度包括婚姻家庭法仍须尊重婚姻家庭的自然属性，尊重相应的自然规律，否则便会受到自然规律的惩罚甚至危及社会秩序。在制定相应政策和制度时，我们需要考虑多方面的自然因素。比如，应根据社会成员的生理、心理发展状况确定适当的法定婚龄，充分但须审慎地考量是否因为当事人存在一定范围的血亲关系或具有某种特定的疾病而限制或禁止其缔结婚姻。凡此种种，都体现出婚姻家庭具有不可抹杀的自然属性。

（二）婚姻家庭的社会属性

人类满足其自然需求的形式存在多种可能性，但最终婚姻家庭获得社会制度的认可，成为两性结合并繁衍后代的主导形式，这体现出婚姻家庭具有深刻的社会属性。而且,归根结底,婚姻家庭关系是社会关系,社会属性是婚姻家庭的本质属性。这与人的社会性本质是一致的。关于人的本质,马克思曾作过简洁而经典的概括:"人的本质并不是单个人所固有的抽象物。实际上,它是一切社会关系的总和。"①

关于婚姻家庭具有社会属性,一个有力的论据就是:数千年以来,人类在生理学和生物学方面的自然特征并无明显变化,而其婚姻家庭形态和婚姻家庭制度则因时空的不同、社会背景的不同而呈现出不同的样态和特点。② 所以说,婚姻家庭是社会的产物,它不可能脱离具体的社会背景而孤立存在。

正因为如此,学界通常在界定婚姻时,总是会强调婚姻必须是为当时社会制度所认可的两性结合。社会学家称:"动物求偶,而人结婚。其意义不同是简单而明了的。求偶是生物性的,而婚姻是社会和文化的。婚姻是指一种仪式,一种被社会认可的结合,一种一旦进入就要对社会承担某种认可责任的关系……婚姻还可能被解释为一个或数个男人和一个或数个女人出于某种愿望的被社会认可的联合,他们将分别扮演丈夫和妻子的角色。"③

婚姻家庭制度是社会制度的重要组成部分。作为一定社会中占主导地位的婚姻家庭形态在上层建筑领域的集中反映,婚姻家庭制度的发展决定于社会物质资料生产,同时其具体内容又受到社会习俗、道德规范、宗教信仰、法律规范等上层建筑诸部门的重要影响。

三、婚姻家庭的职能

婚姻家庭顺应人类社会发展的客观需要而产生,并自其产生之日起就承担起与特定社会环境相适应的社会职能。因此,婚姻家庭的职能是变动不居、与时俱进的,但无论哪个时代哪个国度,婚姻家庭总是具备三大基本职能,即实现人口再生产的生育职能、实现家庭分工的经济职能和保障家庭成员生活的扶养职能。

从婚姻的起源来看,其主要生理基础是"交配的冲动,繁衍后代,动物幼体的无助状态,幼体成长所需的时间,雌体在孕育期的诸多不便,缺乏季节

---

① 《马克思恩格斯全集》第3卷,人民出版社1960年版,第5页。
② 我国经典教科书在论及婚姻家庭的社会属性时,多次发出这一诘问。参见夏吟兰主编:《民法学卷五 婚姻家庭继承法》,中国政法大学出版社2004年版,第7页;杨大文主编:《婚姻家庭法》(第三版),中国人民大学出版社2006年版,第5页。
③ 参见J. 罗斯·埃什尔曼:《家庭导论》,中国社会科学出版社1991年版。

性的交配，后代之间的未成熟期的重叠，繁衍时所需的众多活动，以及相互间逐渐形成的依赖与协作的需要等"。① 因此，婚姻家庭天然具有繁衍后代的生育职能。

根据经济学家的分析，婚姻内存在着自然的性别分工，妇女主要从事家务劳动，尤其是把大部分时间花在生儿育女方面的活动上，而男人则主要投资于提高市场效率的人力资本，这种互补性提高了家庭的效率，使得有男女双方的家庭比只有男女一方的家庭效率更高，同时这种分工又使得男女之间必须互相依赖。"在传统上，妇女依靠男人提供食物、住房和保护，男人则依靠妇女生儿育女和操持家务。因此，'结婚'会使男女双方生活得更好，在一个共同的家庭里，为了生产孩子、食物和其他商品，男女之间就形成了书面的、口头的或习惯的长期契约。"② 这样，婚姻家庭通过家庭分工融入整个社会的经济运转系统，经济职能是婚姻家庭的重要职能。当然，这种传统的男外女内分工模式并非就是天经地义或不可改变的，从男女平等的角度看待这一问题，男女双方对家庭都负有同样的责任，都应作出同样的贡献，事实上，现代社会中，"家庭煮夫"已不再被简单地视为男性的耻辱，而越来越多的女性抛开以往传统观念的束缚，更好地发挥了自己的聪明才智，努力追求独立、平等、走出家庭、投入社会、成就事业。

与婚姻家庭的生育职能和经济职能相应，养老育幼、扶助缺乏劳动能力或没有独立经济来源的家庭成员，使之获得生存和发展所必需的物资资料就成为婚姻家庭应有的职能。尤其在社会保障体系缺位或不足的情形下，婚姻家庭的扶养职能对于其家庭成员来说更为重要。

随着社会的进步和文化的发展，婚姻家庭的职能不仅表现在物质文明方面，还越来越多地体现在精神文明层面，比如教育子女的职能、抚慰家庭成员身心的职能等。婚姻家庭的职能是非常丰富的，而能否充分实现这些职能，则取决于社会物质生产水平、精神文明建设以及家庭成员本身的认识和努力。

四、婚姻家庭的本质

婚姻源于两性结合，但只有按照一定社会规范建立起来的两性关系才具有婚姻的意义。人类从原始社会初期的杂乱性交状态过渡到蒙昧时代的群婚制，

---

① H. S. 詹宁斯著：《从性的生理基础》（1930年），转引自［美］斯图尔特 A. 奎因、罗伯特 W. 哈本斯坦著：《世界婚姻家庭史话》，北京宝文堂书店1991年版，第8页。
② ［美］加里·斯坦利·贝克尔：《家庭论》，商务印书馆1998年版，第45~46页。

继而实行对偶婚制,最终在野蛮时代的中高级阶段交替时期,确立了与当时的生产力和生产关系相适应的一夫一妻制,此后一夫一妻制成为文明时代所特有的家庭形式。这个过程体现出,婚姻关系的产生与婚姻形式的演进是人类在自然选择规律与社会生产状况的共同作用下自觉限制两性关系的结果。

人类进入文明时代以后,除了经济关系之外,政治生活、社会文化对婚姻制度的影响明显增强了。在古代社会,社会等级制度森严,妇女没有独立地位,婚姻关系绝不是夫和妻个人之间的事,往往须遵循父母的旨意,服从家族的利益,男女双方作为婚姻当事者的主体地位被忽视(如我国古代著名的叙事诗《孔雀东南飞》中的故事)。同时夫妻之间也绝无"平起平坐"之可能,妻的人格被夫所吸收。我国古籍《白虎通·嫁娶》记载:"夫妇,一体也。""妇者,服也。服于家事,事人者也。"① 西方中世纪时,宗教势力强大,婚姻关系由教会法进行规范,婚姻的仪式和有关事务都为宗教所主宰和控制,基督教徒不能与异教徒结婚,而基督教徒之间一旦缔结婚姻之后也就意味着永远不可离异,因为基督教的信仰认为婚姻是两个人在神面前的永久神圣结合,人不能将其分离。随着民主制度替代专制统治而成为普遍性的社会原则,民主、自由和平等、博爱的理念代替了独裁专制和血统等级,生而平等、自由发展成为人人崇尚的真理和权利,由此资产阶级立法确立了以个人为本位的婚姻契约观。但只有到妇女广泛参与就业、经济地位大大提高的现代社会,婚姻关系才真正成为发展自我个性的需要,对婚姻的选择成为个人的权利,婚姻行为本身也渐渐能够超越民族、宗教、种族团体或社会阶层的某些限制性力量。

总的来说,作为一种制度性的存在,婚姻是对人类两性关系的制约和规制。最初婚姻形态的一再演进是基于人类的进化和社会生产力发展的需要,到了文明时代,社会政治、文化直接影响着婚姻制度的理念。婚姻制度同其他上层建筑一样,总是要适应特定社会的经济结构和价值观。

婚姻本身兼具来自人类本能欲望的自然性和来自人类理性文明的社会性。毋庸讳言,无论是欲望本身,还是与欲望紧密相连的"爱情",其天性都是崇尚自由的,不仅如此,这种自由还自然地扩及两性相处之中。而婚姻制度正是要使这种天性相容于社会文化,服从于社会秩序。因此自由与秩序之间的矛盾是婚姻制度要面对的基本问题。

---

① 巫昌祯主编:《婚姻家庭法新论》,中国政法大学出版社2002年版,第175页。

第二节 婚姻家庭制度

一、婚姻家庭制度在社会发展进程中的地位与作用

婚姻家庭制度是指由包括道德、宗教、法律等各种社会规范构成的调整婚姻家庭关系的规范体系。婚姻家庭制度又可分为婚姻制度和家庭制度,其中婚姻制度居于基础地位。在微观层面,对每个家庭而言,婚姻关系稳定是家庭关系良好的重要前提和保障;在宏观层面,好的婚姻风尚能够减少很多家庭问题、社会问题。

对于特定社会而言,有关婚姻家庭的道德规范、伦理制度、风俗习惯等都是婚姻家庭制度的组成部分。其中,相关法律规范是阶级社会中婚姻家庭制度最集中、最典型的体现,所以完善婚姻家庭法律体系就成为婚姻家庭制度建设的重中之重。

从马克思主义的观点来看,社会发展规律可以概括为:经济基础决定上层建筑,上层建筑反作用于经济基础。作为社会上层建筑体系的一个方面,婚姻家庭制度与社会经济基础的关系也符合这一规律。

不同历史时期、不同社会形态的婚姻家庭制度都是与其特定的经济基础相适应的。有什么样的经济基础,就有什么样的上层建筑,这其中便包括与之相适应、相协调的婚姻家庭制度。譬如说,原始社会时期,生产力水平低下,生产活动多为集体劳作模式,生产资料的占有和使用等遵循简单粗放的公有体制,这种生产关系决定了人们共同劳动也共同居住,这正是群婚制的历史背景。渐渐地,生产力水平逐渐提高,个体劳动模式成为可能,私人交往也随之增多,群婚制也就开始向对偶婚制转化。同理,进入阶级社会,一夫一妻制成为与生产资料私有制相适应的婚姻家庭制度形态。

然而,我们必须认识到,不能机械地、轻率地直接将婚姻家庭制度与经济基础相匹配。作为上层建筑体系的组成部分,婚姻家庭制度不可避免地要与其他社会制度产生关联,确切地说,它们之间是相互作用、相互制约、相互适应的关系。正因为如此,婚姻家庭制度在其形成与发展过程中,往往会吸收其他社会制度中的相关规范,从而构建并确立自身的规范体系。这些规范可能来自于政治制度、道德体系、宗教信仰、文化风尚等诸多方面,它们在社会生活中一同发挥作用,对婚姻家庭关系予以调整和规范,进而体系化制度化,婚姻家庭制度由此产生,亦由此嬗变和发展。正是由于特定社会上层建筑其他组成部

分对婚姻家庭制度有特定的影响与制约,奴隶社会、封建社会、资本主义社会虽然都在生产资料私有制经济基础上实行一夫一妻制,其具体表现形式却又有所不同,至于如何不同,后文另作交代。

婚姻家庭制度由经济基础决定,并受上层建筑体系其他社会制度的影响,但它也并非只是消极被动的社会力量,恰恰相反,它实际上对其他社会制度和社会经济基础都有积极主动的影响力。当特定社会的婚姻家庭制度与其经济基础相适应,并与其上层建筑体系其他社会制度协调一致,该社会的婚姻家庭关系便会井然有序相对稳定,从而促进社会经济、政治、文化均衡发展;反之,当特定社会的婚姻家庭制度与其经济基础不相适应,或与其上层建筑体系其他社会制度产生分歧,该社会的婚姻家庭关系也不易保持稳定,由此产生的矛盾和冲突不可避免地会对社会经济、政治和文化的发展产生不利影响。

二、婚姻家庭制度在社会发展进程中的更迭与演进

在原始社会,两性结合先后经历了杂乱性交关系、群婚制、对偶婚制等阶段;其后,随着生产力的发展和提高,在原始共有社会内部出现了私有制的萌芽,人类由此进入阶级社会时期。作为上层建筑对经济基础的呼应,对偶婚制因无法满足承传私有财产的社会需求而逐渐退出历史舞台,一夫一妻制成为主要的、典型的婚姻家庭形态。

(一) 原始社会时期的群婚制和对偶婚制

在杂乱性交关系阶段,同一群体中的两性结合几乎没有任何限制和禁忌,除了直接的血缘关系外,其他的亲属关系根本无从判明。人类进入蒙昧时代的中级阶段后,学会打制石器,一面采集食物一面进行渔猎活动,于是出现了以性别和年龄为基础的自然分工,年龄相近的男女成为共同劳动群体,经常在一起活动;年龄差距大的男女逐渐分开并疏远,他们发生性关系的机会大大减少,最后他们的性生活逐渐分离。正如马克思在描述血婚制的形成时谈到的:"一个原始群团为了生计必须分成小集团,它就不得不分成血缘家族。"①

群婚制是人类历史上最早出现的婚姻家庭形态,它是指原始社会中一定范围内的一群男子与一群女子互为夫妻的婚姻形式,也被称为集团婚。从这时起,两性关系开始有了一些禁忌,存在一定范围血缘关系的男性和女性之间不

---

① 马克思:《摩尔根〈古代社会〉一书摘要》,人民出版社1978年版,第20页。关于此情形的描述,参见邓伟志、徐榕著:《家庭社会学》,中国社会科学出版社2001年版,第175~176页。

允许缔结婚姻。按照这一禁忌的具体范围,群婚制又可划分为两个阶段,即血缘群婚制与亚血缘群婚制。

血缘群婚制是群婚制的低级阶段,这一阶段排除了不同辈分之间的两性关系,即只有同辈分的男女才可以结为夫妻。这样,在聚居的人群中就出现了按照辈分来划分的若干个婚姻集合:所有的祖父和所有的祖母,都互为夫妻;他们的子女互为夫妻,在该群体中处于父亲或母亲的地位;父亲或母亲的后代,异性之间也互为夫妻。依此类推,整个群体由各同辈异性组成的若干婚姻集合而构成。

亚血缘群婚制是群婚制的高级阶段,又称为伙婚制或普那路亚家庭①。在这一阶段,两性结合的禁忌进一步扩张,同辈旁系血亲间的通婚被禁止,也就是说,兄弟姐妹关系之外的同辈男女可结为夫妻。最初,这种婚姻形态只是排除同胞兄弟姐妹间的两性关系,后来又逐渐排除了血缘较远的兄弟姐妹间的两性关系。

恩格斯认为,从最初的杂乱性交关系到建立血缘群婚制,是人类婚姻史上的第一个进步,而从血缘群婚制过渡到亚血缘群婚制,则是人类婚姻史上的第二个进步;而且,由于同辈分的兄弟姐妹年龄相当,亚血缘群婚制的确立较之血缘群婚制的确立要困难得多,然而也重要得多。② 随着人类婚姻形态的变迁,人类社会的组织形式也从原始群体进化为氏族部落。

在原始社会晚期,群婚制下的婚姻禁忌越来越多,越来越严格,成对配偶在一定期间内得以相对稳定地保持同居关系,至此,对偶婚制便成为主要的婚姻形态。它是指一男一女在一段期间内保持相对稳定的偶居关系的婚姻形态。具体表现为,在原来群婚制所形成的一群男子与一群女子互为夫妻的情形下,一个男子开始与众多女子中的一位保持较为稳定的两性关系,但同时也会与其他异性有短暂的或偶然的两性关系。这同样适用于女性,即她主要与众多男子中的一位保持稳定的两性结合,但也不排除会与其他异性发生关系。恩格斯将这一过程描述为:"由于次第排斥亲属通婚——起初是血统较近的,后来是血统愈来愈远的亲属,最后是仅有姻亲关系的——,任何群婚形式终于在实际上成为不可能的了,结果,只剩下一对结合得还不牢固的配偶,即一旦解体就无所谓婚姻的分子。"③

---

① "普那路亚"一词是夏威夷语中亲密伴侣的音译词。
② 参见《马克思恩格斯全集》第21卷,人民出版社1965年版,第49~50页。
③ 参见《马克思恩格斯全集》第21卷,人民出版社1965年版,第59页。

人类婚姻家庭形态从群婚制到对偶婚制的演变，直接的原因是两性结合的禁忌越来越多，越来越严格，而在这背后，则是自然选择的强大力量在起作用。所谓自然选择，是指人作为一种高级动物，在生存环境中互相竞争、适者生存的自然过程。自然选择规律通过阻止血亲婚配的意向、缩小通婚范围从而促使有利变异的保存、积累和发展，促进人的进化，促进人类群体的发展。越是在生产力水平低下的原始阶段，自然选择的作用就越大。那些率先限制血亲婚配的部落，其发展速度较之尚未确立这一禁忌的部落要迅速得多。面对这一现实，人类群体逐渐都抛弃了血亲婚配的陋俗。

(二) 阶级社会时期的一夫一妻制

当原始社会走向崩溃、阶级社会逐渐形成之际，对偶婚制也慢慢演化为一夫一妻制。私有制的确立及随之而来的传承私有财产的社会需求是促使这一转变发生的重要动力。

原始社会末期，生产力的进一步提高先后引起两次大的社会分工，即农业和畜牧业、农业与手工业的分工。这就使得个体劳动的生产方式成为可能，从而个人或家庭所创造或保有的财产也就逐渐从公共财产中分离出来，其所有权逐渐归属于私人或家庭。

与此同时，男性基于其天生的体力优势得以在劳动生产中占据主导地位，并最终确立男权统治地位。这样，丈夫在家庭中的地位上升至妻子之上，并成为家庭财产的主人，继而要求将其所拥有的财产传承至血统纯正的子嗣。在对偶婚制这种婚姻形态中，很难准确辨明后代血统，而一夫一妻制不仅有助于确立丈夫在家庭中的主导地位，还能够更好地适应传承私有财产的社会需求。关于一夫一妻制在当时的历史使命，恩格斯论道："它是建立在丈夫的统治之上的，其明显的目的就是生育确凿无疑的出生自一定父亲的子女；而确定出生自一定的父亲之所以必要，是因为子女将来要以亲生的继承人的资格继承他们父亲的财产。"① 由此说来，一夫一妻制是不以自然条件为基础，而以经济条件为基础，即以私有制对原始的自然形成的公有制的胜利为基础的第一种家庭形式。②

在不同历史阶段，一夫一妻制的表现形式不尽相同。奴隶社会和封建社会的一夫一妻制度，更确切的称谓是"一夫一妻多妾"：《汉穆拉比法典》和《古兰经》都明确规定，丈夫可以公开迎娶数位女性，而妻子则必须忠实于丈

---

① 参见《马克思恩格斯全集》第21卷，人民出版社1965年版，第74页。
② 参见《马克思恩格斯全集》第21卷，人民出版社1965年版，第77页。

夫；我国古代的媵嫁制度规定，女子出嫁时，要由新娘的妹妹或侄女（后为新娘的侍婢）随其出嫁，随嫁者为新郎的妾。一夫一妻多妾制的家庭具有典型的等级制特征，丈夫居于绝对主导地位，妻妾有序、嫡庶有别是家庭成员必须遵循的伦理纲常。

至资本主义社会，一夫一妻制开始在形式上趋向于两性平等，即婚姻关系中的夫妻双方是一一对应的，丈夫不得在妻子之外迎娶其他女性。但同时也应看到，至今为止，社会现实中仍充斥着通奸、卖淫等不良现象，这些现象对婚姻家庭的稳定产生了极大的破坏效应，也直接冲击到一夫一妻制所推崇的两性平等理念。

只有当生产力的发展达到相当高的水平，生产资料在讲求效率的前提下成为社会共享资源，男女两性达到真正平等地位时，一夫一妻制才能够真正实现其理想形态。

第三节　婚姻家庭法概述

一、婚姻家庭法的概念

婚姻家庭法是指调整婚姻家庭关系的发生和终止，以及由此所产生的特定范围的亲属之间的权利义务关系的法律规范总和。

这一概念的含义可作如下理解：（1）婚姻家庭法的调整对象为婚姻家庭关系。从调整对象的范围来看，婚姻家庭法既调整婚姻关系，又调整家庭关系和其他近亲属关系；从调整对象的性质来看，既有婚姻家庭方面的人身关系，又有婚姻家庭方面的财产关系。（2）婚姻家庭法的规范目的在于确定婚姻双方或亲属各方彼此之间的权利义务边界，引导婚姻主体或家庭成员之间建立文明和谐的婚姻家庭氛围，同时也纠正或制止婚姻主体或家庭成员的不良行为甚至违法行为。（3）婚姻家庭法是调整婚姻家庭关系的法律规范的总和，这意味着我们在学理意义上使用这一概念来指称一个独立的、自成体系的部门法。

婚姻家庭法有形式意义与实质意义之分。形式意义的婚姻家庭法是指将有关的婚姻家庭法律规范予以体系化，并以制定法的形式纳入法律文件的婚姻家庭法。一般而言，形式意义的婚姻家庭法体现为直接以"婚姻家庭法"、"婚姻法"、"家庭法"或"亲属法"命名的法律文件，比如《中华人民共和国婚姻法》等。实质意义的婚姻家庭法则是一国法律体系中所有婚姻家庭法律规范的总称，不仅体现为直接以上述名称来命名的法律文件，还包括其他法律文件甚至有约束力的判例中所蕴含的婚姻家庭法律规范。从其广度来看，实质意义的婚姻家庭法与部门法意义上的婚姻家庭法具有同样的外延。上文所给出的婚姻家庭法的概念正是从实质意义上来界定婚姻家庭法这个部门法。

二、婚姻家庭法的特征

婚姻家庭法之所以能够在博大的法律体系中独占一席之地，是因为与其他部门法相比较，它在调整范围、调整对象和调整手段等方面都有自身的特点。婚姻家庭法的特征可大致概括如下。

1. 婚姻家庭法的调整范围具有明晰的边界，同时又极其广泛和普遍

婚姻家庭法的调整范围仅限于婚姻家庭领域，但整个社会就是由千千万万个婚姻家庭组成的，所以婚姻家庭法的适用范围几乎可以说覆盖了全社会。每个人都来自于家庭，而每个家庭中的夫妻关系和家庭成员关系又都在婚姻家庭法的调整范围之内。也正因为如此，婚姻家庭法与每个社会成员的生活都息息相关，婚姻家庭法的实施或修订总是受到广大民众的热切关注和积极参与。2001年婚姻法修订中人人献策的盛况便是最好的佐证。

2. 婚姻家庭法的调整对象具有很强的身份性和伦理性，但同时财产关系也占有相当的比重

婚姻家庭法的调整对象是婚姻家庭关系，这种法律关系的产生大多源于婚姻的缔结或血缘关联。无论是缔结婚姻还是血缘关联，其当事人之间都存在亲近的身份关系，至少国家法律是如此预设的，社会伦理也是如此认定的。因此婚姻家庭法具有大量的调整身份关系的法律条文，而且这些法律条文的价值取向也多与社会伦理观念一致或相近。但也应当看到，家庭生活具有同财共居的特点，析明财产关系对于保持稳定的家庭关系是非常有必要的，所以婚姻家庭法中也有大量调整婚姻家庭成员之间财产关系的内容，比如夫妻财产制度、遗产继承制度等，这些制度是婚姻家庭法的重要组成部分。

3. 婚姻家庭法的调整手段具有多样性，既有大量的强制性规范也有特别的倡导性规范

婚姻家庭法中关于亲属之间的权利义务规范大多是强制性的，如夫妻之间的相互扶养义务、父母抚养子女的义务和子女赡养父母的义务都是由国家强制力来保障实施的，当事人不依法履行义务必会受到法律的制裁和严惩。再如，婚姻家庭法中关于结婚、离婚的程序性规定都是不可违反的，否则即不能发生当事人所预期的法律效果。但是，鉴于婚姻家庭关系具有较强的身份性和伦理性，法律对于有些不便涉入过深的领域也会灵活地运用倡导性规范来加以引

婚姻家庭继承法学

导,典型如我国现行婚姻法第4条即以这种方式提倡夫妻之间相互忠实、相互尊重。

三、婚姻家庭法的法律渊源

在法学意义上,法律渊源往往是指法的具体表现形式,指明法律规范源自哪些法律文件。因此,法律渊源是个本土化的问题,即,在特定的国家特定的社会环境下,特定领域的法律规范有其特定的渊源。在我国现阶段,婚姻家庭法的渊源,分布在不同效力级别的法律文件体系中,具体说来有如下几个方面。

(一) 宪法

宪法是国家的根本大法,在整个法律体系中居于统率地位,以最高的约束力和保障力位居其他法律文件之上。婚姻家庭法作为部门法必须遵循宪法确定的基本原则,在具体制度方面也不能与宪法相抵触。比如,宪法规定的各种婚姻家庭中的基本权利、宪法保护婚姻家庭的那些禁止性规定以及宪法所规定的行使各种权利的规则等,① 都构成婚姻家庭法的渊源,并应在具体部门立法中得到贯彻和体现。

(二) 法律

在法律渊源体系中,法律的涵义采狭义说,即法律特指由全国人民代表大会及其常务委员会制定的规范性文件。

在法律层面,现行《中华人民共和国婚姻法》(本书以下简称《婚姻法》) 是婚姻家庭领域最为核心的法律文件,《中华人民共和国收养法》是婚姻家庭法中收养制度的主要渊源,《中华人民共和国涉外民事关系法律适用法》(本书以下简称《涉外民事关系法律适用法》) 是我国涉外婚姻家庭继承制度的主要渊源。同时,其他法律如《中华人民共和国民法通则》、《中华人民共和国刑法》、《中华人民共和国妇女权益保障法》、《中华人民共和国老年人权益保障法》和《中华人民共和国未成年人保护法》等法律文件中涉及婚姻家庭关系的法律规范也都是婚姻家庭法的渊源。

(三) 行政法规和地方性法规

行政法规是指国务院制定的规范性法律文件,而地方性法规则是指由省级权力机关制定并颁布的规范性法律文件。

---

① 参见张红艳:《法律透视:婚姻家庭暴力》,中国法制出版社2006年版,第2~17页。

国务院是我国最高行政执行机关,经全国人民代表大会授权有权制定行政法规,当然,这些行政法规不能与效力级别更高的法律文件(如宪法、法律)相抵触。国务院制定的行政法规的名称多采用"条例"、"决定"、"规定"、"办法"等。在婚姻家庭领域,国务院制定并发布的重要法规如《婚姻登记条例》等。

省、自治区、直辖市人民代表大会及其常委会根据本行政区域内的实际情况,也会制定和发布调整婚姻家庭问题的地方性法规。这些地方性法规以国家婚姻家庭立法文件为依据,通过本地区的具体政策、方针落实有关法律法规的要求,其内容主要涉及婚姻登记、计划生育、保护妇女、儿童和老人合法权益等方面,在名称上主要体现为决定、命令等。

除了省级权力机关制定地方性法规外,民族自治地区根据法律法规的授权,可以结合本民族的实际情况,制定有关贯彻执行婚姻家庭法律法规的变通性文件,香港、澳门特别行政区也有其独立的婚姻家庭法律体系,这些都属于我国婚姻家庭法的法律渊源。

(四) 行政规章

国务院所属部门制定或发布的规范性文件称为行政规章。在婚姻家庭领域,有不少部委发布的行政规章,这些行政规章主要是制定一些具体的操作规则及解决一些具体的操作问题。重要行政规章如民政部发布的《中国公民同外国人办理婚姻登记的几项规定》、《华侨同国内公民、港澳同胞同内地公民办理婚姻登记的几项规定》、《中国公民办理收养登记的若干规定》、《关于外国人在中华人民共和国办理收养登记若干问题的通知》等文件,还有国家人口与计划生育委员会就计划生育工作颁行的一些规范性文件。

(五) 司法解释

在我国婚姻家庭法律体系由简至繁的发展过程中,最高人民法院针对审判实践中的具体问题发布的司法解释对于填补法律空白、探索解决之道起到了非常重要和关键的作用。最高人民法院先后发布的《关于人民法院设立离婚案件如何认定夫妻感情确已破裂的若干具体意见》、《关于人民法院审理未办结婚登记而以夫妻名义同居生活案件的若干意见》、《关于人民法院审理离婚案件处理子女抚养问题的若干具体意见》、《关于人民法院审理离婚案件处理财产分割问题的若干具体意见》等指导性、解释性文件,对于有效解决婚姻家庭纠纷有着非常重要的意义。

2001年婚姻法修订后,最高人民法院在总结审判经验的基础上,先后作出了三个重要的司法解释,即2001年12月27日发布的《关于适用〈中华人民共和国婚姻法〉若干问题的解释（一）》（本书以下简称《婚姻法司法解释一》）、2004年4月1日发布的《关于适用〈中华人民共和国婚姻法〉若干问题的解释（二）》（本书以下简称《婚姻法司法解释二》）和2011年8月13日施行的《关于适用〈中华人民共和国婚姻法〉若干问题的解释（三）》（本书以下简称《婚姻法司法解释三》）。这些司法解释是理解和贯彻现行婚姻法不可或缺的重要文件。

四、婚姻家庭法在法律体系中的地位

婚姻家庭法在一国法律体系中的地位，与该国的法律传统和立法体例有很大关系。如在素有法典传统的法国和德国，婚姻家庭法规是民法典的重要组成部分，因此婚姻家庭法是民法的分支，附属于民法，这是非常明确的。而在盛行判例法的英美国家，大量的婚姻家庭法律规则是通过案例来确立的，这些案例与一些相关的成文法共同构成一个独立性较强的部门法。

就我国的成文法传统和现行立法体例来说，一方面，婚姻家庭法是民法的重要组成部分，如果将民法分为人身法和财产法的话，人身法的大量内容都存在于婚姻家庭法律规范中，但另一方面也要看到，婚姻家庭法已发展为一个具有一定独立性、较为成熟的部门法，以《中华人民共和国婚姻法》为核心的婚姻家庭法律文件自成体系，而且中国法学会也专门设有婚姻家庭法学研究会。

全面把握婚姻家庭法在我国法律体系中的地位，还应明确婚姻家庭法与其他部门法之间的关系。从部门法的角度而言，婚姻家庭法包含所有调整和规范婚姻家庭关系的法律规范，但这些法律规范也可能由于另外一些特点而归于其他部门法，这就产生了婚姻家庭法和其他部门法之间的交叉协作关系。在婚姻家庭法的学习和研究中，需要着重把握的相关部门法包括但不限于如下几个方面。

其一，婚姻家庭法和宪法的关系。将宪法作为一个部门法来考察其与婚姻家庭法的关系，主要掌握两点：一是宪法文件中有关调整婚姻家庭法律关系的法律条文是婚姻家庭法的重要渊源，二是宪法是全面规定我国基本制度和基本国策的根本大法，由此决定，宪法中调整婚姻家庭法律关系的法律条文在婚姻家庭法领域有着极为重要的意义，对整个婚姻家庭法的制定和实施起着指导和统率的作用。如《中华人民共和国宪法》第48条关于男女平等和保护妇女权益的规定，以及第49条关于婚姻家庭基本规则的规定都是婚姻家庭法的基本立场和立法根据。

其二，婚姻家庭法和民法的关系。在各个具体部门法中，婚姻家庭法和民法的关系最受关注。这是因为民法本身是一个基础的、庞大的部门法，而一般来说它也正是婚姻家庭法最切近的上位部门法。民法规定民事活动和民事行为的基本准则，也是婚姻家庭法中应当体现和贯彻的。比如我国民法通则中所规定的自然人权利能力和行为能力制度、财产所有权和财产共有制度、侵权损害赔偿责任等都在婚姻家庭法中有具体体现。同时，民法也会从较为抽象和概括的层面规范婚姻家庭领域的某些问题，比如该法律文件第103条规定了婚姻自由原则，第105条规定了男女平等原则等。

其三，婚姻家庭法和民事诉讼法的关系。婚姻家庭法是民事实体法的组成部分，该领域的民事纠纷理应按照民事诉讼法的有关规定寻求法律裁决和法律救济。因此婚姻家庭法和民事诉讼法也存在一种实体法和程序法之间的对应关系，当然，婚姻家庭法远不能代表民事实体法的全部，这是必须加以明确的。从另一个角度来说，在处理离婚纠纷、收养纠纷、赡养纠纷、继承纠纷等方面，民事诉讼法也会有特别的规定，按照民事诉讼法所规定的有关程序寻求司法救济，这本身也是贯彻和执行婚姻家庭法的过程。

除以上几个方面外，还应注意把握婚姻家庭法与行政法、行政诉讼法、刑法、刑事诉讼法等这样一些重要部门法之间的关系。婚姻家庭法的很多方面都要由行政管理机关来具体执行，比如结婚登记、离婚登记、收养登记等，这时当事人会与行政机关形成行政法律关系，此种法律关系正是由行政法来加以调整。如果行政相对人与行政机关之间产生争议或纠纷，则应按照行政诉讼法的有关规定加以解决。所以婚姻家庭法的贯彻执行离不开行政法和行政诉讼法的支持。同理，违反婚姻家庭法相关规定触犯刑法构成犯罪的，则应按照刑法和刑事诉讼法来追究其刑事责任。

总之，整个法律体系是一个有机的集合体，婚姻家庭法作为其不可分割的组成部门与其他部门法都有着深刻的内在关联，同时又因其调整对象具有特定性而发展为独立的部门法。

五、婚姻家庭法的法律效力

法律效力也称法律的适用范围，是指法律适用于哪些人、什么地域、什么期间。一般认为，法律效力包括三个方面：对人的效力、空间效力和时间效力。这里所说的婚姻家庭法的效力，也应从这三个方面去理解和把握。

（一）婚姻家庭法对人的效力

我国婚姻家庭法适用于所有公民，即凡我国公民之间的结婚、离婚、收养等婚姻家庭事宜，都必须适用我国婚姻家庭法。

华侨与国内公民之间、港澳同胞与内地公民之间在我国境内办理结婚、离婚和收养等事宜，也适用我国婚姻家庭法。

此外，居住在我国境内的外国人、无国籍人应根据我国的涉外民事关系法律确定相关的法律适用问题。

（二）婚姻家庭法的空间效力

婚姻家庭法体系包括多种效力级别的法律文件，不同法律文件的空间效力应当具体分析。

全国性的婚姻家庭立法文件都适用于国家主权领域的一切地区，包括领陆、领水及其底土和上空，还包括延伸意义上的领土，即驻外使馆和领域外的本国交通工具。这些具有全国性空间效力的法律文件主要包括由全国人民代表大会及其常委会制定的法律，国务院及其所属部门制定的行政法规和行政规章。当然，如果这些法律文件中规定某些法律条文只在特定地区适用，应当根据这些规定来确定相关法律规范的空间效力。

地方性的婚姻家庭立法文件则只具有区域性空间效力。如省、自治区、直辖市人民代表大会或其常委会制定的地方性法规仅在整个省、自治区或直辖市的地域范围内有效，民族自治地区有权机关制定的婚姻家庭法变通性规定，也只适用于相应的民族自治地区。

（三）婚姻家庭法的时间效力

婚姻家庭法的时间效力，是指婚姻家庭法律文件何时生效、何时失效以及对其颁布实施前的事件和行为是否具有溯及力的问题。

通常，婚姻家庭法的生效时间可通过两种方式来确定：一是法律文件中已明确规定了一个不同于发布时间的生效时间。如1980年《婚姻法》规定："本法自1981年1月1日起施行。"那么，虽然婚姻法于1980年就已发布，也要到1981年1月1日起才生效。二是法律文件中未作明确规定，此种情形下，一般自其公布之日起生效。有时，法律文件中也会直接规定该法自发布之日起施行。

婚姻家庭法的失效时间也可通过两种方式来确定：一是按照新法的明文规定确定旧法的失效时间。如1980年婚姻法规定："1950年5月1日颁布的《中华人民共和国婚姻法》，自本法施行之日起废止。"那么，1950年婚姻法的失效时间就是1980年婚姻法的施行之日即1981年1月1日。二是在新法未作明确规定的情形下，待新法施行后，旧法即失去法律效力。

关于婚姻家庭法是否具有溯及力，要考虑具体法律文件、具体法律问题来确定。就目前而言，我国的婚姻法和收养法都不溯及既往，即它们对其各自生效前的相关法律问题都不适用，也就是说，解决这些法律问题时还应适用当时的有关法律规范。

第四节　我国婚姻家庭立法沿革

一、古代婚姻家庭立法

我国古代社会发展大体经历了奴隶社会和封建社会两个大的阶段，相应地，不同时期的婚姻家庭立法也各有特点，但在一脉相承的文化中又有持续的承继和发展。在奴隶制时代，律令制度并不发达，维系婚姻家庭制度的主要是当时盛行的礼制和社会认可的习俗等，可称之为婚姻家庭礼制。

奴隶制时期的婚姻家庭礼制是社会宗法制度的重要组成部分。宗法制度是父系氏族公社以血缘关系为基础建构的等级制度在奴隶社会的延续和转化，其特点在于以宗族为国家的统治单位和统治基础。宗族是若干存在血缘关系的亲近家族的联合结构，宗族内部实行嫡长子继承制，而大大小小的宗族之间存在等级区分，它们彼此常常通过联姻的形式交结往来，共同构筑起国家统治体系。既然宗族本身是血缘关系的聚合，婚姻家庭自然就成为宗法体系中最为核心的组成元素，而婚姻家庭礼制也就成为宗法制度中不可或缺的组成部分。

奴隶制时期的婚姻家庭礼制可分为婚姻礼制和家庭礼制，具体内容可见于《礼记》、《仪礼》等文献，尤以《礼记·昏义》（"昏"或作"昏"，通今之"婚"字）记载为要。在宗法制度中，婚姻应服务于家族利益，婚姻的缔结是为了"合两性之好"，并"上以事宗庙，下以继后世"。家族礼制讲究"孝""悌"，男女老幼各有尊卑，上下有序不得僭越。而婚姻礼制与家庭礼制的维系又与国家统治秩序相连，关乎宗法大义国家大制，如《礼记·昏义》所言，"男女有别而后夫妇有义，夫妇有义而后父子有亲，父子有亲而后君臣有正"。

奴隶制时期的婚姻家庭礼制包含了很多细致的内容，比如缔结婚姻的方式为聘娶婚，须"六礼"皆备，否则不具有婚姻效力，谓之奔。再如婚姻的形式带有典型的奴隶制色彩，虽名为一夫一妻，奴隶主却大多在正室之外另娶数女，盛行媵妾制。而前文所述之婚姻家庭礼制，也主要是就奴隶主阶层而言，奴隶完全归属于奴隶主所有，其婚嫁成家之事便由奴隶主来支配了。奴隶主阶层施行的婚姻家庭礼制对于封建社会的婚姻家庭律令有着深远的影响，甚至后世的有些制度肇始于此，比如嫁娶之"六礼"，婚姻离异之"七出"、"三不去"说，以及正室之外另行立妾，嫡长子在家族中享有特殊地位等。

进入封建社会，成文法渐成体系，调整婚姻家庭法律关系的规范亦随之纳入律法，但我国古代法律体系具有诸法合体、刑律为主的特点，所以入得律例的多是涉及惩戒及刑罚的法律规范，很多婚姻家庭具体事项乃是遵照礼制来处理的，礼制仍在相当广泛的领域发挥着作用。在此，仅就法典律文作简要梳理：战国时代，即有涉及婚姻家庭领域的法令公布于世，如《法经》中的"奸淫罪"、《秦简》中的"家罪"，但系统规范婚姻家庭关系的律例当始自汉九章律，其单设"户律"一章规范户籍、婚姻等事项。其后，历朝历代均颁布相应的律法条文，或名户律、户禁，或曰婚律，又有名之婚户律者，体例亦不尽一致，或婚户分设，或婚户合一。至唐朝时，集封建成文法典之大成者《唐律》设"户婚"一章，对嫁娶程序、禁婚条件、夫妇离异之"七出"、"和离"、"义绝"等事项都有明确规定。宋代《刑统》及辽、金、元诸代法典也均有户婚事项的规定，明律在《户律》中设婚姻等七门，清律则大体因袭明律之规范。

总体而言，封建时代，我国婚姻家庭立法体系具有这样几个方面的特征：（1）宗族势力对于婚姻的缔结具有非常大的影响，两性结合需有"父母之命、媒妁之言"方合乎社会规范；（2）男子虽只能迎娶一位正室，但还可迎娶其他女子作偏房，实行一夫一妻多妾制度；（3）在男女两性的地位上，男性占据绝对优势地位，家庭中奉行夫权至上、男尊女卑的观念；（4）婚姻的解体只有一种形式，即男子休妻，也就是说，女性在婚姻中处于极为被动的地位，没有任何方式和途径按照自己的意愿解除婚姻关系。

二、近代婚姻家庭立法

到近代，清政府于1910年颁布了《大清现行刑律》，其在诸法合体的框架下承继了唐宋明清律法中的婚姻家庭制度。1911年起草的《大清民律草案》中有专门的亲属一编。但由于朝代更替，这部法律没有施行。而《大清现行刑律》中关于婚姻家庭的内容，在北洋军阀政府统治时期仍得以适用。其后，北洋政府于1915年制定了《民律亲属编草案》，1926年又制定了《民律草案》，但都没有正式颁行。

1930年，国民党政府公布了《民法亲属编》，于1931年5月1日起施行。该法规定了通则、婚姻、父母子女、监护、扶养、家和亲属会议，共计七章171条。该法后在台湾地区施行，迄今已几经修订。

婚姻家庭问题关系到广大民众的生息，早在1930年，中国共产党颁布

《闽西婚姻法令》，1931年颁布《鄂豫皖婚姻问题决议案》，同年在建立全国性的工农民主政权之后又颁布了《中华苏维埃共和国婚姻条例》。1934年，中共在总结婚姻家庭改革经验的基础上颁布了《中华苏维埃共和国婚姻法》，该法共七章，仅21条，但全面确立了婚姻自由、男女平等、一夫一妻、保护妇女和子女利益的原则，对结婚和离婚的条件及程序以及离婚问题的子女抚养和财产分割方面都进行了具体的规范。

此后中国共产党在抗日战争、解放战争期间又根据现实需要制定了一些地区性的条例，如1939年《陕甘宁边区婚姻条例》、1942年《晋冀鲁豫边区婚姻暂行条例》、1943年《晋察冀边区婚姻条例》等，并不断地对这些条例进行修正和完善，从而推动我国婚姻家庭制度从半封建半殖民地境况中的状态向现代社会的文明婚姻制度转化。

三、新中国婚姻家庭立法

（一）1950年婚姻法

中华人民共和国成立后颁布的第一部法律就是《中华人民共和国婚姻法》，于1950年5月1日起公布施行。该法共8章27条，既是对婚姻家庭领域的反封建经验的总结，也是对新中国成立后婚姻家庭制度改革的推动。正如该法第1条所规定的那样，其立法精神主要在于"废除包办强迫、男尊女卑、漠视子女利益的封建主义婚姻制度。实行男女婚姻自由、一夫一妻、男女权利平等、保护妇女和子女合法权益的新民主主义婚姻制度"。1952年11月25日和1953年2月1日，当时的中共中央和政务院分别发出了关于贯彻婚姻法的重要指示，开展宣传、普及和贯彻婚姻法的活动，使婚姻家庭制度顺利地实现了从新民主主义到社会主义性质的改革。

此后，在"文化大革命"期间，法律的地位一落千丈，婚姻家庭法律制度的建设也停滞下来。直到十一届三中全会恢复法制建设，婚姻家庭法才又有了新的发展。

（二）1980年婚姻法

1980年9月10日，第五届全国人大第三次会议通过了《中华人民共和国婚姻法》，缩减了篇章但充实了内容，分为5章37条。较之1950年婚姻法，1980年婚姻法所作的修改和补充主要体现在以下几个方面：

其一，坚持1950年婚姻法所规定的婚姻自由、一夫一妻、男女平等的原则，将原有的保护妇女和儿童合法利益原则修正为保护妇女、儿童和老人合法权益的原则，增加计划生育原则，并增加禁止买卖婚姻、禁止家庭成员间的虐待和遗弃的规定。

其二，对结婚条件进行了多方面的修改。法定婚龄从原来的男20周岁、女18周岁变更为男22周岁、女20周岁。禁止结婚的规定由"兄弟姐妹之外的其他五代内旁系血亲间禁婚问题，从习惯"变更为"三代以内的旁系血亲间禁止结婚"。关于因病禁婚情形，删除了"有生理缺陷不能发生性行为者禁止结婚"的条款，规定"患麻风病未经治愈者禁止结婚或患其他医学上认为不应当结婚疾病者，禁止结婚"。

其三，增加规定，登记结婚后，根据男女双方约定，可互为对方的家庭成员。

其四，加强对家庭关系的调整。一方面，保留了既有的调整夫妻之间、父母子女之间权利义务关系的法律规定，并对夫妻人身关系和财产关系、家庭成员的扶养关系以及继父母子女关系方面作出更为具体的规定。另一方面，又在特定情形下增加了调整祖孙关系和兄弟姐妹关系的规定。

其五，对离婚制度进行了较大的修改和完善。如对于离婚程序、离婚条件、离婚中子女抚养权分配及财产分割等方面，1980年婚姻法都作了很多的修改和完善。

（三）2001年修改后的婚姻法①

2001年，鉴于我国已进入全面建设小康社会，加快推进社会主义现代化的新的发展阶段，在这种新的历史条件下，为了顺应我国经济和社会的发展，妥善处理婚姻家庭领域中出现的新问题，进一步完善社会主义婚姻家庭制度，保障公民的婚姻家庭权益，全国人大常委会在总结1980年以来实施《婚姻法》的经验和广泛听取群众意见的基础上，再一次修订了婚姻法。1980年《婚姻法》共设五章37条，2001年修订后的婚姻法为六章51条。其中，在框架上增加了"救助措施与法律责任"一章；在内容上保留了原37条中的14条，对22条进行了修改，删去1条，又新增15条。相关内容主要体现在如下几个方面：

第一，重申一夫一妻制原则，禁止重婚、禁止有配偶者与他人同居，强调夫妻应当互相忠实、互相尊重，在救助措施与法律责任中增加了相应的民事赔偿责任，作为对一夫一妻制度的重要补充。这次修订既呼应了社会舆论对包二奶、婚外同居等不良现象的谴责，也注意到避免对公民个人生活领域的过多干

---

① 关于2001年婚姻法修订的具体内容，这里主要依据和参考全国妇联于2001年5月发布的《〈中华人民共和国婚姻法〉宣传提纲》来加以介绍。

预,规定夫妻应当互相忠实、互相尊重,家庭成员应当敬老爱幼,互相帮助,维护平等、和睦、文明的婚姻家庭关系等倡导性条款,富有立法技巧。

第二,将禁止家庭暴力、禁止家庭成员间的虐待和遗弃写入总则,并辅以相应的法律责任。这是我国第一次明确将禁止家庭暴力的内容写入法律,并作为婚姻法的一项重要原则,以禁止性法律规范的形式保护公民在家庭中的合法人身权利,其有关规定对于落实维护平等、和睦、文明的婚姻家庭关系的原则、明确家庭成员的地位和规范相互之间的关系具有重要的实践意义,并为当前已深入进行的反家庭暴力宣传和行动,特别是为司法实践中预防和制止家庭暴力提供了法律依据。

第三,以共同财产制为法定财产制,尊重夫妻约定,保护个人特有财产,维护社会公共利益。约定财产制的问题在1980年婚姻法中已有规定,修订后的婚姻法突出了它在两种财产制度中优先适用的法律效力,即在有财产约定的情况下,可以排除法定财产和个人特有财产的法律规定。修订后的婚姻法对夫妻财产制的补充和完善提高了婚姻关系当事人的自主性,使其得以在更大的范围内充分行使个人权利。但同时,也对公民的权利意识和维权能力提出了更高的要求。

第四,增设无效婚姻和可撤销婚姻制度,完善结婚制度。婚姻的缔结是一项法律行为,必须符合一定的要件和程序,才能得到社会的承认和法律保护。对于违反婚姻成立要件的行为,当事人必当承担不利的法律后果。修订后的婚姻法增设了无效婚姻和可撤销婚姻制度,区分了合法婚姻和不合法婚姻在权利义务上的差别,明确了违法婚姻的法律后果,进一步完善了我国婚姻法的结婚制度。无效婚姻与可撤销婚姻的区别在于法律保护的限度不同,后者主要针对因胁迫结婚的情形,权利的行使有时间上的限制,更强调行为主体自主决定婚姻状态的权利意识和自愿选择能力。但从我国国情出发,考虑到农村未办理登记举行结婚仪式的为数不少,未办理登记的原因复杂,因此,修订中没有将这类违反婚姻形式要件的行为列入无效婚姻和可撤销婚姻的情形,而是规定未办理结婚登记的,应当补办登记。

第五,注重离婚过程中的权益保护。一方面,修订后的婚姻法强化了1980年婚姻法中的相关制度,如保留分割共同财产时照顾女方和子女权益的原则,同时也使原有的经济帮助制度更加明确,规定对于离婚时生活困难的一方,强调另一方应从其住房等个人财产中给予适当帮助。另一方面,修订的婚姻法新增了家务劳动补偿制度和离婚过错赔偿制度,前者使因抚育子女、照料老人、协助另一方工作等付出较多义务的一方在离婚时可以向另一方请求补偿，后者使无过错方在因对方重婚、婚外同居、家庭暴力、虐待遗弃家庭成员导致离婚的情形下向对方请求损害赔偿。此外，修订后的婚姻法还设立了追偿制度，规定离婚时一方隐匿夫妻共同财产的，可以少分或不分；离婚后才发现的，另一方可以请求再次分割财产。为了特别保障农村妇女离婚后获得土地承包权，婚姻法明确规定保护夫妻在家庭土地承包经营中享有的权益。

第六，明确探望权利，规范离异家庭的父母子女关系。确立探望权旨在保证夫妻离异后非直接抚养一方能够定期与子女团聚，从而弥合家庭解体给父母子女之间造成的感情伤害，尽可能保障孩子的健康成长。修订后的婚姻法规定，离婚后，不直接抚养子女的父或母，有探望子女的权利，另一方有协助的义务。

本次婚姻法修订准确地区分和把握了道德和法律调整的范围，对树立良好社会风尚和社会文明进步起着促进和推动作用。修订后的婚姻法更加符合我国的国情，更加切合民众的婚姻观念，是我国婚姻家庭法制建设的一项重要成果。

第二章　婚姻家庭法的基本原则

【本章重点难点提示】 学习本章内容，重点要领会我国婚姻法诸原则的精神实质；认识社会主义婚姻家庭制度的优越性；难点在于掌握处理各种违反婚姻法行为的法律与政策界限。

第一节　婚姻家庭法基本原则概述

一、婚姻家庭法基本原则的概念

婚姻家庭法的基本原则，是一定国家婚姻家庭立法指导思想的集中反映。我国婚姻法的基本原则是指我国婚姻法规定的，解决有关婚姻家庭问题所必须遵循的最一般的要求。婚姻法的基本原则集中体现了我国婚姻家庭制度的社会主义本质，是制定和适用我国婚姻法的重要依据。2001年《婚姻法》在肯定历次婚姻立法确定的原则基础上，作了重要补充，从而发展和完善了婚姻法的基本原则。2001年《婚姻法》从正、反两方面高度概括了我国婚姻法的基本原则，从更高视角提出了调整婚姻家庭关系的宗旨、要求与规范。第2条规定："实行婚姻自由、一夫一妻、男女平等的婚姻制度。保护妇女、儿童和老人的合法权益。实行计划生育。"2001年《婚姻法》在总则中增设了第4条规定："夫妻应当互相忠实，互相尊重；家庭成员间应当敬老爱幼，互相帮助，维护平等、和睦、文明的婚姻家庭关系。"从宏观上对构建新型婚姻家庭关系提出了总体要求。第3条规定："禁止包办、买卖婚姻和其他干涉婚姻自由的行为。禁止借婚姻索取财物。禁止重婚。禁止有配偶者与他人同居。禁止家庭暴力。禁止家庭成员间的虐待和遗弃。"其中增加了"禁止重婚。禁止有配偶者与他人同居"两项规定，亦使婚姻家庭法基本原则的贯彻与落实具有了新的保证。作为倡导性规定，这一法律条款不仅是对一夫一妻制原则的重要补充，而且对建立新型、和睦的婚姻家庭关系很有必要。

理解我国婚姻家庭法基本原则时应注意：

（1）我国婚姻家庭法的基本原则虽然规定在《婚姻法》中，但由于它是由婚姻法的任务和婚姻法的性质决定的，因此它不仅是《婚姻法》的基本原则，也是其他有关婚姻家庭的法律、法规的基本原则。

（2）我国婚姻家庭法的基本原则不仅是婚姻家庭当事人行为的基本准则，而且是我国婚姻家庭立法和有关婚姻家庭问题的司法活动中应坚持的出发点和依据。

（3）我国婚姻家庭法的基本原则，是我国婚姻法的主要特征和社会主义本质的集中体现。

二、婚姻家庭法基本原则的主要作用

婚姻家庭法基本原则的主要作用表现为：

（1）对贯彻婚姻家庭法的指导思想具有重要的保障作用。

婚姻家庭法的基本原则，一方面集中体现了婚姻家庭法的指导思想和基本精神，将抽象的指导思想表现为几项可供人们遵循的基本行为准则，使指导思想得以具体化；另一方面又只是提出了最一般的要求，提供了最基本的行为规范。这种最基本的行为规范具有概括性强、涵盖面广、法律效力高的特点，它与婚姻法中的具体法律规范也具有渊源关系，有关婚姻法的具体规定，都是从婚姻法的基本原则推导出来的。毫无疑问，婚姻法中的基本原则，对贯彻立法的指导思想具有重要的保障作用。

（2）对有关婚姻家庭问题的立法工作具有指导作用。

婚姻家庭法的基本原则，不仅要贯彻在《婚姻法》的始终，而且应贯彻到有关婚姻家庭全部法律规范之中。由于《婚姻法》是我国婚姻家庭方面的基本法，因此它确立的基本原则对有关婚姻家庭的其他法律、法规也具有统摄作用，凡是涉及婚姻家庭问题的法律法规和政策，都必须以婚姻法的基本原则为准则，不得同婚姻法的基本原则相抵触。

（3）对婚姻家庭法律规定的不足具有弥补作用。

婚姻法律的具体规范，都是从婚姻家庭法的基本原则推导出来的，是基本原则的具体化，而且具有直接的可操作性，因此，无论是当事人的婚姻家庭行为，还是有关部门处理婚姻家庭问题，有法律规定的应直接依照法律规定。但是，法律的具体条文规定是有限的和相对稳定的，而法律所要调整的婚姻家庭关系则是无限的、不断变化的。以有限的、相对稳定的法律条文，不可能穷尽无限的、不断变化的婚姻家庭关系，何况《婚姻法》仅有51个条文，它对有关婚姻家庭问题的规定必然是有一定的局限性，这样《婚姻法》就同其他法律一样，不可能提供完备无缺的行为规则。在婚姻家庭法律的实施过程中，如果具体的法律规范没有对有关的问题作出规定时，人们就可以遵循婚姻家庭法的基本原则，解决婚姻家庭问题。

第二节 婚姻自由原则

一、婚姻自由的概念

（一）婚姻自由的概念

婚姻自由是指婚姻当事人有权按照法律规定决定自己婚姻大事的自由，任何人不得强制和干涉。

婚姻自由是我国婚姻法的一项重要原则，也是宪法赋予公民的一项基本权利。根据这项原则，公民有权按照法律规定，自主自愿地决定自己的婚姻问题，排除任何人的强制与干涉。在我国，婚姻自由为法律所确认和保护，社会主义建设的进展为公民行使这一权利创造了前所未有的条件，这是我国婚姻家庭制度改革的重要成果之一。我国《婚姻法》第2条、第3条和第5条都做了明确规定。这标志着婚姻自由是法律所确认和保护的权利。

婚姻自由概念包含了两层含义：

（1）婚姻自由是法律赋予公民的一项权利，任何人不得强制和干涉。在社会主义国家，爱情是婚姻的基础，而爱情只能产生于婚姻当事人自身，只能由当事人自己来表示，这种自由表示爱情的权利为法律所规定并受到法律保护。任何第三者，包括当事人的父母在内，都不能侵犯这种权利。我国《宪法》第49条规定，"……禁止破坏婚姻自由……"我国《婚姻法》第2条、第3条和第5条及《民法通则》等亦都作了明确规定。这说明，婚姻自由是法律所确认和保护的权利。如果他人侵犯了这一权利，就是违法行为；如果使用暴力，则构成犯罪，要依法受到刑事制裁。

（2）婚姻自由的行使必须符合法律规定。婚姻自由权利不是绝对的、毫无限制的。任何自由都有一定范围和限度。我国婚姻法规定了结婚必须具备的条件和必须履行的程序，规定了离婚程序和处理原则，具体指明了婚姻自由的范围，划清了婚姻问题上合法与违法、正确与错误的界限。人们行使婚姻自由的权利时，必须受国家法律和政策的约束，不得滥用权利而损害他人的合法权益和社会公共利益。如果违反法律规定，不仅得不到法律的承认和保护，还要受到法律制裁。因此，我们要正确理解和行使婚姻自由权利，一方面，不允许任何人侵犯这一权利;另一方面,亦不允许当事人滥用这个权利。

(二) 婚姻自由的由来和发展

运用历史唯物主义的观点研究婚姻自由的由来和发展,便会清晰发现婚姻自由属历史范畴。人们有无婚姻自由,是形式上的还是实质上的婚姻自由,归根结底都取决于一定的社会制度,亦即婚姻自由是社会发展到一定历史阶段的产物。奴隶社会和封建社会的婚姻关系,反映了当时生产关系的要求,缔结婚姻的目的主要是为了实现家族利益,满足传宗接代的要求。父母对子女的婚事享有人身特权,实行包办强迫婚姻,当事人根本没有缔结和解除的自由。正如恩格斯所指出的,在整个古代,婚姻的缔结都是由父母包办,当事人则安心顺从。古代仅有的那一点夫妇之爱,并不是主观的爱好,而是客观的义务;不是婚姻的基础,而是婚姻的附加物。①

现代意义的婚姻自由是资产阶级在反封建的斗争中提出来的。资产阶级在提出"民主、自由、平等"的时候,把婚姻自由宣布为"天赋人权"。随着封建主义制度为资本主义制度所代替,资产阶级把婚姻自由用法律形式固定下来,成为其标榜的一项法律原则。法国大革命时期,1792年的法国立法会议宣言中提出:"法律乃民事契约,得自由缔结之。"1804年法国民法典亦规定:"未经合意不能成立婚姻。"这些规定把传统观念视为"神作之合"的婚姻从宗教势力的束缚下解放出来,这无疑具有重要历史进步意义。但是资产阶级宣扬的婚姻自由,不过是"契约自由"的特殊表现形式。这种婚姻自由本身存在着明显局限性。因为在以私有制为基础的资本主义社会里,婚姻制度无法摆脱私有制的影响,这种婚姻自由不可避免地带有虚伪性和不彻底性。资产阶级的婚姻自由从本质上反映了商品交换的自由,是用形式上的自由掩盖事实上的不自由。只要当事人在形式上证明是自愿,也就十分满足了。至于法律幕后的现实生活是怎样的,这种自愿是怎样造成的,关于这些,法律和法学家都可以置之不问。② 同时资产阶级的婚姻自由往往导致对婚姻自由权利的滥用。我国婚姻法所倡导的婚姻自由原则,既是对封建包办强迫婚姻的根本否定,又同资产阶级的婚姻自由有着本质区别。

在社会主义制度下,由于消灭了私有制,基本实现了男女平等,这就为实

---

① 参见《马克思恩格斯选集》第4卷,人民出版社1972年版,第72~73页。

② 由于资产阶级民法所要求订立的婚姻契约的自愿仅是形式上的自愿,可见这种婚姻仍是权衡利害的婚姻。这与近代民法理念一致。参见《马克思恩格斯全集》第21卷,人民出版社1965年版,第86页。

行婚姻自由创造了必要前提。一方面，社会主义国家为实现婚姻自由提供了政治保障；另一方面，生产资料公有制为实现婚姻自由提供了物质基础。总之，只有在男女真正平等的社会主义社会，婚姻自由才能真正实现。

二、婚姻自由的内容

婚姻自由包括结婚自由和离婚自由两个方面。

（1）结婚自由。结婚自由是指缔结婚姻关系的自由。即当事人有权依法决定自己结不结婚，和谁结婚，不许任何一方强迫他方或任何第三者加以干涉。我国《婚姻法》第5条明确规定："结婚必须男女双方完全自愿，不许任何一方对他方加以强迫或任何第三者加以干涉。"只有实行婚姻自由，当事人才能按照本人意愿选择理想伴侣。实行婚姻自由，必须遵守法律的有关规定，婚姻当事人应该以对自己、对社会、对后代严肃负责的态度对待婚姻，只有这样，才有可能建立美满幸福的家庭。

（2）离婚自由。离婚自由是指解除婚姻关系的自由。即在夫妻感情确已破裂的情况下，夫妻都有权提出离婚，任何人不能加以干涉。

婚姻是以爱情为基础，以双方自愿为条件，那么，在夫妻感情确已破裂，关系无法维持下去的时候，依法解除这种痛苦婚姻，是完全必要的，这对双方、对社会都是一件幸事。解除痛苦的婚姻，如同列宁同志所指出的，它并不会使家庭瓦解，而相反地会使这种关系在文明社会中唯一可能的坚固的民主基础上巩固起来。但是离婚毕竟是一种重要的法律行为，它关系着家庭和子女、社会的利益，因此婚姻当事人应以慎重态度对待离婚问题，要遵守婚姻法有关离婚的规定。

（3）结婚自由和离婚自由的关系。我国婚姻法对结婚自由与离婚自由均作了规定。结婚自由和离婚自由是互相结合，缺一不可的。保障结婚自由是为了使当事人能够完全按照自己的意愿结成共同生活的伴侣。保障离婚自由，则是为了使感情确已破裂、无法共同生活的夫妻能够通过法定途径解除婚姻关系。需要指出的是，结婚自由是普遍行为，是婚姻自由的主要方面；离婚自由是特殊行为。但仅有结婚自由是不够的，必须有离婚自由作为补充，两者互相结合构成了婚姻自由的完整内容。从现实情况看，人们对结婚自由是能够接受的，但对离婚自由却自觉不自觉地反对或限制，这是封建残余思想的体现。事实上，哪里没有离婚自由，哪里就根本没有也不可能有婚姻自由。这说明结婚自由与离婚自由虽然各有侧重，但其目的都是为了巩固和发展社会主义的婚姻家庭关系。因此只有同时确认和保障结婚自由和离婚自由，婚姻自由才能全面实现。

三、婚姻自由原则的贯彻

《婚姻法》第3条规定:"禁止包办、买卖婚姻和其他干涉婚姻自由的行为。禁止借婚姻索取财物。"要贯彻婚姻自由原则,必须做到上述两个禁止。

(一) 禁止包办、买卖婚姻和其他干涉婚姻自由的行为

1. 包办、买卖婚姻的概念

包办婚姻和买卖婚姻是干涉婚姻自由的两种主要形式。包办婚姻是指婚姻当事人以外的第三人(包括其父母在内)违背婚姻自由的原则,包办强迫他人婚姻的行为。某些父母干涉子女的婚事,是封建家长作风的表现,是对儿女人身权利(尤其是婚姻自主权)的严重侵犯。买卖婚姻是指婚姻当事人以外的第三人(包括其父母在内)以获取财物为目的,包办强迫他人婚姻的行为。

包办婚姻和买卖婚姻既有联系,又有区别。共同之处在于两者均是违背当事人的意愿,对婚事包办强迫。区别包办婚姻和买卖婚姻,主要看是否以获取财物为目的。如果包括父母在内的第三人,包办自己的子女或他人婚姻,是以索取大量财物为目的的就是买卖婚姻;如果包括父母在内的第三人强迫包办自己的子女和他人的婚姻,并不是以索取大量财物为目的,则是包办婚姻。包办婚姻不一定是买卖婚姻,但是买卖婚姻一定是包办婚姻。

包办婚姻和买卖婚姻都是干涉他人婚姻自由的行为,其特征在于婚姻关系以外的第三人对婚姻当事人缔结,解除婚姻关系的干涉、阻挠和强迫,侵犯当事人的婚姻自由。买卖婚姻是以封建社会的聘娶婚为主要表现形式,并加以演变而来。此外,封建的换亲、转亲、童养媳、指腹为婚、娃娃亲等也都是包办、买卖婚姻不同形式的表现。

2. 其他干涉婚姻自由的行为

其他干涉婚姻自由的行为是指除包办、买卖婚姻以外的违反婚姻自由的行为。其表现形式很多,如:父母干涉儿女婚事,即父母因子女选择的对象不如己意,以种种借口阻挠、干涉。干涉离婚自由,即对他人的离婚进行强制或阻挠。干涉复婚自由,即对他人的复婚行为进行强制阻挠。子女干涉父母再婚,即子女以各种借口对离异或丧偶的父母的再婚进行干涉、阻挠。目前,子女干涉离异、丧偶的父母再婚,甚至威胁父母要保持"晚节"的事情时有发生。对此,《婚姻法》第30条明确规定:"子女应当尊重父母的婚姻权利,不得干涉父母再婚以及婚后的生活。"此外,《老年人权益保障法》第18条明确规定,老年人的婚姻自由受法律保护。子女或其他亲属不得干涉老年人离婚、再

婚及婚后生活。凡是违反这条规定的做法，均属违法行为。《老年人权益保障法》第47条规定，暴力干涉老年人婚姻自由，情节严重构成犯罪的，依法追究刑事责任。

包办、买卖婚姻和其他干涉婚姻自由的行为，都是违法行为，对违法者应进行严肃批评和教育，并视其情节和后果，予以相应的制裁。如果情节恶劣构成犯罪，如采用暴力干涉婚姻自由的，要依照刑法的有关规定，依法追究刑事责任。

(二) 禁止借婚姻索取财物

借婚姻索取财物是指除买卖婚姻以外的其他借婚姻索取财物的行为。这种情况下，男女双方结婚基本上是自主自愿的，但是一方（主要是女方或者女方父母）向另一方索要一定财物作为结婚的先决条件。这种行为和买卖婚姻的共同点都是以索取财物为结婚的条件。不同点是买卖婚姻通常是包办强迫婚姻，而借婚姻索取财物，基本上是自主婚，但它不是以感情作为基础，而是把满足物质欲望作为缔结婚姻的首要条件，不是正确行使婚姻自由的权利，而是滥用了这一权利。

借婚姻索取财物的行为，妨碍婚姻自由原则的贯彻，腐蚀人们的思想，败坏社会风气，往往给许多家庭造成悲剧。有的为了筹集财物，东借西贷，以致债台高筑，在婚后造成沉重的经济和思想负担，影响家庭的和睦、团结，其危害性不可低估。目前这种婚姻在现实生活中占有一定比例。此类婚姻危害性大，处理不好，容易激化矛盾。

(三) 注意划清几个界限

不论是包办、买卖婚姻和其他干涉婚姻自由的行为，还是借婚姻索取财物的行为，都是建立和发展社会主义婚姻关系，贯彻婚姻自由的障碍。在具体处理因此引起的纠纷时，要正确掌握法律和政策的精神，注意划清以下界限：

1. 包办婚姻和父母主持、经人介绍、本人自愿同意的界限

前者由父母决定，违背婚姻当事人的意愿，违反了婚姻自由原则，是违法行为；后者虽由父母出面主持，但婚姻当事人是同意的，它符合婚姻自由原则，是合法行为。

2. 买卖婚姻和一般借婚姻索取财物的界限

前者是以包办强迫为手段索取大量财物，后者是在婚姻自由的情况下索取财物。前者是由当事人以外的第三人实施的，后者则既可能是当事人以外的第三人，也可能是当事人一方实施的。虽然两者都是违法行为，但情节、后果不同，处理方法也不同。

3. 借婚姻索取财物和男女自愿赠与的界限

前者是一方或一方父母主动索取，是违法行为；后者是男女双方自愿赠与，是合法行为。

4. 说媒骗财和正当婚介的界限

前者是以说媒为手段骗取财物的违法行为；后者是一种人们之间的正当的帮助，甚至是一种社会职业，如婚姻介绍所，这是合法行为。

（四）彩礼问题的处理

根据《婚姻法司法解释二》第10条规定：当事人请求返还按照习俗给付的彩礼的，如果查明属于以下情形，人民法院应当予以支持：（1）双方未办理结婚登记手续的；（2）双方办理结婚登记手续但确未共同生活的；（3）婚前给付并导致给付人生活困难的；适用前款第2、3项的规定，应当以双方离婚为条件。

贯彻婚姻自由一方面要禁止包办、买卖婚姻和其他干涉婚姻自由的行为，禁止借婚姻索取财物，另一方面也要警惕个人主义在婚姻家庭领域泛滥。个人主义作为一种以个人为中心对待社会或他人的思想，其核心的内容就是一切从个人需要出发，反对统一的社会价值标准，其发展到极端，就会为了个人利益而不择手段地损害社会和他人。在婚姻家庭领域，婚姻是个人的事情，也不完全是个人的事情，它必须有两人的合法结合才能构成，而亲属则是以血缘、婚姻为纽带所产生的社会关系，无论是在婚姻间还是在一定范围亲属组成的家庭间，彼此之间都必须有和衷共济、和谐相处、互相帮助的精神，所有家庭成员只有通过付出、奉献和履行责任才能和睦相处，才能使家庭充满温暖，婚姻保持稳定；否则，个人主义盛行，以自我为中心，凡事当前先考虑满足自我愿望，那等待他们的往往是亲属的冷漠，婚姻的破裂。

案例：被告孙某（女）系农村女性，经人介绍与肖某认识并确定了恋爱关系。肖某对孙某很满意。肖某认为孙某长得好，会做事，很是喜欢，当下给孙某2000元。后孙某与肖某按农村习俗举行订婚仪式。孙某母亲提出必须给26000元，否则甭想结婚。根据当地习俗，男家认为给20000元可以了，但是女家坚持26000元。经媒人劝解，男方家同意出26000元。在举行婚礼的当天，孙某提出肖某应给付对父母的感恩费4000元。男家只好向亲友借款。由于负债生活，婚后双方冲突不断，并伴有家庭暴力行为。婚后半年，孙某提出离婚，肖某同意。但肖某提出孙某返还32000元，遭到孙某拒绝。孙某认为彩礼系对方自愿给付，不予退还。双方就彩礼要不要退还及彩礼性质的问题发生重大分歧。肖某起诉至某法院。法院经审理认为：原告孙某与被告肖某虽办理结婚登记手续，但结婚时间不长，且因为孙某索要彩礼的行为，导致被告生活困难。原告孙某依法应酌情予以返还。据此，法院依法判决原告孙某返还被告彩礼30000元。

评析：这是一起借婚姻索取财物的案例。根据《婚姻法司法解释二》第10条规定：当事人请求返还按照习俗给付的彩礼的，如果查明属于以下情形，人民法院应当予以支持：（1）双方未办理结婚登记手续的；（2）双方办理结婚登记手续但确未共同生活的；（3）婚前给付并导致给付人生活困难的；适用前款第2、3项的规定，应当以双方离婚为条件。本案双方结婚时间短，女方孙某向男方肖某索要的财物数量较大，且大多是男方举债而为。根据最高人民法院规定的精神，孙某应返还肖某彩礼。

第三节　一夫一妻原则

一、一夫一妻制的概念

一夫一妻制，又称个体婚制，是指一男一女结为夫妻互为配偶的婚姻制度，即一个人只能有一个配偶，不能同时有两个或更多配偶的婚姻制度。

一夫一妻制要求：任何人不论其地位高低，财产多少，都不能同时有两个或更多的配偶；已婚者在配偶死亡或离婚前，不得再行结婚；一切公开的、隐蔽的一夫多妻或一妻多夫的两性关系都是非法的。

实行一夫一妻制，是社会主义婚姻关系的必然要求，符合婚姻这一伦理实体的性质，又符合共产主义道德观念。社会主义经济的发展，为实现一夫一妻制提供了根本的物质保证。在社会主义条件下，消灭了剥削和压迫，妇女在政治、经济、文化和社会等各方面取得了和男子平等的地位，为实现一夫一妻制奠定了可靠的基础。

二、一夫一妻制的贯彻

（一）禁止重婚

1. 重婚的概念

重婚是指有配偶者再行结婚或者明知他人有配偶而与之结婚的行为。重婚是违法行为，是对一夫一妻制原则的严重破坏。

具体而言，重婚有两种形式：

一是法律上的重婚，是指前婚未解除，又与他人办理了婚姻登记手续，即有配偶者又与他人登记结婚。只要双方办理了结婚登记手续，不论是否同居，重婚就已形成。

二是事实上的重婚，是指前婚未解除，又与他人以夫妻名义同居生活，但未办理结婚登记手续。

在现实生活中，事实重婚占多数，因为法律上的重婚需要进行婚姻登记，如果不是隐瞒和欺骗，很难通过审查，也就很难形成法律重婚。所谓以夫妻名义共同生活，表现形式是多样的，有的公开举行婚礼，有的以夫妻身份外出探亲、以夫妻身份购房等。

2. 对待重婚的法律和政策

处理重婚问题，现在和解放初期已有明显不同。解放初期存在大量解放前遗留下来的重婚纳妾问题，只能作为历史问题妥善解决。一般原则是：

1950年婚姻法公布前形成的重婚，如果当事人相安无事，法律不予追究，因为法律没有追溯力；如果当事人（尤其是女方）为解除痛苦，提出离婚要求，应准予离婚。1950年婚姻法公布以后的重婚，不论出于何种原因，采取何种形式，都是非法的，一律不予承认。鉴于重婚的情况比较复杂，在具体处理时，要根据重婚的原因、情节和后果等情况，分别考虑，正确对待。

1980年《婚姻法》明确规定"实行一夫一妻制，禁止重婚"。2001年修改后的《婚姻法》再次肯定了这一原则。因此，重婚是一种违法行为，情节严重的，构成犯罪，要依法受到刑事制裁。

3. 重婚的法律后果

依现行法律，重婚行为在婚姻法、刑法方面都会产生相应的法律后果。在婚姻法方面，首先，重婚是结婚的禁止条件；其次，在婚姻的效力方面，重婚为无效婚姻，不产生合法婚姻的效力；再次，在法律责任上，因重婚导致离婚的，无过错方有权请求损害赔偿。在刑法方面，重婚者如果主观上存在故意，则构成重婚罪，应依法给予刑事制裁。我国《刑法》第258条规定："有配偶而重婚的，或者明知他人有配偶而与之结婚的，处2年以下有期徒刑或者拘役。"

（二）禁止有配偶者与他人同居

有配偶者与他人同居，是指有配偶者与婚外异性，不以夫妻名义，持续稳定地共同居住。同居是夫妻共同生活的基础要件，是婚姻本质所内定的义务。

有配偶者与他人同居，是对夫妻间义务的违反和对配偶权利的侵犯。

《婚姻法》第3条明确规定了"禁止有配偶者与他人同居"，为受害者主张权利提供了法律依据，同时在法律责任部分第46条明确规定，有配偶者与他人同居，导致离婚的，无过错方有权请求损害赔偿。

案例：钱某，男，34岁，某单位职工。刘某，女，31岁，某单位职工。钱某与刘某经人介绍相识5个月后确定恋爱关系，于2003年1月结婚。2005年生有一女。2006年，钱某单位破产，钱某下岗，在刘某的支持下，开了文印公司。由于钱某经营有方，效益很好。但此时钱某业务上与蒋某（女）关系密切，多次有越轨行为，妻子多次劝说，无济于事。2008年2月，刘某以钱某违反新《婚姻法》第4条"夫妻应当互相忠实"的规定和蒋某侵犯其配偶权为由，到法院提起诉讼，要求责令两人停止不正当关系，赔礼道歉，判令蒋某停止侵害，赔偿精神损失费2万元。某法院于2008年2月受理了刘某的起诉，经审查，裁定驳回起诉。

评析：我国2001年修正后的《婚姻法》第3条规定，"禁止有配偶者与他人同居"；第4条规定："夫妻应当互相忠实，互相尊重。"《婚姻法司法解释一》中第3条特别规定："当事人仅以婚姻法第4条为依据提起诉讼的，人民法院不予受理；已经受理的，裁定驳回起诉。"某人民法院按照《婚姻法》的规定，最初受理了本案，但根据上述司法解释，驳回起诉是符合法律规定精神的。目前我国法律对"第三者"问题处理持谨慎态度。本案受害方请求对第三者介入行为加以惩戒和承担精神损害赔偿责任之诉未得到法院支持。笔者认为应加强此方面的立法。如果"婚外恋"行为表现为重婚或者表现为"有配偶者与他人同居"导致离婚的，《婚姻法》第46条明确规定了过错方应当承担一定的法律后果。按照规定，人民法院可据此判决离婚，无过错方有权请求精神损害赔偿。

第四节　男女平等原则

一、男女平等的概念

我国宪法明确规定了男女平等的原则，它包括男女在政治、经济、文化、社会和家庭的生活等各个方面享有与男子平等的权利。婚姻法规定的男女平等原则,是指男女在婚姻关系和家庭生活的一切方面都平等地享有权利、承担义务,禁止对女性任何形式的歧视、虐待和压迫。男女两性在婚姻家庭中的地位,首先取决于他们在社会、经济、政治等方面的地位。历史充分证明,生产资料私有制和阶级剥削制度是男女不平等的社会根源。自有阶级社会以来,男女就处于不平等的地位。在旧中国,男女之间是主从、尊卑、女性依附于男性的关系。这种男女不平等为封建社会礼制和法律所保护。"三从四德"等种种清规戒律成为束缚妇女、奴役和压迫妇女的沉重锁链。虽然资产阶级提出并在法律中规定了男女平等,在历史上是一大进步,但是这种男女平等带有极大的局限性和虚伪性。当前世界范围内很多国家在立法上废弃了早期立法中男女不平等的条款,男女两性的法律地位渐趋平等。但因为制度的局限性,不可能实现真正的男女平等。

中国共产党自建党以来,始终把解放妇女,实现男女平等作为革命事业的重要组成部分。全国解放前革命根据地颁布的各种法令中,都鲜明地贯穿了男女平等的精神。中华人民共和国成立后,彻底废除了一切歧视妇女、压迫妇女的法律。我国历次宪法都规定,妇女在政治的、经济的、文化的、社会的和家庭生活各方面享有同男子平等的权利,男女同工同酬,在有关选举、劳动、教育等法律中,妇女的权利都得到了有效保障。我国《婚姻法》、《民法通则》、《妇女权益保障法》等许多法律中,都明确规定了男女平等。但由于封建的传统观念的影响,男尊女卑的旧思想、旧习俗尚未绝迹,男女之间尚存在实际的差距。所以,规定男女平等原则仍具有重要的现实意义。

二、男女平等的内容

(一) 在婚姻关系方面

(1) 结婚和离婚的条件、程序及其相应的权利、义务、责任对男女双方同等适用。

(2) 夫妻在家庭中的地位平等。

(二) 在父母子女关系方面

(1) 父母子女间的权利义务对不同性别的家庭成员平等适用。

(2) 子女可以随父姓,也可以随母姓。

(3) 父母双方对未成年子女享有平等的监护权,离婚时,子女可以由父方抚养,也可以由母方抚养,抚养费由双方合理地平等分担。

(4) 父母均有要求子女赡养的权利。

(5) 父母子女有相互继承遗产的权利。

（三）在其他家庭成员关系方面

（1）兄弟姐妹处于平等的家庭地位，都享有要求父母抚养的权利，都承担赡养父母的义务，都是父母的第一顺序的法定继承人。

（2）兄姐对未成年的弟妹及已成年的弟妹对兄姐承担扶养责任的条件和内容都是平等的，兄弟姐妹互为第二顺序的法定继承人。

（3）祖父母与外祖父母、孙子女与外孙子女的权利义务平等适用，祖父母、外祖父母是孙子女、外孙子女的第二顺序法定继承人，孙子女、外孙子女享有平等的代位继承权。

三、男女平等原则的贯彻

社会主义制度从政治、经济、法律等各方面为全面实现男女平等奠定了充分的基础条件，但在现实生活中男女平等的真正实现并不是一蹴而就。中华人民共和国成立以来我们在男女平等方面已经取得了很大成就，但男尊女卑的旧制度、旧思想在历史上长期存在，重男轻女、歧视妇女的传统习惯势力还有一定影响。如有的丈夫将妻子当成私有财产，任意地打骂、虐待。家庭暴力案件不断发生，由于人们将其当成家务纠纷，使很多妻子得不到法律的救济。所以男女两性在法律上的平等还不是实际生活中的平等。从根本上说，社会主义物质文明和精神文明的高度发展，是男女平等进一步实现的必要条件。贯彻男女平等的原则，一方面要加快现代化建设的步伐，为实现男女平等创造物质条件；另一方面，要加强法制宣传，继续反对夫权思想和歧视妇女的旧传统，树立男女平等的新观念，正确贯彻执行婚姻法中有关男女平等的各项规定。只有这样，才能切实保障妇女在婚姻家庭方面与男子享有平等的权利。

案例：朱某，男，现年31岁，某公司职员。许某，女，现年28岁，某企业职工。2005年朱某通过朋友认识了许某，许某的开朗与美丽深深吸引了朱某。经过一段时间的了解，两人结婚了。由于工作出色，许某成为单位某部门主管。朱某的心里很不是滋味。朱某担心妻子弃己而去，其大男子主义开始暴露。一次许某与一位男同事在路上讲话，被朱某撞见，结果被朱某暴打。朱某与许某约法三章：第一，不能超过晚7点回家；第二，不能与男性有来往；第三，不能出差。后来许某加夜班，朱某也会派人跟踪。朱某的行为，导致许某工作屡屡出错。许某最终在婚后8个月向当地人民法院起诉，要求解除与朱某婚姻关系。

评析：男女平等是我国《婚姻法》规定的一项重要原则。为执行男女平等原则，《婚姻法》第13条特别规定：夫妻在家庭中地位平等。第15条强调：夫妻双方都有参加生产、工作、学习和社会活动的自由，一方不得对他方加以限制或干涉。本案中朱某干涉妻子正常的工作与社会活动，并实施家庭暴力行为，侵犯了妻子的人身自由权，最终导致夫妻感情破裂。在调解无效情况下，法院应准予离婚。许某可根据《婚姻法》第46条之规定，因实施家庭暴力，导致离婚的，有权请求损害赔偿。但本案应注意的是：许某对朱某过分忍让的态度亦是导致丈夫干涉行为不断升级的重要原因之一。当夫妻一方的权利受到侵犯时应及时寻找法律帮助，避免矛盾与冲突加剧。

第五节 保护妇女、儿童和老人的合法权益原则

保护妇女、儿童和老人的合法权益，在我国宪法中有明确规定，同时也是婚姻法的一项重要原则。1950年《婚姻法》规定了保护妇女、儿童的合法权益的原则，1980年《婚姻法》总结多年来的经验，根据现实情况补充了"保护老人合法权益"的内容，从而使这一规定更加全面和完善。这一原则充分体现了我们党和国家关怀妇女、爱护儿童、尊敬老人的精神。坚持这一原则，对切实贯彻男女平等原则，树立尊老爱幼的新风尚和巩固社会主义新型家庭关系具有重要意义。

一、保护妇女的合法权益

（一）保护妇女的合法权益之必要性

保护妇女合法权益是对男女平等原则的重要补充。我国妇女虽然在法律地位上已经获得了与男子平等的权利，但在实际生活中还存在着妨碍妇女行使平等权利的消极因素。妇女的法律地位如何，妇女的合法权益能否得到切实保护，是衡量一个国家文明程度的重要标准之一。因此，必须在强调男女平等原则的同时，对妇女合法权益加以特殊保护。为什么要特殊保护呢？原因主要有两个：

1. 历史原因

妇女在历史上受迫害最深，地位最低。在旧中国，妇女深受政权、神权、族权、夫权四重压迫，她们所遭受的痛苦比男子更深重。早在1931年《中华苏维埃共和国婚姻条例》的决议案中就曾强调："女子刚从封建压迫中解放出来，她们的身体许多受了很大的损害（如缠足）尚未恢复，她们的经济尚未

独立,所以关于离婚问题,应偏于保护女子,而把因离婚而引起的义务和责任,多交给男子担负。"后来各边区、解放区有关婚姻家庭的条例和新中国成立后的1950年《婚姻法》和1980年《婚姻法》,2001年修改后的《婚姻法》都把保护妇女的合法权益作为一项重要的基本原则。

2. 生理原因

妇女在生理上具有特殊性,即根据妇女的特殊需要,规定只有妇女才能享有的权利。这一点,在婚姻法、妇女权益保障法中有突出的体现,在其他法律中(如刑法、劳动法)也有明确规定。

3. 现实原因

现实生活中女性遭受虐待、遗弃、家庭暴力的现象时有发生。

(二) 婚姻法保护妇女的合法权益的主要措施

1. 禁止家庭暴力

家庭暴力是指行为人以殴打、捆绑、残害、强行限制人身自由或者以其他手段,给其家庭成员的身体、精神等造成一定伤害后果的行为。世界卫生组织的一项结论认为,已婚男女间的暴力是比战争更加凶恶的杀手。在我国,许多调查研究表明,家庭暴力占有一定比例,绝大部分是丈夫对妻子施暴。由于家庭暴力具有隐蔽性、长期性和涉及个人隐私的特点,施暴者和受害者的夫妻关系往往使人们把家庭暴力当成是家务事,受"家丑不可外扬"、"两口子打架不记仇"等传统观念的影响,导致受害者较少寻求法律保护,执法人员不愿介入家庭私人领域,对家庭暴力重视不够,以致这类案件在现实生活中受谴责和处罚的很少。《婚姻法》针对家庭暴力作出了救助措施与法律责任的法律规定。这意味着,家庭暴力不再是家务事,惩治家庭暴力成为公安机关和有关部门法定的责任和义务。实施家庭暴力导致离婚的,无过错方有权提出损害赔偿。这一规定,突出体现了法律对妇女和弱者的保护和照顾。

2. 在离婚问题上,对妇女的保护

(1) 特定时期限制男方离婚诉权。《婚姻法》明确规定,女方在怀孕期间、分娩后一年内或中止妊娠后六个月内,男方不得提出离婚。但女方提出离婚或人民法院认为确有必要受理男方离婚请求的,不再此限。在一定时期限制男方的离婚请求权,有助于保护妇女和婴幼儿的身心健康。

(2) 离婚时财产分割上照顾女方利益。在离婚时共同财产分割问题上,规定了照顾女方的原则。离婚时夫妻共同财产的分割,先由双方协议处理;协议不成时,由人民法院根据财产的具体情况,照顾子女和女方权益的原则判决。由于历史的原因,男女的经济地位还存在实际的差别,女子一般低于男子，所以法律规定了照顾女方的原则。

（3）经济帮助。离婚时，如一方生活困难，另一方应从其住房等个人财产中给予适当帮助。从实际执行的情况看，接受经济帮助的多为女方。

1992年4月3日第七届全国人大第5次会议通过的《中华人民共和国妇女权益保障法》是我国第一部保障妇女权益，促进男女平等的基本法。2005年8月28日第十届全国人大常委会第十七次会议表决通过了关于修改《妇女权益保障法》的决定。这个决定自2005年12月1日起施行。修正后的《妇女权益保障法》第7章专门对妇女在婚姻家庭方面的权益做了更加具体的保障性规定。其中对离婚后妇女的人身、财产权益的保障比婚姻法的规定更加详尽，操作性更强。随着社会经济的发展和妇女地位的日益提高，男女两性间的实际差别会逐渐缩小，需要特殊保护妇女的情况会越来越少，真正的男女平等将会全面实现。

二、保护儿童的合法权益

（一）保护儿童的合法权益的必要性

保护儿童的合法权益，是振兴国家和民族的需要，是培养和造就社会主义建设事业接班人的需要，也是巩固和发展社会主义婚姻家庭关系的需要。《中华人民共和国宪法》明确规定："国家培养青年、少年、儿童在品德、智力、体质等方面全面发展。""婚姻、家庭、母亲和儿童受国家的保护。"为了有效保障儿童的合法权益，1991年9月4日第七届全国人民代表大会常务委员会第二十一次会议通过，2006年12月29日第十届全国人民代表大会常务委员会第二十五次会议修订的《中华人民共和国未成年人保护法》，从家庭、社会、学校、司法等方面对儿童的合法权益做了全面、具体的保障性规定。

在不同的社会制度下，儿童在家庭中的地位及法律地位有很大差别。我国封建社会婚姻家庭制度的基本特征之一就是家长专制，漠视子女利益。因此，在旧中国，儿童被当做父母或家长的私有财产，他们没有独立的人格，合法权益得不到保障。封建时代的父母子女关系以"父为子纲"为最高原则，成为一种统治和被统治的关系。直到解放前，国民政府的民法还明文规定："父母得于必要范围内惩戒其子女。"可见子女在家庭中处于无权地位，对父母绝对地顺从，甚至连自己的身体和性命都要听任父母的任意处置。社会主义制度从根本上改变了儿童在社会和家庭中的地位，父母子女间的关系发生了深刻的变化，其合法权益得到了切实的保障。但是在现实生活中，侵犯儿童权益的现象仍然存在，如遗弃女婴、残疾儿童，甚至出卖亲生子女的行为时有发生；重婚和非法同居等带来的非婚生子女问题也日益突出，非婚生子女往往遭到遗弃、虐待、残害和歧视，并由此引发未成年人犯罪问题。因此，保护儿童的合法权益仍然是一个极为重要的原则。

(二)《婚姻法》保护儿童合法权益的措施

婚姻法在家庭关系、离婚等章中，都有保护儿童的具体规定。

1. 明确规定了父母对子女有抚养、教育的义务

父母有保护和教育未成年子女的权利和义务。而且这种义务，不因父母离婚而消除。离婚后，父母对子女仍有抚养和教育的权利和义务。如果父母不履行抚养义务，未成年的或不能够独立生活的子女有要求父母付给抚养费的权利。为了更好地保护婴儿的合法权益，婚姻法规定，"禁止家庭成员间的虐待和遗弃"、"禁止溺婴、弃婴和其他残害婴儿的行为"。如果父母有虐待、遗弃子女的行为，情节严重的构成虐待罪、遗弃罪，将会受到刑事制裁。

2. 规定了不同情况的子女的平等地位

在我国，除了婚生子女以外，还有非婚生子女、继子女和养子女，不论是哪种子女，其地位完全平等。在新中国，国家规定了保护儿童的原则，非婚生子女和继子女等不再受歧视和虐待。我国《婚姻法》规定"非婚生子女享有与婚生子女同等的权利，任何人不得加以危害和歧视"；"养父母和养子女间的权利和义务，适用本法对父母子女关系的有关规定"；"继父母与继子女间，不得虐待或歧视"，切实保障了非婚生子女、继子女和养子女的合法权益。

3. 规定了特定情形下祖父母、外祖父母对孙子女、外孙子女以及兄姐对弟妹的抚养义务

我国《婚姻法》第28条规定："有负担能力的祖父母、外祖父母，对于父母已经死亡或父母无力抚养的未成年的孙子女、外孙子女，有抚养的义务。"第29条规定："有负担能力的兄、姐，对于父母已经死亡或父母无力抚养的未成年的弟、妹，有扶养的义务。"这一规定符合我国家庭的实际情况，更有利于保护儿童的合法权益原则的贯彻执行。

三、保护老人的合法权益

(一) 保护老人的合法权益的原因

维护平等、和睦、文明的婚姻家庭关系，除了保护妇女、儿童的合法权益外，还要保护老人的合法权益。尊敬、赡养和爱护老人是我国人民的优良传统和美德。老人为国家、民族、社会和家庭贡献了毕生精力，创造出巨大物质财富和精神财富。在他们年老体弱、丧失劳动能力的时候，理应得到社会和家庭

的尊敬和照顾。子女在生活上给以关心，在经济上给以照顾，在精神上给以安慰，使他们能够安度晚年。这不仅是法律规定的义务，也是社会主义道德的要求。对此，我国《宪法》规定："中华人民共和国公民在年老、疾病或者丧失劳动能力的情况下，有从国家和社会获得物质帮助的权利。国家发展为公民享受这些权利所需要的社会保险、社会救济和医疗卫生事业。"在许多国家，程度不同地保留着敬老的传统美德。目前随着人口老龄化趋势的增强，老人数量在不断增多，如何保护老人的合法权益，已成为全球性的问题。在我国，老人处处受到国家和社会的照顾。目前，社会对老人问题提出了"五有"倡议，即：老有所养、老有所学、老有所为、老有所医、老有所乐。当前社会，我国老年人养老仍主要依靠家庭。目前随着中国老龄化进程的加速，强化家庭赡养老人的功能仍是十分重要的问题。

(二)《婚姻法》保护老人合法权益的措施

1. 明确规定了子女对父母有赡养扶助的义务

子女对父母的赡养义务不因父母婚姻关系的变化而终止。就是说，子女对父母赡养扶助的义务不因父母的离婚、再婚而消除。如果子女不履行赡养义务，无劳动能力的或生活困难的父母，有要求子女付给赡养费的权利。

2. 明确规定了禁止虐待和遗弃老人

《婚姻法》第3条规定，"禁止家庭成员间的虐待和遗弃"。在家庭成员间，受虐待和遗弃的多数为妇女、儿童和老人。这不仅是违反社会主义道德的行为，也是违法行为，情节恶劣，构成虐待罪、遗弃罪的，还要受到刑事惩罚。

1996年8月29日第八届全国人民代表大会常务委员会第二十一次会议通过的《中华人民共和国老年人权益保障法》对老年人赡养问题作了重要补充，对老年人的保护更为全面。

总之，保护妇女、儿童和老人的合法权益，是我国婚姻法的重要原则。随着物质文明和精神文明建设的提高，这一原则将会得到更好的贯彻、落实。

案例：原告：段某，男，29岁，某外企职员。被告：郭某，女，27岁，某单位会计。段某与郭某2004年在去云南旅游的路上相识，由于都是单身旅行，两人决定结伴旅行，旅行结束后，双方闪电结婚。婚后段某与郭某发现双方性格有诸多冲突。郭某性格十分内向，段某性格有些急躁，稍有不如意，段某就会拳脚相加。2006年2月，郭某生有一子。2006年10月，在一次激烈争吵和遭受殴打后，段某向某法院提起诉讼，坚决要求离婚。法院经过调查，认为夫妻感情确已破裂，经调解无效，遂于2006年12月判决双方离婚，儿子随郭某生活。收到判决后，郭某不服，向中级法院提起上诉，提出自己生育不到一年，判决离婚违背《婚姻法》的规定，法院未注意保护妇女与儿童的合法权益。受理此案的中级法院审理后认为，根据《婚姻法》第34条的规定，段某在妻子分娩后1年内不得提出离婚，一审法院的判决违反法律规定，裁定撤销一审判决，驳回段某的起诉。

评析：本案涉及如何理解和执行保护妇女及儿童合法权益原则。我国婚姻法第2条对此作了明确规定。我国《婚姻法》第34条规定："女方在怀孕期间、分娩后一年内或中止妊娠后六个月内，男方不得提出离婚。女方提出离婚的，或人民法院认为确有必要受理男方离婚请求的，不在此限。"这一规定的目的是妇女权益与儿童权益保护原则的具体体现，旨在保护女方及胎、婴儿的身心健康。但当女方认为离婚对其本人及胎、婴儿更为有益时，女方作为原告诉请离婚不受限制。本案夫妻关系破裂虽是客观存在的事实，但段某与郭某对是否在此时离婚存在重大分歧。段某要求离婚时，女方刚生育只有约8个月的时间，符合第二种情形，本案无视法律规定例外受理男方离婚请求的情形，按照法律规定段某不得提起离婚诉讼，如果提出，人民法院也应依法驳回。本案一审法院忽略了法律的规定，错误受理和判决离婚，二审法院的处理完全正确。二审法院的处理恰恰是保护妇女、儿童合法权益在离婚案件审理中的具体体现。

第六节 计划生育原则

实行计划生育是我国的一项基本国策。我国宪法明确规定，国家推行计划生育，使人口的增长同经济和社会发展计划相适应。1980年《婚姻法》根据宪法的精神，把计划生育作为一项基本原则，使这一政策法律化，这对有效地调解人口再生产和有计划地控制人口增长具有重要的意义。

一、实行计划生育的意义

（一）计划生育的概念

计划生育是指有计划地调解人口的发展速度。它包含两方面的含义：一是节制生育，降低人口的发展速度；二是鼓励生育，提高人口的发展速度。在我国,实行计划生育是指前一方面的含义。

(二) 实行计划生育的意义

1. 实行计划生育是经济发展规律的必然要求

恩格斯指出:社会生产包括两方面,"一方面是物质资料即食物、衣服、住房以及为此所必需的工具的生产;另一方面是人类自身的生产即种的繁衍"。其中物质资料的生产,是人类生存的基础和社会发展的决定力量,人口的再生产受物质资料生产的制约。人口状况虽然不能决定社会的发展,却能够促进或延缓社会的发展。因此,在阶级社会里,统治阶级为了维护他们赖以存在的物质生活条件,往往利用道德和法律等行为规范,对人们的生育问题(如生育子女的早晚、数目的多少、子女性别等)进行控制和调整。我国是社会主义国家,国民经济是有计划按比例发展的。因此,只有自觉地、有计划地调解人口再生产,才能正确处理生产和需要、积累和消费以及经济和社会发展中各种重要的比例关系。

2. 实行计划生育是提高人民生活水平,促进社会主义现代化建设的需要

社会主义制度的优越性,应该体现在人民生活水平的提高上。新中国成立以来,我国人民的生活虽然有了很大的改善,但总的说来,还落后于世界发达国家,其中一个重要的原因就是人口增长过快。解放前,我国人口的再生产虽然处于盲目状态,但由于具有"高出生率、高死亡率"的特点,人口增长还是缓慢的。新中国成立后,人口死亡率大幅降低,而人口增长率却逐年上升。这不仅影响了人民生活水平的提高,也影响了社会主义事业建设的速度。可见,不实行计划生育,人民的生活水平不仅难以提高,甚至会下降,这势必会影响社会主义制度的巩固和社会主义建设事业的发展。

3. 实行计划生育,有利于减轻家庭经济负担,提高人口素质

从家庭生活方面而言,子女太多,父母花费的物力和精力就多。这不仅影响家庭的经济生活,影响父母子女的健康,而且也影响父母参加社会生产。从对子女的素质培养来说,孩子太多,就会降低抚养教育的质量。如果实行计划生育,每个家庭只生一个孩子,就有利于做到"优生、优育",就有利于提高人口素质,保证中华民族不断发达兴旺。

二、国家对计划生育的要求

我国计划生育的总体方针是:少生、优生和适当的晚婚晚育。

《人口与计划生育法》第17条规定:"公民有生育的权利,也有依法实行计划生育的义务,夫妻双方在实行计划生育中负有共同的责任。"第18条规

定：“国家稳定现行生育政策，鼓励公民晚婚晚育，提倡一对夫妻生育一个子女；符合法律、法规规定条件的，可以要求安排生育第二个子女。具体办法由省、自治区、直辖市人民代表大会或者其常务委员会规定。少数民族也要实行计划生育，具体办法由省、自治区、直辖市人民代表大会或者其常务委员会规定。"

三、计划生育原则的贯彻

（一）破除封建主义生育观，树立社会主义生育观

实行计划生育是人类生育史上的伟大变革，是我国婚姻家庭生活中的一场革命。在贯彻执行这一原则的过程中，必然会受到封建思想、旧的传统势力的干扰，突出表现在人们的生育观上。从生育的目的来看，是传宗接代；从生育的性别看，是重男轻女；从生育的数量看，是多子多福。凡此种种，都是封建主义的生育观，是当前贯彻计划生育原则的最大思想障碍。因此，实行计划生育，必须破除封建主义生育观，树立和宣传社会主义生育观，发扬以计划生育为荣，生男生女都一样的新风尚。

（二）夫妻双方都有实行计划生育的义务

家庭是人口再生产的社会形式，必须从家庭制度方面保障计划生育的开展。因此，我国婚姻法规定，夫妻双方都有实行计划生育的义务。把计划生育仅仅看成是女方的义务是错误的，夫妻双方要共同协商、互相配合，采取有效的措施，自觉履行这一义务。违背有关计划生育的规定，要承担一定的法律责任。为此，《人口与计划生育法》第41条规定："不符合本法第18条规定生育子女的公民，应当依法缴纳社会抚养费。未在规定的期限内足额缴纳应当缴纳的社会抚养费的，自欠缴之日起，按照国家有关规定加收滞纳金；仍不缴纳的，由作出征收决定的计划生育行政部门依法向人民法院申请强制执行。"

（三）收养不得违反计划生育的法律、法规

为使计划生育政策得到切实的贯彻和执行，防止借收养名义破坏计划生育工作的现象发生，我国《收养法》第3条规定了"收养不得违背计划生育的法律、法规"，并对收养人和送养人进行了限制。如要求收养人"无子女"、"年满30周岁"、"收养人只能收养一名子女"和"送养人不得以送养子女为理由违反计划生育的规定再生育子女"。这些规定都是为了保障计划生育政策落到实处。

我国婚姻法的基本原则，是互相联系、互相制约、不可分割的统一整体。

全面贯彻这些原则，对于实现家庭成员间互相尊重、敬老爱幼、互相帮助，维护平等、和睦、文明的新型婚姻家庭关系，建设高度的物质文明和精神文明，促进社会稳定和社会全面进步有着十分重要的意义。

案例：郑某，男，30岁，某村农民。郑某于2000年经人介绍与单某（女）认识并结婚。婚后感情一般。婚后四年内单某生育两个女孩。2006年，单某再次怀孕，单某认为已有两女儿，决定放弃生育，但郑某还想再要一个儿子。因此单某要求流产的决定，遭到郑某的坚决反对。不仅如此，郑某对妻子大打出手，并威胁单某，如果不生下这个孩子，就要离婚，且让单某一无所有。这件事惊动了乡计划生育办公室。他们派人找到郑某做工作。其间郑某对有关人员恶言恶语，但经过教育，郑某同意妻子采取中止妊娠措施，并保证不再生育第三胎。

评析：实行计划生育是我国的一项基本国策，明确写进了《宪法》、《婚姻法》以及《人口与计划生育法》。《婚姻法》第2条规定，实行计划生育。第16条规定，夫妻双方都有实行计划生育的义务。《人口与计划生育法》第17条规定："公民有生育的权利，也有依法实行计划生育的义务，夫妻双方在实行计划生育中负有共同的责任。"这表明当事人在符合国家计划生育政策和法律规定的情况下，有权选择是否生育、生育的时间和方式。同时亦意味着当事人不得违反计划生育管理的法律法规。本案郑某违反计划生育规定，坚持生育第三胎，在其妻子愿意中止妊娠的情况下，百般阻挠妻子去做流产手术，属于违反计划生育原则的行为。通过教育，郑某同意妻子采取中止妊娠措施，并保证今后不再生育第三胎，应予肯定。各地计划生育管理部门，应严格执行国家法律和地方性法规的规定，不得采取与相关法律法规不同的措施，应与当事人多沟通，防止因措施不当导致矛盾激化，影响计划生育原则的落实。

第七节 对婚姻家庭关系的倡导性规定

一、概述

2001年《婚姻法》修正案在总则第4条中增加了体现婚姻法立法宗旨的规定："夫妻应互相忠实，互相尊重；家庭成员应当敬老爱幼，互相帮助。"

对夫妻忠实义务及家庭成员关系作了倡导性规定，有助于维护平等、和睦、文明的婚姻家庭关系。因此，夫妻间的相互忠实，相互尊重，家庭成员间的敬老爱幼、互相帮助不仅是夫妻双方以及家庭成员的共同责任，亦是社会主义婚姻家庭的道德伦理要求，已通过法律确认为社会主义婚姻家庭法律规范，成为法律倡导性的规定。韦伯曾强调，现代国家往往会通过法律来支持或强化社会的固有道德，任何具有重要社会意义的道德或迟或早都会成为一种法律命令……而习惯和惯例（道德）反过来也会为法律提供支持，或者在法律所无法触及的领域发挥作用。① 婚姻家庭法将这一社会责任与道义融入到法条之中，在婚姻自由与道德自律之间更推崇以理入法、以法固理，由此来推进婚姻法律制度的健全发展。维护家庭成员间的平等、和睦、文明关系既然是法律化了的道德，因此违反了这一规定就应该承担有关法律责任。许多学者调查与研究亦证明违背夫妻忠实义务是离婚案件最重要的原因之一。② 绝大多数人认为夫妻间应当忠实。③ 总之，2001年《婚姻法》修正案在总则第4条的规定有利于维护平等、和睦、文明的婚姻家庭关系。法律作为国家公权力对公民私领域的介入和调整手段，不仅担负着帮助当事人解决纠纷、平衡利益的重任，其更为终极的目标是实现社会预防效应，引导公民建立良好的行为模式。对夫妻与家庭关系从法律视角进行积极而充分的调整，是现实生活的呼唤与要求。

二、夫妻应相互忠实、相互尊重

夫妻相互忠实、相互尊重是处理夫妻关系的基本要求。在近代，男女平等原则的规定和提倡，夫妻间互相忠实已成为夫妻结合的基本条件。早在1950年我国婚姻法中就强调夫妻有互爱互敬、互相帮助、互相扶养、和睦团结等义务。2001年婚姻法将夫妻相互忠实、相互尊重的规定提升到总则高度，彰显了我国严格实行一夫一妻制，提倡夫妻相互忠实、相互尊重的立法理念，对构建健康文明的夫妻关系具有导向作用。

法律中设立夫妻忠实义务，体现和贯彻了社会主义一夫一妻制的客观要求；有助于从法律和道德视角对夫妻双方行为加以约束，推进法治与德治相

---

① 参见韦伯：《法律与价值》，上海人民出版社2001年版，第64页。
② 参见李秀华：《妇女婚姻家庭法律地位实证研究》，知识产权出版社2004年版，第149页。
③ 参见王卫国总主编、夏吟兰主编：《民法学卷五婚姻家庭继承法》，中国政法大学出版社2004年版，第71页。

融，起到预防功能；夫妻忠实义务的规定符合国际立法惯例。很多国家都有关于夫妻应尽忠实义务之规定。① 葡萄牙、德国、日本、韩国等也有类似规定。

随着社会进步和发展，特别是人们法律意识、素养提高以及对人权保护力度的加强，对夫妻忠实义务的认识亦更科学、合理与公平。所谓夫妻忠实义务，指夫妻婚后在感情上与性生活上相互专一。任何一方不得为婚外之性交，须保持性的专一性。有学者强调一夫一妻制的要义："就是将人类的性行为规范在一对配偶之间，除此而外的性行为都是违法的，都是对他方的伤害。"②

有学者认国外有关夫妻忠实义务的规定，已排除了早期立法虽规定夫妻互负忠实义务，但严于妻而宽于夫的特征。更多国家从广义视角界定夫妻忠实义务之内涵。夫妻忠实义务，主要是指夫妻不为婚姻外之性交，在性生活上保持专一，也包括一方不得恶意遗弃配偶以及不得为第三人利益而损害配偶利益的内容。③ 对夫妻忠实义务之界定，我国学界主张不一。关于夫妻忠实义务的探讨，主要有以下观点。第一种观点，狭义夫妻忠实义务。又称贞操忠实义务，仅仅意味着配偶性生活的排他专属义务。④ 第二种观点，广义夫妻忠实义务。不仅包括夫妻在性生活上互守贞操，不为婚外性行为，也包括夫妻之间不得恶意遗弃配偶他方，不得为第三人利益牺牲、损害配偶他方的利益。⑤ 第三种观点，认为对社会学在忠实义务方面给予的解释应加以关注。如夫妻相互忠实是

---

① 《法国民法典》第 213 条规定，"夫妻互负忠实、帮助、救援的义务"；《瑞士民法典》第 159 条规定："配偶双方互负忠诚及扶助救助义务。"《德国民法典》第 1353 条规定："婚姻双方相互间有义务过共同的婚姻生活；婚姻双方互相向对方负责。"我国澳门特别行政区《民法典》第 1532 条规定："夫妻双方互负尊重、忠诚、同居、合作及扶持之义务。"参见王卫国总主编、夏吟兰主编：《民法学卷五婚姻家庭继承法》，中国政法大学出版社 2004 年版，第 72 页。

② 参见巫昌祯、夏吟兰：《婚姻家庭法学》，中国政法大学出版社 2007 年版，第 71 页。

③ 参见李志敏主编：《比较家庭法》，北京大学出版社 1988 年版，第 105 页。

④ 有学者进一步解析，违背夫妻忠实义务即是违反夫妻性忠实义务，不包括婚外恋、婚外情；参见李忠芳：《夫妻忠实义务与配偶权问题述略——兼评"法律道德主义"的批判》，载《国家检察官学院学报》2000 年第 3 期，第 28~31 页。

⑤ 参见蒋月：《配偶身份权的内涵与类型界定》，载《法商研究》1999 年第 4 期，第 19~24 页。

指夫妻婚后共同生活中在感情与性生活上保持专一。① 第四种观点,突破感情与性的狭窄界限,从更高视角对忠实义务进行定义。认为夫妻忠实义务是指具有合法婚姻关系的夫妻,实施了危害配偶另一方的人身权,使对方的人身、财产乃至精神方面受到损害的过错行为。我们认为,夫妻应当互相忠实不仅要求夫妻之间在性生活上互守贞操,不为婚外性行为,而且要求夫妻均不得实施任何伤害夫妻感情,破坏婚姻关系的行为。夫妻双方都有维系和建设平等、和睦、文明的婚姻关系的义务。

夫妻相互尊重是指夫妻在共同生活中应当相互以礼相待,不得羞辱或侮辱对方,夫妻应当充分尊重对方的独立人格与独立权利。夫妻不得实施有损于对方人格、尊严、利益的行为。这一规定对夫妻关系来说,具有导向性和规范性之功能。

互相忠实、互相尊重是对夫妻关系最本质的要求,是对婚姻自由、一夫一妻、男女平等等原则的更为深入的阐释。它又不仅仅是单纯的道德准则,而是法律化的道德准则。在这种关系中,要求婚姻双方不但从形式上更要从本质上处理好彼此之间关系,实现夫妻间真正和谐之目标。

三、家庭成员应当敬老爱幼、互相帮助

现行《婚姻法》第 4 条中明确规定:"家庭成员间应当敬老爱幼,互相帮助,维护平等、和睦、文明的婚姻家庭关系。"这一纲领性的原则规定继承和发扬中华民族的传统精神,总结了我国婚姻家庭未来发展的根本方向。此条款规定的意义表明我国婚姻家庭法的立法意念,倡导构建新的文明、平等与和谐的婚姻家庭关系。倡导具有法律意义的家庭成员间不仅有物质帮助、生活照料,同时还包括精神关爱与慰藉。由于旧有封建家庭观点的影响,拒绝赡养老人、漠视子女利益的现象时有发生,养老育幼、互相救助的家庭功能应受到特别关注。因此,在现阶段从立法高度倡导家庭成员敬老爱幼,互相帮助有助于发挥婚姻法调整和约束作用,引导婚姻家庭关系回归健康、文明与合法轨道。这一规定有助于保障婚姻、家庭、妇女与儿童平等权利,并高度契合我国宪法精神。同时可较好地协调私法意思自治与公法介入之间的冲突,有效地促进家庭稳定和保障社会文明。

---

① 参见陈苇、陈思琴:《改革开放三十年中国夫妻关系法律研究回顾与展望》,陈苇主编:《家事法研究》,群众出版社 2009 年,第 78~79 页;参见巫昌祯、夏吟兰:《婚姻家庭法学》,中国政法大学出版社 2007 年版,第 102~103 页。

婚姻家庭继承法学

总之,现行《婚姻法》第 4 条规定写入总则之中,充分体现了立法进步。但由于夫妻关系、家庭关系融入了太多的情感因素,若忽视道德作用,不利于缔造和谐的婚姻家庭生活氛围和提高婚姻家庭生活的质量。但在婚姻家庭中,法律威慑力对于维护和谐的婚姻关系同样有不容忽视之作用。尽快完善相应法律规定,构建新的民事责任机制,在一定程度上体现了公法对私法的适度渗透,是依法治国、法律平等和公平原则之必然,亦是婚姻内部、家庭关系内部夫妻间、家庭成员间独立平等人格权的强制性保障。

案例:2005 年南方某市某区人民法院审理了一起因婚外情引发的夫妻不忠赔偿案:原告小刚通过征婚,与小丽相识。经短暂接触,几个月后双方登记结婚。为慎重起见,2005 年 9 月,夫妻俩经过友好协商,签署了一份"忠诚协议书"。协议约定:若一方在婚期内出现背叛另一方不道德的婚外情行为,要赔偿对方名誉损失及精神损失费 20 万元。协议签订后不到一年,小丽发现小刚与其他异性有不正当关系。2006 年 3 月,小刚以夫妻感情破裂为由向法院提出离婚诉讼,与此同时,小丽以小刚违反"夫妻忠诚协议"为由提起反诉,要求法院判令小刚支付违约金 20 万元。法院经过审理,依据双方达成的忠诚协议,判决小刚支付对方"违约金"20 万元。

评析:《婚姻法》第 4 条规定"夫妻应当相互忠实",并在第 46 条规定,有重婚、有配偶者与他人同居等情形之一而导致离婚的,"无过错方有权请求损害赔偿"。小丽与小刚的忠诚协议,实质上是对夫妻忠实责任的具体化。此类协议只要体现双方自愿,并且在平等、自愿前提下签订,同时不违背强制性的法律规定、不损害他人和社会公共利益,就应具有法律效力,受到法律保护。目前,我国法律对有关"忠诚协议"的法律效力问题未作明确规定,我认为,离婚时夫妻一方以婚前或婚后双方签订的"忠诚协议"主张权利,人民法院经审查认为忠诚协议未违反法律禁止性规定,则应当尊重婚姻当事人的意思自治,按当事人之间的约定处理。总之,适度承认夫妻忠诚协议的法律效力,作出公正、合理的价值判断,是现代法律彰显权利、维护公序良俗之应有之义。

第三章 亲属制度

【本章重点难点提示】 学习本章内容，重点要理解亲属的法律概念、亲属的种类、亲属关系的发生和终止和亲属关系的法律效力。难点在于亲等的计算和亲属关系的法律效力。

第一节 亲属的概念和种类

一、亲属的概念

亲属作为一个与婚姻家庭关系密切联系的基本词汇，人们对亲属的认识往往由于时间、地域、文化等方面的不同而有所区别，并且常常或多或少地被多义性地使用。因此为了更准确地理解论述婚姻家庭关系，有必要探讨亲属的概念，明确其种类和范围，以确定在什么样的意义上使用"亲属"这一词汇。

亲属一词有两层含义：

一是社会学意义上的亲属。泛指由血缘关系、配偶关系以及两种关系之间的组合而产生的人与人之间的关系。作为社会学意义上的亲属，其范围很广，横向上无边无际，纵向上绵延不绝，相互间要么血脉同源，要么姻缘相连，犹如泉有分流、树有分支，尽管分流分枝远近不同，但却出于同源同干。

二是法律意义上的亲属，是指由婚姻、血缘和法律拟制而形成的、具有权利义务内容的特定主体之间的社会关系。作为法律意义上的亲属，首先是指因婚姻、血缘和法律拟制而产生的一种人与人之间的社会关系；其次是指这种社会关系经过法律的确认和调整，在特定的主体之间形成具有法律约束力的权利义务。由此概念可以看出法律意义上的亲属有三个鲜明的特性：其一，亲属关系作为一种法律关系，兼具人身和财产双重属性。其中人身关系是前提和基础，财产关系以人身关系为先决条件，居于从属地位。亲属间的财产关系不能脱离人身关系而是依附、从属于亲属间的人身关系而存在。这种从属性，具体表现为发生时的从属性、内容上的从属性以及终止时的从属性。其二，亲属关系只能基于婚姻、血缘或法律拟制而产生。亲属关系作为一种身份法律关系，有别于一般的民事法律关系，其产生有赖于特定的法律事实。具体来说，构成亲属关系产生原因的法律事实仅有三类：一是缔结婚姻的法律行为，指因结婚而产生夫妻关系；二是自然人出生的自然事实，指因出生而产生直系血亲和旁系血亲关系；三是特定的法律行为和事实行为，前者如因收养而产生拟制父母子女关系等，后者如继父母因抚养教育继子女而产生拟制父母子女关系等。其三，亲属具有相应的法律效力，具体表现为特定主体之间身份上和财产上的权利义务。这是法律意义上的亲属与社会学意义上的亲属之间最主要的区别。法律意义上的亲属间具有法定的权利义务关系，如夫妻、父母子女等；而法律规定范围外的亲属间没有权利义务，如叔叔与侄子女，堂兄弟姐妹等，但他们可以自愿履行道义上的责任。

在理解亲属概念时，应注意把亲属和相近的家庭成员等概念加以区分。我国古代实行家长制，常常是几代同堂的人共同生活在一起，家庭成员往往由血缘关系较为密切的近亲属以及其配偶组成。我国现代家庭中，家庭成员一般指同居一家共同生活并互有权利义务的亲属，主要包括配偶、父母、子女、祖孙、兄弟姐妹等血缘关系密切的近亲属，根据我国《婚姻法》的规定，同居一家的家庭成员法律地位一律平等，享有平等的权利和承担平等的义务。随着社会的发展，家庭规模日益缩小，由父母和未成年子女构成的核心家庭日趋增多，几代同堂的家庭越来越少。可见，亲属与家庭成员的主要区别是，亲属的范围要比家庭成员的范围广泛得多，家庭成员仅仅是亲属中的一部分。

二、亲属的种类

亲属在不同的历史时期，按不同的标准，被划分为不同的种类。

（一）我国古代对亲属的分类

我国古代礼和法根据宗法制度以男系为中心来思考亲属关系，将亲属分为宗亲、外亲和妻亲三类。宗亲是指同一祖先所出之男系血统的亲属，包括"来归之妇"和"在室女"，"来归之妇"指嫁入丈夫宗族的妇女，"在室女"指未出嫁的女儿；外亲是指女系血统之亲属，外亲不限于母族，凡是出嫁的姑、姊妹、女儿等及其夫族都包括在内；而夫对于妻之亲属而言称为妻亲，如妻的父母、兄弟姊妹等。在上述古代的亲属关系中，宗亲是一个排除了女系的亲属概念，包括由共同祖先分出来的男系血统的全部分支，其范围好像同心圆一样多重且可以无限。显然，宗亲的范围最广，关系最重要，法定权利义务也最多。外亲、妻亲则是亲属中的次要部分，相互间基本无权利、义务。

此外，我国古代把男系血族及其妻总称为"本宗"或"本族"，把女系血族及妻的娘家或女儿的婆家等属于非本宗的亲戚关系的人总称为"外姻"。在日常用语中通常将前者称为"本家"、后者称为"亲戚"。所谓"亲属"，不外乎是将"本宗"和"外姻"合并而成的概念。

我国古代对于亲属关系的上述分类，是重男轻女、以男子为中心的宗法制度的产物，具有浓厚的宗法社会的色彩，条理也不清晰，不能科学地反映亲属关系的亲疏远近，如今已失去现实意义。

(二) 现代国家对亲属的分类

亲属关系纵横交错，可从不同的角度加以分类。根据亲属间的联系中介，可将亲属分为直系亲与旁系亲、男系亲与女系亲、父系亲与母系亲；根据亲属的亲疏远近，可将亲属分为近亲属和一般亲属；根据亲属的辈分，可将亲属分为长辈亲、晚辈亲与同辈亲；根据亲属的发生原因，可将亲属分为配偶、血亲和姻亲。配偶、血亲和姻亲是当代各国对亲属最基本的分类，下面仅对此加以阐述。

1. 配偶

配偶即夫妻。婚姻成立之后，婚姻当事人之间首先发生所谓配偶（夫妻）之间的亲属身份关系，由之前的不具有夫妻权利义务转为因婚姻产生夫妻之间的权利义务关系。

此外，配偶还是血亲和姻亲产生的源泉和基础，在亲属关系中具有承上启下的作用。亲属关系之所以发生，婚姻是主要原因。其中，血缘关系之始源由婚姻而来，有夫妻然后有父母子女，有兄弟姐妹……拟制血亲关系中，养父母与养子女之关系固然因收养而发生，但继父母与继子女之关系仍不外乎因婚姻而发生。是故，配偶在亲属关系中居于重要的核心地位。

2. 血亲

血亲指具有血缘联系的亲属。血亲原来意义上为自然血亲，即生物学意义上的血亲。但血亲关系亦可基于法律拟制而创设，这种血亲称为拟制血亲。

(1) 自然血亲。自然血亲指具有血缘联系出自于同一祖先的亲属。如父母子女、兄弟姐妹、祖孙、伯叔姑与侄子女、舅姨与外甥子女等。有自然血亲关系者，不分父系、母系，不问同父异母或同母异父，出嫁与否，也不论是婚生子女还是非婚生子女，均为血亲。

(2) 拟制血亲。拟制血亲是指本无该种血亲应有的血缘关系，但法律拟制视同有该种自然血亲应有的权利义务。此种血亲并非自然形成，而是由法律设定，故又称"准血亲"。现行《婚姻法》设定的拟制血亲有两类：一是因收养而形成的养父母与养子女关系;二是在事实上形成了抚养教育关系的继父母与继子女关系。

3. 姻亲

姻亲是指配偶一方与另一方的血亲之间因婚姻而发生的亲属关系。根据配偶和血亲之间的连接关系,可分为以下四类:其一,血亲的配偶,即己身血亲的配偶。如儿媳、女婿、姐夫妹夫、姑父、舅母、姨父、伯母等。其二,配偶的血亲,即己身配偶的血亲。如公婆、岳父母、夫的兄弟姐妹、妻的兄弟姐妹等。配偶的血亲和血亲的配偶实际上属于同类的姻亲关系,只是因为观察角度不同而称呼各异而已。如岳父母和女婿的关系,从女婿角度看,岳父母是配偶(妻)的血亲;从岳父母的角度看,女婿是血亲(女儿)的配偶。其三,配偶的血亲的配偶,是指己身配偶的血亲的配偶。如妯娌、连襟等。其四,血亲的配偶的血亲,是指己身血亲的配偶的血亲。如夫妻双方的父母之间,俗称"亲家"。对于姻亲关系的种类,各国立法例的规定不完全相同,有的只承认血亲的配偶和配偶的血亲两种为姻亲,有的将血亲的配偶、配偶的血亲以及配偶的血亲的配偶三种视为姻亲,有的将上述四种全部视为姻亲。我国多数学者认为姻亲只限于血亲的配偶、配偶的血亲以及配偶的血亲的配偶三种。

需要指出的是,我国《婚姻法》并未调整姻亲关系。只有《继承法》规定,丧偶的儿媳对公婆和丧偶的女婿对岳父母尽了主要赡养义务的,可以作为第一顺序法定继承人继承公婆或岳父母的遗产。

三、亲属的范围

作为社会学意义上的亲属,其范围相当广泛,对此,法律既无必要也不可能调整所有的亲属关系。法律所调整的,只能是一定范围内的亲属关系,其余的亲属关系可由道德、习惯等调整。受当时社会的经济基础和上层建筑的影响,法律调整的亲属关系范围在不同历史时期、不同国家是不完全相同的。一般说来,亲属关系在社会经济、政治生活中起的作用,古代社会大于现代社会,故古代法律所调整的亲属关系范围广于近现代法律调整的范围。

现代各国法律调整亲属范围的立法例,大体有以下两种立法模式:

(1)概括限定的立法模式。即立法从总体上对亲属的范围进行概括性的规定,如《日本民法典》第725条规定:"下列人为亲属:1. 六亲等内的血亲;2. 配偶;3. 三亲等内的姻亲。"① 法律限定范围之外的亲属关系则不属法

---

① 参见《日本民法典》,王书江译,中国法制出版社2000年版,第130页。

律调整对象，也不具有亲属的法律效力。

（2）具体限定的立法模式。即立法不从总体上对亲属的范围进行概括性的限定，而是在具体的亲属关系或法律事项上分别规定亲属的法律效力，如法律分别就禁婚亲、扶养、继承、监护等方面亲属的效力作出规定。德国、法国等国即属此类立法模式。

我国《婚姻法》对调整的亲属范围未作总体性概括规定，而是对禁婚亲、抚养义务人的范围等问题分别作出具体规定，采取的是具体限定的立法模式。如《婚姻法》规定，禁婚亲范围为直系血亲和三代以内旁系血亲；有扶养关系的亲属范围为夫妻、父母子女、兄弟姐妹、祖孙（祖父母、外祖父母、孙子女、外孙子女）。我国《继承法》规定，法定继承人的范围为配偶、父母子女、兄弟姐妹、祖父母、外祖父母，孙子女和外孙子女及其晚辈直系血亲为代位继承人，丧偶的儿媳对公婆和丧偶的女婿对岳父母，尽了主要赡养义务的，可作为第一顺序法定继承人。我国《民法通则》对法定监护人的范围作了规定。最高人民法院的司法解释进一步说明："民法通则中规定的近亲属包括配偶、父母、子女、兄弟姐妹、祖父母、外祖父母、孙子女、外孙子女。"① 我国刑法、刑事诉讼法、国籍法等也从不同的角度对亲属的效力作了规定。1996年3月17日修订后的《中华人民共和国刑事诉讼法》（以下简称《刑事诉讼法》）第82条明文规定："'近亲属'是指夫、妻、父、母、子、女、同胞兄弟姊妹。"

第二节　亲系和亲等

一、亲系

广义的亲系是指血亲和姻亲之间上下左右的联络系统，狭义的亲系仅指血亲之间的联络系统。亲属是一个纵横交错，互相交织的网络系统，除配偶外，一切亲属都有一定的亲系可循。亲属按不同的联系标准，可以分为不同的亲属系列。

（一）直系亲与旁系亲

直系亲属与旁系亲属包括直系血亲与旁系血亲以及直系姻亲与旁系姻亲。

---

① 参见最高人民法院《关于贯彻执行〈中华人民共和国民法通则〉若干问题的意见（试行）》（1988年1月26日）第12条。

1. 直系血亲和旁系血亲

(1) 直系血亲是指彼此之间有直接血缘联系的亲属。《德国民法典》第1589条明确规定："二人中，一人为另一人所生的，此二人为直系血亲……"①直系血亲包括己身所从出和从己身所出的两部分血亲。己身所从出的血亲，即生育己身的各代血亲，如父母、祖父母、外祖父母、曾祖父母、外曾祖父母、高祖父母和外高祖父母等；从己身所出的血亲，即己身生育的各代血亲，如子女、孙子女、外孙子女、曾孙子女、外曾孙子女、玄孙子女和外玄孙子女等。这些亲属与己身上下连贯而成一条直线，相互间都是直系血亲。值得注意的是，直系血亲除自然直系血亲外，还包括法律拟制的直系血亲，如养父母与养子女，形成抚养教育关系的继父母与继子女都是直系血亲。

(2) 旁系血亲是指彼此之间具有间接血缘联系的亲属。《德国民法典》第1589条明确规定："……非为直系血亲、但为同一第三人所生的，为旁系血亲。"② 旁系血亲即直系血亲之外与己身同出一源的血亲。如兄弟姐妹同源于父母，伯、叔、姑、舅、姨同源于（外）祖父母等，这些对己身而言都是旁系血亲。其中，兄弟姐妹关系即包括同父母所生的全血缘血亲的兄弟姐妹，也包括同父异母和同母异父所生的半血缘血亲的兄弟姐妹。

2. 直系姻亲和旁系姻亲

姻亲以配偶为中介，故姻亲的亲系根据中介配偶的亲系来确定。以下根据姻亲的种类具体加以分析：（1）血亲的配偶。认定己身血亲的配偶与己身的亲系是根据血亲的配偶的亲系来确定，如确定儿媳与己身的亲系，其丈夫是己身的儿子，属于直系血亲，则儿媳为己身之直系姻亲。又如，确定弟妹与己身的亲系，同样根据其配偶丈夫的亲系来确定。弟妹的丈夫是己身的弟弟，属于己身的旁系血亲，则弟弟之妻为己身之旁系姻亲。（2）配偶的血亲。认定己身配偶之血亲与己身的亲系，根据对方与己身配偶的亲系来确定。如确定岳父母与己身的亲系，根据其与己身配偶的亲系来认定，岳父母与己身妻子为直系血亲，则岳父母为己身之直系姻亲；同理，妻之兄弟姊妹为妻之旁系血亲，则为己身之旁系姻亲。（3）配偶的血亲的配偶。确定己身配偶的血亲的配偶与己身的亲系，根据对方与配偶之亲系来确定。如妻子的继母为妻之直系姻亲，

---

① 参见《德国民法典》，杜景林、卢谌译，中国政法大学出版社1999年版，第366页。

② 参见《德国民法典》，杜景林、卢谌译，中国政法大学出版社1999年版，第366页。

则为己身之直系姻亲；妻之兄弟之妻，为妻之旁系姻亲，则为己身之旁系姻亲。

（二）男系亲与女系亲

（1）男系亲是指通过男子的血缘关系为中介联系的亲属。如我国古代的宗亲即属男系亲。

（2）女系亲是指通过女子的血缘关系为中介联系的亲属。如我国古代的外亲、妻亲均属女系亲。

（三）父系亲与母系亲

（1）父系亲是指通过父亲的血缘关系为中介联系的亲属。如祖父母、伯、叔、姑、堂兄弟姐妹等。

（2）母系亲是指通过母亲的血缘关系为中介联系的亲属。如外祖父母、舅、姨、舅表兄弟姐妹等。

父系、母系和男系、女系的划分是古代社会宗法制度以男子为中心的产物，其中父系、母系又与男系、女系有所区别，如父亲姊妹的子女，虽然可以认为是父系亲属，但不能认为是男系亲属。我国现行婚姻法实行男女平等原则，父系、母系和男系、女系的划分已无实际意义。

（四）长辈亲、同辈亲与晚辈亲

在我国，亲属之间有辈分高下之分。辈分按世代来划分，以一世代为一辈分。按辈分的不同，可将亲属分为长辈亲、同辈亲和晚辈亲。

（1）长辈亲，旧称尊亲属。是指高于己身辈分的亲属，即父母辈及父母辈以上的亲属，如父辈、祖父辈，其余类推。

（2）同辈亲，又称平辈亲、同行平辈亲，是指与己身同一世代辈分相同的亲属。如兄弟姐妹、堂兄弟姐妹、姐妹夫等。

（3）晚辈亲，旧称卑亲属，是指低于己身辈分的亲属，即子女辈及子女辈以下的亲属，如子辈、孙辈，其余类推。

二、亲等

亲等，是计算亲属关系亲疏远近的基本单位。亲等数小的，亲属关系亲近，亲等数大的，亲属关系疏远。由于计算亲等的客观依据是血缘联系，故亲等的计算是以血亲为基准，并准用于姻亲，而配偶间无亲等的存在。

现代国外立法对亲等的计算方法主要有罗马法计算法和寺院法计算法两种。我国与之不同，我国古代依据丧服的差别来放映亲属关系的亲疏远近。新中国成立后，1950年《婚姻法》、1980年《婚姻法》和修改后的《婚姻法》

均以"代"来计算亲属关系的亲疏远近。

(一)罗马法的亲等计算法

此种计算法创始于罗马法,随罗马法的传播为欧洲大陆法系国家相继实行,目前为世界上绝大多数国家所采用。其计算方法分为直系血亲和旁系血亲两个方面。

1. 直系血亲亲等的计算

从己身往上或往下数但不算己身,以一世代为一亲等。如从己身往上数,父母为一亲等,父母、子女之间属于一亲等的直系血亲;祖父母、外祖父母为二亲等,祖孙之间属于二亲等的直系血亲;依此类推。从己身往下数,子女为一亲等,孙子女、外孙子女为二亲等,曾孙子女、外曾孙子女为三亲等,依此类推。

2. 旁系血亲亲等的计算

先找出同源人,即找出己身与所要计算的亲属之间共同的长辈直系血亲,按直系血亲亲等的计算方法,从己身往上数至同源人,再从同源人往下数至要计算的旁系血亲,之后将两边的世代数相加所得之和,就是旁系血系的亲等数。如要计算己身与堂兄弟姐妹的亲等数,首先找出己身与堂兄弟姐妹的同源人——祖父母,从己身往上数至祖父母不算己身是二世代,再从外祖父母往下数至堂兄弟姐妹不算己身也是二世代,然后将两边世代数相加为四世代,因此,己身与堂兄弟姐妹是四亲等旁系血亲。

关于姻亲亲等的计算,以"姻亲从血亲"为原则,即准用血亲的亲等。如女婿与岳父母的亲等,因女婿的配偶与其父母是一亲等的直系血亲,因此,女婿与岳父母是一亲等的直系姻亲。

(二)寺院法的亲等计算法

此种计算法创始于欧洲中世纪的教会法,由于宗教影响和立法传统等原因,至今仍为少数国家采用。其计算方法也分为直系血亲和旁系血亲两个方面。

(1)直系血亲亲等的计算,与罗马法直系血亲亲等的计算法完全相同。

(2)旁系血亲亲等的计算,与罗马法旁系血亲亲等的计算方法有所不同,其计算方法是:从己身往上数(不算己身)至同源人,再从同源人往下数(不算己身)至要计算亲等的旁系血亲,如果两边的世代数相同,即将此数确定为旁系血亲亲等数;如果两边的世代数不同,则将数大的一边世代数确定为旁系血亲的亲等数。如计算己身与兄弟姐妹的亲等数,己身与兄弟姐妹的同源人是父母,从己身往上数至父母是一世代,再从父母往下数至兄弟姐妹也是一世代，两边世代数相同，取一边世代数为亲等数，则兄弟姐妹间是一亲等的旁系血亲。又如计算己身与侄子的亲等数，先从己身往上数到同源人——祖父母为二世代，再从祖父母数至侄子为三世代，取大的一边世代数为亲等数，则己身与侄子是三亲等的旁系血亲。

从上述计算方法可以看出，罗马法亲等计算法与寺院法亲等计算法有关计算直系血亲亲等数的方法完全相同，但两者计算旁系血亲亲等数的方法不相同，主要区别在于，对己身上数至同源人的世代数，与从同源人再数至计算亲等的旁系血亲的世代数，罗马法计算法是以两边相加之后的世代数作为旁系血亲的亲等数，而寺院法计算法则只取一边的世代数作为旁系血亲的亲等数。由于两者对两边世代数的取舍不同，导致对旁系血亲的亲等计算结果也大不相同。显然，罗马法的计算方法，能够科学地反映旁系血亲间血缘关系的亲疏远近。故现代绝大多数国家采用罗马法亲等计算法。

有关姻亲的亲等计算，寺院法计算法与罗马法计算法相似，也是以配偶为中介换算的。

(三) 我国的亲属关系计算法

1. 我国古代的丧服制计算法

在我国古代的亲属制度中，并没有严格意义的亲等制，而是根据生者祭奠死者居丧期间所穿丧服的不同来反映亲属的亲疏远近，即为丧服制。丧服制起源于周礼，沿用至清末民初。丧服制分斩衰、齐衰、大功、小功、缌麻五等，称为五服。血缘越近，丧服越重，居丧时间越长。粗布做的丧服是重服，表示亲属关系近，丧期长；细布做的丧服是轻服，表示亲属关系疏远，丧期短。

以上丧服制是维护以男子为中心的宗法制度的具体表现。具有男尊女卑、以本宗为主体等特点，例如夫亡时，妻子要服斩衰三年；而妻死，丈夫只服齐衰。妻为丈夫的父母服一等斩衰；而夫为妻的父母则只服五等缌麻。父母死了，出嫁女服齐衰；而未嫁女服斩衰。同样的血缘远近，丧服则有很大的差别。

2. 我国现行《婚姻法》的亲属关系计算法

我国《婚姻法》是以"代"来反映亲属关系的亲疏远近。如《婚姻法》规定，禁止三代以内的旁系血亲结婚。这里的"代"，就是我国《婚姻法》规定的计算亲属关系亲疏远近的单位。代即指世辈，以一辈为一代。亲属间的代数越小，亲属关系越近；反之，越远。我国同样区分直系血亲和旁系血亲分别计算亲属的代数。

(1) 直系血亲的计算。从己身开始，己身为一代，往上或往下数，有多少辈算多少代。如从己身往上数至父母为二代，则为两代直系血亲；从己身往上数至祖父母、外祖父母为三代，则为三代直系血亲；依此类推。往下数，至子女为二代，则为两代直系血亲；至孙子女、外孙子女为三代，则为三代直系血亲；依此类推。我国直系血亲代数的计算法与罗马法亲等计算法、寺院法亲等计算法不同的是己身算为一代，因此，即使计算相同的直系血亲关系，相互间的代数总比亲等数多"一"，如己身与父母按罗马法和寺院法计算法是一亲等，而按我国的代数是二代。

（2）旁系血亲的计算。首先找出自己与所要计算的旁系血亲的血缘同源人，按直系血亲的计算法，从己身往上数至同源人，再从同源人往下数至要计算的旁系血亲，如果两边的代数相同，即以相同的代数来确定；如果两边的代数不同，则取其多者来确定。例如，要计算自己与兄弟姐妹的代数，首先找出同源人父母，己身为一代，往上数至父母为二代；再从父母往下数至兄弟姐妹，父母为一代，数至兄弟姐妹是二代，两边代数都是二代，因此，兄弟姐妹之间是两代的旁系血亲。再如，要计算己身与叔叔的代数，先找出同源人祖父母，己身为一代，往上数至父亲为二代，数至祖父母为三代，再从祖父母往下数至叔叔为二代，两边代数不同，则取代数多的一边的数字来确定，因此，己身与叔叔为三代的内旁系血亲。可见，我国婚姻法计算旁系血亲的步骤与寺院法亲等计算法的步骤基本相同，不同的是，我国的计算法将自己或所要计算的旁系血亲算作一代，因此旁系血亲的代数比寺院法亲等数多"一"。

我国以"代"来计算简便易行，但不够科学。例如自己与叔叔是三代旁系血亲，与叔叔的子女（堂兄弟姐妹）也是三代旁系血亲。表面上代数相同，但实际上，自己与叔叔的血缘关系要比自己与堂兄弟姐妹血缘关系要近。代数计算法没有准确地反映出亲属关系的亲疏远近。在计算旁系血亲方面，我国的代数计算法与寺院法亲等计算法有着同样的缺陷，没有罗马法亲等计算法科学。

案例：李某（男）与李某（女，男方叔叔的孙女）从小青梅竹马，长大后情投意合，建立了恋人关系，但双方父母及周围乡邻都不理解。二人非常痛苦但难以割舍，在二人都到法定结婚年龄后毅然决定结婚，遭到双方父母强烈反对，理由是男女双方是亲戚，还是同姓，又不同辈分，于情于法都不可以结婚。

评析：本案中男女双方按照罗马法计算法，二人之间属于五亲等旁系血亲；按照寺院法计算法，二人之间属于三亲等旁系血亲。按照我国的代数计算方法，二人属于四代旁系血亲。

根据我国《婚姻法》的规定，禁止直系血亲和三代以内旁系血亲结婚。三代以内的旁系血亲是与己身同源于父母或者祖父母、外祖父母的旁系血亲，包括三代的旁系血亲和二代的旁系血亲。其范围包括伯、叔、姑、舅、姨、兄弟姐妹、堂兄弟姐妹、表兄弟姐妹、侄子女、外甥子女。超过这一范围的亲属，就不属三代以内的旁系血亲。本案中，李某（男）和李某（女）之间是四代旁系血亲，不属于法定禁婚亲，依法可以结婚。

第三节 亲属关系的发生和终止

亲属关系因一定原因而产生，也因一定的原因而终止。亲属关系的发生和终止因亲属种类的不同而不同。

一、配偶关系的发生和终止

1. 配偶关系的发生

配偶关系即夫妻关系，仅因男女结婚而发生，男女双方因结婚而取得法律意义上的配偶关系。根据我国现行《婚姻法》的规定，男女结婚应当进行结婚登记，配偶关系以依法登记取得结婚证的时间作为关系发生的时间。

2. 配偶关系的终止

配偶关系终止的原因有两种：一是因配偶一方死亡（包括自然死亡和宣告死亡）而终止；二是因夫妻离婚而终止，无论登记离婚或者判决离婚，均可导致婚姻关系的终止。配偶关系终止的时间为：配偶一方自然死亡的时间、人民法院宣告死亡的判决书生效的时间、登记离婚取得离婚证的时间以及人民法院准予离婚的调解书或判决书生效的时间。

二、血亲关系的发生和终止

（一）自然血亲关系的发生和终止

自然血亲关系的发生。自然血亲关系因出生而发生。出生事实一经发生，出生者就与其父母、兄弟姐妹等亲属产生自然的血缘关系，发生自然血亲关系。这是由生物遗传规律所决定的，无须当事人认可，也不取决于彼此之间是否履行法律手续。出生者无论是婚生的，还是非婚生的，都是自然血亲。因此，出生是发生自然血亲的唯一原因。

婚姻家庭继承法学

自然血亲关系的终止。自然血亲间的血缘关系只能因一方死亡而不因任何人为条件而终止，这是古今中外立法的通例。例如，父母子女关系，既不因父母离婚而终止，也不因双方协议、任何一方的声明而解除。子女被他人收养，仅终止双方的父母子女权利义务，因出生而形成的父母子女身份和称谓、法律上的禁婚效力仍然存在。但应注意的是，死亡只能使死者与其直接连接的亲属之间关系终止，以死者为中介而成立的其他人之间的亲属关系不因此终止，也不妨碍以死者之亲属关系为基础而应产生的其他人之间亲属关系的成立。如甲死亡，死者与父亲乙和儿子丙的亲属关系终止，但乙与丙之间的祖孙关系并不终止。如甲死亡后其妻子分娩甲的遗腹子丁，则丁与乙之间仍成立祖孙关系，丁与丙之间仍成立兄弟关系。

(二) 拟制血亲关系的发生和终止

拟制血亲是法律设定的血亲，拟制血亲发生和终止的原因基于拟制血亲种类的不同而不同。

1. 养父母与养子女关系的发生和终止

养父母与养子女之间以收养为收养关系发生的原因。收养关系一经成立，收养人与被收养人之间即发生父母子女关系；同时被收养人与收养人的其他近亲属之间也发生拟制血亲关系。如收养人的父母、收养人的亲生子女与被收养人之间发生养祖父母、养外祖父母与养孙子女、养外孙子女关系以及养兄弟姐妹关系。

养父母与养子女的拟制血亲关系可因一方死亡或收养关系的依法解除而终止。养父母、养子女一方死亡，则双方关系终止，但因收养所发生之血亲关系及姻亲关系，在其他生存者之间仍然存续。养父母、养子女关系依法成立，也必须依法解除。收养关系解除后，养父母与养子女关系终止，收养人及其近亲属与被收养人之间的拟制血亲关系以及姻亲关系终止。

2. 有抚养关系的继父母子女关系的发生和终止

继父母子女之间拟制血亲关系的发生，一是以婚姻为前提，即继子女的生母或生父与继父或继母结婚，二是继子女与继父母之间必须形成抚养教育关系。这两个条件必须同时具备，才能发生拟制血亲关系。

有抚养关系的继父母与继子女间的拟制血亲关系可因当事人一方死亡、双方关系解除、生父（母）与继母（父）离婚而终止。继父母、继子女一方死亡，则双方关系终止。此外，有抚养关系的继父母与继子女之间还可基于双方当事人自愿而协议解除，或由一方当事人诉请法院依法调解或判决解除。如果生父（母）与继母（父）离婚，继子女未成年由生父母带走而继父母终止抚养的,则该子女与继父母间的拟制血亲关系终止;但如果继子女已被继父母抚养成年,则其与继父母间的拟制血亲关系仍然存在,不因生父(母)与继母(父)离婚而终止。

三、姻亲关系的发生和终止

(一) 姻亲关系的发生

姻亲基于婚姻及血缘联系而发生。婚姻关系成立是姻亲关系产生的基础,以婚姻为中介,配偶一方才会与另一方的亲属产生姻亲关系,双方的亲属之间也才能产生姻亲关系。为此,姻亲关系发生的时间以婚姻成立的时间为准。

(二) 姻亲关系的终止

婚姻关系可因主体一方死亡而终止,至于姻亲关系是否因离婚或配偶一方死亡而终止,各国规定不同。

1. 姻亲关系是否因离婚而消灭

姻亲关系基于婚姻和血亲关系而发生,婚姻终止时,是否连带终止基于婚姻产生的姻亲关系,各国的法律规定有所不同。主要有消灭主义和不消灭主义两种态度,前者如日本,《日本民法典》第 728 条第 1 款规定:"姻亲关系因离婚而终止",① 此外《日本民法典》第 735 条还规定,"直系姻亲间,不得结婚。即使在姻亲关系依第 728 条规定终止后,亦同"。② 后者如德国、瑞士等,《德国民法典》第 1590 条规定:"即使建立姻亲关系的婚姻已经解除,姻亲关系仍继续存在。"③《瑞士民法典》第 21 条规定:"姻亲关系不因创设姻亲关系的婚姻的解除而解除。"④

2. 姻亲关系是否因配偶一方死亡而终止

姻亲关系因婚姻和血亲关系而发生,婚姻中的配偶一方死亡,基于此产生的姻亲关系是否终止,现代各国立法差异很大。主要有任意主义和有条件消灭主义两种态度,前者指法律对配偶一方死亡后,是否终止姻亲关系不予规定,完全由姻亲双方当事人自愿决定是否继续保持姻亲关系;后者所说的有条件地消灭主义,即法律规定配偶一方死亡后,如生存配偶一方再婚或作了终止姻亲

---

① 参见《日本民法典》,王书江译,中国法制出版社 2000 年版,第 130 页。
② 参见《日本民法典》,王书江译,中国法制出版社 2000 年版,第 131 页。
③ 参见《德国民法典》,杜景林、卢谌译,中国政法大学出版社 1999 年版,第 366 页。
④ 参见《瑞士民法典》,殷生根、王燕译,中国政法大学出版社 1999 年版,第 8 页。

关系的意思表示时，姻亲关系终止。如《日本民法典》第728条第2款规定："夫妻一方死亡，生存配偶表示终止姻亲关系的意思时，亦与前款同。"① 前款规定，姻亲关系因离婚而终止。

我国《婚姻法》未规定姻亲关系终止的原因。配偶双方离婚或配偶一方死亡后，姻亲当事人双方是否仍保持姻亲关系，听其自便。但根据我国《继承法》规定，丧偶的儿媳对公婆、丧偶的女婿对岳父母，尽了主要赡养义务的，不论再婚与否，均可作为公婆、岳父母的第一顺序法定继承人，且不影响其子女代位继承。从其立法精神可见，姻亲关系不因配偶一方死亡而终止，也不因生存配偶一方再婚而终止。

四、亲属关系的重复

亲属关系的重复，又称亲属关系的重叠或并存，指有亲属关系的两人之间，同时有两种或两种以上不同的亲属关系存在。其产生原因主要是出生、结婚或法律拟制。如在一些不禁止中表婚的国家（如我国1950年《婚姻法》并没有一般地禁止中表婚，而是作了从习惯的规定），表兄妹结婚后同时存在配偶和旁系血亲关系。又如，叔叔收养侄子为养子，双方成立收养关系，由此，双方同时存在养父母子女关系和叔侄之间的旁系血亲关系。这种并存的亲属关系应如何对待？各国法律无明文规定。传统的亲属法理论认为，在亲属关系并存时，采取"一关系不为另一关系吸收或排斥"的原则，即并存的亲属关系各自独立存在，各保有其固有的效力，不为另一亲属关系所吸收或排斥，其中一种亲属关系的消灭，不影响另一亲属关系的称谓和存续。当亲属关系并存、互不吸收各自独立时，其法律的适用，采取"从近从重"原则。即同时并存的亲属关系中，适用亲属关系近者、权利义务重者的法律规定，发生该种亲属的效力；同时停止亲属关系远者、权利义务轻者的亲属效力。

案例：1984年，李某（男）与夏某（女）相识并登记结婚。婚后夏某一直没有怀孕。1989年，二人依法收养5岁男孩小刚为养子，并办理了收养登记。小刚高中毕业后，到某工厂上班。2003年，夏某因交通事故意外身亡。2006年开始，李某因病住院迟迟不见好转，小刚因工作忙，没时间长期照顾李某，遂请护工帮忙照顾养父。李某住院半年后出院回家，回家后觉得自己住院期间养子小刚对自己不孝顺，经常与小刚争吵，

---

① 参见《日本民法典》，王书江译，中国法制出版社2000年版，第130页。

一次激烈的争吵后，李某一怒之下声称与小刚断绝关系，让小刚从家中离开，小刚遂离家另住。李某因经常生病，生活困难，于2007年向当地法院起诉，认为小刚是自己的养子，要求小刚每月支付赡养费。在审理中，小刚辩称，李某已经声称和自己断绝父子关系，自己没有义务赡养李某。

评析： 本案中李某和小刚是依法成立的收养关系，该收养关系的发生和终止都必须符合法律规定的条件，履行法律规定的程序，否则无效。本案中，李某在与继子吵架后私自单方声称和小刚解除关系，但没有依法履行解除收养关系的法律手续，且李某事后反悔，李某的声明没有法律效力，双方的养父子关系没有终止。

收养关系是法律设定的拟制血亲，收养关系一经成立，收养人与被收养人之间即产生父母子女之间的权利义务。本案中，收养人李某与被收养人小刚之间虽然发生纠纷，但双方收养关系依然存续，小刚理应履行对养父的赡养义务。至于双方纠纷，可以依法解决，但在依法解除收养关系前，李某与小刚之间的养父子关系受法律保护。

第四节　亲属关系的法律效力

亲属关系一经法律调整，便会在具有亲属身份的主体之间产生法定权利义务的法律后果，这种法律后果即为亲属关系的效力或称法律效力。由于亲属身份行为所产生的法律上的后果具有复杂性、多重性和人身归属的长期性，同时，身份行为之后果会连带出其他一系列身份法关系，因而，除了婚姻法对亲属身份的效力产生、效力内容及效力终止作出规定外，特定范围的亲属在民法、刑法、诉讼法、劳动法、国籍法等法律部门中均产生一定的法律后果，这些法律后果构成亲属的法律效力。

一、亲属在婚姻家庭法上的效力

1. 禁婚效力

从遗传学、优生学以及伦理道德的角度看，有一定亲属关系的人结婚不利于优生或有违伦理道德。因此，各国均禁止一定范围的近亲属结婚。如《瑞士民法典》第100条规定："下述情况，不得结婚：①直系亲属间，全血缘或半血缘的兄弟姐妹间，以及伯、叔、舅、姨夫、姑父与侄女、甥女间，伯母、叔母、舅母、姑、姨与侄、甥间，不问是因婚姻还是因收养而构成亲属的；②

岳母与女婿间，公公与儿媳间，继父与继女、继母与继子间，不问其建立亲属关系的婚姻是否已被宣告无效，或因死亡、离婚已被解除的……"① 我国《婚姻法》规定，禁止直系血亲和三代以内的旁系血亲结婚。

2. 对无效婚姻的申请宣告效力和对可撤销婚姻的撤销效力

根据我国《婚姻法》的规定，当事人的近亲属有权依据该法第10条的规定向人民法院申请宣告婚姻无效；婚姻关系中受胁迫的一方有权请求撤销受胁迫而缔结的婚姻。

3. 扶养效力

根据我国《婚姻法》的规定，夫妻之间有互相扶养的义务，父母对子女有抚养、教育的义务，子女对父母有赡养、扶助的义务；在一定条件下，祖孙之间、兄弟姐妹间也互负扶养义务。如果负有扶养义务的一方不履行扶养义务时，享有扶养权利的一方有要求对方履行扶养义务的权利，并可向人民法院起诉。

4. 约定财产效力

根据我国《婚姻法》的规定，夫妻可以约定婚姻关系存续期间所得的财产以及婚前财产归各自所有、共同所有或部分各自所有、部分共同所有。夫妻对财产的约定对双方具有约束力。

5. 共同财产效力

根据我国《婚姻法》的规定，夫妻在婚姻关系存续期间，双方所得或一方所得的财产，除另有约定外，归夫妻双方共同所有。夫妻对共同所有的财产享有平等的所有权。

二、亲属在民法上的效力

民法规定的亲属效力，主要有以下方面：

1. 监护或法定代理效力

近亲属是未成年人和无民事行为能力、限制民事行为能力的成年人的法定监护人。我国《民法通则》规定，无民事行为能力人或限制民事行为能力人，由其父母、配偶、成年子女、祖父母、外祖父母以及关系密切的其他近亲属担任监护人。无民事行为能力人、限制民事行为能力人的监护人是其法定代理人。监护人的职责是依法行使监护权，保护被监护人的人身、财产及其他合法

---

① 参见《瑞士民法典》，殷生根、王燕译，中国政法大学出版社1999年版，第31页。

权益。被监护人的人身、财产及其他民事权益受到侵害时,监护人有权要求加害人停止侵害、排除妨碍、恢复原状、赔偿损失、赔礼道歉;并可以被监护人的名义向人民法院起诉、应诉。《侵权责任法》第32条规定:"无民事行为能力人、限制民事行为能力人造成他人损害的,由监护人承担侵权责任。监护人尽到监护责任的,可以减轻其侵权责任。有财产的无民事行为能力人、限制民事行为能力人造成他人损害的,从本人财产中支付赔偿费用。不足部分,由监护人赔偿。"

2. 对失踪人、精神病人的申请宣告效力

近亲属对下落不明人达到法律规定失踪期限的,可以向人民法院申请宣告失踪、宣告死亡,失踪人的财产由他的配偶、父母、成年子女或者关系密切的其他亲属、朋友代管。当失踪人生还或有生存的信息时,本人或近亲属可以向人民法院申请撤销失踪宣告或死亡宣告。对精神病人,根据我国《民法通则》的规定,精神病人的配偶、父母、成年子女、兄弟姐妹等近亲属,可以向人民法院申请宣告其为无民事行为能力人或限制民事行为能力人。被宣告为无民事行为能力或限制民事行为能力的精神病人经治愈而具有民事行为能力时,本人或其近亲属可以向人民法院申请撤销其无民事行为能力或限制民事行为能力的宣告。

3. 继承效力

根据我国《继承法》的规定,一定范围的亲属有继承遗产的权利,其中,配偶、父母、子女为第一顺序的法定继承人,兄弟姐妹、祖父母、外祖父母为第二顺序的法定继承人,孙子女、外孙子女有权代位继承。

《侵权责任法》第18条规定:"被侵权人死亡的,其近亲属有权请求侵权人承担侵权责任。被侵权人为单位,该单位分立、合并的,承继权利的单位有权请求侵权人承担侵权责任。

被侵权人死亡的,支付被侵权人医疗费、丧葬费等合理费用的人有权请求侵权人赔偿费用,但侵权人已支付该费用的除外。"

三、亲属在刑法上的效力

我国刑法涉及亲属效力的规定,主要有以下方面:

1. 某些犯罪构成效力

根据我国《刑法》的规定,某些犯罪的构成,必须以有一定的亲属关系为条件。如虐待罪、遗弃罪、暴力干涉婚姻自由罪,加害人与被害人之间必须具有亲属关系才能成立。

2. 告诉、和解效力

我国《刑法》规定，近亲属之间有虐待、遗弃或暴力干涉婚姻自由行为，情节严重构成犯罪的，只有被害人或其近亲属告诉的，人民法院才予受理，即告诉才处理。而且即使告诉，在人民法院判决前，如被害人与加害人自行和解或原告人撤诉的，人民法院不予追究被告人的刑事责任。但构成以上刑事犯罪，致被害人重伤或死亡的，不适用告诉才处理。《婚姻法》第45条规定："对重婚的，对实施家庭暴力或虐待、遗弃家庭成员构成犯罪的，依法追究刑事责任。受害人可以依照刑事诉讼法的有关规定，向人民法院自诉；公安机关应当依法侦查，人民检察院应当依法提起公诉。"

四、亲属在诉讼法上的效力

亲属在我国诉讼法中的效力，包括在刑事诉讼、民事诉讼、行政诉讼中所规定的亲属的效力，主要有以下方面：

1. 回避效力

在刑事诉讼、民事诉讼、行政诉讼中，审判人员、检察人员、侦查人员、书记员、鉴定人和勘验人员如果是本案的当事人或是当事人的近亲属，或者与本案有直接利害关系，则应自行回避。如不回避，诉讼当事人可以申请他们回避。如对申请回避有异议，应由审判委员会、检察委员会、院长或审判长以裁定形式决定是否回避。

2. 辩护、代理效力

根据我国《刑事诉讼法》的规定，被告人的监护人可以为被告人的辩护人，提出被告人无罪、罪轻或应予减轻、从轻、免除刑事处罚的意见，维护被告人的合法权益。没有诉讼行为能力的民事案件当事人，由其取得法定代理人身份的亲属代为进行民事诉讼活动。

3. 上诉、申诉效力

对第一审人民法院作出的判决、裁定，被告人或当事人的近亲属经被告人、当事人同意可以提出上诉；对已经发生法律效力的判决、裁定不服的，可以提出申诉。

4. 申请执行效力

民事案件、刑事附带民事案件、行政案件的判决或裁定及调解协议中涉及财产内容的，义务人到期不履行义务，近亲属为法定监护人的可以被监护人的名义申请强制执行。但在强制执行时，应当保留被执行人及其所扶养家属的生活必需费用。

五、亲属在劳动法上的效力

根据我国《劳动法》有关规定，亲属的效力主要如下：

1. 探亲假效力

基于一定的亲属关系可以享有探亲假待遇。探亲假指享受一定期限探望亲属并可以带薪的假期，探亲期间享有一系列的福利待遇。在国家机关、人民团体和全民所有制企事业单位工作满一年的固定职工，与父母分居两地的职工，又不能在公休假日团聚的，可以享受探望父母的待遇，未婚职工探望父母，原则上每年一次。已婚职工探望父母，每四年一次。与配偶分居两地，又不能在公休假日团聚的，可以享受探望配偶的待遇，每年双方中给予一方探亲假一次。

2. 抚恤效力

一定范围的亲属享有抚恤等待遇。劳动者死亡后，其符合条件的遗属依法享受抚恤金待遇。

六、亲属在国籍法上的效力

我国《国籍法》规定的亲属效力主要如下：

1. 取得国籍效力

一定的亲属关系是取得中国国籍的前提条件。父母双方或一方是中国公民，本人出生在中国或外国，即具有中国国籍。但父母双方或一方为中国公民并定居在外国，本人在外国出生，且出生时就具有外国国籍的，则不具有中国国籍。父母无国籍或国籍不明，定居在中国的，本人出生在中国，具有中国国籍。是中国人的近亲属的外国人、无国籍人，可以申请加入中国国籍。

2. 退出国籍效力

一定的亲属关系是可以申请退出中国国籍的前提条件。与外国人有近亲属关系的中国人，可以申请退出中国国籍。

此外，在其他法律、法规中，如《妇女权益保障法》、《未成年人保护法》、《老年人权益保障法》等法律中，均有涉及亲属关系的规定，此不赘述。

案例：原告之子与被告同居生活，生一子，但双方一直未办理结婚登记手续。原告之子因工死亡，其单位发给一次性抚恤金以及工资、养老保险金、医疗保险金、住房公积金等若干元。现原被告就抚恤金、住房公积金和各项保险金是否属于遗产，被告有无分割和继承的权利存在争议。

评析：本案中关于被告的身份问题。被告与被继承人之间未结婚登记，故被告不能以配偶的身份参与遗产继承，即被告不具有法定继承人身份。被告虽是被继承人生前扶养的人，但其现有劳动能力且有收入来源，不属继承人以外依靠被继承人扶养的缺乏劳动力又没有生活来源的人，但其与被继承人生前形成过一定的扶养关系，双方共同生活近七年，在生活上对被继承人进行了照顾、精神上给予了慰藉，因此，被告可以作为继承人以外的对被继承人扶养较多的人分得适当遗产。这体现了权利义务相一致原则。

本案中关于抚恤金的性质问题。抚恤金是按照有关规定给予死者生前抚养、赡养和扶养的家属的经济补偿，非被继承人的生前财产，故不属于遗产，不适用继承的规定。

工资、住房公积金和各种保险金属被继承人生前的收入，属遗产的范围。只是在分割时要注意先将其他共有人的份额分出再分配，不能侵害其他人的权益。遗产分配只能分配被继承人的个人合法财产。

第四章 结　　婚

【本章重点难点提示】 学习本章内容，重点要掌握我国的结婚条件和结婚程序、无效婚姻与可撤销婚姻、事实婚姻。本章难点是我国的无效婚姻制度。

第一节　结婚制度概述

结婚是婚姻关系产生的起点。结婚制度主要是关于结婚条件和结婚程序之规定，以及关于欠缺结婚条件或结婚程序的瑕疵婚姻之规定。

一、结婚的概念

结婚，又称婚姻的成立或婚姻的缔结，是指男女双方按照法律规定的条件和程序，建立夫妻关系的民事法律行为。结婚概念有广义和狭义之别，广义的结婚包括订立婚约和建立夫妻关系两个方面，狭义的结婚则专指建立夫妻关系。古代法十分重视婚约的效力，结婚概念多采广义说；而近现代法一般不以订立婚约为结婚的必经程序，结婚概念多采狭义说。我国现行《婚姻法》对结婚亦采狭义概念。

结婚概念包括以下三层含义：

1. 结婚的主体须为男女两性。

男女两性的生理差别和人类固有的性的本能是婚姻关系产生的自然条件，没有这种自然条件，婚姻便失去了存在的意义。结婚行为必须发生在男女两性之间，这是婚姻关系自然属性的必然要求。

2. 结婚行为是一种民事法律行为。

男女双方必须符合法律规定的结婚条件，并按照法律规定的结婚程序缔结婚姻，否则通常不能发生婚姻的效力。

3. 结婚的后果是建立夫妻关系。

男女双方因结婚而建立夫妻关系，双方互为配偶，相互享有并承担法律规定的夫妻间的权利义务。未经法定程序，任何一方或双方当事人均不得任意解

婚姻家庭继承法学

除业已建立的夫妻关系。

二、结婚的要件

婚姻不是单纯的两性结合，它承担着繁衍后代、养老育幼等社会功能，是亲属关系的起点和社会生活的基础。结婚不仅关系到男女双方当事人的身份关系和权利义务，也会产生一系列重要的社会后果，具有很强的社会性。国家基于社会公共利益之考虑，通过法律公开明确地为婚姻成立设定各项要件，这已成为世界各国婚姻家庭制度的通例。

尽管由于社会、经济基础的差异，各国婚姻立法有关结婚要件的具体规定不尽相同，但在理论上不妨将其作以下分类：

1. 实质要件与形式要件。

结婚的实质要件是为使婚姻成立并发生婚姻效力，当事人本身及其与对方的关系必须具备的要件。如男女双方须有结婚合意，达到法定婚龄，并无禁止结婚的疾病或禁止结婚的亲属关系等。

结婚的形式要件是婚姻成立的方式或程序必须达到的要求。当代各国婚姻法普遍要求结婚须履行特定程序或采用特定方式，如办理结婚登记，进行户籍申报，举行公开仪式等。

我国婚姻法学和司法实践习惯上将结婚的实质要件称为结婚条件，将结婚的形式要件称为结婚程序，本章第三、四节沿用了这一习惯。

2. 必备要件与禁止要件。

结婚的必备要件又称积极要件，是指结婚必须具备的不可缺少的要件。双方当事人只有具备这些要件才能结婚，如具有结婚合意，达到法定婚龄等。

结婚的禁止要件又称消极要件或婚姻障碍，是指结婚不得具有的特定情事。当事人如果具有这些情形则不得结婚，如具有法律禁止结婚的疾病或亲属关系等。

必备要件与禁止要件的分类通常适用于结婚的实质要件，但从广义上说，结婚的形式要件也属于必备要件。

3. 公益要件与私益要件。

结婚的公益要件是指与社会公共利益有关的要件，如禁止重婚，禁止具有一定亲属关系的人结婚等。

结婚的私益要件是指仅与婚姻当事人私人利益有关的要件，如当事人完全自愿，具有结婚合意等。

这一分类的意义在于，欠缺公益要件或私益要件的社会危害性不同，相应的，法律后果也有所差别。欠缺公益要件的，违法程度较重，多为无效婚姻；欠缺私益要件的，违法程度较轻，多为可撤销婚姻。

三、结婚制度的沿革

结婚制度是个体婚制的产物，其性质、内容和特点都是由一定的社会生产方式决定的。随着社会的演变，结婚制度也经历了不同的发展阶段。

(一) 古代结婚制度

1. 掠夺婚

掠夺婚亦称抢婚，是指男子以暴力掠夺女子为妻的结婚方式。掠夺婚产生于个体婚形成初期，是对偶婚向个体婚过渡的重要标志之一。掠夺婚是一种野蛮、极不文明的结婚方式，在这种婚姻里，女子像物品一样被他人抢去占为己有。

2. 有偿婚

有偿婚是指男方以向女方家支付一定代价为条件而缔结的婚姻，其特点是把女子当做物品进行交换。根据支付代价的形式不同，有偿婚又可分为：(1) 买卖婚，即男方以向女方家支付一定金钱或财物为结婚条件的婚姻，这是古代社会各民族普遍通行的一种结婚方式。(2) 互易婚，亦称换亲，是指双方父母各以其女儿交换儿媳，或男子各以其姊妹交换妻子的婚姻。(3) 劳役婚，是男方以向女方家提供一定劳务作为结婚条件的婚姻。

3. 无偿婚

无偿婚是指男方不需要向女方家支付任何代价而缔结的婚姻。包括：(1) 赠与婚，是指有主婚权的父母或尊长将其可以支配的女子赠与他人为妻的婚姻。(2) 收继婚，具体分为逆缘婚和顺缘婚，前者指兄亡弟收继其嫂为妻，或弟亡兄收继其弟媳为妻；后者指姐亡妹续嫁姐夫，或妹亡姐续嫁妹夫。(3) 强制婚，是指官府将罪人之妻女断配给他人为妻妾而缔结的婚姻。

4. 聘娶婚

聘娶婚是指男方以向女方家交付一定的聘金、聘礼作为结婚条件而缔结的婚姻。自西周始创的"六礼"确定了我国聘娶婚的具体程序，即纳采、问名、纳吉、纳征、请期、亲迎。其中，纳征便是男方向女方家交纳聘财，聘财的多少依双方的身份和地位而定。尽管"六礼"之制历代数有变迁，但聘娶婚的基本内容和程序始终不变，并成为在我国盛行几千年的主要结婚方式，其对我国社会产生的深刻影响至今仍能得见。

5. 宗教婚

宗教婚是在中世纪的欧洲占统治地位的结婚方式。当时在基督教的强大教权之下，婚姻被认为是神作之合，婚姻关系主要由寺院法调整。寺院法不仅为婚姻成立规定了严格的条件，列举了许多婚姻障碍，而且在形式方面要求当事人履行一定的宗教仪式。结婚须向当地教会申请并经教会当局公告，婚礼由神职人员主持并得到其祝福。结婚如违反宗教仪式，会受到教会的非难，有时甚至会受到教规的处罚。如今在一些宗教盛行的国家，宗教仪式虽然仍是法定的结婚形式之一，但已不是法定必经程序。

（二）近现代结婚制度

经过欧洲的宗教改革和婚姻还俗运动，以及受资产阶级"自由、平等、博爱"等观念的影响，在从封建主义婚姻制度向资本主义婚姻制度转变的过程中，近现代各国逐渐开始实行共诺婚。共诺婚，又称自由婚或契约婚，是指经双方当事人意思表示一致而成立的婚姻。与无视或漠视当事人婚姻自由的古代结婚制度相比，共诺婚以契约论为基础，认为婚姻是男女双方以相互占有、共同生活为目的而自愿订立的契约，强调双方当事人缔结婚姻的契约自由和意思自治，从而将婚姻缔结权交还给当事人本人，这无疑是一个重大的历史进步。但是，受资本主义私有制的制约，资产阶级的共诺婚只解决了"共诺"的形式，而没能解决"共诺"的基础和内容。正如恩格斯所说，在婚姻关系上，即使是最进步的法律，只要当事人在形式上证明是自愿，也就十分满足了。至于法律幕后的现实生活是怎样的，这种自愿是怎样造成的，关于这些，法律和法学家都可以置之不问。①

案例：张某患有法律禁止结婚的某种严重传染性疾病，其女友林某对张某的病情非常清楚，但毫不介意。经深思熟虑，张某与林某决定结婚，并共同前往当地婚姻登记机关要求办理结婚登记。假如你是该婚姻登记机关的工作人员，你会如何答复他们？

评析：结婚不仅是当事人的私事，也关系到社会公共利益，因此结婚不仅要有当事人的结婚合意，也须符合公益要件。张某患有法律禁止结婚的疾病，不符合公益要件的要求，故在疾病治愈前不得与林某结婚。

---

① 《马克思恩格斯全集》第 21 卷，人民出版社 1965 年版，第 86 页。

第二节 婚　　约

一、婚约概述

婚约是男女双方以结婚为目的而作的事先约定。订立婚约的行为称为订婚或定婚，订立了婚约的当事人为未婚夫妻。

关于婚约的性质，在婚姻家庭法学中有两种主张：契约说和非契约说。契约说认为，婚约即订婚契约，是作为本约的结婚契约的预约，因此违反婚约的责任是一种契约责任。同时，持这一观点的学者又指出，婚约不同于一般契约的预约，有其自身的特点。非契约说认为，订婚只是一种事实，并不具有契约的性质，这种事实是按照法律的规定而发生一定效力的，因此违反契约的责任是一种侵权责任。

二、婚约的历史沿革

婚约在历史上的发展大致可分为两个阶段：一是古代社会的婚约，即早期型婚约；二是近现代社会的婚约，即晚期型婚约。

（一）早期型婚约

在古代社会，婚约是婚姻行为不可缺少的组成部分，婚姻的成立必须经过订婚和结婚两个阶段。总的说来，早期型婚约具有以下特征：（1）订立婚约是结婚的必经程序，没有经过订婚的结婚行为不具有法律效力。例如罗马法规定，无婚约的结合只能视为姘居，而不成其为婚姻。中国古代礼制亦然，"六礼备，谓之聘；六礼不备，谓之奔"。（2）婚约由男女双方的父母、尊长代为订立，当事人本人无任何自由意志，只能服从和接受长辈所订的婚约。（3）婚约一经订立，便具有强大的法律效力。男女双方及其家庭必须履行婚约，无正当理由解除婚约通常要承担一定的法律责任。例如罗马法规定，已订婚的不得再与他人订婚，也不得同时与两人订婚，否则主持人（本人、家长或监护人）要受"丧廉耻"的宣告。① 又如明律规定："若许嫁女已报婚书及有私约而辄悔者，笞五十，虽无婚书但曾受聘财者亦是……男家悔者罪亦如之，不追财礼。"②

---

① 周枏：《罗马法原论》（上册），商务印书馆1994年版，第168页。
② 《明律·户律》。

(二) 晚期型婚约

到了近现代社会，婚约的法律地位逐渐降低，效力也逐渐减弱，其主要特征为：（1）订婚不是结婚的必经程序，当事人有权决定是否订立婚约。有的国家取消了有关婚约的法律条文，有的国家虽在法律上对婚约有所规定，但也允许当事人不经订婚而径行结婚。（2）婚约须由将来结婚的双方当事人亲自订立且意思表示真实，包括父母在内的任何第三人都无权包办代理。（3）依大多数国家的法律，订立婚约为不要式行为，当事人认可的任何形式，如口头、书面、交换信物、举行仪式等，皆无不可。① （4）婚约不具有法律约束力，可依双方或一方当事人的意愿随时解除，一方不履行婚约时，另一方也不得请求法院强制执行。

三、我国的婚约问题

我国历史上有订婚的传统，但中华人民共和国成立后的三部《婚姻法》均未对婚约问题作出规定。根据有关部门所作的解释②，我国对婚约是采取既不提倡，也不禁止的态度。具体而言，订婚不是结婚的必经程序，是否订婚，听由当事人自便。任何包办强迫的订婚，一律无效。婚约没有法律约束力，履行婚约须以当事人自愿为必要条件，一方不履行婚约的，另一方不得通过诉讼程序要求强制履行。婚约可经双方当事人协议解除；也可由一方当事人单方解除，该方只须向对方作出明确意思表示，而无需征得对方同意。

对因婚约解除引起的财物纠纷，应分别情况，妥善处理：对属于包办买卖性质的订婚所收受的财物，应依法没收或酌情返还。对以订婚为名诈骗钱财的，原则上应返还受害人。对一方当事人在订婚后自愿赠与对方的价值较大的财物，赠与人要求受赠人返还的，可由双方协商处理；协商不成的，可经由诉讼程序处理，必要时应酌情返还，但不能因返还问题影响当事人的婚姻自由。《婚姻法司法解释二》第 10 条规定："当事人请求返还按照习俗给付的彩礼的，如果查明属于以下情形，人民法院应当予以支持：（一）双方未办理结婚登记手续的；（二）双方办理结婚登记手续但确未共同生活的；（三）婚前给

---

① 也有国家在法律上规定了婚约成立的形式要件，如《墨西哥民法典》第 139 条指出：订婚须以书面形式制作为社会所公认的婚约。参见杨大文主编：《亲属法》，法律出版社 2004 年版，第 73 页。

② 原中央人民政府法制委员会《有关婚姻法施行的若干问题与解答》（1950 年 6 月 26 日）和《有关婚姻问题的解答》（1953 年 3 月 19 日）。

付并导致给付人生活困难的。适用前款第（二）、（三）项的规定，应当以双方离婚为条件。"

案例：小王与小罗是恋人。2005年5月，小罗得到一个出国留学的机会。临行前，二人举行了订婚仪式，约定等小罗回国后结婚，否则小罗应向小王支付5万元作为补偿，小罗父母还赠送了价值2万元的首饰给小王作为彩礼。2008年10月，小罗学成回国，小王提出尽快办理结婚登记，小罗则以自己在国外已有新恋人为由予以拒绝，并提出解除婚约，同时要求小王返还自己父母赠送的首饰。小王则表示，除非小罗支付5万元补偿，否则不同意解除婚约。请问：（1）如果小罗不同意支付5万元，婚约能否解除？（2）如果婚约解除，小罗是否有权要求小王返还首饰？

评析：在我国，婚约没有法律约束力，履行婚约须以当事人自愿为必要条件。小罗订婚后反悔，不愿履行婚约，小王不得强制其履行。故小罗只需向小王作出明确意思表示即可单方解除婚约，无需征得其同意，也无需支付5万元作为补偿。小罗父母赠送给小王的首饰属于按照习俗给付的彩礼，由于小罗与小王未办理结婚登记手续，小罗有权要求返还。如果小王拒绝返还，小罗可依《婚姻法司法解释二》第10条提起诉讼，人民法院应当予以支持。

第三节 结婚条件

我国现行《婚姻法》关于结婚条件的规定包括必备条件和禁止条件。

一、结婚的必备条件

1. 男女双方完全自愿

男女双方完全自愿，是指结婚须是当事人的真实意思表示，且双方的意思表示应完全一致。这是意思自治原则和婚姻自由原则在结婚问题上的具体表现，反映了近现代以来个人本位的结婚制度的本质，已成为当代各国结婚立法的通例。我国现行《婚姻法》第5条规定："结婚必须男女双方完全自愿，不许任何一方对他方加以强迫或任何第三者加以干涉。"依此规定，法律将是否结婚、与谁结婚、何时结婚的决定权完全赋予当事人本人，这为建立以爱情为基础的婚姻关系提供了有效的保障。

"男女双方完全自愿"在表述上是非常严谨和周密的，它包括以下三方面的具体要求：（1）结婚必须是当事人双方自愿，而不是任何一方的一厢情愿。当事人双方应具有结婚合意，对确立夫妻关系的意思表示完全一致，任何一方都不得将自己的意志强加于另一方，不得强迫对方与自己结婚。（2）结婚必须是双方当事人本人自愿，而不是仅取决于当事人父母或其他第三人的意愿。当事人可就结婚问题征求父母、亲友或其他人的意见，后者也可出于对当事人的关心和爱护提出各种有益的建议，但绝不能强迫当事人遵从、采纳自己的建议，否则可能构成对当事人婚姻自由的不当干涉。（3）结婚必须是当事人双方的完全自愿，而不是勉强同意。当事人应尽量避免、排除各种外来的干涉和影响，完全根据内心的真实想法作出结婚与否的意思表示。

2. 达到法定婚龄

法定婚龄，是法律规定的男女双方结婚必须达到的最低年龄，即结婚年龄的下限。当事人达到法定婚龄始得结婚，未达法定婚龄即结婚是违法的。

古今中外各国确定法定婚龄的依据主要有两方面的因素：一是自然因素，即人们的生理和心理的发育状况和成熟程度，也包括地理、气候等条件的影响。婚姻是男女两性结合的社会形式，是作为社会细胞的家庭的起点。男女双方只有达到一定年龄，才具备适婚的生理和心理条件，才具有婚姻行为能力，才能履行夫妻义务，并在婚后承担对家庭、对社会的责任。二是社会因素，即一定的生产方式以及与之相适应的社会条件，包括政治、经济、人口状况、道德、宗教、风俗习惯等。其中社会生产力的发展状况和人口状况是影响较大的两个方面。由于受到上述因素的影响，不同国家的法定婚龄不尽相同，即使是同一国家，不同时期的法定婚龄也可能有所差别。

我国现行《婚姻法》第6条规定："结婚年龄，男不得早于22周岁，女不得早于20周岁。晚婚晚育应予鼓励。"这一规定是在对青年身心发育程度，学习、就业情况，独立生活条件和推行计划生育，控制人口数量、提高人口素质等因素综合加以考虑的基础上确定的，在全国范围内具有普遍适用性。但考虑到我国的多民族特点和少数民族特有的历史传统、民族习惯，《婚姻法》授权民族自治地方的人民代表大会可结合当地民族婚姻家庭的具体情况，对法定婚龄等问题制定变通规定。

执行有关法定婚龄的规定，应处理好依法办事与提倡晚婚的关系。晚婚是指男25周岁、女23周岁以上结婚。法定婚龄是法律规定的，具有强制性，当事人必须遵守；晚婚年龄则是政策规定的，仅具有导向性，当事人可自愿实行。有关单位可以通过宣传教育，大力提倡和引导男女青年适当晚婚，但不能强行以晚婚年龄代替法定婚龄来限制人们结婚。如果双方当事人均已达到法定婚龄并符合其他结婚条件,且坚持要求结婚,婚姻登记机关应依法准许,但也要鼓励当事人在婚后适当晚育。

二、结婚的禁止条件

（一）禁止重婚

重婚,是指有配偶者又与他人结婚的违法行为。我国现行《婚姻法》第3条明确规定:"禁止重婚。"根据一夫一妻制原则的要求,任何人都不得同时有两个或两个以上的配偶,否则构成重婚,不仅后一次结合不能产生合法婚姻的法律效力,当事人还可能承担刑事责任。因此,申请结婚的双方当事人应无配偶,即只能是未婚者、丧偶者或离婚者。已经缔结合法婚姻关系的男女,只有在其婚姻因配偶死亡或离婚而终止后,始得再行结婚。

（二）禁止一定范围的血亲结婚

禁止一定范围的血亲结婚反映了自然选择规律的要求,具有优生学上的科学根据。人类生活的长期实践证明,血缘关系过近的亲属通婚会把父母双方身体上、精神上的疾病或缺陷遗传给子女后代,严重影响人口素质和民族健康。现代遗传学研究也表明,一个亲代每传一代即把1/2遗传物质传递给后代,有亲缘关系的人具有相同基因的机会比两个不相关的人多,所以近亲结婚的父母极易把自身的缺陷传递给后代。另一方面,禁止一定范围的血亲结婚也是人类社会生活中长期形成的伦理观念的要求,近亲结婚往往被认为有碍风化,为社会道德所不容。如我国古籍载有"不娶同姓者,重人伦,防淫佚,耻与禽兽同也"[①] 之说。有的国家禁止一定范围的姻亲结婚,也主要是基于伦理观念的考虑。

依我国现行《婚姻法》第7条,"直系血亲和三代以内的旁系血亲"禁止结婚。其中,直系血亲是指彼此之间具有直接血缘联系的亲属,包括父母与子女、祖父母、外祖父母与孙子女、外孙子女,曾祖父母、曾外祖父母与曾孙子女、曾外孙子女等,无论代数多少均不得结婚。旁系血亲是指彼此之间具有间接血缘联系的亲属。根据我国采用的世代计算法,三代以内的旁系血亲具体包括以下情形:（1）同源于父母的兄弟姐妹,既包括同父同母的全血缘的兄弟姐妹,也包括同父异母或同母异父的半血缘的兄弟姐妹;（2）同源于祖父母、外祖父母的伯叔与侄女、姑与侄子、舅与外甥女、姨与外甥;（3）同源于祖父母、外祖父母的堂兄弟姐妹、表兄弟姐妹。

---

① 《白虎通·嫁娶》。

需要指出的是,我国禁止三代以内的旁系血亲结婚,实际上重点在于禁止表兄弟姐妹之间的婚姻,即中表婚。中表婚在我国历史上曾长期流行并广泛存在,究其原因主要有三:一是受小农经济以及与此相适应的聚族而居、安土重迁的封闭型生活环境的制约;二是受宗法制度"同宗不婚"、"同姓不婚"的限制;三是受"亲上加亲"亲属观念的影响。1950年《婚姻法》规定,"其他五代内的旁系血亲间禁止结婚的问题,从习惯",由于我国多数地区的习惯允许甚至鼓励表兄弟姐妹通婚,故对中表婚实际上是不予禁止的。1980年《婚姻法》将上述规定修改为"禁止三代以内的旁系血亲结婚",这对改革我国的落后婚姻习俗,提高人口素质具有十分重要的意义。

上述禁婚亲的规定是否适用于拟制的直系血亲和三代以内的旁系血亲,我国现行《婚姻法》并未予以明确。但依其规定,养父母和养子女、继父母和受其抚养教育的继子女之间的权利和义务,适用该法对父母子女关系的有关规定,因此从伦理要求和法律精神上看,拟制的直系血亲应属于禁止结婚的范围,即使这种拟制关系解除亦然。至于拟制的三代以内旁系血亲,只要没有血缘上的禁忌,在构成婚姻障碍的拟制关系解除后,应准许其结婚。

我国《婚姻法》亦无有关姻亲之间能否结婚的明确规定。对于公民权利而言,法无明文禁止即可为,因此姻亲之间结婚并不违法。但是不可否认,婚姻家庭法及其调整的婚姻家庭关系具有鲜明的伦理性,法律为当事人规定的权利义务应当反映伦理观念的必然要求,法律未规定的问题也应按照伦理观念加以处理。直系姻亲结婚往往与一般社会大众的婚姻道德和伦理观念相冲突,因此应对当事人双方加以必要的引导和教育,尽量说服他们不要结婚;而旁系姻亲结婚易于为一般社会大众所接受,不应予以禁止。

(三) 禁止患一定疾病的人结婚

法律禁止特定的疾病患者结婚,既是保护双方当事人利益、维护家庭和睦的需要,又是确保优生优育、提高人口质量的需要。从各国的有关立法看,患有精神病等足以丧失婚姻行为能力的疾病,或患有足以严重危害对方和子女后代的传染性或遗传性疾病,一般都是禁止结婚的。

禁止患一定疾病的人结婚是新中国婚姻立法的一贯传统。1950年《婚姻法》第5条规定,"患花柳病或精神失常未经治愈,患麻风或其他在医学上认为不应结婚之疾病者"不得结婚。1980年《婚姻法》第6条将其修改为,"患麻风病未经治愈或患其他在医学上认为不应当结婚的疾病"者禁止结婚。我国现行《婚姻法》第7条则仅概括规定,"患有医学上认为不应当结婚的疾病"的人,不得结婚。之所以删除例示性规定,是因为麻风病"现在我国已基本消灭",且随着科学技术的发展和医学水平的提高,"治愈麻风病已不存在问题"①,并无加以特别明示之必要。

认定"医学上认为不应当结婚的疾病"必须有充分的科学依据,必要时还应进行专门鉴定,以切实保护当事人的合法婚姻权益。开展婚前健康检查是诊断当事人是否患有禁止结婚疾病的有效措施,尽管自2003年10月1日起施行的《婚姻登记条例》取消了强制性婚前健康检查的有关规定,但这并不是对婚前健康检查的否定。《母婴保健法》第12条明确规定:"男女双方在结婚登记时,应当持有婚前医学检查证明或者医学鉴定证明。"当事人应当本着对自己、对家庭、对社会负责的态度,自觉进行婚前健康检查。根据《母婴保健法》的有关规定,一方或双方当事人患有在传染期内的艾滋病、淋病、梅毒、麻风病以及医学上认为影响结婚和生育的其他传染病,或在发病期内的精神分裂症、躁狂抑郁型精神病以及其他重型精神病的,在疾病治愈前应暂缓结婚;患有由于遗传因素先天形成,患者全部或者部分丧失自主生活能力,后代再现风险高,医学上认为不宜生育的遗传性疾病的,经双方同意,采取长效避孕措施或者施行结扎手术后不生育的,可以结婚。

此外,有的国家将性生理缺陷作为禁止结婚的疾病之一,我国1950年《婚姻法》也曾禁止"有生理缺陷不能发生性行为者"结婚,这主要是基于婚姻的自然属性所作的规定。1980年《婚姻法》取消了这一规定,其理由在于,性爱需求和生育需求虽然是婚姻的重要内容,但绝非全部内容,男女双方经济上的互相扶助和精神上的互相照顾也是婚姻生活的重要组成部分。而且随着人工生殖技术的不断发展,有性生理缺陷者也可能借助科技力量生产自己的后代。因此,如果双方当事人自愿排除性行为和生育子女方面的因素而结婚,这对双方和社会均无危害,法律自无禁止的必要。

案例:2005年春节,张某与赵某在一次聚会上相识后确立了恋爱关系。在交往过程中,张某发现赵某偶尔会有幻听、自虐等怪异表现。2007年年初,二人决定结婚。不久后的一天,在外出购置结婚用品途中,赵某突然倒地不动,张某将其送往医院治疗,方知赵某患有间歇性精神分裂症。经询问,赵某自2003年患上此病,经多方诊治均无法治愈,病情时好时坏,长期需药物维持。请问赵某符合结婚条件吗?

---

① 参见胡康生主编:《中华人民共和国婚姻法释义》,法律出版社2001年版,第23页。

婚姻家庭继承法学

评析：根据我国现行法律的有关规定，在发病期内的精神分裂症属医学上认为不应当结婚的疾病，在治愈前应暂缓结婚。故赵某在其所患间歇性精神分裂症治愈以前不符合结婚条件。

第四节 结婚的程序

关于婚姻成立方式的立法例，有事实婚（不要式婚）主义和形式婚（要式婚）主义两种。前者不要求任何婚姻成立方式，只要双方当事人具有共同生活的事实，法律即承认其婚姻效力。后者则不问当事人有无事实上之共同生活，只要履行法律规定的特定形式即成立婚姻。其中，要求宗教形式者，为宗教婚；要求法律形式者，为法律婚。现代国家多采法律婚主义，要求当事人履行一定法律形式以成立婚姻。

一、结婚程序概述

（一）结婚程序的目的

结婚程序即结婚的形式要件，是法律规定的婚姻成立必须履行的程序。男女双方符合结婚条件意味着具有结婚的可能性，只有履行法定的结婚程序，才能使这种可能变成现实，所成立的婚姻才能得到法律的承认与保护。现代各国婚姻法之所以要求当事人履行结婚程序，主要是出于以下两个目的：

1. 便于国家对婚姻成立进行管理和监督

结婚并不仅仅关系到双方当事人的人身关系和财产关系，也会对子孙后代的健康、财产的继承和社会道德秩序等产生重要影响，从而在一定程度上关系到社会公共利益。通过当事人履行法定结婚程序，国家得以适度介入婚姻成立过程，对当事人是否符合结婚条件进行审查或监督，避免出现包办婚姻、买卖婚姻、早婚、近亲婚、疾病婚等违法婚姻。这既有利于保护婚姻当事人的合法权益，又有利于维护婚姻家庭伦理秩序和提高人口质量，符合社会公共利益的要求。

2. 使婚姻具有能为第三人知悉的公示性

婚姻成立后，双方当事人需以夫妻身份进行广泛的社会交往，与第三人发生诸多权利义务关系，因此必须通过一定方式使其夫妻关系取得社会的承认。当事人履行结婚程序，不仅使婚姻关系获得了法律认可，也向社会大众公示了婚姻的成立，便于其确认合法婚姻关系的存在，从而有效预防和减少纠纷的发生。

(二) 结婚程序的主要类型

综观当代各国婚姻立法，目前结婚程序大体有登记制、仪式制、登记与仪式结合制三种主要类型。

1. 登记制

登记制以办理结婚登记为婚姻成立的形式要件。它要求当事人依法向有权机关提出结婚申请，经后者审查通过并准予登记后，婚姻即告成立。登记制有利于国家对婚姻成立进行管理和监督，为许多国家所采纳。例如《日本民法典》第739条规定："婚姻，因依户籍法规定登记而发生效力。""前项登记须由当事人双方及二人以上成年证人以署名的书面或口头申请。"① 又如《俄罗斯联邦家庭法典》(1995年) 第10条规定："结婚在户籍登记机关登记。夫妻的权利和义务自户籍登记机关对婚姻进行国家登记之日起产生。"②

2. 仪式制

仪式制以举行结婚仪式为婚姻成立的形式要件。由于仪式制具有很强的公示性，采用的国家和地区很多，但不同国家和地区因传统习惯的差异，所要求采用的结婚仪式不尽相同，主要包括宗教仪式、世俗仪式和法律仪式三种。宗教仪式是根据宗教教义的要求，在神职人员主持下举行的结婚仪式，葡萄牙、西班牙采宗教仪式。世俗仪式是按照民间习俗举行的结婚仪式，通常有主婚人和证婚人参加。法律仪式是依据法律规定，在政府官员的主持和参与下举行的结婚仪式，例如依《瑞士民法典》第116条和第117条，"结婚仪式应在有两位成年证婚人在场的结婚场所公开举行"，"身份官员应向婚约双方分别询问有无结婚的意思"，"在得到对上述问题肯定的答复后，身份官员宣布，因双方的同意，婚姻依法缔结"。③

3. 登记与仪式结合制

登记与仪式结合制要求结婚既须办理结婚登记，又须举行结婚仪式，二者缺一不可。这一类型因兼具登记制和仪式制的优点而为不少国家和地区所采用。由美国州法律统一委员会制定的《统一结婚和离婚法》第201条规定，

---

① 参见渠涛编译：《最新日本民法》，法律出版社2006年版，第157~158页。
② 中国法学会婚姻法学研究会：《外国婚姻家庭法汇编》，群众出版社2000年版，第468页。
③ 参见殷生根、王燕译：《瑞士民法典》，中国政法大学出版社1999年版，第34~35页。

按照本法的规定获得批准、举行仪式并进行登记的男女之间的婚姻在本州有效。至于举行何种仪式，该法第 206 条进一步规定，市级法院和有此种权利的政府官员都可以主持结婚仪式，也可以按照各种教派、印第安民族或部落或土著集团所承认的任何方式举行结婚仪式。① 我国香港和澳门地区亦采此制，但二者具体程序有所不同。香港地区是当事人先申请结婚注册，经登记官审查并签发证明书后，再在法定期限内举行婚礼；澳门地区则是当事人向婚姻登记局提出结婚申请，经批示后先举行婚礼，再办理结婚登记。

二、我国的结婚登记制度

我国历史上长期按照礼制的要求实行聘娶婚，强调仪式在婚姻成立过程中的意义和作用。新中国成立以后，为保障社会主义婚姻制度的实施，防治违反婚姻法的行为，保护婚姻当事人的合法权益，在 1950 年《婚姻法》中即确立了结婚登记制度并沿用至今。现行《婚姻法》第 8 条规定："要求结婚的男女双方必须亲自到婚姻登记机关进行结婚登记。符合本法规定的，予以登记，发给结婚证。取得结婚证，即确立夫妻关系。未办理结婚登记的，应当补办登记。"

为切实保证包括结婚登记在内的婚姻登记制度的实施，我国原内务部和民政部先后于 1955 年、1980 年、1986 年和 1994 年颁布了三部《婚姻登记办法》和一部《婚姻登记管理条例》。现行的《婚姻登记条例》是自 2003 年 10 月 1 日起施行的，有关婚姻登记的具体事项须依其规定办理。

（一）结婚登记机关

依《婚姻登记条例》第 2 条的规定，内地居民办理婚姻登记的机关是县级人民政府民政部门或者乡（镇）人民政府；省、自治区、直辖市人民政府可以按照便民原则确定农村居民办理婚姻登记的具体机关。

婚姻登记机关的管辖范围，原则上根据当事人的户籍确定。男女双方的常住户口在同一地的，应到该地的婚姻登记机关办理结婚登记；双方的常住户口不在同一地的，可到任何一方当事人常住户口所在地的婚姻登记机关办理结婚登记。

（二）结婚登记程序

结婚登记程序依法可以分为申请、审查和登记三个前后相接的具体环节。

---

① 参见夏吟兰著：《美国现代婚姻家庭制度》，中国政法大学出版社 1999 年版，第 19 页。

1. 申请

办理结婚登记,双方当事人应共同亲自前往有管辖权的婚姻登记机关提出申请,既不得单方申请,也不得由他人代理。结婚申请须采用书面形式,由当事人填写结婚登记申请书,如果当事人不会填写,可由婚姻登记员代为填写。

申请结婚登记时,当事人应出具下列证件和证明材料:(1)本人的户口簿、身份证;(2)本人无配偶以及与对方当事人没有直系血亲和三代以内旁系血亲关系的签字声明。当事人应当如实向婚姻登记机关提供上述证件和证明材料,不得弄虚作假。

2. 审查

这是结婚登记工作的中心环节,由婚姻登记机关对结婚登记当事人出具的证件、证明材料是否真实、齐全进行查验,并对当事人是否符合法律规定的结婚条件进行审核。审查中,婚姻登记机关可就相关情况向当事人进行询问,或进行必要的调查了解。审查必须严肃认真,依法办事,既不得草率从事,也不得无故拖延。

3. 发证

婚姻登记机关对当事人的结婚申请进行审查后,对符合结婚条件的,应当予以登记,发给结婚证;对不符合结婚条件的不予登记,并向当事人说明理由。

根据《婚姻登记条例》第6条的规定,婚姻登记机关经审查,发现申请结婚的当事人有下列情形之一的,不予登记:(1)未到法定结婚年龄的;(2)非双方自愿的;(3)一方或者双方已有配偶的;(4)属于直系血亲或者三代以内旁系血亲的;(5)患有医学上认为不应当结婚的疾病的。

(三)结婚登记的效力

男女双方依法办理结婚登记手续并取得结婚证,婚姻即告成立,当事人之间形成合法的夫妻关系,依法相互享有夫妻权利,履行夫妻义务,其合法权益受法律保护。无论当事人是否举行婚礼或是否同居生活,均不影响婚姻关系的有效成立。

结婚证是婚姻登记机关签发给双方当事人,证明其婚姻关系成立的法律文件,当事人应当妥善保管。如果结婚证遗失或者损毁,当事人可依《婚姻登记条例》第17条的规定,持户口簿、身份证向原办理婚姻登记的机关或者一方当事人常住户口所在地的婚姻登记机关申请补领。婚姻登记机关对当事人的婚姻登记档案进行查证,确认属实的,应当为当事人补发结婚证。

(四) 关于结婚登记瑕疵问题

《婚姻法司法解释三》第1条规定:"当事人以婚姻法第10条规定以外的情形申请宣告婚姻无效的,人民法院应当判决驳回当事人的申请。

当事人以结婚登记程序存在瑕疵为由提起民事诉讼,主张撤销结婚登记的,告知其可以依法申请行政复议或者提起行政诉讼。"

《婚姻法司法解释三》的这一规定,主要是针对现实生活中如何解决婚姻登记瑕疵所带来的问题。近年来,在实践中发生了大量婚姻登记瑕疵的案件。由于婚姻登记机关在当事人的身份和证件审查上无法做到绝对的准确,难免会发生一些婚姻登记瑕疵的案件。主要包括婚姻登记当事人弄虚作假、冒名顶替骗取结婚登记或离婚登记,以及婚姻登记机关违反规定进行登记的情况。

由于婚姻法对存在登记瑕疵的婚姻未做任何规定,因而在实践中不同地方不同法官在处理此类问题时往往有不同的结果,导致了适用法律的不统一。《婚姻法司法解释三》就此问题加以规定实属必要,这一规定的出台,有助于各级人民法院按照同一个标准处理相关问题。

关于结婚登记瑕疵问题,1994年的《婚姻登记管理条例》在第五章规定了监督管理的条款,其中第25条规定,"申请婚姻登记的当事人弄虚作假、骗取婚姻登记的,婚姻登记管理机关应当撤销婚姻登记,对结婚、复婚的当事人宣布其婚姻关系无效并收回结婚证,对离婚的当事人宣布其解除婚姻关系无效并收回离婚证,并对当事人处以200元以下的罚款";第28条规定"违反本条例第12条、第18条的规定予以登记的,婚姻登记管理机关应当对婚姻登记管理人员给予行政处分或者撤销其婚姻登记管理员的资格;并对仍不符合婚姻登记条件的当事人撤销婚姻登记,收回婚姻登记证书"。上述规定赋予了婚姻登记机关主动纠错的权力。而2003年出台的《婚姻登记条例》删除了这类规定,这就使婚姻登记机关不能主动纠错。在实践中,当事人在发现婚姻登记瑕疵后,往往先找到婚姻登记机关,但婚姻登记机关无法自己撤销之前的婚姻登记。按照现行法律的规定,婚姻登记机关及其上级机关没有处理婚姻登记瑕疵案件的权力。因此当事人只能通过法院判决来解决问题。《婚姻法司法解释三》明确当事人可以通过可以依法申请行政复议或者提起行政诉讼来解决问题。

当然,对于通过行政诉讼解决婚姻登记瑕疵问题,学界也存在不同的看法。有人就提出了"婚姻登记效力纠纷行政诉讼的十大缺陷"①。民政部门也认为行政诉讼的解决方式使婚姻登记部门"无罪无错"却成为"司法大堂的陪绑者"。综合各界观点，反对通过行政诉讼解决婚姻登记效力纠纷的原因有：首先，行政诉讼审理的内容主要是婚姻登记行为的合法与否，而在一些案件中，婚姻登记机关的这些登记行为不具有违法性，也很难说婚姻登记机关有什么过错。婚姻登记机关无权处理此类婚姻登记效力纠纷，却屡屡成为当事人婚姻关系之争的被告，欠缺行政诉讼的正当性基础。其次，婚姻登记效力行政诉讼必然牵扯到当事人、法院和婚姻登记机关，造成行政资源和司法资源的浪费，并且民政部门频繁涉诉，也可能会影响到政府形象。再次，将婚姻登记瑕疵案件作为行政案件来处理，实际上是通过行政程序解决民事问题——婚姻关系纠纷，其合理性有待商榷。

从以上的分析可以看出，婚姻登记瑕疵效力纠纷的解决途径确实面临很大难题，这个难题的症结就在于婚姻法本身的立法缺陷，没有就婚姻登记瑕疵的效力问题作出明确的规定，从而使相应的行政法规、行政机关乃至司法机关难以作为。但在婚姻法短期修法无望的情况下，当事人可以通过提起相关的行政诉讼来解决问题也是一个无奈的选择，因为无论如何也不能使当事人再处于诉讼无门的尴尬境地，这也是司法机关和行政机关必须承担的社会责任。

案例：2009年初，罗某与相恋多年的女友郭某决定结婚。经与双方家长协商，二人定于当年1月28日举办婚礼，宴请双方亲友。考虑到春节期间婚姻登记机关不上班，无法办理结婚登记手续，罗某和郭某于1月22日领取了结婚证，但之后仍在各自父母家中居住。1月26日，罗某独自开车去参加同学聚会，回程途中因酒后驾车发生车祸，经抢救无效死亡。郭某与罗某父母一起办完罗某的丧事后，提出要继承并分割罗某的遗产。罗某父母以二人仅是领了结婚证，并未举行婚礼，更未共同生活为由拒绝，郭某遂向法院提起诉讼。请问郭某的诉讼请求能否得到法院支持？

评析：根据我国《婚姻法》的有关规定，结婚登记是结婚须履行的唯一法定程序，是否举行婚礼或是否共同生活等都不影响婚姻的成立。本案中，罗

---

① 王礼仁：《聚焦婚姻法司法解释三——婚姻登记效力纠纷行政诉讼的十大缺陷》，http://www.chinalawedu.com/new/16900a174a2010/20101126wangyo115418.shtml. 2010-12-10。

某与郭某于2009年1月22日办理了结婚登记,领取了结婚证,双方婚姻关系自此时起成立。罗某死亡时,郭某已是其合法配偶,自然有权作为第一顺序的法定继承人,与罗某父母共同继承其遗产,故其诉讼请求能够得到法院支持。

第五节 无效婚姻和可撤销婚姻

婚姻成立应符合法律规定的实质要件和形式要件,对于欠缺法定结婚要件的违法结合,应依法认定其无效,或依法予以撤销。无效婚姻和可撤销婚姻制度是结婚法的必要组成部分。我国《婚姻法》经2001年修正,增加了有关无效婚姻和可撤销婚姻的规定,这对于完善我国结婚制度,预防和减少违法婚姻,保护善意当事人权益具有非常重要的意义。

一、无效婚姻和可撤销婚姻概述

无效婚姻,是指男女双方因违反某些法定结婚要件而在法律上不具有婚姻效力的违法结合。可撤销婚姻,是指男女双方因违反某些法定结婚要件,其婚姻效力不确定,可以在法定期间内依法予以撤销的违法结合。当代各国婚姻法中一般都有关于无效婚姻或可撤销婚姻的规定,但在具体内容上,各国存在较大差异。

在立法例上,有的国家单采无效婚姻制度,将欠缺结婚要件的违法结合统称为无效婚姻,如意大利、俄罗斯等。有的国家单采可撤销婚姻制度,如德国。① 有的国家兼采无效婚姻制度和可撤销婚姻制度,将违反法定结婚要件的结合区分为无效婚姻和可撤销婚姻两种类型,如瑞士、日本、英国等。各种立法例对违法婚姻的处理并非截然不同,而总是在认定程序、效力等方面具有一些相似性。

由于各国采用的立法例不同,婚姻无效或可撤销的原因也很难有统一的标准。某一结婚要件的欠缺,可能在一国为无效原因,在另一国则为可撤销原因。从总体上说,根据各国婚姻法的有关规定,婚姻无效或可撤销的原因,可能是违反结婚的实质要件,也可能是欠缺结婚的形式要件。兼采无效婚姻制度

---

① 在1896年《德国民法典》中,分别设立了无效婚姻制度和可撤销婚姻制度。1998年5月4日,德国议会通过《重新规范结婚法的法律》,对于有瑕疵的婚姻不再作无效与可撤销的区分,在婚姻法重新纳入《德国民法典》以后只规定了可撤销婚姻制度。参见王洪:《婚姻家庭法热点问题研究》,重庆大学出版社2000年版,第55页。

和可撤销婚姻制度的国家，通常根据违法结合的社会危害性大小，将违反结婚公益要件的结合规定为无效婚姻，而将违反结婚私益要件的结合规定为可撤销婚姻。

在无效婚姻的认定程序上，有的国家采当然无效制，如日本。只要具有法定的婚姻无效原因，当事人即可自行主张其婚姻无效，而无须提起诉讼或经法院宣告。多数国家采宣告无效制，如德国、法国、瑞士等。即使当事人具有法定的婚姻无效原因，其婚姻也不自然归于无效，而须经诉讼程序由法院宣告其无效。至于可撤销婚姻，通常是依撤销权人的请求，由法院以判决予以撤销。

在一般情形下，婚姻无效是溯及既往的，即无效婚姻自始无效，从当事人违法结合之时起便不具有婚姻效力；婚姻的撤销则不溯及既往，只是从撤销之时起废止该婚姻的效力。但也有国家规定无效婚姻不具有追溯力，如瑞士。

与外国立法例相比，我国现行《婚姻法》关于无效婚姻和可撤销婚姻的规定有自己的特点，例如兼采无效婚姻制度和可撤销婚姻制度，二者均欠缺结婚实质要件，效力均为自始无效等，以下分别加以介绍。

二、我国的无效婚姻制度

（一）婚姻无效的原因

婚姻无效的原因是指导致婚姻无效的法定情形或事实。我国现行《婚姻法》第10条规定："有下列情形之一的，婚姻无效：（一）重婚的；（二）有禁止结婚的亲属关系的；（三）婚前患有医学上认为不应当结婚的疾病，婚后尚未治愈的；（四）未到法定婚龄的。"

值得注意的是，婚姻无效应以无效原因的继续存在为前提。当事人在结合时虽属违法，但在婚姻无效的原因已经消失后，不得再宣告其婚姻无效。例如男女双方结合时，一方或双方未达法定婚龄，但随着时间的推移双方均已达到法定婚龄；或双方结合时，一方或双方患有医学上认为不应当结婚的疾病，后来已经治愈；或双方结合时具有禁止结婚的拟制血亲关系，后来拟制关系依法解除等。在这些情况下，如果不考虑男女双方已经同居生活甚至生有子女的事实，仍宣告其婚姻无效，将不利于稳定婚姻关系和保护当事人的婚姻权益，完全是多此一举。

（二）婚姻无效的请求权

依《婚姻法司法解释一》第7条规定，有权申请宣告婚姻无效的主体，包括婚姻当事人及利害关系人。利害关系人包括：以重婚为由申请宣告婚姻无效的，为当事人的近亲属及基层组织；以未到法定婚龄为由申请宣告婚姻无效的，为未达法定婚龄者的近亲属；以有禁止结婚的亲属关系为由申请宣告婚姻无效的，为当事人的近亲属；以婚前患有医学上认为不应当结婚的疾病，婚后尚未治愈为由申请宣告婚姻无效的，为与患病者共同生活的近亲属。

宣告婚姻无效的请求权应在无效原因消失前行使。《婚姻法司法解释二》中还指出："夫妻一方或者双方死亡后一年内，生存一方或者利害关系人依据婚姻法第10条的规定申请宣告婚姻无效的，人民法院应当受理。"这是因为婚姻效力对当事人的财产分割、遗产继承等问题将产生实质影响，所以在一方或双方当事人死亡的情况下，仍有确定婚姻效力的必要。

（三）宣告婚姻无效的程序

我国现行《婚姻法》对婚姻无效的法律程序未明确规定，根据有关司法解释的规定，我国采用的是宣告无效制。婚姻当事人及利害关系人应依法向人民法院申请宣告婚姻无效。人民法院受理案件后，经审查，确属无效婚姻的，应依法作出宣告婚姻无效的判决；反之，不具备法定的婚姻无效原因或无效原因已消失的，不予支持。在程序上，应当注意以下几个问题：

（1）有关婚姻效力的争议应以判决方式结案。法律有关婚姻无效的规定是强行性规范，而非任意性规范。当事人之间的结合是否具有婚姻效力只能根据客观事实依法认定，而不取决于双方当事人的意愿，承认抑或否认婚姻的效力也并非当事人可以自由处分的权利。《婚姻法司法解释一》指出："人民法院审理宣告婚姻无效案件，对婚姻效力的审理不适用调解，应当依法作出判决；有关婚姻效力的判决一经作出，即发生法律效力。"

（2）在审理宣告婚姻无效案件时，不能因双方当事人对婚姻效力无争议而不予追究。人民法院受理申请宣告婚姻无效案件后，经审查确属无效婚姻的，应当依法作出宣告婚姻无效的判决。原告申请撤诉的，不予准许。利害关系人依法申请宣告婚姻无效的，利害关系人为申请人，婚姻关系当事人双方为被申请人。夫妻一方死亡的，生存一方为被申请人。夫妻双方均已死亡的，不列被申请人。

（3）宣告婚姻无效时，应同时对子女、财产等问题作出处理。与婚姻效力问题不同，对子女和财产等问题的处理既可采用判决方式，也可采用调解方式。对财产分割和子女抚养问题的判决不服的，当事人可以上诉。

（4）人民法院在审理有关案件时发现婚姻无效情形的，可依职权主动宣告。在审判实践中，有关离婚、扶养、继承等案件常常会涉及婚姻效力问题，如果人民法院在审理这些案件时发现婚姻无效情形，即使并无请求权人提起确认婚姻无效之诉，也可根据客观事实依法作出宣告婚姻无效的判决。

三、我国的可撤销婚姻制度

我国现行《婚姻法》第 11 条规定:"因胁迫结婚的,受胁迫的一方可以向婚姻登记机关或人民法院请求撤销该婚姻。受胁迫的一方撤销婚姻的请求,应当自结婚登记之日起一年内提出。被非法限制人身自由的当事人请求撤销婚姻的,应当自恢复人身自由之日起一年内提出。"

(一) 婚姻可撤销的原因

婚姻可撤销的原因是当事人受胁迫而结婚。根据《婚姻法司法解释一》第 10 条,"胁迫"是指行为人以给另一方当事人或者其近亲属的生命、身体健康、名誉、财产等方面造成损害为要挟,迫使另一方当事人违背真实意愿结婚的情况。因受胁迫而结婚,双方当事人之间缺乏有效的结婚合意,违反了结婚必须男女双方完全自愿的规定,应允许受胁迫方依法请求撤销该婚姻。

(二) 撤销婚姻的请求权

撤销婚姻的请求权专属于受胁迫一方的婚姻关系当事人本人,其他任何单位或个人均无该项请求权。可撤销婚姻是可以撤销,而不是必须撤销,受胁迫方是否行使撤销权应由本人自行决定。在某些情形下,受胁迫而结婚的当事人经与对方共同生活建立起感情,或已生育子女,从而不愿请求撤销该婚姻,法律应尊重其对婚姻关系的意愿。

为促使当事人及时行使请求权,避免婚姻效力长期处于不确定状态,现行《婚姻法》要求受胁迫方撤销婚姻的请求应当自结婚登记之日起一年内提出。被非法限制人身自由的当事人请求撤销婚姻的,应当自恢复人身自由之日起一年内提出。其中的"一年"为不变期间(尽管起算点有所不同),不适用诉讼时效中止、中断或者延长的规定。

(三) 撤销婚姻的程序

受胁迫方既可依行政程序向婚姻登记机关提出撤销婚姻的申请,又可依诉讼程序向人民法院提起撤销婚姻的诉讼。具体适用何种程序,可由受胁迫方自行选择,但如果涉及子女抚养、财产及债务等问题,只能通过诉讼程序处理。受胁迫方向婚姻登记机关请求撤销其婚姻的,应当出具本人的身份证、结婚证和能够证明受胁迫结婚的证明材料,婚姻登记机关经审查认为受胁迫结婚的情况属实且不涉及子女抚养、财产及债务问题的,应当撤销该婚姻,宣告结婚证作废。受胁迫方向人民法院提起撤销婚姻之诉的,人民法院应当适用简易程序或者普通程序进行审理。

四、婚姻无效和被撤销的法律后果

我国现行《婚姻法》第 12 条规定："无效或被撤销的婚姻,自始无效。当事人不具有夫妻的权利和义务。同居期间所得的财产,由当事人协议处理;协议不成时,由人民法院根据照顾无过错方的原则判决。对重婚导致的婚姻无效的财产处理,不得侵害合法婚姻当事人的财产权益。当事人所生的子女,适用本法有关父母子女的规定。"

根据上述规定,在我国,婚姻无效与婚姻被撤销的法律后果完全相同,均为自始无效,即从双方违法结合之时起便不具有婚姻的法律效力。但由于双方当事人在无效婚姻或可撤销婚姻存续期间形成了一定的共同生活事实,因此有必要在宣告婚姻无效或撤销婚姻时,对当事人之间及其与子女之间的有关问题进行妥善处理。

1. 对当事人的法律后果

被宣告无效或被撤销的婚姻自始无效,当事人不具有夫妻的权利和义务,不适用《婚姻法》关于夫妻人身关系和财产关系的各项规定。《婚姻法司法解释一》第 15 条规定:"被宣告无效或被撤销的婚姻,当事人同居期间所得的财产,按共同共有处理。但有证据证明为当事人一方所有的除外。"婚姻被宣告无效或被撤销后,当事人同居期间所得财产由当事人协议处理;协议不成时,由人民法院依法判决。人民法院在处理此类问题时,应注意照顾无过错方,即对无效婚姻的形成无过错的当事人。在同居生活期间,当事人一方死亡的,另一方不能基于配偶身份成为第一顺序的法定继承人,但可根据《继承法》第 14 条,作为继承人以外的对被继承人扶养较多的人,或继承人以外的依靠被继承人扶养的缺乏劳动能力又没有生活来源的人,分得适当遗产。此外,对重婚导致的婚姻无效的财产处理,不得侵害合法婚姻当事人的财产权益。人民法院在审理这类案件时,应当允许合法婚姻当事人作为有独立请求权的第三人参加诉讼,从程序上为其财产权益提供有效保障。

2. 对子女的法律后果

父母与子女的关系是以相互间的血缘联系为依据的,不受父母有无合法婚姻关系的影响。无效婚姻或被撤销婚姻当事人与其所生子女的关系,适用《婚姻法》有关父母子女关系的规定。婚姻被宣告无效或被撤销时,有关子女的抚养归属、抚养费负担和探望等问题,应由双方当事人协商确定,协商不成时,由人民法院根据《婚姻法》的有关规定,考虑双方的具体情况作出判决。

案例：2007年4月，刘某与王某通过朋友介绍相识相恋。不久，王某向刘某求婚，刘某以相处时间过短为由拒绝了王某的要求，但仍继续与其交往。同年6月，王某设下圈套偷拍了刘某的裸照，并威胁刘某说，如果不同意结婚，他就要在网上散布这些照片。刘某迫于无奈，只好与王某办理了结婚登记手续。婚后，两人经常因小事争吵，王某每次都以照片相威胁，要求刘某迁就自己。刘某不堪继续忍受，于2007年10月向法院起诉离婚，但并未提及裸照一事。王某在答辩中称自己是真心爱刘某，两人感情尚未破裂，不同意离婚。后法院判决驳回了刘某的离婚请求。请问刘某还有其他途径维护自己的权益吗？

评析：王某通过非法手段偷拍了刘某的裸照，并以在网上散布进行威胁，刘某因害怕隐私泄露、名誉受损而违背真实意思与王某结婚。王某的行为构成胁迫，其与刘某的结合属于可撤销婚姻。刘某可以自结婚登记之日起一年内向婚姻登记机关或人民法院请求撤销该婚姻。

第六节 事实婚姻和非婚同居

根据我国现行《婚姻法》及其司法解释的规定，未办理结婚登记而以夫妻名义同居生活的男女两性结合可分为两类：一为事实婚姻，二为非婚同居。

一、事实婚姻

（一）事实婚姻的概念与特征

事实婚姻是相对于法律婚姻而言的，其概念有广义和狭义之分。前者泛指男女双方未进行结婚登记，便以夫妻关系同居生活，群众也认为是夫妻关系的结合。后者仅指没有配偶的男女双方，未进行结婚登记，以夫妻关系同居生活，群众也认为是夫妻关系的结合。新中国成立以来的几部《婚姻法》均未对事实婚姻作明确规定，最高人民法院在《关于贯彻执行民事政策法律的意见》（1979年2月2日）中对事实婚姻系采狭义概念。为与立法保持一致，下文仅就狭义的事实婚姻进行阐述。

依据狭义概念，事实婚姻具有以下特征：（1）欠缺结婚的法定形式要件，这是其与法律婚姻的根本区别；（2）当事人为无配偶的男女双方，如果一方或双方当事人有配偶，则构成事实重婚；（3）具有婚姻的目的性和公开性，即当事人以夫妻名义同居生活，群众也认为其是夫妻，这是事实婚姻区别于通奸、姘居、有配偶者与他人同居等违法两性结合的重要特征。

(二) 我国事实婚姻立法沿革

我国自1950年《婚姻法》起即确立了结婚登记制,要求结婚必须办理登记,但由于深受传统聘娶婚习俗的影响,民众普遍重仪式而轻登记,以致事实婚姻在现实生活中大量存在。为解决事实婚姻问题及其引发的各种纠纷,最高人民法院先后在几个司法解释中作出了相关规定,这些规定对待事实婚姻的态度大致经历了从承认到有条件承认,再到不承认的发展阶段。

第一阶段:新中国成立初期至1989年11月21日,承认符合法定结婚条件的事实婚姻。根据最高人民法院《关于贯彻执行民事政策法律的意见》(1979年2月2日)和《关于贯彻执行民事政策法律若干问题的意见》(1984年8月30日)的规定,人民法院审理事实婚姻案件,一方面要坚持结婚必须进行登记的规定,对不登记者进行批评教育;另一方面又要具体案件具体处理,对不符合法定结婚条件的,在做好工作的基础上解除其同居关系;对符合法定结婚条件的,则视同合法婚姻,按一般离婚的案件处理。

第二阶段:1989年11月21日至1994年2月1日,有条件地承认事实婚姻,但条件比过去更为严格。1989年11月21日最高人民法院《关于人民法院审理未办理结婚登记而以夫妻名义同居生活案件的若干意见》对发生于不同时期的此类违法结合规定了不同的处理办法:(1) 1986年3月15日《婚姻登记办法》施行以前,未办理结婚登记即以夫妻名义同居生活,群众也认为是夫妻关系的,一方向人民法院起诉"离婚",如起诉时双方符合结婚的法定条件,可认定为事实婚姻关系;如起诉时一方或双方不符合结婚的法定条件,应认定为非法同居关系。(2) 1986年3月15日《婚姻登记办法》施行之后,未办理结婚登记手续即以夫妻名义同居生活,群众也认为是夫妻关系的,一方向人民法院起诉"离婚",如同居时双方均符合结婚的法定条件,可认定为事实婚姻关系;如同居时一方或双方不符合结婚的法定条件,应认定为非法同居关系。(3) 自民政部新的《婚姻登记管理条例》施行之日起,未办理结婚登记即以夫妻名义同居生活,按非法同居关系对待。

第三阶段:1994年2月1日至今,不承认事实婚姻。1994年2月1日颁布施行的民政部《婚姻登记管理条例》规定,未到法定结婚年龄的公民以夫妻名义同居的,或者符合结婚条件的当事人未经结婚登记以夫妻名义同居的,其婚姻关系无效,不受法律保护。

(三) 补办结婚登记及其效力

依我国现行《婚姻法》第8条,办理结婚登记,取得结婚证,方可确立夫妻关系；未办理结婚登记的，应当补办登记。对于未办理结婚登记而以夫妻名义共同生活的男女，起诉到人民法院要求离婚的，《婚姻法司法解释一》以1994年2月1日民政部《婚姻登记管理条例》的公布实施为界，实行区别对待：在此之前男女双方已经符合结婚实质要件的，按事实婚姻处理，即凡被认定为事实婚姻的，双方当事人互为配偶，适用《婚姻法》关于夫妻权利义务的规定，所生子女为婚生子女，解除关系须依离婚程序处理。在此之后男女双方才符合结婚实质要件的，人民法院应当告知其在案件受理前补办结婚登记。补办结婚登记的，婚姻关系的效力从双方均符合《婚姻法》所规定的结婚的实质要件时起算；未补办结婚登记的，按解除同居关系处理。

二、非婚同居

自20世纪六七十年代以来，非婚同居现象在西方各国日益增多，由此引发的纠纷也不断攀升。在现实的迫切需要和利益团体的积极敦促下，许多国家纷纷在立法、司法中寻求各种对策来调整非婚同居关系。近年来，随着社会经济的快速发展和人们婚姻家庭观念的不断变化，非婚同居现象在我国也呈现出上升趋势，然而现行立法对其未作明确规定，因此有必要对非婚同居的有关问题加以说明。

（一）非婚同居的概念与特征

对于非婚同居的内涵和外延，历来存在不同的理解与认识。广义的非婚同居是指没有婚姻关系的双方在一起共同生活的结合，既包括同性同居，也包括异性同居；既包括无配偶者之间的同居，也包括有配偶者与他人的婚外同居。狭义的非婚同居是指没有配偶的男女双方未经结婚登记而共同生活的两性结合。从我国的现实情况看，同性同居远不如异性同居普遍，且舆论对其主要持否定态度，现阶段对其加以调整的必要性和可能性不大；而有配偶者与他人同居因违反一夫一妻制原则，在《婚姻法》中已被明文禁止，也无进一步讨论的必要，故若无特别说明，本书对非婚同居皆作狭义理解。

非婚同居是男女双方自愿建立的一种两性结合关系，具有较稳定的长期共同生活是其重要特征。与婚姻生活类似，非婚同居当事人具有性的、经济的和精神的共同生活，且其共同生活具有一定的稳定性，从而无可避免地在双方当事人之间，以及当事人与他人之间产生一系列的社会关系，这也正是现代各国对非婚同居进行法律规制的主要理由。如果当事人只有性的联系而无共同生活，或仅短暂共同生活，则不构成非婚同居。

(二) 非婚同居与事实婚姻

非婚同居与事实婚姻具有一定的相似性，二者均欠缺法定的结婚形式要件，主体均为无配偶的男女双方，当事人均具有较稳定的共同生活。但二者也具有一些区别：主观上，事实婚姻当事人须具有缔结婚姻关系的合意，非婚同居当事人只需具有共同生活的合意；客观上，事实婚姻具有公开性，即双方当事人须以夫妻名义同居生活，周围群众也认为其是夫妻，非婚同居则不以公开为必要；主体上，事实婚姻当事人须符合结婚条件，非婚同居当事人通常无须具备全部结婚条件，依一些国家的规定，当事人只要不存在婚姻成立的消极障碍即可，例如男女双方均无配偶，不存在禁止结婚的血亲关系等。此外，二者的法律效力也不相同，法律承认的事实婚姻具有婚姻效力，双方当事人互为配偶，适用法律关于夫妻权利义务的规定，所生子女为婚生子女；非婚同居的法律效力一般弱于婚姻。

不难看出，事实婚姻的成立须满足比非婚同居更加严格的条件。根据我国现行司法解释的规定，对于未办理结婚登记而以夫妻名义共同生活的男女两性结合，只有在1994年2月1日之前双方当事人均已符合结婚实质要件的方可被认定为事实婚姻。这意味着，当事人不符合结婚实质要件，或1994年2月1日以后才符合结婚实质要件的此类结合，都应被作为非婚同居关系处理。

(三) 解除非婚同居关系的法律后果

非婚同居当事人之间不具有配偶关系，不适用法律关于夫妻权利义务的规定，其法律效力主要表现为因当事人长期共同生活而形成的财产关系，以及因同居期间生有子女而产生的父母子女关系。我国现行立法并未规定非婚同居当事人在同居期间的权利义务，但最高人民法院在《关于人民法院审理未办结婚登记而以夫妻名义同居生活案件的若干意见》中对解除同居关系时涉及的财产分割、子女抚养等问题作出了规定。①

1. 财产分割

非婚同居当事人解除同居关系时，应根据自愿、平等原则，自行协商处理财产分割事宜，协商不成的，可向人民法院提起诉讼，人民法院应当受理。人民法院在具体分割财产时，应照顾妇女、儿童的利益，考虑财产的实际情况和双方的过错程度，妥善分割。同居生活期间双方共同所得的收入和购置的财产，按一般共有财产处理。同居生活前，一方自愿赠送给对方的财物可比照赠

---

① 虽然该司法解释仅针对未办结婚登记而以夫妻名义同居生活的情形，但对其他非婚同居，也可依其规定进行处理。

与关系处理;一方向另一方索取的财物,如同居时间不长,或者因索要财物造成对方生活困难的,可酌情返还。同居期间为共同生产、生活而形成的债权、债务,可按共同债权、债务处理。一方在共同生活期间患有严重疾病未治愈的,分割财产时,应予适当照顾,或者由另一方给予一次性的经济帮助。非婚同居当事人之间相互不享有继承权,同居生活期间一方死亡,另一方要求继承死者遗产的,如属于《继承法》第14条规定的"继承人以外的依靠被继承人扶养的缺乏劳动能力又没有生活来源的人",或"继承人以外的对被继承人扶养较多的人",可分给其适当遗产。

2. 子女抚养

由于非婚同居当事人之间不具有合法婚姻关系,所以在同居期间生育的子女是非婚生子女。我国现行《婚姻法》第25条规定:"非婚生子女享有与婚生子女同等的权利,任何人不得加以危害和歧视。"根据现行《婚姻法》的有关规定,父母对子女有抚养教育、管教保护的权利和义务,子女成年后对父母有赡养扶助的义务,父母和子女有相互继承遗产的权利。解除非婚同居关系时,有关子女的抚养归属应由双方协商确定,协商不成时,人民法院应基于子女最大利益原则,根据双方的具体情况判决。哺乳期内的子女,原则上应由母方抚养,如父方条件好且母方同意,也可以由父方抚养。子女为限制民事行为能力人的,还应征求子女本人的意见。一方将未成年的子女送他人收养,须征得另一方的同意。

案例:1993年,鲁某外出旅游时认识了骆某。二人都是中年丧偶,独自抚养子女成人,相似的经历很快拉近了双方的距离。两年后,鲁某搬到骆某家,二人开始共同生活,对外也相互以"老伴儿"相称,但由于担心子女反对,二人一直未办理结婚登记。2005年,鲁某与骆某因子女关系和经济问题等产生矛盾,经常争吵。2006年7月,鲁某提出与骆某离婚。骆某同意离婚,但认为双方共同生活期间,一直居住在其所有的房屋内,生活费也主要由自己负担,故要求鲁某向自己支付经济补偿费2万元。此外,鲁某搬到骆某家后,便将其原来居住的房屋出租给他人,十多年来共收取租金8万元,骆某也要求作为共同财产予以分割。鲁某不同意,遂向法院提起离婚诉讼。请问法院应如何处理?

评析:鲁某与骆某自1995年起未经结婚登记而以夫妻名义同居生活,依照《婚姻法司法解释一》,不符合事实婚姻的认定条件,属于非婚同居。鲁某向法院起诉离婚时，法院应告知其在案件受理前补办结婚登记。如果二人不补办的，则按解除同居关系处理。对于同居关系解除时的财产纠纷，法院也应作出妥善处理：同居期间支出的共同生活费用应由双方共同分担，故鲁某须予以适当补偿，具体数额可与骆某协商确定，协商不成的，由法院根据具体情况依法判决；鲁某原来居住的房屋为其个人财产，在同居期间因出租该房屋获得的租金也应归鲁某个人所有，骆某无权要求分割。

第五章 夫妻关系

【本章重点难点提示】 本章学习内容，重点在于我国《婚姻法》规定的夫妻之间人身、财产方面的权利与义务关系。难点在于夫妻财产制度以及夫妻共有、个人财产的范围。

第一节 夫妻人身关系

一、夫妻在家庭中的法律地位

（一）夫妻法律地位的历史发展

大体而言，夫妻在家庭中的法律地位可以分为以下几个历史时期：

1. 古代法上（尤其是封建法）夫权统治和夫妻一体主义

在两性地位的发展史上，男尊女卑和歧视女性的性别观念根深蒂固。这一观念反映在夫妻关系法上就是夫权统治，夫妻一体（又称夫妻同体，即夫妻因婚姻成立而合为一体，双方的人格互为吸收，其实质是妻的人格被夫吸收，妻处于夫权的支配之下）。在罗马法上，在依市民法而缔结的婚姻中，出嫁女子完全与娘家脱离法律上的亲属关系，成为夫家的家子，即处于夫家家长权的保护之下。出嫁的女子，对于其夫，只有"女儿之地位"；对于自己所生的子女，亦仅有姐弟姐妹之地位。具体讲，妻的财产为夫所有，即妻之人格为夫之人格所吸收，从而妻之财产亦为夫所吸收；夫死亡时，妻与其所生的子女有同等的继承权；妻从夫姓，祭祀夫家祖先，以夫家亲属为亲属，与夫之子女同；出嫁之妇女原为自权人，现在为他权人，发生"人格小减等"，与养女相同。妻有不法行为，致他人蒙受损害时，当由丈夫负责；丈夫不愿负责时，可将妻交与受害人，其因而人格大减等，处于奴婢地位；妻品行不端时，丈夫可以处罚之等。[①] 英国古老的普通法严格地坚持妻在法律上必须完全从属于夫的见

---

① 参见谢邦宇：《罗马法》，北京大学出版社1990年版，第128~129页。

解。认为结婚就是把丈夫与妻子在法律上"合为一人",结果,妻子丧失了法律人格,它不仅没有契约能力、处分能力、更没有财产享有能力,她的财产(包括结婚时拥有的财产和婚姻关系存续期间取得的财产,甚至包括她本人的收入以及根据她父亲的遗嘱所得的财产)完全置于丈夫的支配之下,成为丈夫的财产。①

在东方,古老的《摩奴法典》规定,女子的地位从属于男子,在幼年时期,父亲保护她;在青年时期,丈夫保护她;在老年时期,儿子保护她,女子绝对不能独立自主。② 我国奴隶社会,奴隶主阶级以礼来调整统治阶级的内部关系。到西周时,礼的内容已相当完备。旧礼教公开鼓吹男女不平等,把男女关系说成是天地、阴阳、乾坤、刚柔、尊卑、主从等。如《易·说卦》曰:"乾,天也,故称乎父;坤,地也,故称乎母。"《仪礼·丧服传》曰:"夫者,妻之天也。"《易·系辞上》曰:"天尊地卑,乾坤定矣……乾道成男,坤道成女。"《礼记·郊特牲》曰:"男先于女,刚柔之义也。"既然男女有别,男尊女卑,因此,要求女子"遵三从,守四德"。《礼记·郊特性》曰:"出乎大门,而先男帅女,女从男,夫妇之义由此始也。妇人,从人者也,幼从父兄,嫁从夫,夫死从子。"对三从四德,《仪礼·丧服传》、《孔子家语》中都有大同小异的表述。③

可见,在古代,无论是东方还是西方,在夫妻关系上,都采的是男尊女卑、夫权统治、夫妻一体的立法政策。

2. 近代法上夫权的淡化和夫妻别体主义的产生

作为近代资产阶级革命先声的启蒙运动提出了人人生而平等、天赋人权的思想,而作为人人平等的题中之义的男女平等的思想也在《法国民法典》中得到了一定程度的体现。1804年的《法国民法典》通过一切法国人均享有民事权利能力的规定将人人生而平等的思想以法律的形式固定了下来,从而为夫妻别体主义(即夫妻婚后仍各是独立的主体,各有独立的人格)奠定了基础,夫妻双方对个人自有财产保留完全的所有权的规定(第1403条)就是夫权淡化,夫妻别体主义的立法表现。但是,1804年的《法国民法典》仍然深深地打上了夫权统治的烙印。该法典第213条规定:"丈夫必须保护妻子,妻子必须服从丈夫。"正因为妻子在法律上处于受丈夫"保护"的地位,所以,除少

---

① 转引自王洪:《婚姻家庭法》,法律出版社2003年版,第104页。
② 李忠芳:《两性法律的源与流》,群众出版社2003年版,第142页。
③ 李忠芳:《两性法律的源与流》,群众出版社2003年版,第143~144页。

数例外的场合,妻子的行为能力受到极大的限制。如果没有丈夫的参与和书面同意,不得为赠与、转让、抵押和取得行为(第217条)。法典第1421条规定:"共同财产由夫一人管理之。夫得不经妻的同意而出卖或让与共同财产,或以之抵押。"不仅如此,法典第1428条前两款还规定:"妻的一切个人财产由夫管理之。属于妻的一切动产诉讼及占有诉讼,夫得单独提起之。"① 在1900年《德国民法典》中,权利能力享有、权利平等已成为民法典的基本理念,这为妇女享有独立的人格和独立的财产奠定了基础。但父权制仍是立法者对家庭关系的设计的出发点。这一父权制的婚姻形象尤其在婚姻效力法中得到了清晰的表现。对所有的婚姻共同生活所涉及的事务的决定权都属于丈夫。在丈夫的最后决定权下妻子被分配操持家务(1900年《德国民法典》第1354条,第1356条)。在法定的联合财产制中丈夫对妻子原有的财产和因劳力所得的报酬享有管理权并获得用益权人的地位(1900年德国民法典第1363条以下,第1383条);而妻子被剥夺了支配权(1900年《德国民法典》第1395条)。②

在英国,夫妻别体主义较之于欧洲大陆国家要彻底。1870年的《已婚妇女财产法》第1条承认了妻婚后劳动所得为妻之特有财产。③ 1882年的《已婚妇人财产法》,又扩大了妻特有财产的范围。而且关于妻特有财产的管理、处分权能及契约、诉讼等能力亦设有规定。但妻的责任能力仍限制在特有财产的范围内。直到1935年《法律改革(已婚妇女及侵权行为者)法》第1款才规定了已婚妇女取得、保有、处分任何财产的能力和对于任何侵权行为、契约、金钱债务或其他债务负责能力。④ 这一改革标志着夫妻别体主义的立法进程的完成。

3. 现代法夫妻形式平等的确立

"二战"以后,西方国家开始了家庭法民主化的进程。法国、德国、日本

---

① 《法国民法典》有三个中译本。一为李浩培等译,商务印书馆1981年版;一为马育民译,北京大学出版社1982年版;一为罗结珍译,中国法制出版社1999年版。李浩培的译本基本反映了1804年颁布时的原貌,另两个版本都体现了法典修改的情况。本章引用法典条文如注明1804年《法国民法典》规定,则皆为李浩培译本。未加注明的为罗结珍译本。

② 以上1900年德国民法典的内容参见:Thomas. Rauscher, Familenrecht, Heidelberg: C. F. Mueller VerLag, 2001.

③ 林秀雄:《夫妻财产制之研究》,中国政法大学出版社2001年版,第29页。

④ 林秀雄:《夫妻财产制之研究》,中国政法大学出版社2001年版,第29~31页。

等国纷纷对家庭法中的男女不平等条款进行修改,以实现在家庭法领域里男女形式上的平等。如在法国,1970年6月4日的法律将第213条修改为"夫妻双方应共同负责保证家庭道德与物质方面的事务管理,负责子女的教育并安排子女的未来"。修改后的第216条明确规定:"夫妻各方均有完全的行为能力。"1985年12月23日第85-1372号法律修改了第1421条。修改后的第1421条规定,"夫妻各方均有权单独管理共同财产并进行处分"。在联邦德国,1949年的《基本法》不仅用明确无疑的语言宣布"男女权利平等"(《基本法》第3条第2款),而且还规定任何与该原则抵触的法律规定自1953年3月31日起失效(《基本法》第117条)。为了完成基本法的任务,1957年6月18日颁布了《男女平权法》,这部法律在1958年7月1日的生效。《男女平权法》的主要目的之一,是使妻子在家务管理和外出就业等方面取得平等的权利。该法宣布妻子对家庭负有"完全的责任",并有权在不影响婚姻义务和家庭义务的情况下参加就业(男女平权法版《德国民法典》第1356条),显然,该条仍带有男女不平等的色彩。1976年《德国民法典》对第1356条再次进行了修改,即在管理家庭和外出就业问题上,由配偶双方协商决定。① 在日本,对亲属法的修改也经历了一个与德国非常相似的过程。

(二)我国《婚姻法》关于夫妻家庭地位的规定

我国《婚姻法》始终奉行男女平等的先进立法理念。1950年《婚姻法》第7条就明确规定:"夫妻为共同生活的伴侣,在家庭中地位平等。"1980年《婚姻法》第9条规定:"夫妻在家庭中地位平等。"现行《婚姻法》第13条规定:"夫妻在家庭中地位平等。"《婚姻法》这一规定是调整夫妻关系的总原则,是婚姻法男女平等原则在夫妻关系中的具体体现。它主要是指夫妻间权利与义务的平等,即夫妻在共同生活中平等的行使法定权利,平等的履行法定义务,共同承担对家庭和对社会的责任。夫妻家庭地位平等包括夫妻人身关系平等和夫妻财产关系平等两个方面。夫妻之间的人身关系是平等指夫妻双方在家庭中的身份、人格以及地位的权利义务关系平等,如夫妻双方有平等的姓名权、人身自由权、生育权等。财产关系平等是指夫妻双方在财产所有、遗产继承以及对对方的扶养请求权和扶养义务等方面的权利与义务的平等。

---

① 以上关于《德国民法典》亲属编修改的情况参见:[德]罗伯特·霍恩等:《德国民商法导论》,中国大百科全书出版社1996年版,第209页。

二、夫妻姓名权

（一）我国《婚姻法》关于夫妻姓名权的规定

姓名是姓与名的合称。姓名权是法律赋予自然人依法享有的决定、变更和使用自己姓名的权利。从法律意义上看，姓名权是自然人的一项重要的人身权利，是个人有无独立的人格权的标志。在古代，由于男尊女卑的社会结构，妇女没有独立的人格权，因此，也没有独立的姓名权。妇女婚后要归属于丈夫的家族，要以其本姓冠以夫姓。在现代，随着男女平等的立法理念在立法中的贯彻，已婚妇女独立的姓名权已基本成为世界各国立法的通例。

尊重夫妻双方独立的姓名权是我国《婚姻法》的一贯做法。1950年《婚姻法》第11条规定："夫妻有各用自己姓名的权利。" 1980年《婚姻法》第10条规定："夫妻双方都有各用自己姓名的权利"。随着《婚姻法》的贯彻实施，在我国，已婚妇女使用婚前姓名已经成了自然的社会习惯。2001年4月修订以后的《婚姻法》第14条重申了1980年《婚姻法》第10条"夫妻双方都有各用自己姓名的权利。"的规定。该条确认了夫妻双方各有使用自己姓名的权利，简称夫妻姓名权。根据《民法通则》第99条第1款和《婚姻法》第14条的规定，所谓的夫妻姓名权，是指夫妻双方都有决定、使用和依照法律规定改变自己姓名的权利，不论丈夫和妻子都有权保持自己的姓名，使自己的姓名具有独立性。但该条立法的本意是保护已婚妇女的独立的姓名权。此外，还要保护男到女家落户的婚姻中男方的姓名权。赘夫冠以妻姓，这种封建的宗法家族观念，在一些地方仍然残存在某些人的头脑中，要求上门女婿改从妻姓，这种做法与现行《婚姻法》规定的精神是格格不入的，应当坚决摒弃。但是，应当指出的是，《婚姻法》第14条的规定，并不妨碍夫妻就姓名问题另外作出约定，只要双方达成协议，无论是妻随夫姓，还是夫随妻姓都是合法的。

（二）关于夫妻姓名权发展的外国立法例

关于夫妻姓名权的规定，近代以来，在世界各国的立法中发生的变化很大，以德国为例，1900年《德国民法典》第1355条规定："妻因结婚而获得夫姓。"① 1957年的男女平权法使这一规定有所松动。根据《男女平权法》的规定："妻得在已经获得的夫姓前附加其婚前姓。"（《男女平权法》第1355

---

① Thomas. Rauscher, Familenrecht, Heidelberg: C. F. Mueller VerLag, 2001.

条)① 1976年6月14日联邦德国颁布的《婚姻法暨亲属法第1次修正法》对《德国民法典》第1355条做了进一步修改。修正后的新法仍保留家庭共同姓氏的原则,所有的家属共用一姓(第1355条),但新法与旧法不同处,乃夫姓不再当然成为婚姓(合意不成时,仍以夫姓为婚姓)。② 1991年联邦宪法院因该规定仍有违男女平等原则而宣告其无效。③ 1993年家庭姓氏改革法使家庭姓氏统一相对化。家庭可以选择一个统一的姓氏,但并不是必须选择一个统一的姓氏,现行的《德国民法典》第1355条第1款如是规定。④《德国民法典》关于婚姻姓氏的立法沿革基本反映了西方国家在该问题上所走过的道路。

三、夫妻人身自由权

(一) 我国《婚姻法》关于夫妻人身自由权的规定

人身自由权是指自然人依法享有的其人身和行动完全由自己支配,不受任何组织或个人非法限制或侵害的权利。人身自由权是每个自然人都平等享有的权利。婚姻家庭法中的人身自由权主要指已婚男女依法享有的选择职业和从事职业活动、进行社会交往、从事社会职业的权利。

在我国历史上,从男尊女卑、夫权至上的观点出发,封建礼教对妇女的人身自由进行了严格的束缚。妇女不仅完全被排斥在社会公共领域活动之外,即使在妇女所赖以安身立命的家庭领域,妇女的活动也受到严格的限制。《礼记·内则》中云:"凡妇,不命适私室,不敢退。妇将有事,大小必请于舅姑。"⑤ 就是妇女人身自由权完全丧失的真实写照。对占人口一半以上的妇女的人身自由权的完全剥夺,不仅压抑和摧残了妇女,而且阻碍了社会的进步。

新中国成立后高度重视妇女的解放工作。1950年《婚姻法》第9条就明确规定:"夫妻双方均有选择职业、参加工作和参加社会活动的自由。"1980年《婚姻法》第11条进一步规定:"夫妻双方都有参加生产、工作、学习和社会活动的自由,一方不得对他方加以限制和干涉。"2001年4月修正的《婚姻法》第15条完全保留了此项规定。这一规定是现行《婚姻法》第13条

---

① Thomas. Rauscher, Familenrecht, Heidelberg: C. F. Mueller VerLag, 2001.
② 刘德宽:《民法诸问题与新展望》,中国政法大学出版社2002年版,第152页。
③ Thomas. Rauscher, Familenrecht, Heidelberg: C. F. Mueller VerLag, 2001.
④ 《德国民法典》(第2版),陈卫佐译,法律出版社2006年版,第433页。以下引用《德国民法典》未加注明的为陈卫佐的译本。
⑤ 参见刘素萍主编:《婚姻法学参考资料》,中国人民大学出版社1989年版,第309页。

"夫妻在家庭中地位平等"这一调整夫妻关系的总原则的具体表现,为保障已婚男女的人身自由权提供了法律依据。该规定表明,已婚男女在人身自由方面享有如下几个方面的权利:第一,选择职业和从事职业活动的权利,即"参加生产、工作的自由"。第二,接受教育和参加培训权,即"参加学习"的权利。第三,参加社会活动权,即"参加社会活动的权利"。需要指出的是,夫妻双方必须正当行使上述人身自由权,不得滥用权利损害配偶他方和家庭的利益。任何一方在行使该项权利时,都必须遵守法律规定,履行自己对婚姻和家庭的义务,尊重社会公德。任何一方超越夫妻人身自由权利的立法目的和权利界限滥用权利的,其滥用权利的行为不受法律保护;对方也有权提出批评和劝阻。非法干涉配偶他方人身自由权的,应当依法承担行政责任(《治安管理处罚条例》第 22 条);刑事责任(《刑法》第 238 条);民事责任(《民法通则》第 120 条)。

《婚姻法》第 13 条关于夫妻人身自由权的规定对夫妻双方都适用。但从立法的针对性来看,主要是为了保护已婚妇女参加社会活动的自由权利,禁止丈夫对妻子就业、学习以及参加其他社会活动横加干涉。该条规定是宪法关于妇女在政治的、经济的、文化的、社会的和家庭的生活等方面享有与男性平等的权利的规定的具体贯彻。

(二) 关于夫妻人身自由权的世界各国的立法例

夫妻人身自由权在西方各国的立法例中主要表现为选择职业权或从业权。《法国民法典》第 223 条(1985 年 12 月 23 日第 85-1372 号法律第 4 条)规定:"夫妻各方得自由从事职业,获得收益与工资,并且在分担婚姻所生负担后,得自由处分之。"《德国民法典》第 1356 条第 2 款规定:"配偶双方都有从事职业的权利。配偶在选择和从事职业时,必须对另一方和家庭的利益做必要的照顾。"《瑞士民法典》第 167 条规定:"在选择和从事职业或事业中,配偶中任何一方均应充分顾及配偶他方以及婚姻共同生活之幸福。"① 《俄罗斯联邦家庭法典》第 31 条第 1 款规定:"夫妻各方均有选择工作类型、职业、居所和住所的自由。"② 可见,大多数国家的立法都赋予夫妻平等的选择职业

---

① 《瑞士民法典》,殷生根译,中国政法大学出版社 1999 年版,第 46 页。以下引用的瑞士民法典未加注明的为该译本。

② 《俄罗斯联邦家庭法典》(1995),鄢一美译,载中国法学会婚姻法学研究会编:《外国婚姻家庭法汇编》,群众出版社 2000 年版,第 475 页。以下引用《俄罗斯联邦家庭法》的未加注明的为该译本。

和从业权,但也有国家对夫妻人身自由权不设规定,如《日本民法典》。

四、夫妻计划生育义务

(一) 我国《婚姻法》关于夫妻计划生育义务的规定

计划生育作为我国的基本国策,是指国家有计划地调节人口增长速度,提高人口质量的人口政策。我国现行的人口政策的要求是有计划地限制人口数量,提高人口素质,提倡晚婚、晚育、少生、优生。由于婚姻家庭担负人口再生产的职能,婚姻是完成生育的社会形式,生育子女是婚姻的必然结果。因此,计划生育政策最主要的是通过夫妻在婚姻家庭中贯彻的。对家庭而言,计划生育是指夫妻的生育活动应依法有计划地进行,包括是否生育、生育时间、生育子女数量、避孕或节育措施及对子女的抚育。我国《宪法》、《婚姻法》都把计划生育规定为夫妻的法定义务。我国《宪法》第49条规定:"夫妻双方有实行计划生育的义务。"我国《婚姻法》第2条第3款规定:"实行计划生育。"第16条规定:"夫妻双方都有实行计划生育的义务。"其基本精神包括三个方面:

1. 计划生育是夫妻的法定义务

计划生育首先是夫妻所负有的对国家的义务,是一项公法上的义务。计划生育作为夫妻的法定义务,夫妻双方必须严格履行。育龄夫妇应当按照国家有关计划生育的政策和法律规定生育子女,不得计划外生育。如果夫妻的生育行为违反法律规定,应承担相应的法律责任。

2. 计划生育是夫妻之间的法定义务

计划生育是夫妻之间的法定义务,夫妻双方应自觉的承担此法定义务。夫妻任何一方不得拒绝履行该项义务,也不得将计划生育仅仅视为女方的义务。夫妻双方应根据双方的具体情况,协商决定如何采取计划生育的措施。

3. 实行计划生育也是夫妻双方的法定的权利

这种权利首先可以对抗私人。夫妻双方共同享有的按照国家的有关规定生育子女的权利,受国家法律保护,任何人不得侵犯。夫妻双方也有不生育的自由,任何人不得强迫或者干涉。育龄夫妻按照国家有关规定计划生育,有关部门应当提供安全、有效的避孕药具和技术,保障实施节育手术的夫妻的健康和安全。

(二) 夫妻生育权

宪法第49条和《婚姻法》第16条都是从计划生育是夫妻所负的义务的角度调整生育问题的。立法从权利角度表述生育权始于1992年第七届全国人大第 5 次会议通过的《妇女权益保障法》。该法第 51 条第 1 款规定:"妇女有按照国家规定生育子女的权利,也有不生育的自由。"2002 年 9 月 1 日实施的《人口与计划生育法》第 17 条规定,"公民有生育的权利",确认了公民不分性别均享有生育权。

对于现实生活中,夫以妻擅自中止妊娠侵犯其生育权为由请求损害赔偿的,根据《婚姻法司法解释三》的规定,人民法院不予支持;夫妻双方因是否生育发生纠纷,致使感情确已破裂,一方请求离婚的,人民法院经调解无效,应依照婚姻法第 32 条第 3 款第(5)项的规定处理。

《婚姻法司法解释三》之所以如此规定,原因就在于生育虽然以两性结合为基础,但妇女在整个生育活动中却付出了更多的艰辛和代价。然而在男女不平等的以男性为中心的封建社会,妇女的生育活动却被严格控制在男性手中,妇女成为了夫家传宗接代的生育工具。社会主义制度的建立,使妇女在政治的、经济的、文化的、社会的和家庭的生活等各方面,获得了与男子平等的地位和权利,那种生育为私、传宗接代、多子多福、把妇女当做生育工具的旧观念受到了严厉的批判。但是,由于我国经历了几千年的封建社会,加之目前仍存在着物质文明不够发达、科学教育水平较低这些易于传播封建道德观念的社会基础,因而愚昧落后的生育观念并没有因遭批判而被肃清,依然残存在人们的头脑中,并对我们的社会生活产生消极的影响。有些妇女出于家庭、家族、社会传统习惯势力的压力和经济上对丈夫的依赖而不得不在生育问题上作出违心的行为;也有些妇女因为生育女婴或不能生育而受到歧视、虐待和残害。所有这些情况的存在,都严重影响了妇女生育权的实现,破坏了国家计划生育政策的贯彻,是愚昧落后的生育观作祟的表现。为了切实保障妇女的生育权,全社会都应树立正确的生育观,以男女平等、少生少育、优生优育的态度来对待妇女的生育问题,尤其是每一个做丈夫的男子,对自己妻子自觉执行计划生育政策、自愿少生晚育或不生育等正当行使生育权的行为,都应给予相应的理解、尊重和支持,而不允许歧视、限制,更不允许采用非法手段逼迫妻子进行计划外生育。为了切实保障妇女的生育权,我国妇女权益保障法明确规定了"妇女有按照国家有关规定生育子女的权利,也有不生育的自由"。关于妇女的生育权,国际社会也给予了特别的关注。联合国大会于 1979 年 12 月通过的《消除对妇女一切形式歧视公约》第 16 条规定:"缔约各国应采取一切适当措施,消除在有关婚姻和家庭关系的一切事务上对妇女的歧视,并特别应保证妇女在男女平等的基础上……有相同的权利自由负责地决定子女人数和生育间隔,并有机会使妇女获得行使这种权利的知识、教育和方法。"

婚姻家庭继承法学

《婚姻法司法解释三》的规定第一次明确了夫妻生育权冲突的解决方式，填补了法律空白，终结了实务中的混乱状态，具有重大的进步意义。而且这一规定考虑到了女性的特殊生理结构，是生育责任和风险的主要承担者，因而给予了特殊的保护。这种对夫妻生育权纠纷的解决途径的规定也比较合理。考虑到如果女方坚持己见不生育的情况，男方就不能在这个婚姻关系中实现自己的生育权。为实现自己的生育权，不能忍受的男方可以选择结束这段婚姻关系。

五、世界各国立法例中夫妻人身关系的其他方面

（一）夫妻同居义务

"同居是指男女双方以配偶身份共同生活。简单地说，就是'同屋'（共同的婚姻住所）、'同床'（夫妻性生活）和'同桌'（共同寝室）。"① 在夫妻人身关系中规定夫妻的同居义务是大多数立法例的共同做法。《法国民法典》第215条第1款（1970年6月4日第70-459号法律）规定："夫妻双方相互负有在一起共同生活的义务。"《德国民法典》第1353条、《意大利民法典》第143条、《瑞士民法典》第159条、《日本民法典》第52条亦设有同样规定。同时，在很多立法例中还规定了因正常理由或因各种不同的法定事由可以停止同居义务的履行(《法国民法典》第299条、《德国民法典》第1353条第2款)。

我国《婚姻法》没有关于夫妻同居义务的规定，但《婚姻法》第3条规定："禁止有配偶者与他人同居。"第4条规定："夫妻应当互相忠实。"有学者认为，由此必然可以推出夫妻有同居义务这一法律要求。② 但多数学者认为，法律应当规定夫妻同居义务，理由是：同居是夫妻间的本质性义务，是婚姻关系得以维持的基本要件，只允许在一定的条件下暂时或部分中止同居；同居也是婚姻社会属性的要求，婚姻从其本质上是一种共同生活关系，夫妻同居才能实现婚姻的社会功能，维持婚姻关系的和睦和稳定。当然，也有学者持反对意见，认为同居虽是婚姻的应有之义，但配偶双方是否同居属于个人人身自由及个人家庭隐私的范畴，法律不宜加以过问。③ 本书赞成肯定说，同居义务作为婚姻本质的体现应由法律明文规定。

---

① 引自王洪：《婚姻家庭法》，法律出版社2003年版，第113页。
② 蒋月著：《夫妻的权利与义务》，法律出版社2001年版，第32页。
③ 参见王丽萍主编：《婚姻家庭继承法学》，北京大学出版社2004年版，第89页。

(二) 夫妻忠实义务

"外国法中的夫妻忠实义务，主要是指贞操（chastity）义务，即专一的夫妻性生活义务。广义的解释还包括不得恶意遗弃配偶他方以及不得为第三人利益而牺牲、损害配偶他方的利益。"① 夫妻互负忠实义务，是大多数立法例中明文规定的夫妻人身义务(《法国民法典》第212条、《意大利民法典》第143条、《瑞士民法典》第159条第3款)。

我国《婚姻法》第4条规定，"夫妻应当互相忠实"，但规定位于《婚姻法》总则中，不是一个权利义务规范；而是一个倡导性的规范。因此，不能据此认为《婚姻法》已经规定了夫妻间互负忠实义务。对于我国《婚姻法》是否应当规定夫妻间互负忠实义务，学界争论激烈，存在肯定说和反对说两种观点：肯定说的理由是：（1）夫妻互负忠实义务是婚姻关系的本质要求，在一夫一妻制下，婚姻关系的稳定和家庭生活的和睦很大程度上取决于配偶双方是否相互忠实。（2）为追究违反忠实义务的配偶方及侵害合法婚姻的"第三者"的法律责任提供了法律依据。（3）在法律上确认夫妻互负忠实义务也是保护妇女、儿童合法权益的必然要求，是加强家庭关系领域中精神文明建设，保持社会安定团结的需要。反对说认为，虽然一夫一妻的婚姻具有专一性和排他性，但夫妻互相忠实只是一种道德义务，婚姻法不应将其上升为法定义务。② 本书基本同意肯定说的见解并进一步认为，第一，夫妻忠实义务在我国《婚姻法》中上升为法定义务是我国《婚姻法》体系化的立法技术的要求。首先，这是总则第4条，"夫妻应当互相忠实"的规定在夫妻人身关系中具体化的要求；其次，《婚姻法》第32条第3款第1项规定的"重婚或有配偶者与他人同居的"这一证明夫妻感情破裂的离婚理由，以及《婚姻法》第46条第1项"重婚的"和第2项"有配偶者与他人同居的"这两项无过错方提起离婚损害赔偿诉讼的理由的立法依据都应该是"夫妻互相负有忠实义务"。第二，《婚姻法》本身就具有强烈的伦理性，《婚姻法》中的许多规定都是将道德义务上升为了法定义务，因此，以夫妻忠实义务的道德性作为反对将其上升为法定义务的理由并不充分。

(三) 日常家事代理权

所谓的日常家事代理权，即"夫妻于日常家务互为代理人，夫妻之一方

---

① 李志敏主编：《比较家庭法》，北京大学出版社1988年版，第105页。
② 参见王丽萍主编：《婚姻家庭继承法学》，北京大学出版社2004年版，第90~91页。

滥用前项代理权时,他方得限制之,但不得对抗善意第三人(台湾"民法典"第1003条,《瑞士民法典》第162条、第163条、《德国民法典》第1357条,《法国民法典》第220条、第221条,《日本民法典》第761条,《韩国民法典》第827条)。"① 日常家事代理权的实质在于,使夫妻双方对对方就处理日常家事而与第三人为法律行为而负的债务对第三人负连带责任。如《德国民法典》第1357条［为满足生活需求的事务］第1款规定:"婚姻的任何一方均有权处理使家庭的生活需求得到适当满足并且其效力也及于婚姻对方的事务。婚姻双方皆通过此种事务而享有权利和承担义务,但是如果根据情况得出另外结论则除外。"《法国民法典》第220条(1965年7月13日第65-570号法律)第1款规定:"夫妻各方均有权单独订立旨在维持家庭日常生活与教育子女的合同。夫妻一方依此缔结的债务对另一方具有连带约束力。"《瑞士民法典》第166条第1款规定:"配偶双方中任何一方,于共同生活期间,代表婚姻共同生活处理家庭日常事务。"第3款规定:"配偶中任何一方对其行为非个人责任,但该行为无法使第三人辨明已超越代理权的,配偶他方亦应负连带责任。"在英国1935年颁布《法律改革法》之前,妻子一般不拥有自己的独立财产,不能对自己订立的合同承担责任,为保护与妻子进行交易的第三人的利益,法律规定丈夫必须对妻子的交易行为负责,从代理的角度讲,妻子是丈夫的代理人,这就是所谓的"因同居关系而构成的代理"。在该代理关系中,夫妻之间既不存在明文或默示的代理协议,也不存在授予代理权的表示或行为,而是从同居关系这一事实推断出来的。因同居关系而构成的代理一般仅适用于妻子购买必需品的场合。至1970年英国的《婚姻程序及财产法》颁布,确立了夫妻互有日常家事代理权。②

日常家事代理权的制度功能是:第一,保护交易安全,维护与夫妻一方从事交易的第三人利益;第二,维护家庭生活的正常运转,满足家庭运转的正常需求;第三,维护夫妻的个人财产安全。

2001年12月24日《婚姻法司法解释一》第17条规定:"婚姻法第17条关于'夫或妻对夫妻共同所有的财产,有平等的处理权'的规定,应当理解为:(一)夫或妻在处理夫妻共同财产上的权利是平等的。因日常生活需要而处理夫妻共同财产的,任何一方均有权决定。"学者认为,这是我国婚姻法关

---

① 史尚宽:《亲属法论》,中国政法大学出版社2000年版,第312~313页。
② 以上关于英国法日常家事代理权的资料引自:史浩明:《论夫妻日常家事代理权》,载《政治与法律》2005年第3期,第47~52页。

于日常家事代理权的规定。① 但本书认为,《婚姻法司法解释一》第17条第1款的规定只是赋予了夫妻一方在日常家事的范围内独立处分夫妻共同财产的权限,还不是一个完整意义的日常家事代理权,理由将在夫妻财产制部分阐述。鉴于日常家事代理权对于维护交易安全,保护夫妻双方合法权益的重要意义,我国未来婚姻家庭立法应当明确规定夫妻的日常家事代理权。

案例:2004年王原在同事的介绍之下与张某相识,两人情投意合,在同年1月登记结婚,2005年初张某生育一子之后便在家做起了"全职太太",生活幸福而平静。2008年以后孩子进了幼儿园,其他家务有家政服务员料理,张某逐渐觉得生活单调无聊,于是参加了一个社区的公益团体,专门义务照料社区里的孤寡病危的老人,由于经常早出晚归,引起了丈夫王某的强烈不满。王某认为自己工作繁忙,作为妻子张某应该全心全意照顾好丈夫和孩子,不应再去参加没有收入的公益活动,况且照顾病人容易传染疾病,会影响家人的健康,坚决要求张某不再继续参加公益活动。张某则认为自从义务照料社区里孤寡病危的老人之后,更加体现了自我的爱心和人生价值,自己的精神生活得到了很大的满足,而且那些老人并没有传染性疾病,不会危及家人。二人僵持不下,王某便扬言,如果张某坚持己见,夫妻感情就会破裂,除了离婚别无选择。张某非常苦恼,便找到居委会,请求他们帮助解决。

居委会主任亲自到社区了解情况之后得知受照顾的老人对张某赞不绝口,社区代表老人们专门请人写了情真意切的感谢信,不但感谢张某,而且感谢张某家人的支持。有的老人听说张某今后可能不再来后泣不成声。居委会主任将感谢信和与老人谈话的录音送到王某和张某家中并说明了《婚姻法》的有关规定,王某备受感动,改变了态度,积极支持妻子的行为,夫妻和好如初。

评析:上述案例涉及了下列问题:(1)婚姻法是如何规定夫妻人身自由权利的?(2)在本案当中丈夫王某能否干涉妻子张某自由参加社区公益活动?
《婚姻法》第15条规定:"夫妻双方都有参加生产、工作、学习和社会活动的自由",并强调"一方不得对他方加以限制和干涉"。我国法律规定的夫妻人身自由权,除了双方都有参加生产、工作的权利,参加学习的自由外,还

---

① 参见王丽萍主编:《婚姻家庭继承法学》,北京大学出版社2004年版,第98页。

包括双方自由参加社会活动的权利。这里的社会活动，包括参政、议政活动，科学、技术、文学、艺术和其他文化活动，各种群众组织、社会团体的活动，以及各种形式的公益活动等。法律赋予婚姻关系双方以这种权利，既是公民民主权利在家庭关系中的反映，也是社会主义夫妻关系本质的要求，同时还是促进国家和社会发展的需要。

本案所反映的纠纷源自王某对张某参加社区公益活动的不满。结婚后张某辞去工作，专门从事对子女的抚育，是她本人的自由选择；以后积极参加社区公益事业，义务照料孤寡病危老人也是她的自由权利，其他的人，尤其是其丈夫也应理解和尊重。王某以离婚为手段企图阻止妻子参加社会活动无疑是错误的。好在居委会主任通过细致的工作使王某改变了态度，使一场婚姻危机得到了化解。由此可见，夫妻双方除不得对他方行使人身自由权进行非法限制或干涉外，同时都应注意履行在家庭生活中的各项义务，确保家庭生活的和谐美满。

第二节　夫妻的财产关系

夫妻财产关系是指基于夫妻身份而在夫妻之间产生的具有财产内容的权利与义务关系。一般包括夫妻财产制、夫妻相互之间的扶养义务和夫妻之间的遗产继承权等内容。我国《婚姻法》第17条、第18条、第19条规定了夫妻财产制，第20条规定了夫妻之间的扶养义务，第24条规定了夫妻之间的遗产继承权。

一、夫妻财产制

(一) 夫妻财产制的概念和类型

所谓的夫妻财产制，从广义上讲，是指夫妻婚前财产和婚后所得财产的归属、管理、使用、收益、处分以及债务的清偿，婚姻解除时财产的清算等方面的法律制度。概括地讲，广义的夫妻财产制包括两个大的方面：第一方面是夫妻在婚姻关系存续期间、其婚前婚后财产的归属、使用、收益以及处分等方面的法律制度；第二个方面是离婚时财产清算的法律制度。狭义的夫妻财产制仅指第一种意义上的夫妻财产制，即关于夫妻在婚姻关系存续期间，其婚前婚后财产归属、使用、收益以及处分的法律制度。

夫妻财产制作为规范夫妻财产关系的法律制度，其内容受制于不同社会的经济基础和上层建筑。纵观社会发展，在历史的演变过程中，主要有以下夫妻财产制类型：

1. 财产吞并制

所谓的财产吞并制，即随着婚姻关系的成立，妻于婚前所有的财产以及在婚姻关系存续中因继承或赠与所得到的财产均归属于夫所有。财产吞并制最初产生于罗马法上的有夫权的婚姻，在有夫权的婚姻中，妻之人格为夫之人格所吸收，从而妻之财产亦为夫之财产所吸收。而妻于夫之支配下，毫无拥有财产的权利。此种财产制在有夫权的婚姻被无夫权的婚姻所取代后，在罗马法上即不再被采用，取而代之的是以分别财产制为主体的嫁资制。11世纪，北欧的诺曼人征服了英国的盎格鲁撒克逊民族后，建立了封建制度，并娶被征服的当地女子为妻，建立了具有夫妻关系和征服者与奴隶的关系双重关系的婚姻。由于女子地位低下，无独立人格，因此，亦无拥有财产之能力，故在夫妻财产关系上采吞并财产制。①

2. 统一财产制

所谓的统一财产制，即妻于婚后将其全部财产的所有权移转于夫，而于婚姻解除之际，夫或其继承人对于妻或其继承人需负返还妻之财产之原本价格的义务。但其所享有的返还其全部财产的价金请求权是债权而非物权。即妻于结婚之时，丧失其全部财产之所有权，而于婚姻解除之际取得返还请求之债权。统一财产制之发源地并不明确。统一财产制对于妻子的保护有失公允，但较之于财产吞并制应是一种历史进步。《瑞士民法典》（旧第199条）、我国台湾"民法典"（旧第1042条）曾以之为约定财产制的一种，但现今已经删除。

3. 联合财产制

联合财产制，亦称管理共同制，即夫妻对于自己的财产各自保有独立的所有权，但夫对于妻的财产有管理、收益、使用的权利。亦即，妻于婚后丧失对自己的财产的管理、收益的权利。管理共同制是中世纪日耳曼的夫妻财产制。在中世纪的法兰克时代，夫对于妻有监护权，因此夫对于妻的财产有管理收益的权利。1900年的《德国民法典》采纳了联合财产制。在《德国民法典》之后制定的《瑞士民法典》、《日本民法典》也都曾以之为法定财产制。

4. 分别财产制

分别财产制，指夫妻的婚前婚后财产仍归夫妻各自所有，由夫妻各自单独行使管理、使用、收益等权利。英国依1882年的《已婚妇女财产法》确立了

---

① 关于财产吞并制参见林秀雄：《夫妻财产制之研究》，中国政法大学出版社2001年版，第18页。

夫妻分别财产制，1935年《法律改革（"已婚妇女与侵权行为人"）法》完善了此项制度。1939年《意大利民法典》、1946年《希腊民法典》亦采用分别财产制。

5. 共同财产制

亦称共有财产制，是指除特有财产外，将夫妻财产的全部或一部合并为共同财产归夫妻共同所有，婚姻关系终止时才依法分割。此制存于日耳曼古法，芬兰亦曾有过。夫妻共有制以其共有财产的范围不同又可分为以下几种：

（1）一般共同制。一般共有制，即夫妻各自的财产，不问于婚姻前所取得或于婚姻继续中所取得，亦不问其为不动产或为动产，均属于夫妻共有财产。瑞典古法曾采一般共同制。《瑞士民法典》、《德国民法典》等，为约定财产制的一种。

（2）动产及所得共同制。动产及所得共同制即，①夫妻结婚时已有的全部动产及婚姻中归属于夫妻的全部动产。②婚姻中夫妻所取得的不动产（但无偿取得的除外）。③婚姻关系存续期间由夫妻特有财产所生的一切收益及劳动收入，皆为共有财产。法国曾以此为法定财产制。现在在《法国民法典》中，动产及所得共同制为约定财产制的一种。

（3）所得共同制。所得共同制，即婚姻关系存续期间夫妻因劳动所得的财产及原有财产的孳息为共同财产、俄罗斯家庭法以此为法定财产制（《俄罗斯联邦家庭法典》第34条。《法国民法典》以此为法定财产制（《法国民法典》第1401条）。

（4）劳动所得共同制。劳动所得共同制对夫妻共同财产的范围限制的更狭窄，以夫妻在婚姻关系存续期间因劳动所得的财产为夫妻共有财产。如前南斯拉夫塞尔维亚共和国婚姻法。

6. 共同财产制与分别财产制折中的财产制

（1）延期共同制。延期共同制或配偶应有分权制或亦称婚权财产制。此制为瑞典所首创。瑞典古法夫妻财产制为一般共同制。1920年瑞典婚姻法采所得参与制。1973年时，瑞典曾就婚姻法做一部分修改，但仍维持所得参与制。所谓的所得参与制，即夫妻除了各自的特有财产外，对于婚前或婚后他方配偶所取得的财产有应有部分权，此种财产称为配偶应有部分财产权财产（《瑞典婚姻法》第六章第1条）。夫妻各自管理、支配自己所有的配偶享有应有部分权的财产(《瑞典婚姻法》第六章第2条)。夫妻对于自己婚前或婚后所负的债务，各自以自己的配偶享有应有部分权的财产及特有财产负担之(《瑞典婚姻法》第7章第1条)。在婚姻解除时，夫妻各自对于他方配偶的配偶应有部分权财产有1/2的所有权。

（2）所得参与制。所得参与制，即在婚姻中，以分别财产制为原则，夫妻各方分别管理和处分财产，配偶双方于婚姻关系存续期间所取得的财产，在婚姻关系解除时形成一个共同财团而分配于双方配偶，故亦称所得分配制。在所得分配制下，由于所取得的财产在将来婚姻解除时（死亡、离婚、分居、死亡宣告）应当进行分配，因此，财产的处分受到限制，即配偶一方非经他方同意，不得无偿处分其财产。有偿处分原则是自由的，但如其让与财产或者设定抵押权有危害他方配偶对于所得财产的权利性质时，他方配偶得提出异议。1976年瑞士民法开始采所得分配制。

（3）净益均分制。净益均分制，亦称剩余共同制。联邦德国1957年男女平权法新创净益共同制。所谓的净益共同是指对净益实行均衡的夫妻分别财产制。即夫妻双方各保有在婚前所有的财产和婚后所得财产的所有权，夫妻的债务也分开。在婚姻关系解消时，对夫妻双方在婚姻关系存续期间所增加的财产差额在夫妻间进行平均分配的财产制。具体而言，在婚姻关系存续期间，夫妻财产的所有权、管理权、债务均各自分离，不问夫妻在结婚前所负的债务或婚姻存续中所负之债务，各以自己的财产负责。在法定财产制结束时配偶于法定夫妻财产制开始时所有财产的价值与法定夫妻财产制消灭时现存的财产的差额要在夫妻之间进行平均分配。

（二）我国《婚姻法》法定的夫妻财产制

1. 我国《婚姻法》的法定财产制是婚后所得共同制

按夫妻财产制的发生根据，可分为法定财产制与约定财产制。所谓的法定财产制，指在夫妻婚前或者婚后均未就夫妻财产关系作出约定，或者所做约定无效时，依法律规定而当然适用的夫妻财产制。我国《婚姻法》第17条规定："夫妻在婚姻关系存续期间所得的下列财产，归夫妻共同所有：（一）工资、奖金；（二）生产、经营的收益；（三）知识产权的收益；（四）继承或赠与所得的财产，但本法第18条第3项规定的除外；（五）其他应当归共同所有的财产。夫妻对共同所有的财产，有平等的处理权。"可见，我国的法定夫妻财产制是婚后所得共同制，即婚姻关系存续期间夫妻一方所得和双方共同所得的收入和财产，均归夫妻双方共同共有，但特有财产除外的财产制度。这种财产制度强调：第一，在夫妻双方对夫妻各方婚后财产没有约定或者约定无效的情况下，夫妻共同财产开始于婚姻成立时，终止于离婚之时。婚姻的合法缔结是夫妻共同财产开始的标志。婚姻成立之前的财产属于夫妻一方的个人财产。第二，夫妻共同财产的范围是婚姻关系存续期间所得的全部财产和收入，但法律明文规定属于个人特有财产的财产,不属于夫妻共同财产。第三,共有的性质是共同共有。夫妻双方对共有财产不分份额地平等的享有所有权,平等地行使占有、使用、收益和处分的权利。

2. 我国《婚姻法》规定的共同财产的范围

根据《婚姻法》第17条,以及《婚姻法司法解释一》、《婚姻法司法解释二》和《婚姻法司法解释三》的规定,下列财产属于夫妻共同财产:

(1) 工资、奖金(《婚姻法》第17条第1款第1项)。工资是指作为劳动报酬按期给付或一次性给付给劳动者的货币或实物,奖金是指为了鼓励或表扬而给予的金钱或财物。在我国目前,工资和奖金的形式多种多样。如在个人收入中的各种形式的补贴、津贴、其他福利、甚至有时还存在实物分配。在一些企业中,还存在年薪、股份期权等收入形式,这些都属于工资性收入,应当纳入夫妻共同财产。

(2) 生产、经营的收益(《婚姻法》第17条第1款第2项)。是指夫妻一方或者双方从事农副业生产活动和工商业经营活动和其他投资活动所取得的收益。夫妻一方无论是用夫妻共同财产投资从事生产经营活动,还是用个人财产投资或者婚前的企业在婚后继续经营取得的收益均应属于夫妻共同财产。

(3) 知识产权的收益(《婚姻法》第17条第1款第2项)。知识产权是指民事主体对其创造性的智力成果依法所享有的专有权利。知识产权具有财产权和人身权双重属性。知识产权作为一种人身权具有很强的人身性、专属性。因此,婚后夫妻一方所取得的知识产权权利本身归一方专有,但知识产权所取得的收益归夫妻共有。知识产权的收益是指作品在出版、上演、播映后而获得的报酬,或允许他人使用而获得的报酬、专利权人转让专利权或许可他人使用而获得的报酬、商标所有人转让商标权或许可他人试用其注册商标所取得的报酬,都属于知识产权所取得的收益,归夫妻共同所有。知识产权所取得的收益不仅指在婚姻关系存续期间实际已经取得的知识产权收益;根据《婚姻法司法解释二》第12条对《婚姻法》第17条第3项中"知识产权的收益的解释"的规定:"婚姻法第17条第3项规定的'知识产权的收益',是指婚姻关系存续期间,实际取得或者已经明确可以取得的财产性收益。"因此,在婚姻关系存续期间虽未实际取得,但已经确定可以取得的财产也是夫妻共同财产。

(4) 因继承或赠与所得的财产,但在遗嘱或赠与合同中指明归一方的财产除外(《婚姻法》第17条第1款第4项、第18条第3项)。

一方在婚姻关系存续期间继承的财产原则上是夫妻共同财产,但是夫妻一方继承得到的财产,如果是被继承人通过遗嘱确定只归继承人个人所有的,不纳入夫妻共同财产。这里应当注意的是：第一，一方婚后通过法定继承所取得的财产，只能是夫妻共同财产。第二，遗嘱继承和遗赠应当明示遗嘱继承或遗赠的财产只归夫妻一方所有，不纳入夫妻共同财产。否则，一方婚后通过遗嘱继承、遗赠所取得的财产仍属于夫妻共同财产。第三，因继承所得的财产是指因继承所得的积极财产，即以遗产清偿被继承人所欠的税款和债务后所剩余的财产，包括物权、债权、知识产权中的财产权等。一方在婚姻关系存续期间赠与所得的财产原则上也是夫妻共同财产，但赠与人如果在赠与合同中明示该项赠与财产只归夫妻一方所有，不纳入夫妻共同财产的，则该项财产不属于夫妻共同财产。《婚姻法》第17条第4项、第18条第3项对通过继承赠与等无偿的法律行为取得的财产纳入夫妻共同财产所做的这一限制体现了现行《婚姻法》对遗嘱人、赠与人私有财产处分权的尊重。

（5）其他应归共同所有的财产(《婚姻法》第17条第1款第5项)。《婚姻法》这一规定是对不符合上述各款的规定，但应当属于夫妻共同所有的其他财产的概括性规定。在现实生活中，随着社会的发展，夫妻共同财产的范围不断扩大、共同财产的种类不断增加，上述四项规定难以列举齐全。因此，《婚姻法》特设概括规定，使法律能够涵盖社会生活中的其他应属于夫妻共同财产的财产。根据《婚姻法司法解释二》第11条：关于婚姻法第17条中"其他应当归共同所有的财产的范围"的规定："婚姻关系存续期间，下列财产属于婚姻法第17条规定的'其他应归共同所有的财产'：（一）一方以个人财产投资取得的收益；（二）男女双方实际取得或者应当取得的住房补贴、住房公积金；（三）男女双方实际取得或者应当取得的养老保险金、破产安置费。"根据《婚姻法司法解释三》离婚时夫妻一方尚未退休、不符合领取养老保险金条件，另一方请求按照夫妻共同财产分割养老保险金的，人民法院不予支持；婚后以夫妻共同财产缴付养老保险费，离婚时一方主张将养老金账户中婚姻关系存续期间个人实际缴付部分作为夫妻共同财产分割的，人民法院应予支持。应当说《婚姻法司法解释三》与《婚姻法司法解释二》在"应当取得的养老金"的归属认定上有所不同。养老保险金是指职工因在一个企业工作到一定年限，不愿继续任职或因年老体衰、工残事故导致永久丧失劳动能力时，企业为保证其老有所养而付给的年金或一次付清所得金。养老保险的目的是为保障老年人的基本生活需求，为其提供稳定可靠的生活来源。在婚姻关系存续期间，任何一方获得的养老保险金都是夫妻的共同财产，离婚时要求分割是合理的，应予支持。但如果离婚时夫妻一方尚未退休、不符合领取养老保险金条件，另一方请求按照夫妻共同财产分割养老保险金的，这个要求就不会得到法律的支持;由于获取养老保险金的前提条件是要缴付养老保险费,如果婚后以夫妻共同财产缴付养老保险费,离婚时一方主张将养老金账户中婚姻关系存续期间个人实际缴付部分作为夫妻共同财产分割的,这是合理的,因为这部分费用本身就是夫妻共有财产。所以理解本条时要注意:(1)夫妻关系存续期间已经领取的养老保险金是夫妻共同共有财产,离婚时可以要求分割;(2)离婚时夫妻一方尚未退休、不符合领取养老保险金条件的,因养老保险金尚未取得,而领取养老保险金的主体是特定的,不可转让的,因而不存在分割的问题,即使主张分割也得不到法律的支持;(3)以夫妻共同财产缴付的养老保险费,是夫妻共同共有财产,离婚时可以要求分割。

《婚姻法司法解释二》第14条关于"军人所得复员费、自主择业费等费用的归属及计算方法"的规定:"人民法院审理离婚案件,涉及分割发放到军人名下的复员费、自主择业费等一次性费用的,以夫妻婚姻关系存续年限乘以年平均值,所得数额为夫妻共同财产。"

此外,根据《婚姻法司法解释三》第5条规定,夫妻一方个人财产在婚后产生的收益,除孳息和自然增值外,应认定为夫妻共同财产。这一规定首次明确夫妻一方个人财产婚后产生的孳息和自然增值不是共同财产。根据《婚姻法》第18条的规定,夫妻一方的婚前财产属于夫妻的个人财产,但对于夫妻的婚前个人财产在婚后的增值部分的归属,婚姻法只是明确了婚姻关系存续期间所得的生产、经营收益及知识产权收益归夫妻共同所有,2004年4月1日开始施行的《婚姻法司法解释二》也明确规定一方以个人财产投资所得的收益为夫妻共同财产,但对孳息和自然增值这两种情形如何认定未予明确。《婚姻法司法解释三》第5条明确规定:夫妻一方个人财产在婚后产生的收益,除孳息和自然增值外,应认定为夫妻共同财产。这一规定符合物权法有关原物和孳息的一般原理。当然《婚姻法司法解释三》的这一规定,不影响当事人通过书面形式进行其他的约定。

3. 我国《婚姻法》规定的夫妻对共同财产的权利

《婚姻法》第17条第2款规定:"夫妻对共同所有的财产,有平等的处理权。"根据《婚姻法司法解释一》第17条的规定,"婚姻法第17条关于'夫或妻对夫妻共同所有的财产,有平等的处理权'的规定,应当理解为:(一)夫或妻在处理夫妻共同财产上的权利是平等的。因日常生活需要而处理夫妻共同财产的,任何一方均有权决定。(二)夫或妻非因日常生活需要对夫妻共同财产做重要处理决定,夫妻双方应当平等协商取得一致意见。他人有理由相信其为夫妻双方共同意思表示的,另一方不得以不同意或不知道为由对抗善意第三人。"学者一般认为,《婚姻法司法解释一》第17条第1款的规定实质上确立了夫妻之间的日常家事代理权。但本书认为,该条只是确认了在日常家事的范围内,夫妻对夫妻共同财产的单独处分权。这种单独处分权,还不完全等同于外国立法例中的日常家事代理权。外国立法例中的日常家事代理权适用于各种夫妻财产制,如法国以婚后所得为法定财产制,以共同制、分别财产制等为约定财产制。但关于日常家事代理权的规定完全与夫妻财产制无关,《法国民法典》第220条第1款规定:"夫妻各方均有权单独订立旨在维持家庭日常生活与教育子女的合同。夫妻一方依此缔结的债务对另一方具有连带约束力。"显然,夫妻的日常家事代理权不受夫妻财产制的限制。而《婚姻法司法解释一》所规定的夫妻在日常家事范围内对夫妻共同财产的处分权则仅适用于我国婚姻法规定的法定的夫妻财产制。如果夫妻约定采其他财产制,则该司法解释的规定无适用余地。

《婚姻法司法解释一》第17条第2项从字面上看包括两层含义:第一,在非因日常生活需要处理夫妻共同财产时,夫妻双方应当平等协商,取得一致意见。第二,在存在他人有理由相信其为夫妻双方共同的意思表示的情形时,善意第三人的利益将得到保护。显然,《婚姻法司法解释一》第17条第2款对第三人保护的理由是基于表见代理之法理,即在存在表见代理的事由时,夫妻一方擅自处分夫妻共同财产的行为是有效的。具体来讲,夫妻一方擅自处分夫妻共同财产的行为构成表见代理的要件如下:第一,夫妻一方作出了日常家事范围之外的处分夫妻共同财产的意思表示;第二,处分人未经配偶他方授权;第三,相对人基于客观情形可以相信该意思表示为夫妻共同的意思表示;第四,相对人为善意;第五,相对人基于此信赖为法律行为。"相对人有理由相信行为人有代理权"的判断要分两种情况:一是有交易习惯的情况下,例如,甲乙夫妻与丙之间的交易通常是由丈夫甲与丙进行的。如果在某项交易中,妻子乙未授权给丈夫,妻子有告知丙的义务,尽到告知义务,丙和甲签合同就不构成表见代理,没有尽到告知义务的,丙和甲签合同就构成表见代理。二是在没有交易习惯的情况下,有证明文件,典型的如代理权委托证书,这些证明文件就是权利外观。

现实生活中,夫妻之间有关房屋的纠纷日益增多,一方未经另一方同意出售夫妻共同共有的房屋的情况时有发生,对此,《婚姻法司法解释三》第11条明确规定:"一方未经另一方同意出售夫妻共同共有的房屋,第三人善意购买、支付合理对价并办理产权登记手续,另一方主张追回该房屋的,人民法院不予支持。夫妻一方擅自处分共同共有的房屋造成另一方损失,离婚时另一方请求赔偿损失的，人民法院应予支持。"《婚姻法司法解释三》的这一规定明确了对于一方未经另一方同意出售夫妻共同共有的房屋，同样适用善意取得。善意取得是指无权处分他人财产的占有人，在不法将财产转让给第三人以后，如果受让人在取得该财产时出于善意，就可以依法取得对该财产的所有权，受让人在取得财产的所有权以后，原所有人不得要求受让人返还财产，而只能请求转让人（占有人）赔偿损失。善意取得制度是适应商品交换的需要而产生的一项法律制度，设立善意取得制度的目的在于保证交易安全，有利于商品交换秩序的稳定。我国《物权法》第106条规定："无处分权人将不动产或者动产转让给受让人的，所有权人有权追回；除法律另有规定外，符合下列情形的，受让人取得该不动产或者动产的所有权：（一）受让人受让该不动产或者动产时是善意的；（二）以合理的价格转让；（三）转让的不动产或者动产依照法律规定应当登记的已经登记，不需要登记的已经交付给受让人。受让人依照前款规定取得不动产或者动产的所有权的，原所有权人有权向无处分权人请求赔偿损失。当事人善意取得其他物权的，参照前两款规定。"对于夫妻共同共有的房屋，夫妻任何一方都无权单独处分。一方未经另一方同意出售夫妻共同共有的房屋，是一种无权处分的行为，对此法律原则上是不支持的。只是考虑到交易安全，如果第三人善意购买、支付合理对价并办理产权登记手续的，就构成了物权法上的善意取得，在这种情况下该房屋的所有权就发生了转移，原所有人就不能追回，而只能向擅自处分共同共有房屋的一方索赔。《婚姻法司法解释三》的本条规定，单纯从物权法的善意取得制度来看并无不妥，而且这一规定也是在夫妻共有房屋买卖的交易安全和夫妻关系保护方面寻找相对的平衡。但是考虑到房屋并非仅仅是一项财产，而是婚姻的住所、家庭的载体，特别是用于婚姻家庭共同生活居住需要的房屋更是如此，所以，对于用于婚姻家庭共同生活居住需要的房屋，在认定善意取得时应当从严把握，否则就会造成新的矛盾甚至是激烈的冲突。为了防止夫妻一方擅自处分共同共有的房屋，对于夫妻共同共有的房屋最好在产权登记时适用双方的姓名，或者在产权证上明确谁是共有人。在这种情形下，由于产权证上产权共有人很明确，第三人如果明知房屋为共有而在没有得到所有共有人的同意情况下购买，当然也就够不成善意取得。

关于夫妻关系存续期间对夫妻共同财产是否可以分割的问题，《婚姻法司法解释三》第4条规定，婚姻关系存续期间，夫妻一方请求分割共同财产的，人民法院不予支持，但有下列重大理由且不损害债权人利益的除外：（1）一方有隐藏、转移、变卖、毁损、挥霍夫妻共同财产或者伪造夫妻共同债务等严重损害夫妻共同财产利益行为的；（2）一方负有法定扶养义务的人患重大疾病需要医治，另一方不同意支付相关医疗费用的。

一般说来，夫妻关系存续期间，夫妻所拥有的共同财产任何一方都不能请求分割，只有在离婚或一方死亡时，夫妻关系不存在了，其共同财产才可以分割。本条规定的问题是在特殊情况下，为了保护一方的利益而作的例外规定。适用本条规定需注意：（1）婚姻关系存续期间，夫妻双方在不离婚的情况下，不允许夫妻任何一方请求分割共同财产是原则，允许一方请求分割共同财产是例外；（2）夫妻双方在不离婚的情况下，只有两种情形下才可以请求分割共同财产，第一种情形是一方有隐藏、转移、变卖、毁损、挥霍夫妻共同财产或者伪造夫妻共同债务等严重损害夫妻共同财产利益行为的；第二种情形是一方负有法定扶养义务的人患重大疾病需要医治，另一方不同意支付相关医疗费用的。这里的法定扶养人是指法律明确规定有扶养义务关系的人，例如父母对未成年子女或者不能独立生活的子女具有抚养义务；成年子女对父母要承担赡养义务；有负担能力的祖父母、外祖父母，对于父母已经死亡或父母无力抚养的未成年的孙子女、外孙子女，有抚养的义务；有负担能力的孙子女、外孙子女，对于子女已经死亡或子女无力赡养的祖父母、外祖父母，有赡养的义务；有负担能力的兄、姐，对于父母已经死亡或父母无力抚养的未成年的弟、妹，有扶养的义务；由兄、姐扶养长大的有负担能力的弟、妹，对于缺乏劳动能力又缺乏生活来源的兄、姐，有扶养的义务。如果为扶养不具有法定扶养义务的人要求分割的，则不予支持。（3）任何情形下，夫妻一方请求分割共同财产都不得不损害债权人利益。

现实生活中，有些夫妻双方虽感情不和，但一方顾及孩子或出于其他考虑，想努力维持婚姻，另一方却在此期间把财产转移、变卖、隐藏。这种做法显然严重侵害了对方的利益，在《婚姻法司法解释三》出台前，没用相应的法律规定可以制止。结果是，弱势一方要么赶紧起诉离婚，分割共有财产，要么就维持婚姻关系，眼睁睁看着对方转移财产，直到人财两空。《婚姻法司法解释三》的本条规定，是对夫妻关系中处于弱势一方进行保护的重要规定。

4. 我国《婚姻法》的夫妻个人特有财产

个人特有财产是指专属于夫妻一方个人所有并排斥夫妻共有的财产。特有财产是与财产共同制匹配的财产制度，是对共同财产范围的缩小与限制。2001年4月修订的《婚姻法》第18条首次确立了个人特有财产制，体现了《宪法》和《民法通则》赋予公民的个人所有权同样受《婚姻法》保护的立法意旨。个人特有财产制在《婚姻法》上的确立，意味着自然人所享有的个人财产所有权不受婚姻关系的影响而改变其个人所有的性质,在婚姻关系存续期间应由其本人占有、使用、收益和处分,他人无权干预;在离婚时,归个人所有,他人无权分割;在财产所有权人死亡时,应作为遗产按继承法规定处理。根据我国《婚姻法》第18条的规定,有下列情形之一的,为夫妻一方的个人财产:

(1) 夫妻一方的婚前财产。婚前财产是指夫妻在结婚之前各自所有的财产,无论是有偿或者无偿取得,无论是动产与不动产,无论是生活资料还是生产资料均属之。夫妻双方婚前所有的财产,在婚后仍归原所有人所有,不因时间经过而转化为夫妻共同财产,除非当事人另有约定。

(2) 夫妻一方因身体受到伤害获得的医疗费,残疾人生活补助费等费用。夫妻一方因身体受到伤害而获得的医疗费、残疾人生活补助费是加害人向受害人支付的用于填补受害人人身损害的赔偿金,这部分赔偿金主要是用于受害人身体的治疗和健康的回复,具有较强的人身性质,属于专供一方个人使用的财产,从维护受害人个人合法权益,保障受害人得到有效治疗和维持其正常生活的角度看,应归其个人所有。

(3) 遗嘱或赠与合同中确定归夫妻一方的财产。根据《继承法》的规定,被继承人在生前可以按照其个人意愿依法以遗嘱的方式处分其个人财产,指定遗嘱继承人或受遗赠人。如果被继承人在遗嘱中指明其遗产只归已婚的夫或妻一方继承或者受遗赠,夫或妻一方便享有所继承或者受遗赠的财产的所有权。赠与也是一样,如果赠与合同中明示该赠与财产只归受赠人一方所有,则该项财产不纳入夫妻共同财产。

(4) 夫妻一方专用的生活用品。一方专用的生活用品是指婚后以夫妻共同财产购置的供夫或妻个人使用而另一方在日常生活中不方便或者不适宜使用的生活用品。这类财产的特点是:第一,使用价值具有特殊性。即不是夫妻双方通用或共用的生活用品。第二,价值具有特殊性。这类财产由于属于生活用品,价值一般都不大,如衣服、鞋、帽、图书、手机、专用的饰物和饰件。

(5) 其他应归夫妻一方所有的财产。

第一,根据《婚姻法司法解释二》第13条关于"军人的伤亡保险金、伤残补助金、医药生活补助费的归属"的规定:"军人的伤亡保险金、伤残补助金、医药生活补助费属于个人财产。"第二,夫妻一方在婚姻关系存续期间获得的代表优胜者荣誉的奖章、奖牌、奖杯、具有明显纪念意义的奖品等,因具有一定的人身性质,应属于获奖者个人所有,但由此获得的奖金等物质奖励,如果夫妻之间没有约定,应依法认定为夫妻共同财产。第三,如果夫妻双方依约定排除某些财产为夫妻共同财产,则该项财产按照约定应属于个人财产。

(三) 我国《婚姻法》的约定夫妻财产制

1. 约定财产制的概念

约定财产制,又称为夫妻财产契约制,是夫妻以契约依法选择或者创设夫妻财产关系的夫妻财产制。

关于是否承认夫妻财产制契约,自古就存在罗马法和日耳曼法的对立。罗马法的嫁资制具有强行性,仅于不违反嫁资制的根本特质的限度内,允许当事人订立嫁资契约或婚姻赠与外,不许自由订立夫妻财产契约。至于日耳曼法的法定财产制仅具有任意法的性质。中世纪以来,对于夫妻财产制契约的自由几乎无任何限制。① 近现代以来,世界大多数立法例出于对婚姻当事人的意思的尊重,多承认夫妻财产制契约。仅有少数立法例禁止夫妻财产契约,如1965年《阿尔巴尼亚家族法典》第45条第2项规定,婚姻中因劳动所取得的财产为夫妻双方之共同财产。与此规定不同之一切约定,皆为无效。明文规定禁止夫妻财产制契约。1952年《匈牙利家族法典》则规定将属于财产共同体之财产约定为夫妻一方之个人所有的合意,对第三人不生效力。苏俄则为明文禁止,原则上并无夫妻财产制契约制度之存在。②

2. 我国《婚姻法》的约定财产制

我国1950年《婚姻法》未规定夫妻约定财产制,1980年《婚姻法》第13条仅原则的规定:"夫妻在婚姻关系存续期间所得的财产,归夫妻共同所有,双方另有约定的除外。"现行《婚姻法》第19条规定:"夫妻可以约定婚姻关系存续期间所得的财产以及婚前财产归各自所有、共同所有或部分各自所有、部分共同所有。约定应当采用书面形式。没有约定或约定不明确的,适用本法第17条、第18条的规定。夫妻对婚姻关系存续期间所得的财产以及婚前财产的约定,对双方具有约束力。夫妻对婚姻关系存续期间所得的财产约定归各自所有的,夫或妻一方对外所负的债务,第三人知道该约定的,以夫或妻一方所有的财产清偿。"根据这一规定,我国《婚姻法》规定的夫妻约定财产制包括以下几个方面的内容:

(1) 约定的客体。根据《婚姻法》第19条第1款的规定,夫妻财产契约

---

① 参见林秀雄:《夫妻财产制之研究》,中国政法大学出版社2001年版,第184~185页。

② 关于阿尔巴尼亚等国的立法内容参见林秀雄:《夫妻财产制之研究》,中国政法大学出版社2001年版,第185页。

针对的财产可以是婚姻关系存续期间所得的财产也可以是婚前财产。

（2）约定所采夫妻财产制的类型。根据《婚姻法》第19条第1款的规定，夫妻双方可以约定婚姻关系存续期间所得的财产以及婚前所得的财产归各自所有，共同所有或部分各自所有，部分共同所有。

（3）约定的形式。根据《婚姻法》第19条第1款第2句的规定，约定应当采书面形式。

（4）约定的时间。夫妻进行财产约定的时间，《婚姻法》第19条没有规定，这意味着夫妻可以在结婚时，也可以在结婚后任何时间进行财产约定。在约定时夫妻亦可对约定财产制生效的时间进行约定。

（5）约定的效力。关于约定的效力，应当注意：第一，根据《婚姻法》第19条第1款第3句的规定，约定的效力高于法定的效力。处理夫妻财产问题时，有约定的，按约定；没有约定的或者约定无效的按法定。第二，根据《婚姻法》第19条第2款的规定，夫妻的财产约定对夫妻双方具有约束力。这意味着夫妻双方只有协商一致时才可以变更、撤销原来的约定。第三，根据第19条第3款的规定，夫妻对婚姻关系存续期间的财产约定归各自所有的，夫或妻一方对外所负的债务，第三人知道该约定的，以夫或妻一方的财产清偿。这就是说，夫妻财产契约是特定主体间的法律行为，其效力不当然及于第三人，只有在第三人明知的情况下，才对第三人具有抗辩力。这一规定的目的在于维护交易安全和第三人利益。

对于婚前或者婚姻关系存续期间，当事人约定将一方所有的房产赠与另一方，赠与方在赠与房产变更登记之前撤销赠与，另一方请求判令继续履行的，《婚姻法司法解释三》规定人民法院可以按照合同法第186条的规定处理。

"赠与"是赠与人将自己的财产无偿给予受赠人，受赠人表示接受的一种行为，这种行为的实质是财产所有权的转移。赠与合同是一种单务的、无偿的合同，赠与人无对价而支付利益，受赠人不负担任何对待给付义务即可获得利益，因此在赠与合同中，法律赋予了赠与人更多的权利。在我国，合同法明确规定，除了具有救灾、扶贫等社会公益、道德义务性质的赠与合同或者经过公证的赠与合同外，赠与人在赠与财产的权利转移之前可以撤销赠与；赠与的财产依法需要办理登记等手续的，应当办理有关手续；赠与可以附义务，赠与附义务的，受赠人应当按照约定履行义务；如果受赠人严重侵害赠与人或者赠与人的近亲属，或者受赠人对赠与人有扶养义务而不履行，或者受赠人不履行赠与合同约定的义务的，赠与人可以自知道或者应当知道撤销原因之日起一年内撤销赠与。

在婚姻关系中，当事人无论是婚前还是在婚姻关系存续期间，当事人只要具有民事行为能力并且出于自愿，是可以依法自由处分自己的财产的，包括把自己的财产乃至重要的财产如房屋赠与给对方。鉴于房屋是不动产，我国物权法对于不动产的所有权转移作了特别规定，即不动产物权的设立、变更、转让和消灭，经依法登记，发生效力；未经登记，不发生效力，但法律另有规定的除外。也就是说，如果当事人约定将一方所有的房产赠与另一方，只签订赠与合同还不够，还必须要办理产权变更登记，如果没办理房屋产权变更登记，房屋所有权就没有发生转移，而在房屋所有权就没有发生转移之前，赠与人是可以撤销赠与的，除非赠与合同经过了公证。

虽然我们主张婚姻应以爱情为基础，当事人在谈婚论嫁或婚后共同生活时，不应将婚姻关系庸俗化、物质化，但对于当事人来说，出于生活的需要和彼此自愿，财产的赠与也无可厚非。对于这种赠与，当事人应出于真诚，而不是欺骗，利用赠与而达到其他目的是不道德的。作为受赠者来说，为了防止上当受骗，就应了解法律的相关规定，不要被那种利用赠与合同骗取他人的把戏所蒙蔽，凡是应交付就要实际交付，凡是需要办理登记的，就要及时办理登记。

对于夫妻之间订立借款协议，以夫妻共同财产出借给一方从事个人经营活动或用于其他个人事务的，应视为双方约定处分夫妻共同财产的行为，离婚时可按照借款协议的约定处理。众所周知，一般的借款协议是指借款人向贷款人借款，到期返还借款并支付利息的协议，这是一种双务有偿的诺成性合同。对于夫妻之间订立的借款协议，如果所借款项是夫妻的个人财产，那么这种借款协议与没有婚姻关系者的借款协议并无本质的区别，但如果夫妻之间订立的借款协议所借的款项是夫妻共同共有的财产，那么这种借款协议在本质上就是双方约定处分夫妻共同财产的行为，这种约定是有法律效力的，离婚时可按照借款协议的约定处理。

二、夫妻双方相互扶养的义务

(一) 扶养的概念

扶养是指特定亲属间一方对他方承担生活供养义务的法律关系。提供扶养的一方为扶养义务人，享受扶养的一方为扶养权利人。

扶养的概念有广义和狭义之分。广义的扶养是指一定亲属间的相互供养和扶助的法定义务。广义的扶养在我国《婚姻法》上被分为狭义的扶养、抚养和赡养。在我国《婚姻法》上狭义的扶养指夫妻和兄弟姐妹等平辈间的相互供养的法律责任。外国法对扶养多采广义说。如《德国民法典》第四编第二章亲属第三节专门规定亲属间的扶养义务。我国《继承法》、《民法通则》、《刑法》等也采广义的扶养概念。

(二) 我国《婚姻法》关于夫妻之间扶养义务的规定

我国《婚姻法》明文规定了夫妻之间的扶养义务。《婚姻法》第20条第1款规定,夫妻有互相扶养的义务。第2款规定,一方不履行扶养义务时,需要扶养的一方,有要求对方付给扶养费的权利。根据该条规定夫妻之间的相互扶养具有如下特点:

1. 夫妻间的扶养是一种法定的扶养义务

以扶养产生的根据为标准,扶养可以分为法定扶养、协议扶养与遗嘱扶养。法定扶养是指产生于法律强制性规定的扶养;协议扶养是指产生于合同的扶养,如我国《继承法》规定的遗赠扶养协议①,就是一种协议扶养。遗嘱扶养是指产生于遗嘱规定的扶养,即在遗嘱中为遗嘱继承人或者受遗赠人规定对特定人的扶养义务。夫妻之间的扶养义务是基于《婚姻法》规定在具有夫妻身份的特定主体之间产生的经济供养义务,是一种法定的义务;而协议扶养和遗嘱扶养均产生于当事人的意思,属于基于法律行为的意定扶养。

2. 夫妻间的相互扶养是一种无条件的扶养义务

夫妻之间相互扶养的权利与义务是夫妻之间基于夫妻身份依照法律规定当然发生的权利与义务。只要夫妻一方需要扶养,另一方就必须加以扶养,不能附加条件。

3. 夫妻间的相互扶养具有无期限性

夫妻之间的相互扶养始于婚姻的有效成立,终于婚姻关系的终止。只要婚姻关系有效存在,夫妻之间相互扶养的权利义务关系就一直存在,因此,夫妻之间的扶养义务是一种状态性、持续性法律关系。

4. 夫妻间的相互扶养具有法律强制性

夫妻之间的扶养义务必须履行,如不履行则需要扶养的一方有权要求对方承担扶养义务。夫妻双方如因扶养费的给付发生纠纷时,可由有关部门调解或向人民法院提起诉讼。人民法院审理此类案件,应先进行调解,调解无效时,权利人确系需要扶养时,法院应依法判决,强制义务人履行义务。拒绝履行扶养义务,情节恶劣,触犯刑法的,还要依照刑法的有关规定,追究犯罪者的刑

---

① 遗赠扶养协议是指公民与扶养人之间签订的关于扶养人扶养该公民,该公民将财产遗赠给扶养人的协议。

事责任。

5. 夫妻间的扶养是相互的而不是单方的

夫妻间的扶养是相互的,不仅是丈夫对妻子有扶养义务,妻子对丈夫也有扶养义务。夫妻任何一方在需要扶养时都可以向对方提出扶养请求。

6. 夫妻之间相互扶养的义务的程度

夫妻之间相互扶养的程度,即扶养义务人给予扶养权利人扶养的水平和标准。对于夫妻之间的扶养应具有的水平和标准,我国《婚姻法》没有规定。我国学者一般认为,扶养程度应按照扶养权利人的需要和扶养义务人的能力等均衡确定。这里所称的需要,是以全部生活的正当且必要的需求为限。如果扶养权利人提出过高的要求,即使扶养义务人有此能力,也是不合理的,不应得到法律支持。① 在外国立法例中,夫妻之间扶养的程度一般规定为适当的扶养(《德国民法典》第1360条、《瑞士民法典》第163条)。日本学者认为,扶养应分为生活保持义务和生活扶助义务。所谓的生活保持义务是指夫妻之间,父母与未成年子女之间的扶养,此种扶养为父母子女或夫妻身份关系本质上不能缺少的要素,维持对方的生活,即为保持自己的生活。这是一种无条件的在扶养人与被扶养人之间必须保持同一生活水平的扶养义务。生活扶助义务指的是除夫妻、父母与未成年子女外,其他法定亲属间(如我国婚姻法规定的兄弟姐妹间、祖孙间)的扶养,并不是为维护共同生活所必需的,而是一种偶然的、例外的、相对的扶养,因此是在保持与义务人地位相当的生活水平的限度内给予扶养,这是一种相对的、有条件的扶养,扶养人与被扶养人之间无须保持同一生活水平,故称为一般生活扶助义务。

7. 夫妻之间相互扶养的方式

当今世界各国关于扶养的方式,主要规定有两种:一种是共同生活扶养,即被扶养人与扶养人同住在一起,进行直接扶养;二是定期支付扶养金或以实物进行扶养。夫妻间的抚养义务的履行以前者为主,特殊情况下采后一种方式,如在夫妻感情破裂分居的情况下。

三、夫妻间有相互继承遗产的权利

《婚姻法》第24条明确规定:"夫妻有相互继承遗产的权利。"我国《继承法》第10条将配偶列为第一顺序的继承人。配偶之间的继承权是婚姻效力的表现,是以合法有效的婚姻关系为前提的。

---

① 蒋月著:《夫妻的权利与义务》,法律出版社2001年版,第124页。

婚姻家庭继承法学

四、正确认识夫妻财产关系的地位

夫妻财产关系是夫妻关系的重要内容,随着市场经济的发展和社会财富的增加,夫妻财产的数量和内容都会日益增多,人们对财产的重视程度也会越来越高。但由于婚姻家庭是一个伦理实体,因而在婚姻家庭领域归根到底最基本和起决定作用的应该是人身关系,是因为有了婚姻,有了夫妻身份才有了夫妻财产,所以婚姻家庭领域人身关系是本,财产关系是末,人身关系是皮,财产关系是毛。从这个意义上来说,是人身关系决定财产关系。正因为如此,在婚姻家庭领域的财产关系要适用特别的规定。《合同法》就明确规定:"本法所称合同是平等主体的自然人、法人、其他组织之间设立、变更、终止民事权利义务关系的协议。婚姻、收养、监护等有关身份关系的协议,适用其他法律的规定。"《物权法》也规定:"其他相关法律对物权另有特别规定的,依照其规定。"在现实生活中,需要警惕的是夫妻财产关系的附属性越来越弱,甚至在特定情况下财产关系已经反客为主,不仅可以决定婚姻的开始,而且左右了婚姻的结局,这种情况在某种意义上来说并不是社会的进步,而是一种倒退。

案例:陈某(男),出生于1976年,某公司高级白领。贾某(女),出生于1978年,某歌舞剧团演员,双方于2002年经人介绍相识恋爱,期间陈某自愿为贾某购买了金手镯1只、黄金方戒1枚、白金项链1根(含钻石挂坠1枚)、钻石耳环1副、白金钻戒1枚、金元宝1个。2003年1月8日登记结婚,结婚时书面约定婚后各自所得的财产归各自所有,个人所负债务由本人负责偿还,夫妻二人在这份协议上签了字,他们认为这是夫妻之间的私事,所以没有告知任何其他人。婚后贾父为二人购置小型普通客车1辆。

2008年5月,贾某母亲病危,住院治疗急需一大笔钱,无奈之下向朋友王某借款2万元,打了借条,答应三个月后连本带息如数归还。9月贾母出院,贾某陪伴母亲一起回乡养病。王某持借条找到陈某索要2万元借款,陈说他和贾有约在先,对贾的个人债务不负责任,贾某非常生气,认为陈某没有把自己及一家人放在眼里,回想结婚几年来双方未能正确处理生活矛盾,经常产生纠纷,而且婚后陈某有动手打骂的行为,加之贾母身患重病还未见好转,一气之下将丈夫诉至法院,认为夫妻感情破裂要求离婚。婚前财产归各自所有,婚后共同财产依法分割。因双方对财产处理问题意见不一,致调解未果。

双方争议财产：

1. 陈某认为对1只金手镯、1枚黄金方戒、1根白金项链（含钻石挂坠1枚）、1副钻石耳环、1枚白金钻戒、1个金元宝有所有权，贾某则认为上述财产是陈某于婚前赠与的，应该是她的婚前财产。

2. 婚后牌号为苏FN6798小型普通1辆客车陈某认为是婚后共同财产，贾某说上述财产是由其父亲购买的，属于其个人财产。

3. 陈某称自己和妻子已有债务约定，故对上述贾某借王某的2万元的债务没有清偿责任，而贾某认为借钱为母亲治病是夫妻共同生活所负债务，应该共同偿还。

评析： 上述案例涉及的问题有：（1）婚前一方自愿赠与对方财物及婚后父母赠与财产应归何方所有。（2）本案中的2万元的借款及利息应该如何偿还？

婚前男女双方相处一方自愿给另一方钱物，是双方感情到一定程度的表现，是完全自愿的，这种行为是以结婚为条件的赠与。随着双方婚姻关系的缔结，受赠方已取得赠与物的所有权。离婚时对于婚前一方赠与另一方的财物，要求返还，不论数额大小一般应不予支持。当然受赠方自愿返还，则另当别论。因此，本案中，男方在婚前赠与女方的金银首饰，随着婚姻关系的缔结，女方已经取得该项财产的所有权，在离婚时，不负返还义务。

《婚姻法》第17条第1款第4项规定：在婚姻关系存续期间，继承或赠与所得的财产，归夫妻共同所有，但本法第18条第3项规定的除外。即夫妻在婚姻关系存续期间继承或接受赠与所得的财产，如遗嘱或赠与合同写明了遗产或赠与财产只归夫或妻一方的，应认定为夫或妻的个人特有财产，未写明只归夫或妻一方的，则应认定为夫妻共同财产。本案中婚后贾父在赠与小型普通客车时并没有指明归陈某或贾某个人所有，所以应当认定为夫妻共同财产。

根据我国《婚姻法》第41条的规定："离婚时，原为夫妻共同生活所负的债务，应当共同偿还。"根据《婚姻法司法解释二》第24条的规定："债权人就婚姻关系存续期间夫妻一方以个人名义所负债务主张权利的，应当按夫妻共同债务处理。但夫妻一方能够证明债权人与债务人明确约定为个人债务，或者能够证明属于婚姻法第19条第3款规定情形的除外。"本案中贾某借王某2万元是婚姻关系存续期间以夫妻一方的名义所负的债务，应当认定为夫妻共同债务，除非陈某能够证明贾某在负债时与王某约定为个人债务或者能够证明该笔债务属于婚姻法第19条第3款的情形，该笔债务才能认定为贾某个人债务。

《婚姻法》第 19 条第 3 款规定，"夫妻对婚姻关系存续期间所得的财产约定归各自所有的，夫或妻一方对外所负的债务，第三人知道该约定的，以夫或妻一方所有的财产清偿"。《婚姻法司法解释一》第 18 条规定，"婚姻法第 19 条所称的'第三人知道该约定的'，夫妻一方对此负有举证责任"。在本案中，虽然二人有债务承担约定在先，但如陈某不能够举证债权人王某知道该约定，在第三人王某向丈夫陈某主张债权时，陈某就不得以夫妻之间的财产和债务约定对抗王某。但陈某向王某清偿债务后，可依夫妻财产约定向贾某追偿按约定不应该承担的债务。

第六章 父母子女关系

【本章重点难点提示】 学习本章内容，应重点掌握我国《婚姻法》关于父母子女间权利与义务的规定。难点在于继父母子女间权利义务的确定。

第一节 父母子女关系概述

一、父母子女关系的概念和种类

父母子女关系，又称亲子关系，在法律上是指父母和子女间的权利、义务关系。父母子女关系法是调整父母子女关系的法律规范的总和。父母子女是最近的直系血亲，是家庭关系的核心，因而调整父母子女关系的法律制度也是家庭法律制度的核心。

关于父母子女关系的分类，我国古代和大陆法系其他国家的分类很不相同。在中国古代曾有"三父八母"的记载。三父依朱子家礼为同居继父、先同后异居继父、不同居继父，依元典章为同居继父、不同居继父、从继母嫁；"八母"为嫡母、继母、养母、慈母（生母死其父命别妾抚育成人者称其为慈母）、嫁母、出母、庶母、乳母。关于"子"，则有嫡子、庶子、奸生子、婢生子、乱伦子、嗣子、养子、义子等的区别。亲子种类不同，在法律上权利义务迥异。如关于家产的继承，元代为嫡四庶三，奸及婢各一。明清法制为妻妾婢子均分，而奸生子为其一半。大清民律草案亲属编中仍有嫡父母、继父母、嫡子、庶子、嗣子、私生子等区分，且为其规定了不同的权利与义务。1930年国民党政府颁行的民法亲属编吸收了大陆法系关于父母子女关系的立法经验，将父母子女关系分为自然血亲和拟制血亲两种，前者可分为婚生子女与非婚生子女、后者又有生前收养与死后指定继承关系之别。在父母方面，只有父母与养父母两种，继父母、嫡母，只构成姻亲关系，不再有嗣父的名称，庶母、慈母、乳母不构成亲属关系，出母、嫁母仍不失为母。在子女方面，不再有庶子、嫡子、嗣子的等名称，庶生子、奸生子、婢生子均为非婚生子，不过庶子因自幼抚育视为认领而成为非婚生子女。①

1950年《婚姻法》彻底废除了带有封建色彩的父母子女关系分类，规定了父母与婚生子女、非婚生子女、继父母与继子女的关系（1950年《婚姻法》第16条），1980年《婚姻法》明确规定了父母与婚生子女、非婚生子女、养父母子女、继父母与继子女之间的权利与义务关系。2001年4月修订的《婚姻法》保持了这一分类。根据现行《婚姻法》，父母子女关系可以分为两大类：一类是自然血亲的父母子女关系。它是基于子女出生这一自然事实而发生的父母子女关系，包括父母与婚生子女之间、父母与非婚生子女之间的关系。第二类是拟制血亲的父母子女关系，包括养父母和养子女之间的关系和形成了抚养教育关系的继父母与继子女之间的关系。

但上述分类并没有涵盖所有的父母子女关系类型。随着科学技术的发展，人工生育技术在临床上越来越多地采用，对传统的父母子女关系的分类提出了新的问题，本书将设专节分析。

二、我国《婚姻法》关于父母子女之间权利与义务的分类

我国现行《婚姻法》第21条至第27条规定了父母子女之间的权利与义务关系。根据《婚姻法》的规定，父母子女之间有下列的权利与义务关系：

（一）父母对子女有抚养教育的义务

《婚姻法》第21条第1款前半段规定，"父母对子女有抚养教育的义务"；第2款规定："父母不履行抚养义务时，未成年的或不能独立生活的子女，有要求父母付给抚养费的权利。"该条实际上包括抚养义务与教育义务。

1. 抚养义务

（1）抚养义务的概念和性质。《婚姻法》第21条第2款规定，"父母不履行抚养义务时，未成年的或不能独立生活的子女，有要求父母付给抚养费的权利。"显然，从立法的含义看，抚养是一种经济性质的义务，是指父母从物质上、经济上对子女的养育。（2）抚养义务的对象。《婚姻法》第21条仅规定"父母对子女有抚养教育的义务"，未明确将父母抚养教育义务的对象限定为未成年子女。父母对子女的抚养教育义务首先是对未成年子女的抚养义务，父母对未成年子女的抚养义务是无条件的。即在一般的情况下，父母对子女的抚养至18周岁为止。父母对子女的抚养义务的对象还有成年的"不能独立生活的子女"（《婚姻法》第21条第2款）。所谓的"不能独立生活的子女"，依

---

① 参见史尚宽：《亲属法论》，中国政法大学出版社2000年版，第534~535页。

据《婚姻法司法解释一》第20条的规定，是指尚在校接受高中及其以下学历教育，或者丧失或未完全丧失劳动能力等非因主观原因而无法维持正常生活的成年子女。（3）抚养费的内容。根据《婚姻法司法解释一》第21条的规定，抚养费包括子女的生活费，教育费，医疗费等费用。

根据《婚姻法司法解释三》第3条规定，婚姻关系存续期间，父母双方或者一方拒不履行抚养子女义务，未成年或者不能独立生活的子女请求支付抚养费的，人民法院应予支持。由于父母对未成年子女的抚养义务是无条件的，无论子女的父母之间是否存在婚姻关系，都不影响父母对子女的抚养义务。本条所明确的则是，如果婚姻关系存续期间，父母双方或者一方拒不履行抚养子女义务，未成年或者不能独立生活的子女都可以请求父母双方或者一方支付抚养费；父母双方或者一方拒不支付的，未成年或者不能独立生活的子女可以向人民法院起诉，人民法院对未成年或者不能独立生活的子女要求给付抚养费的诉讼请求应予支持。

2. 教育义务

父母应履行对子女的家庭教育责任，引导子女在德、智、体、美、劳等几个方面全面发展。

（二）父母对未成年子女有保护、教育的权利与义务

《婚姻法》第23条规定："父母有保护和教育未成年子女的权利和义务。在未成年子女对国家、集体或他人造成损害时，父母有承担民事责任的义务。"

1. 保护和教育的含义

所谓的保护，是指为了子女身心成长的安全父母对子女可能受到的危害的预防和排除。保护的作用偏于消极。首先，父母自己不得侵害未成年子女的人身和财产权益。《婚姻法》第21条第4款规定："禁止溺婴、弃婴和其他残害婴儿的行为。"其次，父母有权利与义务防止和排除来自外界的对于未成年人的侵害，当未成年子女的人身和财产权益受到不法侵害时，父母作为其监护人有义务保障子女的安全和健康；并有权以法定代理人的身份提起诉讼，请求加害人停止侵害，赔偿损失。当未成年人被人拐骗、脱离家庭或监护人时，父母有权要求归还子女，并要求司法机关追究行为人的刑事责任。

所谓的教育，是指管教，即父母按照法律和道德规范的要求，采取适当的方法对未成年子女进行管理和教育。我国《预防未成年人犯罪法》第14～20条对父母的管教义务做了一系列的具体规定，主要包括：旷课、夜不归宿、携带管制刀具、打架斗殴等九种不良行为。

2. 保护和教育的性质和对象

与《婚姻法》第21条第1款规定的"抚养和教育义务"不同,《婚姻法》第23条规定的"保护和教育"既是父母的权利也是父母的义务。父母依法行使对子女的保护和教育的权利,任何人不得干涉;保护和教育作为义务,父母必须履行,否则要由其承担相应的责任。保护教育的对象是未成年子女。

3. 父母的赔偿责任

《侵权责任法》第32条规定:"无民事行为能力人、限制民事行为能力人造成他人损害的,由监护人承担侵权责任。监护人尽到监护责任的,可以减轻其侵权责任。有财产的无民事行为能力人、限制民事行为能力人造成他人损害的,从本人财产中支付赔偿费用。不足部分,由监护人赔偿。"父母作为未成年子女的监护人,对于未成年子女造成他人损害的应承担侵权责任。《婚姻法》第23条也明确规定,在未成年子女对国家、集体或他人造成损害时,父母有承担民事责任的义务。这是父母基于其身份对未成年子女致他人损害应承担的法定的义务。赔偿的数额和方法适用《民法通则》和《侵权责任法》的规定。成年子女致人损害的,根据《民法通则》第161条的规定,应由其本人承担民事责任。没有经济收入的,由扶养人垫付,垫付有困难的,可以判决或者调解延期给付。

(三) 子女对父母有赡养扶助的义务

《婚姻法》第21条第1款规定:"子女对父母有赡养扶助的义务。"第21条第3款规定:"子女不履行赡养义务时,无劳动能力的或生活困难的父母,有要求子女付给赡养费的权利。"子女对父母的赡养扶助义务有如下需要注意的问题:

1. 赡养扶助义务的主体是有独立生活能力的成年子女

《婚姻法》第21条虽然没有将子女限制在成年子女范围内,并需要独立生活,但我国宪法却明确规定:"成年子女有赡养扶助父母的义务。"由于未成年子女和没有独立生活能力的成年子女本身需要父母抚养,因此,不可能对父母履行赡养义务。所以,在解释上,应将《婚姻法》第21条负有赡养义务的子女解释为"成年的有独立生活能力的子女"。

2. 赡养扶助义务的内容

赡养是指子女对父母经济上的供养,即必须提供必要的生活费用,给予物质上的帮助。扶助是指子女给予父母精神上的安慰和生活上的照料。《老年人权益保护法》不仅规定:"赡养人应当履行对老年人经济上供养、生活上照料和精神上慰藉的义务,照顾老年人的特殊需要。"而且对赡养人的赡养义务的内容做了全面的规定，包括生活费用、医疗费用、住房安排、耕种老年人承包的田地，收益归属等各方面的内容。

3. 赡养义务的履行期限、赡养的方式和赡养费的数额

子女对父母的赡养是无期限和无条件的。赡养人不得以放弃继承权或者其他理由，拒绝履行赡养义务。赡养的方式既包括与父母共同生活直接履行赡养义务，也可采用提供生活费用的方式承担。赡养费的数额，既要根据赡养人的经济能力、又要照顾父母的实际需要。赡养人有多个子女时由多个子女共同赡养；赡养费的支付方式，可根据情况采取现金、实物给付等各种方式。

4. 对拒不履行赡养义务者的强制措施

《婚姻法》第21条第3款规定："子女不履行赡养义务时，无劳动能力的或生活困难的父母，有要求子女付给赡养费的权利。"因此，在父母与子女就赡养费的给付发生冲突时，父母可以诉诸诉讼程序解决纠纷。人民法院应当根据父母的实际需要和子女的经济负担能力，通过调解或者判决方式，确定赡养费的数额和给付方法。义务人有能力履行而不履行赡养义务，情节严重、构成遗弃的，应依法追究刑事责任。此外，子女对父母的扶助义务也是可以诉主张的义务。权利人生活不能自理需要子女扶助的，法院也应当受理，依法判决或者调解要求子女履行扶助义务。

（四）父母子女之间有相互继承遗产的权利

《婚姻法》第24条第2款规定："父母和子女有相互继承遗产的权利。"《继承法》第10条规定，父母、子女都是第一顺序的继承人。

（五）子女尊重父母婚姻自由的义务

婚姻自由是我国婚姻家庭法的基本原则之一，婚姻自由是每个公民依法享有的权利。由于离异或者丧偶老人的再婚会影响到子女对父母财产的权利，因此，在现实生活中干涉老年人再婚的现象屡禁不绝。为此，2001年4月修订的《婚姻法》增设专条以保护父母的婚姻自主权。《婚姻法》第30条明确规定："子女应当尊重父母的婚姻权利，不得干涉父母再婚以及婚后的生活。子女对父母的赡养义务，不因父母的婚姻关系变化而中止。"

案例： 阳光小区6号楼3单元的王某家住四层，王某家的阳台上摆满了花。王某的儿子王甲今年14岁。王某家的阳台与张家的阳台相对，张家的儿子叫张乙，今年也是14岁。王甲与张乙是同班同学，两人十分要好。一天，两个人在阳台上互扔东西，王甲不小心把阳台上的花盆撞下去了。花盆正好砸在了正骑车经过的丙头上，丙当场昏了过去，经抢救，丙

脱离了危险。但丙住了2个月的医院，共计支出医药费1万元。丙的家长提出要王家和张家赔偿全部的损失。为此，王家和张家争执不休。

评析：本案的致害人是王甲，张乙对损害的造成也有一定的责任。但王甲和张乙是未成年人，在民法上，无行为能力人和限制行为能力人因其不能或不能完全理解自己行为的性质和后果，缺乏审慎处理自己事务的能力，故不能对自己的行为及其后果负责或者完全负责。

《婚姻法》第23条规定："父母有保护和教育未成年子女的权利和义务。在未成年子女对国家、集体或他人造成损害时，父母有承担民事责任的义务。"《侵权责任法》第32条规定："无民事行为能力人、限制民事行为能力人造成他人损害的，由监护人承担侵权责任。监护人尽到监护责任的，可以减轻其侵权责任。有财产的无民事行为能力人、限制民事行为能力人造成他人损害的，从本人财产中支付赔偿费用。不足部分，由监护人赔偿。"《民法通则》第133条规定："无民事行为能力人、限制行为能力人造成他人损害的，由监护人承担民事责任。监护人尽了监护责任的，可以适当减轻他的民事责任。" 1988年1月最高人民法院关于贯彻执行《中华人民共和国民法通则》若干问题的意见（试行）第159条规定："被监护人造成他人损害的，有明确的监护人时，由监护人承担民事责任。"《民法通则》第16条规定："未成年人的父母是未成年人的监护人"。因此，本案应由加害人的监护人，王甲和张乙的父母承担赔偿损失的民事责任。承担责任的大小应由法院根据案件的具体情况决定。

第二节　婚生子女与非婚生子女

一、婚生子女

（一）婚生子女的概念和要件

婚生子女，是指由婚姻关系受胎所生的子女。我国《婚姻法》没有专门为婚生子女下定义，但我国《婚姻法》使用婚生子女的概念。《婚姻法》第25条规定，非婚生子女享有与婚生子女同等的权利。但对婚生子女如何界定，《婚姻法》和有关婚姻法的司法解释并没有规定，借鉴我国台湾立法和学理阐述，严格意义上的婚生子女应具备下列要件①：（1）须其父母间有婚姻关系

---

① 史尚宽：《亲属法论》，中国政法大学出版社2000年版，第537~538页。

的存在。(2) 须其子女为夫之子女,其受胎由于夫以外之男子所为者,不得为婚生子女。妻与他人通奸所生子女不是婚生子女。但经夫同意的使用第三人精子人工授精所生子女为夫之婚生子女。(3) 须其子女为妻所生。这是从丈夫的角度对婚生子女的界定。借腹生子、丈夫与第三人所生子女当然不能谓为婚生子女。(4) 须于婚姻中受胎。这意味着受胎于婚前、出生于婚后的子女不是婚生子女。反之,受胎于婚姻关系存续期间,出生于离婚之后的子女仍不失为婚生子女。

(二) 受胎期间的推定

1. 受胎期间的推定

由婚姻关系受胎而生子女为婚生子女,是否为夫受胎不易证明,故各国立法都设有受胎期间的规定。按一般医学上的研究,胎儿从受胎至分娩,最短不少于181天,最长不多于302天,因此,自出生之日回溯自181日起至302日止,这段期间被规定为受胎期间。如《意大利民法典》第231条规定:"夫是在婚姻关系存续期间受孕的子女的生父"。第232条规定:"自婚礼举行之日起180日以后出生的子女以及自婚姻被撤销、解除或丧失民法效力之日起300日以前出生的子女被推定为在婚姻关系存续期间受孕的子女。"① 因此,子女无论于婚姻关系存续中,还是于离婚后出生,都可依此推算子女的受胎期间,从而判断该子女是否为婚生子女。我国《婚姻法》对此未作明确规定,未来完善立法时可参考外国的立法例。

2. 重复推定

所谓的重复推定,即对于出生于前婚姻解消一定时期 (302天) 内,后婚成立一定时期 (181天) 以后所生的子女,既可推定为在前婚存续期间受胎,又可推定为在后婚存续期间受胎,这种现象称之为重复推定。在国外立法例中,除非有否定之诉的提起,其子女一般推定为属于后婚姻存续期间受胎。如《德国民法典》第1593条规定:"婚姻因死亡解除且子女在婚姻解除后300天以内出生,准用第1592条第1项。子女的母确系在子女出生前的300天以前受孕的,以这一期间为准。子女为再婚的女子所生,且该子女既可能依照第1句和第2句是前夫的子女,也可能依照第1592条第1项是新夫的子女的,只能视之为新夫的子女。新夫的父亲身份经撤销或新夫被有既判力地确定为不是

---

① 以下意大利民法规定来源于费安玲、丁枚译:《意大利民法典》,中国政法大学出版社1997年版。

子女的父的，该子女即为前夫的子女。"①

3. 例外情形

主张在婚姻成立 181 天内或者在婚姻解除 302 天以后出生者为在婚姻关系存续期间受胎者，负举证责任。如《意大利民法典》第 233 条规定："如果配偶一方或子女本人不否认生父的身份，则认为自婚礼举行之日起未满 180 日出生的子女为婚生子女。"《意大利民法典》第 234 条规定："任何一方配偶及其继承人都可以举证证明自婚姻被撤销、解除或者丧失民法效力之日起 300 日以后出生的子女是在婚姻关系存续期间受孕的子女。"

（三）婚生子女的推定

妻于婚姻关系存续期间受胎者，推定其所生子女为婚生子女，称为婚生子女的推定。一方面，婚生推定制度通过为子女确认生父，使该子女与其生母和生母的丈夫发生法律上的权利义务关系，保护了子女的利益。另一方面，通过婚生推定不仅使生母之夫作为该子女的法律上的父亲负有法律上的义务；而且也维护了其作为该子女法律上的父亲的合法地位。由于婚生否认权的享有，在事实与推定不符时，该子女的生母之夫可以通过否认权的行使，免除不应当承担的责任；同时，由于法律对否认权主体的限制，该子女的生母之夫可以防止法律上已经确定的亲子关系受到第三人的侵扰，维护基于该亲子关系所享有的利益。

（四）婚生否认

法律基于对妻子的信任，设定婚生推定制度，但夫如证明在受胎期间未与妻同居者，得提起否认之诉。婚生否认制度包括如下内容：

1. 否认权人，即可提否认之诉者

关于何人有权提起婚生否认之诉，当今世界有以下几种立法例：一种立法例仅将否认权赋予夫本人或夫之继承人。如《埃塞俄比亚民法典》第 790 条，《日本民法典》第 774 条，罗马尼亚、卢森堡和荷兰等国也规定只有丈夫或者其继承人享有否认权。② 第二种立法例是除夫本人和其继承人外，尚允许母亲或者子女在一定的条件下享有否认权。如《法国民法典》第 324 条、第 316-1 条规定了丈夫和丈夫的继承人的否认权。第 318 条规定了在夫未提起否认之诉时，母在解除婚姻关系后与其子女真父结婚后，母亲的异议权。瑞士民法规

---

① 陈卫佐译著：《德国民法典》（第 2 版），法律出版社 2006 年版，第 492～493 页。
② 参见王丽萍主编：《婚姻家庭继承法学》，北京大学出版社 2004 年版，第 189 页。

定，丈夫和子女均有否认权。保加利亚规定夫妻和子女均有否认权。① 第三种立法例是将否认权人从夫本人及其继承人、母亲和子女扩大到了第三人，甚至公权力机构。如《意大利民法典》第235条第3款规定了母亲和成年子女的否认权，第224条第4款规定了在特殊情况下，特别保佐人和检察官的否认权。《俄罗斯民法典》规定的否认权人包括被推定的父母、实际的父母、成年子女、子女的监护人、无行为能力人的父母的监护人等。上述三种立法例的存在，反映了当今世界各国在维护血缘的真实性和维护身份关系稳定性之间所做的不同的立法选择。本书认为，基于养育关系重于生育关系的基本伦理，立法政策在这两种利益之间作出选择时，应侧重于养育关系的保护，对于当事人之外的第三人的否认权予以一定的限制。

2. 婚生否认的原因

一般立法采概括主义，如真正事实与法律推定相反，即可起诉；如夫生殖不能，在受胎期间未同居，亲子鉴定的医学证明等。不得仅以通奸为否认理由。

3. 婚生子女否认之诉的性质

其性质通说为确认之诉，否认权为形成权。

4. 否认权的期间

各国和地区均规定了否认权的存续期间。我国台湾"民法典"将否认权的期间规定为一年（台湾"民法典"第1063条），《德国民法典》第16006条规定为2年，《日本民法典》第777条规定为1年。

上述婚生子女的概念的规定，受胎期间推定制度、婚生子女的推定制度以及婚生否认制度构成了一个完整的确认妻于婚姻关系存续期间所生子女的法律地位及其与母亲之夫的法律关系的制度体系，发挥着保护子女利益、其生母之夫的利益及其家庭和睦的、定纷止争的功能。我国《婚姻法》虽没有设立相关制度，但《婚姻法司法解释三》第2条第1款则规定了："夫妻一方向人民法院起诉请求确认亲子关系不存在，并已提供必要证据予以证明，另一方没有相反证据又拒绝做亲子鉴定的，人民法院可以推定请求确认亲子关系不存在一方的主张成立。"

二、非婚生子女

（一）非婚生子女的概念

非婚生子女是指没有婚姻关系的男女受胎所生子女。也就是说，只要受胎

---

① 参见王丽萍主编：《婚姻家庭继承法学》，北京大学出版社2004年版，第189页。

非于其父母婚姻关系存续期间的子女均为非婚生子女。

（二）非婚生子女生母身份确认

非婚生子女与其母亲的关系，大多数国家立法均采"谁分娩，谁为母亲"的原则。依生理的出生分娩事实确认法律上的父母子女关系的发生，几乎所有国家母亲身份都是基于子女出生的事实或者在出生证上登记的母亲的姓名而自动取得。此外，母亲身份还可以通过认领或诉讼程序或者因民事身份占有的事实（即相互以母子身份共同生活的事实，《法国民法典》第334条）而推定。

（三）非婚生子女生父身份确认

关于非婚生子女生父身份的确认，有两种立法主张：

1. 血缘主义

此种立法主义认为，非婚生子女与父亲为自然血亲，故只要有自然的血缘关系，父母子女关系就当然发生，与生父母的主观意思无关。因此，在诉讼中需要证明非婚生子女与生父的血缘关系存在，一经证明，当然发生父母子女的法律关系。

2. 认领主义

认领即非婚生子女的生父承认非婚生子女为自己的子女的一种制度。也就是说，非婚生子女与其生父的法律关系的发生除需血缘关系外，还需非婚生子女生父的认领。认领分为自愿认领和强制认领。

所谓自愿认领是指非婚生子女的生父自愿承认为该子女之父并认领为自己的子女。自愿认领又分为两种形式：（1）单独行为的自愿认领。即生父仅以自己单方的意思表示，无须非婚生子女生母或者非婚生子女本人的同意，即能够发生认领效力的认领。（2）以同意为条件的认领。即取决于一定条件的认领，其条件之一就是母亲或子女的同意。如《德国民法典》第1595条规定："（1）认可必须经母亲同意；（2）如果母亲在此范围内不享有父母照顾权，认可还必须经子女同意。"[①]

所谓强制认领又称生父之搜索，即由法院强制生父认领。自20世纪初北欧各国的立法就基于保护母亲和子女免受生父不负责任的危害以及减轻国家负担的思考，通过立法规定，即使违背母亲的意愿，也允许搜索非婚生子女的生父。因此，当未婚妇女生育子女后，必须尽可能早地通过认领或者司法裁决确定生父身份，如果生父不自愿认领，非婚生子女出生地的福利委员会将对其提起确认生父身份的诉讼，并可以采取包括亲子鉴定在内的所有证明方法证实其

---

① 郑冲：《德国民法典》，贾红梅译，法律出版社1999年版，第363~364页。

生父身份。有关当事人有义务接受此类鉴定，必要时，可以涉及可能是该非婚生子女生父的所有男子。强制认领起诉一般在子女出生后1年内提出。

(四) 非婚生子女的准正

非婚生子女的准正，是指非婚生子女取得婚生子女地位的法律制度。准正制度始于罗马法、罗马法规定父对于结婚前所生的子女，因与其母结婚而取得家父权。准证制度功能有二：第一，鼓励非婚生子女的生父和生母正式结婚。第二，保护非婚生子女，使其取得婚生子女的资格。当今世界，两大法系都承认准正制度。如英国1926年颁布了《准正法》，承认了准正制度①。在大陆法系，《法国民法典》第331条、第333-1条、《日本民法典》第789条，《意大利民法典》第280条、第282条、第284条，《德国民法典》第1719条、第1712条等都规定了准正制度。根据这些国家的民法规定，准正有两种形式：

1. 因生父母结婚而准正

非婚生子女生父与生母在其出生后结婚，非婚生子女则取得婚生子女的地位。

2. 因法官宣告而准正

因法官宣告而准正，是指男女订立婚约以后，因一方死亡或有婚姻障碍存在，使婚姻准正不能实现时，可依婚约一方当事人或子女的请求，由法官宣告子女为婚生子女。如《德国民法典》第1772条、《意大利民法典》第284条规定了依法官宣告准正。

从对国外非婚生子女的认领和准正制度的介绍，我们可以看出，准正制度的作用主要在于赋予非婚生子女以婚生子女的资格；认领制度的功能主要在于确认非婚生子女生父生母法律地位、明确非婚生子女与其生父生母法律关系。但是我国没有这些制度，在实践中处理有关情况时，缺乏相关的制度手段，不利于维护非婚生子女的利益。外国法上关于非婚生子女的准正和认领制度是解决非婚生子女法律保护问题的比较成熟的立法经验，我国《婚姻法》可以考虑借鉴。

(五) 非婚生子女的法律地位

关于非婚生子女的法律地位，在西方国家历史上，非婚生子女一直备受歧视。在英美普通法中，非婚生子女被称为无亲之子，与生父生母均不发生法律关系。近现代国家基于人道主义思考，对非婚生子女的态度在实践中日益宽容，这种宽容主要表现在两个方面：一是在尽可能的范围内，使非婚生子女取

---

① 王丽萍主编：《婚姻家庭继承法学》，北京大学出版社2004年版，第194页。

得婚生子女的身份；二是保护非婚生子女的抚养权和继承权。非婚生子女在各国法律上都取得了与婚生子女平等的法律地位。

我国《婚姻法》对非婚生子女亦给予了必要的保护。现行《婚姻法》第25条规定："非婚生子女享有与婚生子女同等的权利，任何人不得加以危害和歧视。不直接抚养非婚生子女的生父或生母，应当负担子女的生活费和教育费，直至子女能独立生活为止。"该条不仅确认了非婚生子女与婚生子女平等的法律地位，而且确认了非婚生子女的生父和生母对其的抚养义务。为实践中非婚生子女向其生父生母索要抚养费提供了法律依据。

对于非婚生子女，在现实生活中经常遇到的问题是孩子的生父或生母要求确认亲子关系，而另一方则否认其亲子关系的存在。遇到此类问题时，应按照《婚姻法司法解释三》的规定处理。《婚姻法司法解释三》第2条第2款规定："当事人一方起诉请求确认亲子关系，并提供必要证据予以证明，另一方没有相反证据又拒绝做亲子鉴定的，人民法院可以推定请求确认亲子关系一方的主张成立。"

三、关于亲子鉴定问题

《婚姻法司法解释三》第2条规定："夫妻一方向人民法院起诉请求确认亲子关系不存在，并已提供必要证据予以证明，另一方没有相反证据又拒绝做亲子鉴定的，人民法院可以推定请求确认亲子关系不存在一方的主张成立。

当事人一方起诉请求确认亲子关系，并提供必要证据予以证明，另一方没有相反证据又拒绝做亲子鉴定的，人民法院可以推定请求确认亲子关系一方的主张成立。"

这一规定主要是解决目前亲子关系诉讼中证据难题。亲子关系诉讼是身份关系诉讼的一种，主要否认法律上的亲子关系或承认事实上的亲子关系。亲子关系诉讼中直接证据的缺乏和亲子关系证明责任的高标准，使得亲子鉴定成为认定或否定亲子关系的关键性证据。提到亲子鉴定，人们最先想起的便是"滴血认亲"，这种在古代万不得已方为之的手段，如今却俨然一种时尚。殊不知，由于DNA亲子鉴定涉及医学和遗传学，鉴定结果又直接涉及离婚、抚养、赔偿等民事纠纷，男女双方虽然都可以通过亲子鉴定去证明自己的清白，但不容忽视的是真相大白的结果可能会带来更大的危机。亲子鉴定实际上是一把双刃利剑，它不仅会摧毁夫妻最后的信任底线，使双方两败俱伤，而且对孩子的伤害和影响更大，甚至还会给社会带来一定的不稳定因素。

《婚姻法司法解释三》的相关规定，从根本上来说是从有利于诉讼的角度考虑的,这一规定的好处就是简单明了,在必要的时候使用推定的办法,可以大大地减少当事人的举证负担,也有利于法院处理案件。然而亲子关系是一个伦理关系,在处理此类问题是必须要妥善注意"真"与"善"的平衡。"真",即案件的真相、真实,我们处理案件要以事实为根据,因而"真"是司法者首先要追求的,查明案件真相是处理案件的基础,所以,在特定的情况下,运用推定的方式确定案件事实是必要的。但是,任何事物都不是绝对的,我们在追求"真"的同时,不能忘了"善",特别是在处理婚姻家庭案件时。对于亲子关系的确定,最大的"善"就是对未成年人权益的保护,从人权和伦理的角度来看,对未成年人权益的保护应放在优先的考虑。对于父母提出的否认亲子关系之诉应充分考虑对儿童身心可能造成的伤害,不能强迫儿童进行亲子鉴定,在采取推定时应从严把握。对于非婚生子女提出的确认亲子关系之诉,则可以从有利于未成年人利益的角度采取推定。对于涉及未成人的问题,在面对相互冲突的权利和利益时,我们应当将未成年子女享有的被抚养教育的权利置于司法保护的首位,这是"儿童优先"原则在司法中体现,也是婚姻法和未成年人保护法的要求。

案例:未婚青年张某(男)和王某(女)进 S 城务工,在一次老乡聚会上偶然认识,两人一见如故,自此频频约会,感情日益亲密,并发展到后来在外租房同居生活。2005 年 5 月,王某意外怀孕,并于 2006 年 4 月生育一女,取名莎莎。双方考虑到非婚生育影响不好,而且二人在外务工没有可靠的收入抚养女儿,于是决定将女儿丢弃在公园,期望有好心人拾捡抚养。遂将孩子用毯子裹好,里面放了一张写有孩子生日的字条。2006 年 6 月二人在公园门口丢弃女孩时候正好被晨练的陈大爷发现,询问之后,萌发怜悯之心,同情孩子的境遇,于是决定替二人抚养,但二人必须支付相关抚养费用。后三人达成书面协议,主要内容是:张某和王某的女儿莎莎暂时委托陈大爷代为抚养,每月定期支付代养报酬和女儿的生活费 300 元。莎莎更名为微微,因和陈大爷的小孙女重名。

2008 年 3 月,张某和王某因感情不和分手,二人也从此不再探望女儿,也不再支付每月的代养报酬和女儿的生活费 300 元,后陈大爷费尽周折找到二人索要抚养费未果,发生争吵,张某和王某拒绝支付费用,认为莎莎更名为微微表明已经被陈家收养,与自己没有关系,无奈之余陈大爷将张王二人诉至法院,请求领回孩子,并索赔代养费 4200 元,S 城人民法院审理后依法支持了原告的主张。

婚姻家庭继承法学

评析：上述案例涉及非婚生子女在法律上的地位以及张某和王某是否可以免除亲生父母的抚养义务问题。

《婚姻法》第25条规定："非婚生子女享有与婚生子女同等的权利，任何人不得加以危害和歧视。"该条表明，婚生子女与非婚生子女法律地位完全相同，《婚姻法》有关父母子女间的权利义务同样适用于非婚生子女之间。

在本案中张某和王某不能免除亲生父母的抚养义务。《婚姻法》第25条第2款规定："不直接抚养非婚生子女的生父或生母，应当负担子女的生活费和教育费，直至子女能独立生活为止。"因此，支付莎莎的抚养费是张王二人的法定义务。二人与陈大爷签订的是代为抚养协议，这种关系实质是一种委托抚养，而不是收养。因此，他们应该按照协议承担陈大爷近两年来抚养莎莎所付的代养报酬和生活费4200元，并领回莎莎亲自抚养。

第三节 继 子 女

一、继子女与继父母的关系

（一）继子女的概念

夫与前妻、妻与前夫所生子女即为后妻、后夫的继子女。继父母和继子女关系是由于父母一方死亡，或者父母离婚后，另行再婚而形成的。法律对继父母与继子女之间是否产生父母子女的权利义务关系采取了区别对待的方法。

（二）继子女的类型

（1）继子女的生父或生母再婚时，继子女已成年，此种情况下，继子女与继父母只是姻亲关系，不产生父母子女的权利义务关系。

（2）继子女的生父或生母再婚时，虽然继子女未成年，但一直未受到继父母的抚养照顾，这种类型的继父母与继子女之间不产生父母子女的权利义务关系，只是姻亲关系。

（3）生父母再婚时，继子女未成年，一直和继父母一起生活，则此时将产生父母子女之间的权利义务关系，是拟制的血亲关系。

如何认定继父母和继子女间形成抚养教育关系，我国法律没有明确规定，实践中存在几种不同的观点：有的观点认为，是否形成抚养教育关系，以继父或者继母是否负担继子女的生活费和教育费的全部或一部为准。还有观点认为，继父母与未成年的继子女共同生活，并对继子女进行了教育和生活上的照顾，即使未负担抚养费用，也应认为形成了抚养教育关系。还有一种观点认为，只要继父母与继子女共同生活，应可以认定他们之间形成了抚养教育关系。本书首先肯定，继父母支付了继子女的抚养教育费的一部或者全部可以认定形成了抚养教育关系。但如果继父母对继子女进行了人身照顾，即使未支付抚养费也可认定形成了抚养教育关系。因为家庭分工是存在于任何类型家庭的一种家庭经济组织方式。夫妻一方从事社会劳动获得收入供养家庭，另一方从事家务劳动操持家务照料子女是合理进行人力资源配置的一种家庭生活模式。因此，继父母和生父母一样有时是通过人身照顾的方式履行抚养义务的。这种劳动应当得到法律认可。

（4）形成了收养关系的继父母和继子女的关系。我国《收养法》规定，继父或者继母经继子女的生父母同意，可以收养继子女。在办理了收养手续后，继父母子女关系就转化为养父母子女关系，适用法律对于父母子女关系的有关规定。

二、继父母与继子女之间的权利与义务关系

《婚姻法》第 27 条第 1 款规定："继父母与继子女间，不得虐待或歧视。"这一规定适用于所有类型的继父母和继子女关系。继父母和继子女无论是否形成抚养教育关系，均应相互尊重，和睦相处，不得虐待和歧视。这是婚姻法保护妇女、儿童和老人的合法权益原则在继父母继子女关系上的体现。

《婚姻法》第 27 条第 2 款规定："继父或继母和受其抚养教育的继子女间的权利义务，适用本法对父母子女关系的有关规定。"这意味着，第一，形成了抚养教育关系的继父母和继子女间形成了法律上的父母子女关系。《婚姻法》所规定的父母子女之间的权利与义务关系对他们都适用。第二，继子女既与继父母形成了法律上的父母子女关系，同时与生父生母仍保持法律上的父母子女关系。继父母和继子女在抚养、赡养、遗产继承等方面都处在双重的权利与义务关系中。第三，我国《婚姻法》只规定了继父母与受其抚养教育的继子女间适用法律关于父母子女关系的有关规定，并没有明确规定继子女与继父母的近亲属之间，继父母与继子女的近亲属之间产生近亲属的权利与义务关系。对此问题，我国学者有肯定和否定两种不同的观点。肯定说认为，继父母如对继子女尽了抚养义务，他们之间就产生父母子女间的权利与义务，相应地，与继父母的其他亲属间也产生一定的法律关系。① 否定说认为，虽然这种

---

① 曹诗权主编：《婚姻家庭继承法学》，中国法制出版社 1999 年版，第 206 页。

拟制血亲的继父母子女关系发生的原因是继父母与继子女间形成抚养教育关系，但其效力不应与收养的效力相同。① 本书基本赞同否定说，并认为，今后完善立法时应对形成了抚养教育关系的继父母子女关系及其与近亲属的关系作出统一系统的规范。

三、形成了抚养教育关系的继父母子女关系的终止

形成了抚养教育关系的继父母子女关系可能因下列事实出现而终止：

（1）一方死亡。

形成了抚养教育关系的继父母子女关系可因任何一方的死亡而终止。

（2）应一方请求。

已形成了抚养教育关系的继父母与继子女的权利义务关系，在其生父或生母与继父或继母的婚姻关系存续期间随时可能应一方请求而终止。因为这种关系的发生是基于自愿，消灭也应基于自愿。

（3）生父或生母与继母或继父离婚。

已经形成了抚养教育关系的继父母子女关系，在该子女的生父或生母与继母或继父离婚时，继母或继父表示不愿再继续抚养该继子女，则其抚养教育关系终止，该子女由其生父母抚养。

被继父母抚养并已成年的继子女与已形成了抚养教育关系的继子女间的权利义务关系不因生父母与继父母的离婚而自然终止。继子女在生母或生父与继父或者继母离婚以后，仍有赡养继父或者继母的义务。② 如果继父母和继子女一方要求解除这种权利义务关系，人民法院应视具体情况作出是否准许解除的调解或判决。③

（4）生父或生母死亡。

生父或生母死亡，已形成抚养教育关系的继父或继母对未成年的不能独立生活的继子女有继续抚养教育的义务。如生存的另一方生父或者生母要求将该子女领回抚养的，继父母同意的，双方当事人可以协商由生父母领回抚养。协商不成的由人民法院根据争议双方的情况作出判决。在继父母与生父母条件相

---

① 王洪：《婚姻家庭法学》，法律出版社 2003 年版，第 241 页。
② 1986 年 3 月 21 日最高人民法院《关于继母与生父离婚后仍有权要求已与其形成了抚养关系的继子女履行赡养义务的批复》。
③ 参见最高人民法院 1988 年 1 月 22 日作出的《关于继父母与继子女形成的权利与义务能否解除的批复》。

同的情况下，生父母有优先抚养权。

（5）继父母子女关系解除以后的法律后果。

已形成抚养教育关系的继父母与继子女的权利义务关系解除后，由继父母抚养长大的继子女对于缺乏劳动能力又没有生活来源的继父母有给付生活费的义务。

案例：于某（女）与李某（男）于2003年结婚。此前，于某有过一次婚姻，前夫因病去世，与前夫生有一男孩江某。于某与李某结婚时带江某和李某共同生活。2006年11月，于某因车祸意外死亡。于某死亡后，李某即将江某送到于某的父母处生活。在支付了几个月的生活费后，李某以自己是继父，对江某没有抚养义务为由，停止向于某的父母支付江某的生活费。于某的父母由于收入微薄，独立抚养江某比较困难，多次找到李某协商由其继续抚养江某，均遭李某拒绝。于某的父母向人民法院法院提起诉讼。

评析：《婚姻法》第27条规定："继父母与继子女间，不得虐待或歧视。继父或继母和受其抚养教育的继子女间的权利和义务，适用本法对父母子女关系的有关规定。"本规定明确了继父母继子女之间是否发生法律上的父母子女间的权利义务关系，取决于他们之间是否有抚养教育这一客观事实。继子女未受继父母抚养教育的属姻亲关系，他们之间不产生法律规定的父母子女间的权利义务关系。继子女受继父母抚养教育的，继父母子女间的权利义务，适用婚姻法父母子女之间的权利与义务关系。

在本案中，李某和江某属于已经形成了抚养教育关系的继父母子女关系。根据《婚姻法》第27条的规定，李某与江某之间的权利与义务适用婚姻法父母子女关系的规定。在于某死亡后，李某和江某之间已经形成的事实上的抚养教育关系并不自然终止。李某对江某仍有抚养义务。而江某成年后，对李某也有赡养义务。

第四节 人工生育子女

一、我国法律关于人工生育子女法律地位的规定

20世纪以来，随着现代人工生殖技术的问世与应用，传统的自然生殖方

式和与传统的自然生殖方式相适应的人伦观念和法律制度受到冲击。在亲子法领域，由于人工生育技术的采用所导致的所谓的生物学上的母亲（分娩之母）、遗传学上的父母（精子和卵子提供者）、社会学父母（不提供生殖细胞且不怀胎养育者）的出现，使传统的作为亲子关系认定标准的血缘主义受到挑战。为了确保人工生殖技术的正确使用并解决人工生育技术的采用所产生的新问题，各国法律无不对人工生殖技术的使用和人工生殖技术所生育的子女的法律地位进行立法规范。我国政府于2001年2月20日颁布了《人类辅助生殖技术管理办法》（2001年8月1日起施行，以下简称《办法》），《办法》第3条规定："人类辅助生殖技术的应用应当在医疗机构中进行，以医疗为目的，并符合国家计划生育政策、伦理原则和有关法律规定。禁止以任何形式买卖配子、合子、胚胎。医疗机构和医务人员不得施行任何形式的代孕技术。"《办法》明确了人工生育技术的实施范围，禁止任何形式的代理母亲。夫妻双方要求实施人类辅助生殖技术，应符合国家计划生育政策、伦理原则和有关法律规定，并须签署同意书。该《办法》的颁布，使我国人工生殖技术的实施纳入到了法制的轨道。2003年4月10日，依据卫生部2001年2月20日颁布的第14号令《人类辅助生殖技术管理办法》和第15号令《人类精子库基本标准》、《人类精子库技术规范》和《实施人类辅助生殖技术的伦理原则》，卫生部在充分论证的基础上准许一批医疗机构开展人类辅助生殖技术并准许某些单位设置人类精子库，人工辅助生殖技术的实施使父母与人工生育子女间的亲子关系成为我国亲子关系的一种新的类型。1991年7月8日，最高人民法院在对河北省高级人民法院关于夫妻离婚后人工授精所生子女的法律地位如何确定的请示的批复中指出："在婚姻关系存续期间，双方一致同意进行人工授精，所生子女应视为夫妻双方的婚生子女，父母子女间的权利义务关系适用婚姻法的有关规定。"这一司法解释是迄今为止我国调整人工生殖子女法律地位的唯一规范，但面对人工生殖技术所产生的各种复杂的问题，该司法解释显示出明显的不足。以下拟针对各种类型的人工生殖技术所产生的亲子关系进行分析。

二、人工体内授精子女

人工生育的方式为母体内受孕（人工授精）和母体外授精（试管婴儿）两类。人工授精又分为同质授精（AIH, Aritificial Insemination by Husband）和异质授精（AID, Aritificial Insemination by Donor）。

（一）同质授精子女（AIH）

同质授精（AIH）是指用夫妻双方的精卵细胞，用人工方法授精生育子女，夫妻与所生子女之间具有血缘联系，这种父母子女关系与自然血亲的父母子女关系相同，子女具有婚生子女的地位。

（二）异质授精子女（AID）

异质授精（AID）是指用第三人提供的精子对妻子进行人工授精的方法。就子女而言，存在两个父亲：（1）供精者，为子女的生物学的父亲；（2）生母之夫，子女的社会意义上的父亲。一般来讲，根据妻子使用第三人精子进行人工授精是否经过丈夫同意将异质人工授精子女分为两类：

1. 夫妻双方同意实施异质人工授精所生子女的法律地位

《办法》规定，只为已婚夫妻且经双方共同同意实施异质人工授精。对于经夫同意实施异质人工授精所生子女的法律地位如何？是否应受婚生推定？学者意见不一。主要有"肯定说"、"否定说"和"独立地位说"三种学说。"肯定说"。认为，异质人工授精子女，应受婚生推定。因为丈夫的同意应当认为等同于承认父亲身份，夫丧失婚生子女否认权，人工授精所生子女的婚生地位已确定不移。其理由为依英美法上的"禁反言"（Estoppels）的原则，夫既已同意自不得再为相反的主张，如允许其提起婚生否认之诉，即与诚实信用原则相悖，且与保护子女利益的宗旨不符。"否定说"认为，异质人工授精子女不受婚生推定。其主要理由为，婚生推定以母之夫与该子女有真实的血缘联系为前提，异质人工授精不具备该前提，故不能适用婚生推定。最后一种学说是"独立的法律地位说"。该说认为应赋予异质人工授精子女独立的法律地位。其理由为，异质人工授精既不像婚生子女那样单纯因婚姻血缘关系而产生，更不像继子女那样是姻亲关系的产物，也不像养子女那样单纯基于收养行为而产生，更不像非婚生子女那样是非法行为的产物。它兼具有血缘、婚姻与抚养协议关系的三重性，而他的产生有时合法的，故应是与其他四种子女并列的第五种子女，是独立的法律主体，应赋予其独立的法律地位。目前，各国通说采肯定说，因为该说既考虑了子女利益的保护又考虑到夫妻的名誉与隐私；也考虑到捐精者利益的保护。从各国立法看，承认经丈夫同意的异质人工授精子女为婚生子女已成为立法通例。1973年的《美国统一亲子法》规定，如果已婚妇女使用第三人的精子通过人工授精怀孕，且经过其丈夫同意，由有资格的医生实施手术，该子女即被视为其丈夫的婚生子女。《瑞典人工授精法》、《英国家庭改革法》以及加拿大、澳大利亚等国都有类似的规定。①

2. 未经丈夫同意的异质人工授精子女的法律地位

---

① 参见王洪：《婚姻家庭法》，法律出版社2003年版，第247页。

未经丈夫同意的异质人工授精子女是否应受婚生推定。通说认为，异质人工授精子女受胎或出生时，夫妻有婚姻关系存在，因而应以婚生推定制度推定该子女为婚生子女。但由于缺乏丈夫同意，丈夫在知悉子女出生后得提起婚生否认之诉，以推翻其父亲身份的推定。① 本书赞成通说。未经丈夫同意的异质人工授精子女，其母对怀孕的主观恶性低于因通奸导致的怀孕。而后者尚受婚生推定的保护，举重以明轻，前者当然应受婚生推定的保护。但丈夫依法有婚生否认权。

三、人工体外授精（IVF，In Vitro Fertilization）

人工体外授精是指用人工的方法取卵，将卵子和精子在试管中结合形成胚胎后再植入妻子子宫妊娠的生殖技术，又称"试管婴儿"。具体分为：（1）采夫妻的精卵先在体外授精。（2）采妻卵与第三人的供精在体外授精。（3）采供体卵与夫精液在体外授精。（4）采第三人供精供卵在体外授精，之后植入子宫妊娠后生育，即试管婴儿较之体内人工授精的父母子女关系的确立更为复杂，我们分别分析。

（1）采夫妻的精卵体外授精。即采夫妻的精卵先在体外授精，再植入妻子的子宫内妊娠。此种情况与同质人工体内授精只不过是授精地点不同，所生子女与父母的血缘联系没有什么不同，因此，法律地位也无不同，应为父母的婚生子女。

（2）采妻卵与第三人的供精体外人工授精。即以第三人的精子与妻的卵子在体外授精，再将受精卵植入妻的子宫内着床、发育、分娩。其情形与异质体外人工授精的区别只在于授精地点不同。因此，其法律地位可作相同的解释。

（3）采供体卵与夫精液体外授精。即采供体卵与夫精液在体外授精，再植入妻体内发育、分娩。传统自然生育过程中卵子与子宫具有不可分离性，故怀孕并分娩的女性为所生子女的母亲。但在采供体卵的情况下卵子与子宫的一体性被割裂，这时子女有血缘上的母亲（供卵者）和生理上的母亲（分娩者），在这种情况下，谁为该子女法律上的母亲？学说上有三说：（1）妻为母亲说。该说认为，虽卵子来自第三人，但由妻怀孕并分娩，且其有意成为该子女的母亲，故生理联系重于血缘基因联系，所以其应为该子女的法律上的母亲。（2）血缘真实主义。该说认为，生殖细胞来源于谁，谁即为该子女的母

---

① 参见王洪：《婚姻家庭法》，法律出版社 2003 年版，第 248 页。

亲，故应以供卵者为子女的法律上的母亲。但该说与人工生育的目的相违背，尤其是供卵者为未婚时，该子女有可能成为非婚生子女。供卵者为已婚时，其母亲地位与怀孕母亲的夫的婚生推定子女的结论相矛盾。(3) 意思主义。即以是否有为母亲的意思为标准。即供卵者须既有供卵的意思又有成为该子女母亲的意思，才能成为该子女法律上的母亲。但在供卵者与怀孕者都具有为母亲之意思时何方意思具有优先性？双方都无为母亲之意思时，谁为该子女的母亲？①

在这三种学说中，从人工生育技术采用的目的出发，第一种学说更为有力，但我国立法目前对此问题没有明文规范，形成法律漏洞。

(4) 采第三人供精供卵在体外授精，之后植入子宫妊娠后生育。

四、胚胎移植

胚胎移植即将精子植入第三女性体内使其卵子受精，并在授精后四至五天，将受精卵取出植入妻子的体内使其着床、发育至分娩。依精子来源不同，又可分为两类：

(一) 第三女性的供卵与夫之精子

此种情况与前述第三人供卵，采丈夫的精子，由妻怀孕的情形相同。

(二) 精子与卵子均来自夫妻以外的第三人

此时所生子女有两个父亲和两个母亲。供精者和供卵者各为子女的遗传学的父母。提供子宫的是孩子的孕育母亲，孕育母亲的合法丈夫与该子女无任何血缘联系。只是准备作为养育父亲。各国学说通说认为分娩之母为法律上的母亲，即孕育母亲比遗传学的母亲具有优势。至于与父亲的关系，应按婚生，并推定为夫妻的婚生子女。

五、代孕母亲

在妻的子宫无法使受精卵着床时，使用妻卵与夫精、妻卵与供精、供卵与夫精、供卵与供精在体外受精，再将胚胎植入第三女性的子宫妊娠。此分娩者即为代孕母亲。代孕母亲所涉法律问题颇多。如谁是孩子法律上的父母？代理母亲与妻子谁是孩子法律上的母亲？孩子与代理母亲之夫的关系？代孕合同的效力等。因此，有些国家的法律对此明文禁止。我国《人类辅助生殖技术管

---

① 以上各种关于人工授精子女地位的学说参见王洪：《婚姻家庭法》，法律出版社2003年版，第246~251页。

婚姻家庭继承法学

理办法》明确规定禁止任何形式的代理母亲。但在现实生活中却有禁不止。因此，有必要对其学理分析，为法律规制提供依据。

案例：马某，女，系某纺织厂下岗职工。李某，男，马某的丈夫。马某与李某经人介绍建立恋爱关系，于2000年1月登记结婚，婚后多年不孕，经医院检查，确定为李某无生育能力。为生育后代和维持婚姻关系，双方商量决定让马某到医院进行人工授精。2002年6月，夫妻二人经多方努力托人到医院为马某实施体内异质人工授精两次，均未成功。2004年初，夫妻二人再次来到医院，第三次为马某实施人工授精手术，终于使马某怀孕，于2005年4月生育一子。李某一直将其视为亲生子女，疼爱有加，与马某一起抚养。但此后不久，夫妻双方关系却产生了危机，常为生活琐事发生争吵，后又长期分居，致使感情破裂。但即使在夫妻发生矛盾后长期分居互不来往时，李某仍给孩子寄去抚养费。

2008年2月，马某向法院起诉，请求与李某离婚，并要求孩子由自己抚养，由李某负担抚养费用。李某同意离婚，但不愿承担孩子的抚养费，并辩称，孩子是马某未经其同意，接受人工授精所生，与李某没有血缘关系，除非孩子判决归他抚养，否则自己无须负担抚养费用。

评析：我国最高人民法院1991年7月8日在《关于夫妻离婚后人工授精所生子女的法律地位如何确定的复函》中指出："在夫妻关系存续期间，双方一致同意进行人工授精，所生子女视为夫妻双方的婚生子女，父母子女间的权利与义务关系适用于婚姻法的有关规定。"所以在婚姻关系存续期间，经夫妻双方同意（书面或口头）进行人工授精生育的子女，应视为婚生子女。"视为夫妻婚生子女"是指法律明知子女与夫妻一方或双方没有血缘关系，仍将其按夫妻的婚生子女对待，而且子女的法律地位一经确定，任何人不得以任何理由推翻或否认。

本案中，因李某无生育能力，两人到医院为马某实施人工授精手术并生育一子是经过夫妻双方商量决定的，实施手术时李某也在场，并未提出反对或不同意见；并且自孩子出生至夫妻双方离婚的几年中，李某一直视同亲生子女养育，即使在夫妻发生矛盾后分居不相来往时，李某仍寄生活费。因此，可以认为孩子是夫妻双方一致同意进行人工授精所生，应当依据最高人民法院1991年7月8日在《关于夫妻离婚后人工授精所生子女的法律地位如何确定的复函》的规定视为马某和李某双方的婚生子女，李某否认当初同意王某做人工授精手术，其理由不能成立。根据我国《婚姻法》第21条第1款"父母对子女有抚养教育的义务"和第36条第2款"离婚后，父母对于子女仍有抚养和教育的权利和义务"的规定，与马某离婚后，无论孩子由谁抚养，李某都需承担抚养义务。对于孩子归谁抚养的问题，应充分考虑双方的经济状况及对孩子的感情、教育方式，选择更有利于孩子成长的一方承担直接的抚育责任。

第五节 亲　　权

一、亲权的概念

亲权一词，在现代各国民法和学说中有其特定的内涵。亲权在德文中表述为 elterliche Sorge，直译为父母的照护（So rage 意为关怀、照护）。在法文中表述为 auto rite parental，直译为父母的职权。在学术著作中，一般认为，亲权是父母保护教养未成年子女的权利义务总和。如日本学者认为："亲权是父母对未成年子女有身份上及财产上的监督和保护为内容的权利义务总称。"①。这一定义揭示了亲权的下列特征：

第一，亲权具有权利义务双重性。亲权既是父母享有的民事权利，又是父母的法定义务。父母针对同一客体（未成年子女的人身和财产），就同一内容（管教和保护）既享有权利，又负有义务。作为权利，亲权人依法自主地行使，以实现其利益；作为义务，亲权人必须履行，不得抛弃和转让。

第二，亲权作为民事权利，是一种身份权。亲权是父母基于身份依照法律规定而发生的身份权。但首先，亲权不是父母对子女的权利与义务的总和。在各国民法亲属编中，于亲权之外，尚另设章节或法律条文规定父母子女的其他权利和义务。如《德国民法典》亲属编第2章亲属关系第3节扶养义务第1601条规定了父母子女间的扶养义务。第4节父母子女之间的一般法律关系规定了父母与子女除亲权以外的其他法律关系。包括父母对子女享有的受协助权（第1618条）、请求子女给付劳务权（第1619条）。第5节亲权中规定的离婚后不享有亲权的一方与子女的交往权和子女个人资料获取权（第1634条）。对于各国民典中的父母子女的除亲权以外的其他法律关系，学者称之

---

① 《新版新法律学辞典》，中国政法大学出版社1991年版，第521页。

为父母权。① 父母权与亲权虽然权利主体相同，但权利内容、权利的消灭等都不同。

第三，亲权是绝对权，支配权。亲权人依法自主地对未成年子女的人身和财产进行支配，任何人不得加以侵犯和干涉。但这种支配是以父母子女人格平等为前提，且支配的内容和目的被法律严格限制在保护教养未成年子女的范围内，从而与古代的不承认未成年子女人格的专制性支配具有根本区别。

第四，亲权是专属权。亲权专属于父母，不得让与、继承、抛弃。

二、亲权制度的历史沿革

亲权成为现代民法中规范亲子之间保护教养关系的一项重要法律制度，是历史的演进、法律随着社会不断进步的产物。

亲权的早期形态是罗马法的"家父权"和日耳曼法的父权。这一时期的亲权可以称之为古代型亲权。其典型特征是"家父"或父亲对"家子"或子女人身和财产享有的绝对的生杀予夺的支配权。如罗马法中"家父"可以监禁甚至处死"家子"，日耳曼法中父亲可以决定子女的婚姻，出卖子女为奴。以1804年的《拿破仑民法典》为开端的近代各国民法典中所确立的亲权制度可以称之为近代型亲权。这一时期亲权已不再意味着为亲者对子女的绝对支配权，而开始向权利义务一体型的新型亲权转变。如1900年的《日本民法典》明确确认亲权是父母监护教育子女的权利义务。但是古代型亲权所具有的"父本位"、"家本位"的特征并没有完全消灭。这一时期各国民法仍以父亲单独行使亲权为原则，母亲行使亲权仅为例外。亲权立法出发点仍在于强调父母对子女的管理支配。如德国旧民法中亲权表述为 elterliche grew alt（父母的控制、支配），就是明证。

"二战"后，伴随着各国法制民主化的进程，现代型亲权逐步形成。现代型亲权的特征在于强调男女平等和保护未成年子女的利益。仅以德国为例：联邦德国宪法院先后于1953年、1959年分别判决宣告民法第1626条，第1628条第1款、第1629条第1款等有关父亲单独亲权，父母意思不一致时父权优先等条款有违男女平等原则而违宪，并通过1958年1月生效的《男女同权法》、1980年的《亲权照护法》修改了上述规定。修改后的新第1626条、第1628条强调父母共同拥有并行使亲权，父母行使亲权意思不一致时，可由父母之一方申请监护，法院在符合子女之利益下，将决定权转于父母之一方。

---

① 陈惠馨：《亲属法诸问题研究》，台湾月旦出版公司1993年版，第281页。

《亲权照护法》特别强调父母行使亲权应尊重、重视子女的意思和利益，并明示："违反子女尊严之教育措施是不被允许的"。① 亲权法的演进表明，现代各国立法中的亲权，已发展为民主的、体现男女平等原则，以保护未成年子女利益为目的的权利义务一体型的新型权利。

三、我国《婚姻法》相关立法分析

新中国成立后，我国废除了国民党六法全书，对西方法学理论和法律制度也全面否定，亲权制度自然也被排斥。但在长期婚姻家庭立法、司法实践中，基于规范亲子保护教养关系的客观需要，也初步形成了相关的制度。这一制度由《婚姻法》（第21、23条），《收养法》（第22条），《未成年人保护法》（第2章第8～12条）以及最高人民法院有关司法解释（如《最高人民法院关于人民法院审理离婚案件处理子女抚养问题的若干具体意见》的有关条款）组成。我国《民法通则》（第16、18条），《最高人民法院关于贯彻执行〈中华人民共和国民法通则〉若干问题的意见（试行）》（以下简称《民法通则意见》）（第12、20、21、22条）有关父母监护权的规定，实质也是我国民事法律父母子女保护教养制度的组成部分。但我国父母对子女的保护教养制度存在着多种弊端：

首先，概念不清，体系设置不合理。其一，亲权与监护权不分。在大陆法系，监护是指对不在亲权下的未成年人和无行为能力或限制行为能力的成年人的人身和财产权益的监督和保护。但在我国，一方面，《婚姻法》规定："父母对子女有抚养教育的义务"（第21条），"父母有保护和教育未成年子女的权利和义务"（第23条），这一规定实质已将未成年人置于父母亲权保护下；另一方面《民法通则》又扩大监护概念，规定父母为未成年人监护人，将具有亲权性质的父母对子女的人身监护与财产监护与其他监护人的监护职责不加区分一并规定。这不仅没有必要，而且造成了立法的重复和概念的混乱，不利于这两种制度发挥其各自的特殊功能。其二，亲权与父母权不分。这集中体现在：（1）亲权与父母对子女的经济供养义务不分。如抚养一词，在我国《婚姻法》中有时仅指父母的经济供养义务，如第21条第2款规定，"父母不履行抚养义务时，未成年的或不能独立生活的子女，有要求父母付给抚养费的权利"；有时则指父母对子女的养育照料，如第37条第1款规定，"离婚后，一方抚养的子女，另一方应负担必要的生活费和教育费的一部或全部"；有时则

---

① 陈惠馨：《亲属法诸问题研究》，台湾月旦出版公司1993年版，第257～258页。

婚姻家庭继承法学

兼指上述两种含义,如第36条第2款规定:"离婚后,父母对于子女仍有抚养和教育的权利和义务。"可见在《婚姻法》中父母对子女的保护教养(即亲权)与经济供养义务没有明确界限。(2) 离婚后父母对子女的法律关系界定不清。《婚姻法》第36条第1款规定:"离婚后,子女无论由父方或母方直接抚养,仍是父母双方的子女。"《民法通则》意见第21条规定:"夫妻离婚后,与子女共同生活的一方无权取消对方对该子女的监护权。"从上述规定看,在我国离婚后父母双方与子女法律关系相同,都平等地享有对子女的监护权和其他权利义务。但事实上,按照婚姻法规定,离婚时,夫妻面临的一个重要问题就是决定子女归父母何方抚养,这种抚养权的确切含义就是亲权或我国《民法通则》中的父母监护权。不与子女共同生活的一方其亲权或监护权处在一种停止状态,只有当抚养关系变更或与子女共同生活一方死亡或丧失行使亲权能力时才复活。在亲权停止期间,该父母一方只享有父母对子女的其他权利(如探视权,遗产继承权等),负担其他的义务(如经济供养)。在实际生活中,只有个别的父母在离婚后,以某种方式,共同行使着对子女的亲权,如父母离婚后仍然同居或父母居住地很近等情况。因此,我国《婚姻法》和《民法通则》在界定离婚后父母子女法律关系时,没有正确区分亲权和父母权。

其次,内容过于概括抽象。从保护教养权的主体看,我国婚姻法只概括地规定了父母对子女有保护和教育的权利义务。但是各种类型的子女有各自复杂的特殊情况,其保护教养权的归属也需要有其特殊规则。如非婚生子女,于生父认领前后,其保护教养权如何归属,养子女的养父母均去世,其生父母保护教养权是否复活,形成抚养教育关系的继子女亲权如何归属等特殊问题都需要法律明确规定。从保护教养权的内容上看,我国《婚姻法》、《民法通则》及其《民法通则意见》的规定都相当简略。《婚姻法》只有"保护教育"、"抚养教育"字样,《民法通则意见》规定为:人身监护(保护、照顾、管理教育)、财产监护(管理、保护)、代理被监护人进行民事活动(第10条)。但对父母如何进行人身监护和财产监护,如父母管教未成年人的方式、程度,父母管理未成年人财产,如何管理,尽何种注意,管理权限及具体范围;父母代理未成年人进行民事活动,代理权限的范围是什么?是仅能代理财产方面行为,还是也包括身份行为?如果包括身份行为,哪些身份行为可以代理,哪些不能代理等。法律都缺乏具体规定。另外,在国外亲权法中,还设有亲权停止和丧失制度。明确规定父母由于事实上原因(如生病、长期不在)或法律上原因(行为能力丧失)或滥用亲权时,可依法停止或剥夺父母亲权。我国婚姻法没有类似规定,《民法通则》第18条只简单规定:"监护人不履行监护职责或者侵害被监护人合法权益的……，人民法院可根据有关人员或者有关单位的申请，撤销监护人的资格。"但是，至于父母为监护人时，不履行监护职责如何认定？由谁认定？哪些人员和单位属有关单位，享有申请权？法律亦缺乏明确的规定。至于父母因事实上、法律上原因不能行使保护教养子女的权利时，如何停止父母保护教养权法律更是只字未提。我国父母对子女保护教养制度的上述种种缺陷，使其无法在我国目前复杂多变的亲子关系现状下有效地运作，以保护未成年人合法权益。我国目前虽有众多的未成年人由于父母滥用保护教养权合法权益遭到侵害，但迄今为止，依现行法的规定获得救济的未成年人却寥寥无几。因此，适应我国目前亲子保护教养关系的需要，借鉴国外立法经验，结合我国立法司法实际，建立一套系统的父母保护教养未成年子女的法律制度已势在必行。

四、亲权制度是我国规范亲子之间保护教养关系的最佳立法模式

目前，我国学者对完善亲子保护教养关系的立法模式有两种不同观点。一种观点认为，"将亲权与监护合并规定既合理又可行，因此，立法应努力完善我国的监护制度"；另一种观点认为，应在新婚姻法中建立完善的亲权制度。① 笔者赞同后一种观点。

首先，从亲权制度本身看，亲权制度历经上千年演变，已形成了一套体现现代法律思想（男女平等，保护未成年子女利益）的系统严谨的规则体系。在大陆法系各国有效地调整着亲子之间保护教养关系所涉及的种种内部、外部关系，发挥着其所特有的固定亲子间保护教养关系，指导亲权人正确行使权利，维护未成年子女利益，发挥家庭教育职能，以及保护父母基于其身份享有的排他的对子女的保护教养权等独特功能。

其次，从亲权制度与监护制度的关系看，亲权制度与监护制度的联系是表面的，差异才是根本的，这种差异必然导致二者遵循各自内在规律的要求，向不同方向发展。亲权与监护的联系表现在：由于未成年人监护的主要功能在于取代父母的亲权，因而监护的内容多依亲权而设计，监护人的职责范围与亲权的内容大体相同。监护在学理上被称为"亲权的延长"。但是，监护与亲权的这一联系只是两者的一个交叉点，这两种制度的区别才是二者关系的主要方面：第一，二者产生的基础不同。亲权产生的基础是亲子之间的血缘联系；而

---

① 思实：《中国法学会婚姻法学研究会1998年会观点简述》，载《法学前沿》，第2辑，法律出版社1998年版，第198页。

监护关系的发生不以血缘亲属关系为基础。"监护系公职,监护人不再限于家庭成员,任何国家为履行其照顾人民义务而指定之可信任之人均可为监护人。"① 第二,调整亲权与监护的法律规范的性质不同。父母对子女的保护教养关系,属于平等主体的人身关系和财产关系,理应由私法(主要是婚姻家庭法)调整,而监护不仅涉及监护人和被监护人的人身照顾和财产管理、法定代理等平等主体的人身关系和财产关系,且涉及监护人与监护机关的行政管理关系。因此,调整监护关系的法律规范不仅包括民法规范,而且包括行政法规范。随着监护人日益非亲属化,监护制度中的行政法规范所占比重将日益增加。第三,立法政策不同,由于亲权产生的基础为亲子之间的血缘联系,保护教养子女为父母内心愿尽之愉快的义务。立法者于亲权立法时多采放任主义态度,对父母行使亲权给予较少的限制。立法的着眼点在于通过某种规则的设置引导父母正确行使权利,履行义务;而监护人与受监护人间既未必有亲属身份关系,又无经济上的共同生活,因此,立法者对监护人行使监护权势必采取限制主义与国家公共权力介入主义。其立法的着眼点在于通过严密的规则体系将国家最信任之人选上监护岗位,并通过严格的限制和有效的监督督促监护人正确履行职责。第四,制度内容不同。基于上述种种不同,亲权制度一般只包括三大制度:主体制度,规定各种类型的子女亲权的归属;内容制度,规定亲权的具体内容;亲权停止制度,规定父母不能行使、不宜行使亲权的具体情形,亲权停止的程序和后果。监护制度则包括监护人选任:规定监护人选任的方式,选任机关,监护人资格等;监护监督即规定监护监督机关,监督方式等;监护事务执行即规定监护职责,履行方式等;监护终止即规定监护终止的原因,监护的清算等。亲权制度与监护制度完全不同的立法政策和法律制度体系表明,这两种制度缺乏合并的基础。如果无视这种区别,将二者强行合并,势必损害立法的科学性,妨碍这两种制度各自依其内在要求发展完善和各自功能的实现。因此,与其削足适履,扩大监护概念,将亲权强行纳入监护系统,使亲权人勉为其难适用监护的规则体系,倒不如明确采用亲权概念,建立两套独立的规则体系,使亲权制度与监护制度相互衔接,相互配合,以达成保护未成年人人身财产权益的目的。

案例:季某(男)与刘某(女)于2005年双方协议离婚,婚生子季甲由母亲刘某抚养,父亲季某每月支付生活费400元。离婚后,刘某未与

---

① 陈惠馨:《亲属法诸问题研究》,台湾月旦出版公司1993年版,第293页。

第六章 父母子女关系

季某商量将儿子改名为刘甲,双方曾多次因此发生冲突,但未能解决。

刘某离婚后与王某毗邻而居,王某之子王乙与刘某之子刘甲在同一个小学上学。时值年关,两个小孩结伴在户外放炮嬉戏,互相扔着的小鞭炮,刘甲不慎将鞭炮扔在王乙的脸上,致使王乙的眼睛顿时失去视觉,遂大声嚎叫,幸有村民听见及时将其送到乡镇医疗所救治才不至于王乙的眼睛失明,但因受到突如其来的惊吓王乙自此大病一场,花去医疗费2000元。王某要求刘某如数赔偿,刘某认为是小孩子一块儿玩耍造成的伤害,拒绝承担责任,且本人以种菜维持生计,经济拮据无能力赔偿。王某索赔未果,遂寻刘甲的生父季某承担责任,季某认为自己已经和刘某离婚,孩子已经归刘某抚养,自己除每月支付抚养费外不再负有任何其他义务,况且孩子已随母姓,致人伤害是刘某管教不严所致,与自己不相干,因此拒绝赔偿。无奈之余王某以王乙法定代理人的身份将季某和刘某起诉至法院,要求二人承担医疗费2000元,护理费和误工费1000元,共计3000元。

法院经审理判决对王乙因病治理、护理等发生的费用季某和刘某承担60%,王乙的父母承担40%。此后季某表示只要刘甲能改回姓氏愿意承担1800元,刘某同意,将孩子更名为季甲。

评析:我国《民法通则》和《婚姻法》中都没有使用亲权的概念,但有相关的内容。《婚姻法》第23条规定:父母有保护和教育未成年子女的权利和义务。在未成年子女对国家、集体或他人造成损害时,父母有承担民事责任的义务。《民法通则》又将父母规定为未成年子女的监护人(《民法通则》第16条),并规定"无民事行为能力人、限制民事行为能力人造成他人损害的,由监护人承担民事责任。监护人尽了监护责任的,可以适当减轻他的民事责任"。(《民法通则》第133条)。本案中不论从亲权还是监护的角度看,刘某和季某、王某夫妇分别是刘甲和王乙的亲权人或监护人,拥有对子女进行照看、教育、保护等权利和义务。刘甲和王乙放鞭炮嬉戏致王乙眼睛受伤双方的父母都负有照顾不周、保护不力的责任,其中刘甲的父母负有较大的责任,因此法院的判决是合理的。

季某当然应该承担刘甲致人伤害的损失。《婚姻法》第36条规定:"父母与子女间的关系,不因父母离婚而消除。离婚后,子女无论由父或母直接抚养,仍是父母双方的子女。离婚后,父母对于子女仍有抚养和教育的权利和义务。"从监护的角度看,《侵权责任法》明确规定,无民事行为能力人、限制民事行为能力人造成他人损害的,由监护人承担侵权责任。监护人尽到监护责任的,可以减轻其侵权责任。由于父母离婚后,仍然对未成年子女享有亲权,当未成年子女给他人造成损害时,无论父母是否与未成年子女共同生活,作为亲权人都有赔偿损失的义务和责任。因此,法院判决季某与刘某共同承担民事责任是正确的。

第七章 收 养

【本章重点难点提示】 学习本章内容，重点在于我国收养法确定的收养的基本原则、收养关系的成立要件、收养的效力、收养关系的解除及法律责任等。难点在于收养关系的成立要件。

第一节 收养概述

一、收养的概念及特征

（一）收养的概念

收养，是指公民依照法定的条件和程序，将本属他人的子女作为自己的子女领养，从而使原本没有父母子女关系的当事人产生父母子女权利义务关系的民事法律行为。因该种民事法律行为而成立的法律关系称收养关系。领养他人子女的人为收养人，即养父母；被他人收养的人为被收养人，即养子女；将子女或儿童送给他人收养的父母、其他监护人和社会福利机构为送养人。

收养与寄养不同。寄养是指父母因特殊原因不能直接抚养子女而委托他人代为抚养的行为。寄养仅是对子女抚养方式的改变，这种行为不导致亲属关系和权利义务关系的改变。

（二）收养的特征

收养具有以下特征：

1. 收养是一种要式民事法律行为

公民依照法律进行收养行为，从而在收养和被收养人之间确立父母子女权利义务关系，这种行为在性质上是民事法律行为。这种收养行为与国家设立社会福利院对孤儿、遗弃儿和残疾儿的收容和抚育行为，在性质、方式和效力方面均有所不同：社会福利院的收容和抚育行为，是一种社会救济措施；只要符合条件的，即可自行决定，且无须经其他机关的准许或同意；它只能发生对儿童的监护关系，而不是亲属关系。

由于收养不仅涉及当事人的人身和财产关系,而且涉及社会公共利益,因而我国收养法对收养关系的成立不仅规定了具体的实质要件,而且在形式要件上也作了特别规定,要求必须办理收养登记手续,因此收养是一种要式的民事法律从行为。

2. 收养是只能发生在特定主体之间的行为

我国收养法对收养人、被收养人、送养人都作了明确的限定。收养只能发生在非直系血亲的自然人之间,原本具有直系血亲关系的人之间,通常不得为收养行为。自然人以外的权利主体不能成为收养人、被收养人。

3. 收养是变更法律上亲属身份和权利、义务关系的行为

收养关系依法成立,一方面使收养人和被收养人之间产生了拟制血亲关系,具有了父母子女间的身份和权利、义务,另一方面也使被收养人与其生父母之间的身份关系和权利、义务关系随之消除。由于收养使收养人和被收养人之间建立的是拟制直系血亲关系,也称为"法亲",因而收养改变的仅是法律上的身份和权利义务,而不能改变养子女与生父母及其他血亲之间的自然血缘关系,所以法律上规定的有关血亲禁例,如结婚的亲属禁例等,并不因收养关系的成立而废除。

二、我国收养法的基本原则

为了保护合法的收养关系,维护收养关系当事人的权利,我国收养法在总则部分规定了收养的五项基本原则。

(一) 有利于被收养的未成年人的抚养、成长的原则

建立收养制度的主要目的是为了使被收养的未成年人,包括丧失父母的孤儿、查找不到生父母的弃婴和儿童、生父母有特殊困难无力抚养的子女,能够在收养人的抚育下健康成长。因而,有利于被收养的未成年人的抚养、成长是我国收养法最重要的基础性原则。这一原则既是我国收养法社会主义本质属性的必然要求,也是当今国际社会"儿童优先"理念在我国法律中的体现。这一原则要求,收养应当有利于被收养未成年人的抚养、成长,充分保障被收养人的合法权益,促进他们在品德、智力、体质等方面全面发展。为此,我国收养法明确规定了收养成立时,收养人必须是有抚育被收养人能力的人;收养年满10周岁以上未成年人的,应当征得被收养人的同意;养父母与养子女间的权利、义务,适用法律关于父母子女关系的有关规定;收养人在被收养人成年以前,不得解除收养关系,但生父母与养父母协议解除的例外;收养人不履行抚养义务,有虐待、遗弃等侵害未成年子女合法权益行为的,送养人有权要求

第七章 收 养

解除收养；借收养名义拐卖儿童的，依法追究刑事责任等。

(二) 保障被收养人和收养人的合法权益的原则

收养涉及收养人和被收养人双方的利益，因此，保障被收养人和收养人的合法权益既是收养法的基本功能，也是收养法必须坚持的原则。保障被收养人的合法权益主要体现在收养法把有利于被收养的未成年人的抚养、成长作为了首要原则和核心价值。保障收养人的合法权益则主要体现在既规定了收养人作为养父母享有法律规定的父母子女之间应有的权利，也规定了收养人可以在特定条件下收养成年人、依法解除收养关系、要求养子女补偿收养期间支出的生活费和教育费等权利。这些规定既满足了收养人通过养育儿童，得到精神上的安慰和寄托，使不完善的家庭得以完善的要求，也保障了养父母得到养子女的赡养以安度晚年的权利。

(三) 平等、自愿的原则

遵守平等自愿原则，是收养作为民事法律行为的必然要求。这一原则要求，无论是收养关系的成立或者解除，当事人都必须地位平等，自由表达其真实意思。所谓平等原则，是指收养关系当事人在成立或解除收养关系的民事活动中的地位是平等的。无论是收养人、送养人之间，还是收养人、送养人中的夫妻之间都是平等的。所谓自愿原则，是指当事人在建立或解除收养关系的活动中，应当由当事人自愿决定、协商一致地进行，任何一方都不得以欺诈、胁迫的手段或者乘人之危强令对方在违背真实意思的情况下进行。自愿原则不仅要求收养人、送养人之间不得欺诈、强迫，对于年满10周岁以上养子女也应当征得本人同意，不得欺诈、强迫。

(四) 不得违背社会公德的原则

收养是一种法律性、伦理性都很强的性行为，它不仅关涉收养关系当事人之间的个人利益，而且影响到社会公共利益。尊重社会公德，不损害社会公共利益，是我国社会主义社会公民应遵守的道德规范和行为准则。公民在建立、维护、解除收养关系时，必须在遵守法律规定的同时，自觉维护道德规范，使自己的收养行为符合社会的公序良俗。我国收养法规定的无配偶的男性收养女性，须有法定年龄差；以虐待、遗弃为解除收养的法定理由等，也都是这一原则的具体体现。

(五) 不得违背计划生育法律、法规的原则

计划生育是我国的基本国策。收养制度作为亲属制度的重要组成部分，也是补充自然生育的重要手段，其涉及子女抚育问题，必须遵守计划生育原则。为了防止借收养之名，破坏计划生育政策的现象发生，收养法不仅在总则中规

定了"收养不得违背计划生育的法律法规",而且对收养人和送养人的条件作出了限制。如一般中国公民作为收养人的,必须是年满30周岁尚无子女的人;中国公民收养时,除了收养孤儿或残疾儿童外,只能收养一名子女。此外,还规定了送养人不得以送养子女为理由,违反计划生育的规定再生育子女。

三、收养的意义

在我国社会主义制度下,实行收养制度具有重要的现实意义:

(一)收养是妥善解决特定未成年人抚育问题的重要途径

在我国,既存在由于天灾人祸及其他原因而出现一些弃儿、孤儿,也存在由于种种原因生父母无力抚养的孩子的情况。对此,尽管国家已建立了社会福利机构,《未成年人保护法》也明确规定了"对孤儿、无法查明其父母或者其他监护人的以及其他生活无着的未成年人,由民政部门设立的儿童福利机构收留抚养"。但是,国家的"公养公育"尚无法取代公民间的收养。公民间收养的存在,使很多弃儿、孤儿和生父母无力抚养的孩子获得了家庭的照顾和抚育,使他们有了更好的成长条件和环境。这对于保障这些未成年人的合法权益和身心健康是有利的。

(二)收养是完善家庭关系的重要手段

收养制度作为亲属制度不可缺少的组成部分,它在可以使无家庭的孩子获得家庭的同时,也使无子女家庭因收养而得以完善。养父母子女关系的建立,在有助于实现"幼有所育、老有所养"的基础上,更好地满足了人们心理上、生活上和精神上的需求,从而使家庭因此而更加圆满和谐。

(三)收养制度有助于弘扬社会主义的道德风尚

在社会主义制度下,实行公民间收养,有利于实现相互扶助的社会职能,发扬扶老携幼的道德风尚,对促进社会的安定团结和精神文明建设,都有重要意义。

案例:辛辛苦苦养了二十年的儿子,忽然间竟然发现不是自己亲生的。曹某一纸诉状将儿子的亲生父亲廖某告上法庭。

曹某与妻子蒋某1978年结婚,曹某的妻子与廖某同在一单位工作。1981年,曹某的妻子生育一男孩曹×。曹×长大以后,喜欢上了自己姑姑家的女儿张×,要求和张×结婚,但遭到张×以近亲不能结婚为由拒绝。2003年,曹×听别人说自己长得不像父亲曹某,于是就问父亲曹某是否亲生。2005年8月,曹某也听人议论说这孩子是妻子与廖某所生,遂找到廖某质问并得到确认。当年底,双方在曹某家签订了一份内容为"有关私了孩子问题,经双方商定廖某10天内一次性付给曹某40万元抚养费。此后曹某家里出现什么事,永远不再找廖某,孩子事一切了结"的协议书。但到期后,廖某拒绝曹某上述款项,认为曹×虽然不是曹某亲生,但曹某与曹×已经形成事实收养关系,曹某不应讨要抚养费。

评析:本案中曹×是曹某的妻子与廖某的非婚生子女,曹某在不知情的情况下抚养其长大成人,彼此间既没有收养的合意,也没有收养的形式,因此不构成收养关系。当曹某了解真相时,有权要求廖某补偿其抚养曹×所花的费用。

第二节 收养成立的实质要件

收养行为是民事法律行为的特定种类,收养成立的实质要件既要符合民法中有关民事法律行为的一般规定,又要符合收养法中有关收养行为的特别规定。关于收养成立的实质要件,我国收养法对被收养人、送养人、收养人的条件和合意等都作了明确的规定。同时还对某些特殊情况下的收养作了特别规定。

一、一般收养成立的实质要件

收养是涉及收养人、送养人和被收养人利益的民事法律行为。在一般情况下,这三类民事活动主体各自应依法具备一定的条件。

(一)收养人的条件

我国《收养法》第6条规定:"收养人应当同时具备下列条件:(1)无子女;(2)有抚养教育被收养人的能力;(3)未患有在医学上认为不应当收养子女的疾病;(4)年满30周岁。"据此,收养人应当具备的实质要件有:

1. 收养人须无子女

收养人"无子女",包括未婚者无子女,已婚者尚无子女或所生子女死亡以及因夫妇一方或双方欠缺生育能力而不可能生子女等情况。这里的子女应理解为包括婚生子女和非婚生子女及养子女。计划生育是我国的基本国策,为了防止当事人借收养规避有关计划生育的法律政策,收养法要求收养人应当无子女,只有无子女者,才被允许通过收养途径,使家庭得以完善,感情得以慰藉。外国收养法中一般没有此项限制,这一条件主要是从我国的实际情况出发,与计划生育基本国策的要求相适应的。

2. 收养人应有抚养教育被收养人的能力

由于收养的主要目的是为了使被收养的未成年人,包括丧失父母的孤儿、查找不到生父母的弃婴和儿童、生父母有特殊困难无力抚养的子女,能够在收养人的抚育下健康成长,因此具备抚养教育被收养人的能力是具有收养人资格的先决条件。收养人应有的抚养教育被收养人能力,包括收养人应有完全的民事行为能力,同时在家庭经济条件、住房保障、思想道德品质等方面具有抚育被收养人能力,确保养父母很好履行抚养和管教养子女的职责。无行为能力人、限制行为能力人以及道德品质恶劣、好逸恶劳、自身生活无着的人不能成为收养人。

3. 收养人未患有在医学上认为不应当收养子女的疾病

养父母自身的良好健康状况也是成立收养关系的必备条件。如果患有在医学上认为不应当收养子女的疾病,如精神病患者、痴呆症患者、严重传染病患者,这些疾病不仅影响他们自身的行为能力,而且直接影响被收养子女的健康成长,甚至会对被收养的未成年人的人身安全构成威胁,因此法律禁止他们实施收养行为。

4. 有配偶者收养子女,须夫妻共同收养

收养子女是一个家庭的重大事项,有配偶者收养子女,须夫妻首先取得一致意见,共同收养,否则,如果夫妻在收养子女问题上意见不一致,必然会给夫妻关系和被收养人带来不利影响。我国法律要求有配偶者收养子女,须夫妻共同收养,不承认单方收养的效力,既有利于收养后养子女的健康成长,也有利于夫妻关系的和睦和收养关系的稳定。

5. 收养人只能收养1名子女

除了法律另有规定外,收养人只能收养1名子女,这也是根据计划生育的基本国策加以规定的。

6. 收养人须年满30周岁

这是我国取得收养人资格的最低年龄。收养是建立拟制直系血亲关系,只有达到一定年龄的公民才具有履行父母职责的心理素质和经济能力,同时,养父母与养子女之间也应有合理的年龄差距。我国要求收养人达到30周岁,而要求被收养人为14周岁以下,这一规定既符合我国的人口状况和收养传统,也与世界各国收养法规对年龄的限制较为接近。目前,世界各国法律均规定收养人必须是成年人,有些国家同时设定了年龄下限,如德国为25岁,秘鲁为50岁。

关于收养人的最低年龄，1992年收养法规定是必须年满35周岁，实践证明，未生育子女的夫妻一般要在婚后10多年才允许收养子女，这既阻碍了一些符合被收养条件的未成年人被收养，也不利于一些公民收养子女意愿的满足，同时造成了事实收养的大量存在。1998年修正后的《收养法》从实际出发，将取得收养人资格的最低年龄降到了30周岁。30岁的养父母也会因年龄的优势而有更多的精力悉心照护好养子女。

(二) 被收养人的条件

依照现行收养法的规定，被收养人应当符合下列条件：

1. 被收养人应是不满14周岁的未成年人

以14周岁以下的未成年人为收养对象，有利于培养建立养亲子间的感情，有利于收养关系的稳定和发展。所以，没有特定亲属关系的一般公民是不允许收养成年子女的。

2. 被收养人应是丧失父母的孤儿，或者查找不到生父母的弃婴和儿童，或是生父母有特殊困难无力抚养的子女

对于被收养人来说，之所以需要被收养，原因是生父母缺失或生父母有特殊困难无力抚育，这使被收养人缺乏生父母的抚育。生父母缺失的是丧失父母的孤儿，或者查找不到生父母的弃婴和儿童。按照我国民政部在《关于办理收养登记中严格区分孤儿与查找不到生父母的弃婴的通知》（1992年8月11日）中所作的解释，这里所指的"孤儿"，是指父母自然死亡或被人民法院宣告死亡的不满14周岁的未成年人。"查找不到生父母的弃婴和儿童"，是指被父母或其他监护人丢弃而脱离家庭或监护人的未满14周岁的未成年人。当有关组织多方查找弃婴的生父母无望时，通常由社会福利院将他们收养起来。

生父母是否有特殊困难，只能根据当事人的具体情况来认定。比如，父母由于无经济负担能力、患有严重疾病、丧失民事行为能力等原因，以致无法或不宜抚育子女，均可视为有特殊困难，无力抚养。

3. 收养年满10周岁以上的未成年人的，应当征得被收养人的同意

根据我国民法通则的规定，年满10周岁的未成年人，属于限制民事行为能力人。限制民事行为能力人虽然不能像完全行为能力人那样有充分的意思表示能力，但与不满10周岁未成年人相比，他们本身已经有了一定的意思能力，初步具备了判断、辨明一些事物后果的能力。因此，在实施收养这种直接关系他们利益的行为时，征求、尊重其本人的意愿，取得其同意，对于更好地建立和睦的养父母子女关系是必需的。

关于被收养人的条件，从外国收养立法来看，有些国家对被收养人的年龄

不加限制，即使成年人也可以被收养，如德国；有些国家则规定被收养人应为未成年人，其中有些国家还规定了年龄上限，如法国为 15 岁、西班牙为 14 岁。① 同时，很多国家还规定了被收养人与收养人之间的年龄差距方面的限制，如《瑞士民法典》第 265 条第 1 款规定："养子女最少得比养父母年少 16 岁。"还有的国家规定收养者与被收养者之间必须宗教信仰相同，如以色列。②

（三）送养人的条件

根据我国现行收养法的规定，下列公民和单位可以做送养人：

1. 孤儿的监护人

孤儿已丧失父母，处于他人的监护之下。根据我国民法通则的规定，未成年人的父母已经死亡或者丧失监护能力的，由下列人员中有监护能力的人担任监护人：祖父母、外祖父母；兄、姐；关系密切的其他亲属、朋友愿意承担监护责任，经未成年人的父、母的所在单位或者未成年人住所地的居民委员会、村民委员会同意的。对担任监护人有争议的，由未成年人的父、母的所在单位或者未成年人住所地的居民委员会、村民委员会在近亲属中指定。对指定不服提起诉讼的，由人民法院裁决。没有上述监护人的，由未成年人的父、母的所在单位或者未成年人住所地的居民委员会、村民委员会或者民政部门担任监护人。

由于孤儿的监护人不是未成年人的父母，为了防止孤儿的监护人通过送养损害孤儿的权益，我国收养法一方面规定了孤儿的监护人可以作为送养人，另一方面又对孤儿的监护人实施送养行为加以限制，我国《收养法》第 13 条规定："监护人送养未成年孤儿的，须征得有抚养义务的人同意。有抚养义务的人不同意送养、监护人不愿意继续履行监护职责的，应当依照《中华人民共和国民法通则》的规定变更监护人。"由于孤儿的祖父母、外祖父母、兄、姐等近亲属，是与孤儿有法定权利、义务的人。因此，由孤儿的近亲属行使同意权，更有利于未成年孤儿的抚养成长。

2. 社会福利机构

我国的社会福利机构，主要是指各地民政部门主管的收容、养育孤儿和查找不到生父母弃婴的社会福利院。这些机构事实上履行着监护孤儿、弃婴、儿童的职责，因此，当收养人自愿收养弃婴、孤儿时，应当由收容他们的社会福利院作为送养人。而对于某些生父母自费送到福利院寄养的残疾儿童，福利院

---

① 陶毅：《婚姻家庭法》，高等教育出版社 2006 年版，第 217 页。
② 于静：《比较家庭法》，人民出版社 2006 年版，第 262～263 页。

是无权将他们送养的。

3. 有特殊困难无力抚养子女的生父母

父母对未成年子女有抚养教育的义务，这既是我国《婚姻法》的强行性规定，也是我国社会主义伦理道德的必然要求，因此在一般情况下，不允许父母随意将自己的亲生子女送养他人。但在社会实际生活中，如果父母因患病、重残丧失劳动能力而无可靠经济来源，或因自然灾害等原因造成其无力抚养子女等事由，则允许生父母将子女送他人收养。

我国收养法对以生父母作为送养人的情形作了如下特殊要求：

（1）有配偶者送养子女，须双方共同送养。子女是父母双方的子女，父或母任何一方都无权剥夺对方对未成年子女的监护权，因此，生父母送养子女，须经协商一致共同送养。不论是婚姻关系存续期间还是离婚以后，也不论被送养的子女是婚生的还是非婚生的，父或母要将未成年子女送养他人都必须经过对方同意。一方不同意或未作同意的意思表示的，另一方不得单独送养。

（2）如果父母一方不明或者查找不到，可以单方送养。现实生活中，父母一方不明主要是指非婚生子女的生父不明；父母一方查找不到是指父或母已经失踪。在这种情况下，法律允许一方单独送养。

例如：林某于1995年离家出走，从此杳无音讯。1998年其妻张某向当地人民法院申请宣告林某失踪，人民法院经审理判决宣告林某失踪。由于张某身体不好，家中没有足够的经济能力给其患病的女儿治病，2001年张某将9岁的女儿送给膝下无子的邻村姜某夫妇收养，并办理了收养登记。2006年，失踪多年的林某突然返回。林某提出女儿被收养未征得他的同意，违反我国收养法，是无效的，要求姜某夫妇将孩子送回。张某与姜某夫妇都不同意，林某诉至法院。法院认为，林某失踪后杳无音讯，其妻张某在林某下落不明期间，是女儿唯一的法定监护人。张某在自己无力抚养时将女儿送养且办理了收养登记，符合我国收养法的规定，其女儿被他人收养是合法的，林某仅以未经本人同意而主张收养关系无效不应准许。最后法院驳回了林某要求确认收养关系无效的诉讼请求。

（3）如果被收养人的父母一方死亡，法律允许另一方单方送养，但死亡一方的父母有优先抚养的权利。这里所说的死亡一方的父母，是生存另一方公婆或岳父母，即被送养人的祖父母或外祖父母。祖孙之间在法律上有附条件的权利义务关系。如果祖父母、外祖父母出于对死者的眷念和生者的爱怜，主张对第三代人的抚养权利，是有利于未成年人成长的。在这种情况下，生存父（母）一方是不得将孩子送养出去的。"祖父母或外祖父母的优先抚养权"，构成生存的父或母送养子女的法定障碍。

(4) 送养人不得以送养子女为理由违反计划生育的规定再生育子女。这一规定是指生父母送养子女后,不得以送养子女后无子女或者子女少为理由,再申请生育指标并生育子女。

此外,我国《收养法》第12条规定:"未成年人的父母均不具备完全民事行为能力的,该未成年人的监护人不得将其送养,但父母对该未成年人有严重危害可能的除外。"这是因为在未成年人的父母均不具备完全民事行为能力的情况下(属于发病期间的精神病、痴呆症患者),他们不可能表达是否同意送养的真实意愿,而未成年人又没有自我保护能力。在这种情况下如果允许监护人将未成年人送养,就可能产生对其父母不利的影响,使其失去了可期待的受赡养扶助的权利。为了维护父母和子女的权益,该未成年人的监护人不得将其送养。但是,在生父母对该未成年子女有可能存在严重危害的情况下,则允许监护人将未成年人送养。

(四) 当事人的收养合意

收养关系的成立,以有关当事人的意思表示一致为其必要条件。按照我国收养法的有关规定,法律对收养合意问题由下列两方面的要求:

1. 收养人收养与送养人与送养必须双方自愿

收养人收养与送养人与送养必须双方自愿就是收养人和送养人都有权按照自己的遗愿进行收养活动。在收养活动中,收养人和送养人可以充分表达自己的意志,根据自己的意志决定进行或不进行收养活动,不受对方或第三者的支配和控制。收养必须为收养人内心真实的意思表示,送养必须为送养人内心真实的意思表示。当他们受到欺诈、胁迫或在他人乘人之危下作出的意思表示并为收养行为,可以被依法宣告收养无效。当然,收养人和送养人的这种意志自由必须在收养法律允许的范围内,不得超越法律的限制。

2. 收养年满10周岁以上的未成年人还应征得被收养人的同意

关于收养合意问题,外国法中也有类似的立法例。按照多数国家规定,当事人的合意是指收养方和送养方的意思表示一致;如收养方或送养方为有配偶者,须经配偶双方同意。在一定条件下,须得有识别能力的被收养人本人的同意。许多国家在法律上还规定了允许单方收养的各种具体形式。在被收养人达到一定年龄时,收养关系的成立须得其本人同意,这也是许多国家收养立法的通例。①

---

① 杨大文:《婚姻家庭法学》,复旦大学出版社2004年版,第242~243页。

二、特殊收养成立的实质要件

我国收养法针对某些特殊收养关系,对收养条件作了适当放宽或从严的规定。这里所说的特殊,主要与收养关系主体的身份状况有关。

(一) 无配偶的男性收养女性

无配偶者,是指因未婚、离婚或丧偶而处于非婚姻状态的人。其中有些人因生活孤独而希求家庭的温暖,或使自己实现老有所养,而要求收养子女。为维护这些人的切身利益,我国《收养法》允许他们收养子女。与此同时,由于无配偶者是单身生活,如果收养的子女是异性,也往往会有一些不便。在特定的情况下甚至会发生诸如借收养之名行娶妻同居之实等违背收养目的和社会公德的情形。为了预防这种情况的发生,我国《收养法》第9条作了限制性规定:"无配偶的男性收养女性的,收养人与被收养人的年龄应当相差40周岁以上。"但是,无配偶的男性收养三代以内同辈旁系血亲的女儿或收养继女的,不适用这一年龄差的规定。对于单身男性收养养女的行为,除年龄差的特殊限定外,还必须符合一般收养成立的各项条件。

(二) 我国公民或华侨收养三代以内同辈旁系血亲的子女

我国《收养法》第7条对这两类特殊主体作出了放宽性规定:我国公民收养三代以内同辈旁系血亲的子女(被收养人往往是收养人的侄子女、甥子女;堂侄子女或表侄子女、表甥子女),可以不受一般收养条件中下列条款的限制:"被收养人为生父母有特殊困难无力抚养的子女"、"送养人为有特殊困难无力抚养子女的生父母"、"被收养人应当不满14周岁"和"无配偶的男性收养女性,收养人与被收养人的年龄应当相差40周岁以上"。而华侨收养三代以内同辈旁系血亲的子女,在上述放宽条款的基础上,还可以不受"收养人无子女"的限制。

(三) 继父(或继母)收养继子女

我国《婚姻法》第27条规定:"继父或继母和受其抚养教育的继子女间的权利和义务,适用本法对父母子女关系的有关规定。"据此可知,我国法律没有在其父母子女之间规定强行性的权利义务,继父母子女关系是随着父或母的再婚而形成的,继父母子女关系的形成并不必然带来继父或继母抚养继子女的义务,继父或继母对继子女的抚养教育是以自愿为前提的。一旦形成这种抚育关系,孩子就会与生父母和继父(或继母)形成双重的法定权利、义务。继子女随其生父或生母与继父或继母同居一家,共同生活,关系十分密切,一般说来放宽条件鼓励对继子女的收养是适当的。收养继子女不仅有利于在继父母与继子女之间建立稳定的权利义务关系,而且有利于消除继子女与继父或继母间、与生父或生母间的双重权利义务关系。为此,我国收养法允许继父(或继母)经继子女的生父母同意,将继子女收养为养子女,并在条件上作出了放宽性规定:可以不受一般收养条件中的下列条款的限制:"被收养人为生父母有特殊困难无力抚养的子女"、"送养人为有特殊困难无力抚养子女的生父母"、"收养人应当是年满30周岁、无子女、有抚育被收养人能力、未患有在医学上认为不应当收养子女疾病的人"、"被收养人应当不满14周岁"和"只能收养1名子女"。继子女被继父(母)收养后,其与再婚关系之外的一方生父(母)的权利义务,因收养关系的成立而消除。然而,他们与再婚婚姻关系之内的生母(父)一方之间仍保留原直系血亲的权利义务关系。

(四)收养孤儿、残疾儿童或者社会福利院机构抚养的查找不到生父母的弃婴和儿童

我国《收养法》第8条规定:"收养孤儿、残疾儿童或者社会福利机构抚养的查找不到生父母的弃婴和儿童,可以不受收养人无子女和收养1名的限制。"孤儿、残疾儿童、弃婴和儿童被他人收养,有利于其在养父母的抚育下健康成长。收养孤儿、残疾儿童或者弃婴的行为,是奉献爱心的表现,具有援助弱者的人道主义性质。国家为鼓励这种行为,放宽了收养的条件。当然,有配偶者应夫妻共同收养;无配偶的男性收养孤女或残疾女或被遗弃的女婴的,仍须有40周岁以上的年龄差。

案例:姜某与李某1999年结婚,2001年生一女姜甲,2003年姜某与李某一同外出时不幸遇车祸死亡,姜甲的祖父母与外祖父母协商姜甲由其祖父母监护,外祖父母每月给200元生活费。2006年7月,姜甲的祖父母要求姜甲的外祖父母抚养费的标准提高到每月400元,姜甲的外祖父母表示自己没有能力给。姜甲的祖父母于是要将姜甲送给他人收养。姜甲的外祖父母知道后非常生气,表示不同意,姜甲的祖父母则认为自己是姜甲的监护人,是否送养别人无权干涉,双方就此发生争执。

评析:姜甲的祖父母在将姜甲送他人收养时应当征求姜甲外祖父母的同意。因根据我国民法通则的规定,未成年人的父母已经死亡或者丧失监护能力的,由下列人员中有监护能力的人担任监护人:祖父母、外祖父母;兄、姐;关系密切的其他亲属、朋友愿意承担监护责任,经未成年人的父、母的所在单位或者未成年人住所地的居民委员会、村民委员会同意的。对担任监护人有争

议的，由未成年人的父、母的所在单位或者未成年人住所地的居民委员会、村民委员会在近亲属中指定。对指定不服提起诉讼的，由人民法院裁决。没有上述监护人的，由未成年人的父、母的所在单位或者未成年人住所地的居民委员会、村民委员会或者民政部门担任监护人。在这个案件中，姜甲的父母死亡后，她的祖父母、外祖父母协商由姜甲的祖父母做姜甲的监护人是合法有效的。

由于孤儿的监护人不是未成年人的父母，为了防止孤儿的监护人通过送养损害孤儿的权益，我国收养法一方面规定了孤儿的监护人可以作为送养人，另一方面又对孤儿的监护人实施送养行为加以限制，我国《收养法》第13条规定："监护人送养未成年孤儿的，须征得有抚养义务的人同意。有抚养义务的人不同意送养、监护人不愿意继续履行监护职责的，应当依照《中华人民共和国民法通则》的规定变更监护人。"由于姜甲的外祖父母是姜甲的近亲属，与姜甲有法定的权利、义务。因此，姜甲的祖父母要把姜甲送他人收养时，必须要经过姜甲外祖父母的同意，否则即使送养了，该送养行为也是无效的。

第三节 收养成立的形式要件

收养是一种要式民事法律行为，我国收养法要求收养关系当事人在各自符合收养关系成立的实质要件的情况下，还必须符合法定的形式要件，即履行一定的收养程序，收养关系才能合法成立。

关于收养成立的形式要件，我国的法律规定经历了这样一个过程：1992年收养法实施以前，我国法律对收养成立的形式要件没有特别的要求，只要亲友、群众公认，或有关组织证明确以养父母与养子女关系长期共同生活的，虽未办理合法手续，也按收养关系对待。1992年施行的收养法对收养的形式要件规定也比较灵活，根据不同的使用范围采取了三种不同的程序：登记程序；书面协议或者书面协议和公证并用程序；书面、登记和公证并用程序。1998年修正后的收养法对收养的程序则实行了统一的登记制度。这一改变，表明了我国对收养程序采取了从严的态度，加强了监督和管理。从外国有关收养立法来看，现代收养立法中国家监督主义色彩日趋浓厚，在收养成立过程中设立日趋严格的程序性要件，从而更好地保护收养当事人特别是未成年被收养人的合法权益，已成为各国收养立法的普遍趋势。[①] 我国收养法有关收养成立的形式

---

① 陈苇：《外国婚姻家庭法比较研究》，群众出版社2006年版，第373～374页。

要件的改变与这种趋势是吻合的。

一、收养登记程序

由民政部门办理收养登记是收养成立的必经程序。我国《收养法》第15条第1款规定:"收养应当向县级以上人民政府民政部门登记。收养关系自登记之日起成立。"

（一）办理收养登记的机关

根据我国收养法的规定，办理收养登记的机关，是县级人民政府的民政部门。

（1）收养非社会福利机构抚养的查找不到生父母的弃婴、儿童的，在弃婴或儿童发现地收养登记机关办理收养登记。

（2）收养社会福利机构抚养的查找不到生父母的弃婴、孤儿的，在社会福利机构所在地收养登记机关办理收养登记。

（3）收养生父母有特殊困难无力抚养的子女或者由监护人监护的孤儿的，在被收养人生父母或者监护人常住户口所在地（组织作监护人的，在该组织所在地）的收养登记机关办理登记。

（4）收养三代以内同辈旁系血亲的子女以及继父或者继母收养继子女的，在被收养人生父或者生母常住户口所在地的收养登记机关办理登记。

（二）收养登记的具体程序

收养登记的具体程序分为申请、审查、登记三个步骤：

1. 申请

为了保证收养当事人意思表示的真实性，收养关系当事人应当亲自到收养登记机关办理成立收养关系的登记手续。夫妻共同收养子女的，应当共同到收养登记机关办理登记手续；一方因故不能亲自前往的，应当书面委托另一方办理登记手续，委托书应当经过村民委员会或者居民委员会证明或者经过公证。

收养人应当向收养登记机关提交收养申请书和下列证件、证明材料：（1）收养人的居民户口簿和居民身份证；（2）由收养人所在单位或者村委会、居委会出具的本人婚姻状况、有无子女和抚养教育被收养人能力等情况的证明；（3）县级以上医疗机构出具的未患有在医学上认为不应当收养子女的疾病的身体健康检查证明。

收养查找不到生父母的弃婴、儿童的，并应当提交收养人经常居住地计划生育部门出具的收养人生育情况证明；其中收养非社会福利机构抚养的查找不到生父母的弃婴、儿童的，收养人还应当提交下列证明材料：（1）收养人经常居住地计划生育部门出具的收养人无子女的证明；（2）公安机关出具的捡拾弃婴、儿童报案的证明。

收养继子女的，可以只提交居民户口簿、居民身份证和收养人与被收养人生父或者生母结婚的证明。

送养人应当向收养登记机关提交下列证件和证明材料：（1）送养人的居民户口簿和居民身份证（组织作监护人的，提交其负责人的身份证件）；（2）收养法规定送养时应当征得其他有抚养义务的人同意的，并提交其他有抚养义务的人同意送养的书面意见。

社会福利机构为送养人的，并应当提交弃婴、儿童进入社会福利机构的原始记录，公安机关出具的捡拾弃婴、儿童报案的证明；或者孤儿的生父母死亡或者宣告死亡的证明。

监护人为送养人的，并应当提交实际承担监护责任的证明，孤儿的父母死亡或者宣告死亡的证明，或者被收养人生父母无完全民事行为能力并对被收养人有严重危害的证明。

生父母为送养人的，并应当提交与当地计划生育部门签订的不违反计划生育规定的协议；有特殊困难无力抚养子女的，还应当提交其所在单位或者村委会、居委会出具的送养人有特殊困难的证明。其中，因丧偶或者一方下落不明由单方送养的，还应当提交配偶死亡或者下落不明的证明；子女由三代以内同辈旁系血亲收养的，还应当提交公安机关出具的或者经过公证的与收养人有亲属关系的证明。

被收养人是残疾儿童的，并应当提交县级以上医疗机构出具的该儿童的残疾证明。

2. 审查

收养登记机关收到收养登记申请书及有关材料后，应当自次日起 30 日内进行审查。审查的内容主要包括：收养申请人是否符合法律所规定的条件；收养的目的是否正当；被收养人是否符合法定的被收养人条件；送养人是否符合法定的送养人条件；当事人意思表示是否真实；提交的有关材料是否齐全有效等。

3. 登记

经审查，对证件齐全有效、对符合收养法规定条件的，为当事人办理收养登记，发给收养登记证，收养关系自登记之日起成立；对不符合收养法规定条件的，不予登记，并对当事人说明理由。

收养查找不到生父母的弃婴、儿童的，收养登记机关应当在登记前公告查找其生父母；自公告之日起满60日，弃婴、儿童的生父母或者其他监护人未认领的，视为查找不到生父母的弃婴、儿童。公告期间不计算在登记办理期限内。

收养登记机关在依法办理收养登记过程中形成的记载收养当事人收养情况、具有保存价值的各种文字、图表、声像等不同形式的历史记录是收养登记档案的重要内容。收养登记档案主要供收养登记管理机关使用；其他单位、组织或个人因特殊原因需要查借阅时，须经主管领导批准，并办理查借阅手续。收养登记档案由各级民政部门实行集中统一管理，任何个人不得据为己有。档案管理人员要严格遵守《中华人民共和国档案法》和《中华人民共和国保守国家秘密法》的有关规定，严密保管档案，同时维护当事人的隐私权，不得泄露档案内容，未经批准不得擅自扩大查借阅范围。

二、收养协议和收养公证

我国《收养法》第15条第3款规定："收养关系当事人愿意订立收养协议的，可以订立收养协议。"第4款规定："收养关系当事人各方或者一方要求办理收养公证的，应当办理收养公证。"法律的这一规定表明，收养协议和收养公证并不是法律规定的我国公民收养子女的法定必经程序，而是允许当事人自由选择的形式。

1. 收养协议

收养人收养与送养人送养，法律允许双方按照平等自愿的原则自行订立书面收养协议。收养当事人之间订立的协议应当符合下列要求：（1）订立协议的当事人均符合法定的条件和资格；（2）法律规定需要征得被收养人或其他权利人同意的，应征得他们的同意；（3）协议的主要内容应包括：收养人、被收养人和送养人的基本情况，收养的目的，收养人不虐待、遗弃被收养人和抚育被收养人健康成长的保证，当事人要求订入的其他内容等；（4）协议的形式应为书面协议；（5）收养协议自当事人正式签订之日起生效。

2. 收养公证

收养公证，是根据收养当事人各方或一方的要求由公证机关对其订立的收养协议依法作出的公证证明。我国收养法允许依收养关系当事人的意愿，办理收养公证，以示收养行为的庄重性。收养公证属于可选择性的、非必经的程序。

案例：贾某与林某结婚多年未育，后经人介绍在2001年将刘某的女儿抱养并托人上了户口，起名贾甲，但当时并没有办理收养登记。贾某、林某对贾甲视如己出，疼爱有加。2008年8月，刘某的儿子不幸遇车祸死亡，刘某再无其他子女，于是想起贾甲，提出想要贾甲回到自己身边，这自然遭到贾某、林某的拒绝，于是刘某起诉至法院。

评析：我国收养法明确规定收养是一项要式法律行为，必须办理收养登记，本案中贾某、林某抱养贾甲虽然上了户口，但并没有办理收养登记，因此彼此间没有形成合法的收养关系。刘某后悔，在情理上有些自私，但在法律上他依然是贾甲的法定监护人，他想要贾甲回到自己身边的要求应当会得到法院的支持。

第四节 收养的效力

收养作为民事法律行为，它的成立将产生一系列的法律后果。因收养民事法律行为的成立而导致的相应法律后果，就是收养的效力。我国收养法对收养成立的法律效力作了具体规定，同时对无效收养行为及其法律后果也作了规定。

一、收养成立的效力

我国《收养法》第23条规定："自收养关系成立之日起，养父母与养子女间的权利义务关系，适用法律关于父母子女关系的规定；养子女与养父母的近亲属间的权利义务关系，适用法律关于子女与父母的近亲属关系的规定。养子女与生父母及其他近亲属间的权利义务关系，因收养关系的成立而消除。"我国《婚姻法》第26条规定："国家保护合法的收养关系。养父母和养子女间的权利和义务，适用本法对父母子女关系的有关规定。养子女和生父母间的权利和义务，因收养关系的成立而消除。"由此可知，收养一旦成立，将同时产生拟制效力和解消效力。

（一）收养的拟制效力

收养的拟制效力，是指因收养关系的成立而发生的拟制亲属关系及相应的权利义务的效力。

1. 养父母与养子女间产生拟制直系血亲关系

自收养关系成立之日起，收养人与被收养人之间形成了法律拟制的直系血亲关系，即形成了与父母子女相同的权利义务关系，养子女取得与婚生子女完全相同的法律地位。养父母对养子女有抚养教育的义务；养子女对养父母有赡养扶助的义务。养父母与养子女之间互为第一顺序法定继承人，有相互继承遗产的权利。

关于养子女的姓氏问题，我国收养法规定，养子女可以随养父或者养母的姓，经当事人协商一致，也可以保留原姓。养子女有识别能力时，还应征求其本人对姓名变更的意见。

收养成立后，为了实现抚育子女和共同生活的目的，必然产生养子女户口迁移问题。但是，两者的性质截然不同。收养属于民事法律关系，它是亲属关系的转移和变更。户口属于行政法律关系，它是国家对社会实行人口管理的手段。被收养人的户口迁移，依照《中国公民收养子女登记办法》第8条的规定："收养关系成立后，需要为被收养人办理户口登记或者迁移手续的，由收养人持收养登记证到户口登记机关按照国家有关规定办理。"

2. 养子女与养父母的近亲属间形成拟制直系或旁系血亲关系

自收养关系成立之日起，养子女与养父母的近亲属间的权利义务关系，适用法律关于子女与父母的近亲属关系的规定。

（1）养子女与养父母的父母之间形成法律拟制的养（外）祖孙关系，产生了附条件的抚养或赡养义务。养孙子女取得了代位继承养（外）祖父母遗产的权利，养（外）祖父母成为了养孙子女的第二顺序法定继承人。

（2）养子女与养父母的婚生子女及其他养子女之间形成法律拟制的养兄弟姐妹关系，分别产生了附条件的赡养或扶养义务，同时也互为第二顺序法定继承人。

（二）收养的解消效力

收养的解消效力，是指因收养的成立而终止原有的亲属关系及其权利义务的效力。我国收养法规定，自收养关系成立之日起，养子女与生父母及其他近亲属间的权利义务关系，因收养关系的成立而消除。收养关系成立后，养子女与生父母、（外）祖父母、亲兄弟姐妹等自然血亲之间的法定权利义务关系立即消除。由于养子女与生父母及其他近亲属间的血缘关系是不可改变的客观存在，因此，这里解消的是养子女与生父母、（外）祖父母、亲兄弟姐妹等自然血亲之间的法定权利义务关系，而不是自然血缘关系。我国婚姻法有关禁止与直系血亲和三代以内的旁系血亲结婚规定，对养子女与生父母及其他近亲属间仍然适用。

二、无效收养

为了确保法律的严肃性、权威性，我国收养法在肯定合法有效收养行为的同时，设立了确认收养无效的制度。

(一) 无效收养的概念和原因

无效收养，是指不具备收养民事法律行为的有效要件，因而不能产生收养当事人预期法律后果的行为，也就是不发生收养法律效力的收养行为。我国《收养法》第25条规定："违反《中华人民共和国民法通则》第55条和本法规定的收养行为无法律效力。收养行为被人民法院确认无效的，从行为开始时起就没有法律效力。"民政部1999年5月25日颁布的《中国公民收养子女登记办法》第12条规定："收养关系当事人弄虚作假骗取收养登记的，收养关系无效，由收养登记机关撤销登记，收缴收养登记证。"据此可知，有下列情形之一时，即为无效收养：

1. 收养当事人不合格

收养当事人不合格，主要是指收养当事人不具有完全的民事行为能力和法律要求的应具备的特定条件。前者如正处于发病期间的精神病、痴呆症患者；后者如收养人有子女而收养非孤儿或非残疾儿童的；收养人未满30周岁而收养的；非近亲收养时，无配偶的男性收养女性，双方年龄差距不足40周岁的或被收养人超过14周岁等情况。

2. 收养当事人意思表示不真实

收养人同意收养或送养人同意送养以及被收养人的同意不是自己真实意愿，而是他人以欺诈、胁迫手段或者乘人之危，使当事人在违背真实意愿的情况下，所作出的为收养、送养行为的表示。如生父母在送养时有意隐瞒了被收养人的生理缺陷等。

3. 收养行为违反了法律或者社会公共利益

收养行为违反了法律主要是指收养行为违反了法律法规的禁止性规定或者没有具备法律法规要求应有的条件。如当事人弄虚作假、欺骗收养登记或公证机关等；收养行为违反社会公共利益则主要是指收养行为违反了国家的公共秩序和社会的一般道德。如近亲间晚辈对长辈的收养就违反了社会的公序良俗。

4. 以收养的合法形式掩盖非法目的的

以收养的合法形式掩盖非法目的就是指收养当事人通过实施形式上合法的收养行为来掩盖其真实的非法目的行为。这种情况下，收养当事人在收养行为的外在表现形式上并不违反法律，但是这并不是收养当事人所要达到的目的，

婚姻家庭继承法学

不是收养当事人的真实意图，他们是通过这样的合法形式，来掩盖和达到法律或者行政法规所禁止的真实目的，以此规避法律、行政法规的强制性规定。如借收养名义拐卖儿童的等。

此外，没有履行法定程序，不符合收养成立形式要件的收养也是无效的。

（二）确认收养无效的程序

1. 诉讼程序

诉讼程序是指通过民事诉讼程序由人民法院确认某一收养行为无效。

根据我国收养法的规定，收养行为被人民法院确认无效的，从行为开始时就没有法律效力。

2. 行政程序

行政程序是指由办理收养登记的机关确认某一收养行为无效。

收养关系当事人弄虚作假骗取收养登记的，收养关系无效，由收养登记机关撤销登记，收缴收养登记证。

（三）无效收养的法律后果

无效收养因欠缺收养民事法律行为的有效要件，收养行为从开始时就没有法律效力，因而不能产生收养当事人预期法律后果。无效收养行为既不产生法定的拟制效力，也不产生法定的解消效力。当然，无效收养行为并不是不产生任何法律后果，如果当事人实施的无效收养行为侵害了他人合法权益或社会利益，也要依法承担相应民事责任、行政责任，构成犯罪的还要承担刑事责任。

案例：林某于1995年离家出走，从此杳无音讯。1998年其妻张某向当地人民法院申请宣告林某失踪，人民法院经审理判决宣告林某失踪。由于张某身体不好，家中没有足够的经济能力给其患病的女儿治病，2001年张某将9岁的女儿送给膝下无子的邻村姜某夫妇收养，并办理了收养登记。2006年，失踪多年的林某突然返回。林某提出女儿被收养未征得他的同意，违反我国收养法，是无效的，要求姜某夫妇将孩子送回。张某与姜某夫妇都不同意，林某诉至法院。法院认为，林某失踪后杳无音讯，其妻张某在林某下落不明期间，是女儿唯一的法定监护人。张某在自己无力抚养时将女儿送养且办理了收养登记，符合我国收养法的规定，其女儿被他人收养是合法的，林某仅以未经本人同意而主张收养关系无效不应准许。最后法院驳回了林某要求确认收养关系无效的诉讼请求。

评析：我国收养法规定，有配偶者送养子女，须双方共同送养。生父母送养子女，须经协商一致共同送养。不论是婚姻关系存续期间还是离婚以后，也不论被送养的子女是婚生的还是非婚生的，父或母要将未成年子女送养他人都必须经过对方同意。一方不同意或未作同意的意思表示的，另一方不得单独送养。因此在一般情况下未经父母双方的同意，任何一方擅自将子女送与他人的，都是无效的。但在本案中，由于林某离家出走下落不明，其妻经法定程序将孩子送给他人收养则是有效的，因为我国收养法明确规定，如果父母一方不明或者查找不到，可以单方送养。现实生活中，父母一方不明主要是指非婚生子女的生父不明；父母一方查找不到是指父或母已经失踪。在这种情况下，法律允许一方单独送养。因此，法院驳回林某要求确认收养关系无效的诉讼请求是正确的。

在我国的法律中还有一种允许父母单方送的情况就是被收养人的父母一方死亡，但这种情况下死亡一方的父母有优先抚养的权利。这里所说的死亡一方的父母，是生存另一方公婆或岳父母，即被送养人的祖父母或外祖父母。祖孙之间在法律上有附条件的权利义务关系。如果祖父母、外祖父母出于对死者的眷念和生者的爱怜，主张对第三代人的抚养权利，是有利于未成年人成长的。在这种情况下，生存父（母）一方是不得将孩子送养出去的。"祖父母或外祖父母的优先抚养权"，构成生存的父或母送养子女的法定障碍。

第五节 收养的解除

收养关系一种民事法律关系，可以因一定的法律事实而产生，也可因一定的法律事实而终止。收养的终止，即合法有效的收养关系因发生一定的法律事实，无法继续亲子关系而使该收养关系归于消灭。引起收养关系终止的法律事实有两种：一是因收养关系一方当事人死亡而终止；二是因收养当事人依法办理了解除收养的手续而终止。我国收养法就收养关系解除的原因、形式、法律效力等问题作了规定。

一、收养解除的原因

依据我国收养法的规定，有下列情形之一的，可以解除收养关系：
（一）收养人、送养人、被收养人协议解除收养关系

我国《收养法》第26条第1款规定："收养人在被收养人成年以前，不得解除收养关系，但收养人、送养人双方协议解除的除外，养子女年满10周岁以上的，应当征得本人同意。"此条规定表明，我国收养法基于"有利于未

成年人抚养成长"和"平等自愿"的基本原则,一方面要求保证收养关系的稳定,原则上收养关系一旦确立,在被收养人成年以前不得解除,以便确保被收养人权利的实现,防止发生因收养人、送养人相互推卸抚育责任而侵害未成年被收养人权益的现象。另一方面,考虑到收养毕竟是一种民事行为,当事人的意愿也应得到必要的尊重。据此,在养子女未成年的情况下,只有当收养人、送养人双方自愿协议解除收养关系,并且年满 10 周岁以上的养子女也同意回到生父母身边生活的,才允许协议解除收养关系。如果养子女已经成年,具备了完全民事行为能力,收养人与被收养人达成解除收养的协议即可,而无须送养人同意。

(二)送养人因收养人的特定过错行为而要求解除收养关系

我国《收养法》第 26 条第 2 款规定:"收养人不履行抚养义务,有虐待、遗弃等侵害未成年养子女合法权益行为的,送养人有权要求解除养父母与养子女间的收养关系。送养人、收养人不能达成解除收养关系协议的,可以向人民法院起诉。"收养关系成立后,养父母与养子女间形成拟制直系血亲关系,养父母即须依法承担抚养教育、保护养子女的义务。如果养父母对未成年养子女经常以打骂、捆绑、冻饿、限制自由、凌辱人格、不给治病或者强迫作过度劳动等方法进行虐待,或者有能力抚养却拒绝扶养而遗弃养子女的,就会直接损害养子女的身心健康。在这种情况下,被收养人的权利受到了严重侵犯,收养的目的也难以实现,因此,法律规定送养人有权要求解除养父母与养子女间的收养关系。

(三)养父母与成年养子女关系恶化,无法共同生活

我国《收养法》第 27 条规定:"养父母与成年养子女关系恶化、无法共同生活的,可以协议解除收养关系。不能达成协议的,可以向人民法院起诉。"在养子女成年以后,由于某种原因导致养父母子女之间关系恶化,双方无法再继续共同生活时,养父母或者成年养子女中的任何一方,都可以要求解除彼此间的收养关系。

二、收养解除的程序

由于收养是一种关涉当事人人身和财产权利的重要民事法律行为,因此我国收养法不仅要求收养的成立必须遵守法定的程序,而且要求收养的解除也必须通过法定的程序。根据我国收养法的规定,解除收养的程序,通常有两类,即行政程序和诉讼程序。

(一) 通过行政程序解除收养

我国《收养法》第28条规定："当事人协议解除收养关系的，应当到民政部门办理解除收养关系的登记。"

当事人经行政程序协议解除收养关系，应符合相应的法定条件：

1. 收养当事人已自愿达成解除收养关系的协议

解除收养关系时，养子女为未成年人的，应由收养人、送养人双方协议解除；对于已有识别能力的10周岁以上的未成年被收养人，还须征得其本人同意。养子女已经成年的，应由养父母与成年养子女双方协议解除收养关系。

2. 收养双方当事人须对财产和生活无争议，并在协议中对经济问题明确作出协商一致的妥善处理

由于收养当事人通过收养拟制和解消了各种涉及人身、财产方面的权利义务，因此收养当事人协议解除收养关系时，应在协议中一并解决有关收养关系解除后的财产和生活问题。特别是在养子女已经成年，养父母因年老、丧失劳动能力而生活困难的情况下，协议中应当有保护养父母利益的相关内容。

3. 解除收养关系的协议具备民事法律行为应当具备的条件

解除收养关系协议具备主体有完全民事行为能力、当事人的意思表示真实、协议的内容合法、书面形式等法定条件。

符合上述条件的当事人双方，应当持居民户口簿、居民身份证、收养登记证和解除收养关系的书面协议，共同到被收养人常住户口所在地的收养登记机关办理解除收养关系的登记。收养登记机关收到解除收养关系登记申请书及有关材料后，应当自次日起30日内进行审查；对符合收养法规定的解除收养条件的，为当事人办理解除收养关系的登记，收回收养登记证，发给解除收养关系证明。登记机关应当按照民政部2003年颁布的《收养登记档案管理暂行办法》规定，将居民户口簿、居民身份证、解除收养关系证明、收回的收养登记证、解除收养关系的书面协议等解除收养关系登记文件材料（原件或复印件）归档并永久保存。

(二) 通过诉讼程序解除收养

通过诉讼程序解除收养，即收养当事人通过向人民法院起诉，解除收养关系的程序。它适用于一方要求解除收养但收养双方当事人不能达成协议的，或者虽然双方同意解除收养关系，但对财产等问题有争议的情况。

人民法院审理解除收养的案件，应当查明当事人要求解除收养关系的真实原因及养父母与养子女间的生活实际情况，听取年满10周岁以上的被收养人的意见，依照解除收养的法定条件，合法合理地正确处理。一般说来，人民法

院审理此类案件，应首先对当事人进行调解，帮助他们达成解除收养的协议；在诉讼程序中以调解方式解除收养关系的，由于法院已将解除收养协议的内容载入了调解书，该调解书具有与判决同等的效力，因此，当事人无须另行签订书面协议，也无须再办理解除收养的登记。人民法院调解无效时，可依法作出准予或不准解除收养关系的判决。依诉讼程序解除收养关系的，收养关系自准予解除收养关系的调解书或判决书生效之日起解除。

三、收养解除的效力

依据我国收养法的规定，收养关系解除后，会产生下列法律后果：

（一）对养子女与养父母及其近亲属的后果

收养解除的直接后果，就是会在收养关系当事人的人身及财产方面权利义务发生变更的结果，即养子女与养父母及其他近亲属间的权利义务关系即行消除，即拟制直系与旁系血亲关系消除。养子女与养父母及其他近亲属间的权利义务关系消除的同时，未成年养子女和生父母及其他近亲属间的权利义务关系则自行恢复，即自然直系和旁系血亲关系自行恢复。如果收养解除时，养子女已成年的，成年养子女与生父母及其他近亲属间的权利义务关系是否恢复，可以协商确定。这主要是考虑到，已成年的养子女在特定情况下对已解除收养关系的养父母仍有一定的给付义务，如果法律直接规定他们和生父母及其他近亲属间的权利义务关系自行恢复，则有可能使其有双重负担，为此，法律把成年养子女在解除收养后与生父母及其他近亲属间的权利义务关系是否恢复的权利交由当事人根据自己的意愿决定。

养子女或养父母死亡虽然也会产生终止收养的后果，但与收养解除的上述后果还是有所不同的。养子女或养父母死亡，只终止死者与养父母或养子女之间的亲属关系，其他亲属关系并不当然终止。特别是养子女与尚在的养父或养母之间、死者的父母与养孙子女之间、养子女与养（外）祖父母之间、养兄弟姐妹之间的亲属关系也不当然终止。

（二）对生活抚育费的追偿及后期给付的后果

生父母要求解除收养关系的，养父母可以要求生父母适当补偿收养期间支出的生活费和教育费。它多发生于养子女尚未成年，因生父母一方反悔要求解除收养关系，或由于生父母一方有过错导致解除收养关系的情况。但因养父母虐待、遗弃养子女导致生父母起诉而解除收养关系的除外。

经养父母抚养的成年养子女，对缺乏劳动能力又缺乏生活来源的养父母，应当给付生活费。这是从原养父母子女关系引申出来的善后措施。生活费的数额,可先由双方协议;协议不成时,由人民法院根据当时当地一般生活水平需要及养子女的实际负担能力来判决。

因养子女成年后虐待、遗弃养父母而解除收养关系的,养父母可以要求养子女补偿收养期间支出的生活费和教育费。养父母行使这一权利,则不受其是否存在"缺乏劳动能力又缺乏生活来源"困难的限制。

此外,解除收养后,对于不满18周岁的被收养人,送养人应当凭《解除收养关系证》或者《解除收养调解协议书》、《解除收养判决书》,将被收养人的户口迁至送养人户口所在地,恢复原户口关系性质。

(三) 其他财产关系的处理

收养关系解除时,养子女在收养期间因继承、遗赠、赠与等所取得的财产,仍属养子女个人财产,应由养子女带走。在与养父母共同生活期间,因养子女的劳动收入所形成的共同财产,在解除收养关系时应进行分割。无法分割的,由原养父母给适当补偿。

案例:被告孟某系原告程某之外甥女。1960年因程某与其夫(已故)未生育子女,故与孟某的父母签订了一份收养协议,收养孟某为养女,当时孟某3岁。此后,被告一直与原告及其夫一起生活。1981年10月,原、被告之间因生活琐事产生纠纷,原告与其夫诉至法院,要求解除与被告孟某之间的收养关系。法院受理后经调解,解除了原、被告之间的收养关系,当时被告孟某24岁。后原告与其夫再无其他子女。2005年8月,原告以自己年岁已老,丧失了劳动能力,无经济来源,需被告尽赡养义务为由诉至法院,要求被告每月给付其赡养费400元,并负担医药费用。孟某则认为,我国现行的收养法明确规定收养成立必须进行收养登记,当时程某夫妇与自己的生身父母只有协议没有登记,原来法院认定解除收养关系是错误的,不应认定收养关系有效。再者,即使有收养关系,由于已经解除了,自己也不该再养程某。法院经审理认为,孟某与程某之间原来存在收养关系不容否认。收养关系解除后,经养父母抚养的成年养子女,对缺乏劳动能力又缺乏生活来源的养父母,应当给付生活费。被告系原告与其夫收养之女,在被告成年后虽因双方产生矛盾解除了收养关系,但解除收养前被告一直与原告及其夫共同生活并由原告夫妻二人抚养至成年。现原告已年老体迈,丧失了劳动能力,无经济来源,又无其他子女赡养,被告理应对原告老年的生活给予一定的扶助。原告要求被告给付生活费的请求合理,理由充分,于法有据,应予以支持。根据被告的实际收入情况和其家庭生活水平，法院判决被告孟某每月给付原告程某生活费 200 元。

评析：首先，孟某以没有办理收养登记为由主张自己和程某不存在收养关系是错误的。因为关于收养成立的形式要件，我国的法律规定经历了这样一个过程：1992 年收养法实施以前，我国法律对收养成立的形式要件没有特别的要求，只要亲友、群众公认，或有关组织证明确以养父母与养子女关系长期共同生活的，虽未办理合法手续，也按收养关系对待。1992 年施行的收养法对收养的形式要件规定也比较灵活，根据不同的使用范围采取了三种不同的程序：登记程序；书面协议或者书面协议和公证并用程序；书面、登记和公证并用程序。1998 年修正后的收养法对收养的程序则实行了统一的登记制度。这一改变，表明了我国对收养程序采取了从严的态度，加强了监督和管理。从外国有关收养立法来看，现代收养立法中国家监督主义色彩日趋浓厚，在收养成立过程中设立日趋严格的程序性要件，从而更好地保护收养当事人特别是未成年被收养人的合法权益，已成为各国收养立法的普遍趋势。我国收养法有关收养成立的形式要件的改变与这种趋势是吻合的。但是，现在的这种法律规定并不否认原来已经成立的收养关系。因此，孟某的说法是站不住脚的。

再有，我国收养法明确规定，经养父母抚养的成年养子女，对缺乏劳动能力又缺乏生活来源的养父母，应当给付生活费。这是从原养父母子女关系引申出来的善后措施。生活费的数额，可先由双方协议；协议不成时，由人民法院根据当时当地一般生活水平需要及养子女的实际负担能力来判决。本案中孟某是由程某夫妻抚养成人的，加之程某已经没有劳动能力也没有其他生活来源，因此她要求孟某给付一定的生活费是有法律依据的，法院的判决也是正确的。

第八章 其他家庭成员关系

【本章重点难点提示】 学习本章内容，重点在于祖孙之间、兄弟姐妹之间的权利义务关系。难点在于掌握祖孙间抚养、赡养及兄弟姐妹间相互扶养的条件。

第一节 其他家庭成员关系概述

其他家庭成员关系是指除了夫妻、父母子女关系之外的其他家庭成员关系。其他家庭成员关系的范围在世界各国及地区和我国不同的历史发展时期都是不尽相同的。比如《日本民法典》第877条（扶养义务人）规定，直系血亲及兄弟姊妹有互相扶养义务；家庭法院在有特别情况时，可以在前项规定之外，在三亲等内亲属中责令负担扶养义务。① 《瑞士民法典》第328条规定，负有抚养义务的人包括直系尊血亲及卑血亲以及兄弟姐妹间。但仅以无此帮助生活限于贫困为限。② 《法国民法典》第205条规定，（1972年1月3日第72-3号法律）子女在父、母或其他直系尊血亲有需要时，应负赡养义务。第206条规定（1919年8月9日法律）女婿与儿媳也应当并且在相同情形下，对公、婆或岳父、母负相同义务，但是，在产生姻亲关系的夫妻一方及其与另一方配偶的婚姻所生子女均已死亡时，此种义务即告停止。③ 由此可知，其他国家所规定的其他家庭成员关系的范围包括直系尊血亲及卑血亲、兄弟姐妹、一定条件下的三亲等内亲属、一定条件下的女婿与儿媳等。我国婚姻法在不同的历史时期所规定的其他家庭成员关系的范围也是不同的。1950年《婚姻法》未规定除了夫妻、父母子女关系外的其他家庭成员之间的关系。1980年《婚姻法》和2001年修订的《婚姻法》规定的其他家庭成员关系的范围包括祖孙关系和

---

① 参见《最新日本民法典》，梁涛译，法律出版社2006年版，第189页。
② 参见《瑞士民法典》，殷生根译、艾棠校，法律出版社1987年版，第86页。
③ 参见《法国民法典》，罗洁珍译，中国法制出版社1999年版，第71页。

兄弟姐妹关系。其立法的出发点在于弘扬尊老爱幼的社会主义道德风尚,将其他家庭成员关系也上升为法律所调整的范围。当然,祖孙之间、兄弟姐妹之间的权利义务关系是附条件的,即只有在父母子女之间无法直接履行抚养、赡养的权利义务时,(外)祖父母与(外)孙子女之间、兄弟姐妹之间才有扶养的权利和义务。

第二节 祖孙关系

一、祖孙关系的历史沿革

祖父母、外祖父母与孙子女、外孙子女之间属于二亲等的直系血亲。我国的 1950 年《婚姻法》仅规定了夫妻和父母子女关系,未涉及其他家庭成员关系。我国的 1980 年《婚姻法》明确规定,除了夫妻关系、父母子女关系外,祖孙之间、兄妹姐妹之间等其他家庭成员之间也具有特定的权利和义务关系。该法第 22 条规定:"有负担能力的祖父母、外祖父母,对于父母已经死亡的未成年的孙子女、外孙子女,有抚养的义务。有负担能力的孙子女、外孙子女,对于子女已经死亡的祖父母、外祖父母,有赡养的义务。"但 1980 年《婚姻法》未明文规定有负担能力的孙子女、外孙子女对子女并未死亡但确无赡养能力的祖父母、外祖父母有赡养义务,有负担能力的祖父母、外祖父母对于父母未死亡但确无抚养能力的孙子女、外孙子女有抚养义务。对于实践中出现的上述纠纷,主要是根据 1984 年最高人民法院《关于贯彻执行民事政策法律若干问题的意见》第 24、25 条的规定处理。该意见第 24 条规定:"根据婚姻法第 22 条规定的精神,有负担能力的祖父母、外祖父母,对于父母一方死亡、另一方确无能力抚养或父母均丧失抚养能力的未成年的孙子女、外孙子女有抚养的义务。"第 25 条规定:"有负担能力的孙子女、外孙子女,对于子女已经死亡或子女确无力赡养的祖父母、外祖父母,有赡养的义务。"上述规定,在一定程度上弥补了 1980 年《婚姻法》的不足,但缺乏法律上的统一性。

2001 年 4 月 28 日修正的《婚姻法》吸纳了最高人民法院《关于贯彻执行民事政策法律若干问题的意见》第 24、25 条的精神,对于祖孙关系进行了补充和修订。该法第 28 条规定:"有负担能力的祖父母、外祖父母,对于父母已经死亡或父母无力抚养的未成年的孙子女、外孙子女,有抚养的义务。有负担能力的孙子女、外孙子女,对于子女已经死亡或子女无力赡养的祖父母、外祖父母,有赡养的义务。"上述规定,既符合我国家庭类型的实际状况也符合家庭的养老育幼的功能，对于老人和儿童权益的维护意义重大。

二、祖孙间的抚养、赡养义务

一般情况下，子女由父母抚养，父母由子女赡养，祖孙之间不发生权利义务关系。但是，当发生某种客观原因，导致父母子女之间无法直接履行抚养、赡养的权利义务时，祖父母、外祖父母与孙子女、外孙子女之间在一定条件下产生了抚养、赡养义务。根据《婚姻法》第 28 条的规定，祖孙之间互负抚养、赡养义务是有条件的。

（一）祖父母、外祖父母对孙子女、外孙子女承担抚养义务的条件

1. 祖父母、外祖父母有负担能力

所谓有负担能力，是指祖父母、外祖父母在维持自己的生活及承担法定的扶养义务（如对配偶、子女、父母的扶养）之外，还有承担抚养孙子女、外孙子女的经济能力。

2. 孙子女、外孙子女的父母已经死亡或父母无力抚养

父母已经死亡或父母无力抚养包括父母双亡，父母一方死亡但另一方丧失抚养能力或者父母健在但都没有抚养能力等情形。

3. 孙子女、外孙子女必须为未成年人

根据我国《民法通则》的规定，未成年人是指不满 18 周岁的公民。对于那些虽然未成年但有谋生能力，能够维持自己生活的，祖父母、外祖父母可不承担抚养义务。根据《婚姻法》第 28 条的规定，对于已经成年的孙子女、外孙子女，无论其是否具有独立生活的能力，祖父母、外祖父母均无法定抚养义务。

上述三个条件必须同时具备，才产生祖父母、外祖父母对孙子女、外孙子女的抚养义务。适用上述条款时，不以是否同居一家、共同生活为限。如果祖父母和外祖父母均有负担能力，应将他们视为同一顺序的抚养义务人，由他们共同承担抚养义务。抚养的方式及扶养费的负担和给付由祖父母、外祖父母共同协商确定，协商不成的情况下，由人民法院判决确定抚养的方式及抚养费的负担和支付。

（二）孙子女、外孙子女对祖父母、外祖父母承担赡养义务的条件

（1）孙子女、外孙子女为有负担能力的成年人，即孙子女、外孙子女为年满 18 周岁以上，能够维持自己的生活及承担法定扶养、抚养、赡养义务之外，还有赡养祖父母、外祖父母的能力。

（2）祖父母、外祖父母的子女已经死亡或子女确无力赡养。

(3) 祖父母、外祖父母必须是需要赡养的人。即祖父母、外祖父母年老体弱、缺乏劳动能力又缺乏生活来源。

上述三个条件必须同时具备，才产生孙子女、外孙子女对祖父母、外祖父母的赡养义务。适用上述条款时，也不以同居一家、共同生活为限。

可见，祖孙之间的抚养、赡养义务是第二位的，具有对父母子女间的抚养、赡养义务的补位性质。符合法定条件的抚养人必须自愿履行抚养、赡养义务。否则，被抚养人或被赡养人有权向人民法院提起诉讼，请求法院强制义务人履行义务。

世界各国对祖孙之间均规定互负扶养义务，但规定内容因文化差异、立法传统各异而不同。有些国家不仅将祖孙列为扶养之列，而且还划定了具体的扶养顺序。一般情况下，以未成年的孙子女、外孙子女作为权利人，祖父母、外祖父母为义务人；以成年的孙子女、外孙子女为义务人，祖父母、外祖父母为权利人。如《意大利民法典》第433条规定，"承担给付抚养费、扶养费、赡养费义务人顺序如下：（1）配偶；（2）婚生子女、准正子女、私生子女、养子女，在上述子女死亡的情况下，近卑亲属，近自然血亲卑亲属；（3）父母、近自然血亲尊亲属，养父母；（4）女婿和儿媳；（5）公婆和岳父母；（6）同父同母的兄弟姐妹和同父异母、同母异父的兄弟姐妹；同父同母的兄弟姐妹先于同父异母、同母异父的兄弟姐妹承担义务"。① 再如1995年《俄罗斯联邦家庭法典》第5编第94条规定："未成年的需要帮助的孙子女和外孙子女，如果不能得到其父母的抚养，有权依司法程序得到其有必要抚养条件的祖父母和外祖父母的抚养。成年的无劳动能力需要帮助的孙子女和外孙子女，如果不能得到其配偶（原配偶）或者父母的抚养，也享有同样的权利。"第95条规定："无劳动能力需要帮助的祖父母和外祖父母，如果不能得到其成年的有劳动能力的子女或者配偶（原配偶）的赡养，有权依司法程序请求其具有劳动能力的有必要赡养条件的成年的孙子女和外孙子女赡养。"② 《德国民法典》第1601条规定，"直系血亲负有互相给予扶养费的义务"。③ 《瑞士民法典》第328条规定，"直系尊血亲及卑血亲以及兄弟姐妹间，互负扶养义务，但仅以

---

① 参见《意大利民法典》，费安玲、丁玫译，中国政法大学出版社1997年版，第123页。

② 参见中国法学会婚姻法学研究会编：《外国婚姻家庭法汇编》，群众出版社2000年版，第500页。

③ 参见《德国民法典》（第2版），陈卫佐译，法律出版社2006年版，第489页。

无此帮助生活陷于贫困者为限"。①

案例：某村村民常某有三子一女，长子常甲，次子常乙，三子常丙，女儿常丁。四人均已结婚成家。常某的老伴早年即去世，经子女几人协商，常某随三子常丙一家生活，其日常饮食起居由常丙负责。长子、次子和女儿每人每月付给老人生活费50元。2006年9月，长子常甲在一次交通事故中身亡，从那个月起，他家给父亲的生活费便停付了。丧事料理完毕后，常某要求其长子的儿子常丁、女儿常戊即老人的孙子女代替其父履行赡养义务。但老人的孙子女没有同意。为此，常某向当地人民法院起诉，要求其孙子女常丁、常戊替其父继续每月给付他50元赡养费。

人民法院受理了此案。该院经审理查明：原告常某现年76岁，身体多病，缺乏劳动能力也缺乏生活来源。该院认为，子女对父母应尽赡养义务；但子女已经死亡的祖父母，其孙子女应负赡养义务。根据我国《婚姻法》第28条的规定，该院作出判决：被告常丁、常戊每人每月付给原告常某赡养费25元。

一审判决后，二被告不服，提出上诉称：其祖父常某共有三子一女，均应对祖父尽赡养义务。我们的父亲死亡后，祖父还有两子一女，祖父应由其两子一女赡养。我们是常某的孙子女，在其尚有法定赡养义务人的情况下，我们不应当承担赡养义务。

二审法院对上诉案件进行了审理，其认定的案情事实与原审法院相同。但该院认为，我国《婚姻法》第28条规定的"……有负担能力的孙子女、外孙子女，对于子女已经死亡或子女无力赡养的祖父母、外祖父母有赡养的义务"，其中的"子女已经死亡"应指子女全部已经死亡，在被赡养人多子女的情况下，其中某一子女死亡时，应由生存的其他子女承担赡养义务，在被赡养人有生存子女时，孙子女不承担赡养义务。因此，上诉人的上诉理由成立。依照我国《婚姻法》第28条的规定，二审法院对本案作出改判：撤销一审判决，驳回常某要求其孙子女常丁、常戊付给赡养费的诉讼请求。②

---

① 参见《瑞士民法典》，殷生根译、艾棠校，法律出版社1987年版，第86页。
② 参见王国平编著：《婚姻家庭法案例选评》，对外经济贸易大学出版社2008年版，第228~229页。

婚姻家庭继承法学

评析：这是一起祖父要求孙子女给付赡养费的案件。纵观一审、二审法院的判决，一审法院判决是有失偏颇的，二审法院的判决是正确的。正确处理本案的关键是掌握孙子女、外孙子女对祖父母、外祖父母承担赡养义务的条件。根据《婚姻法》第 28 条的规定："……有负担能力的孙子女、外孙子女，对于子女已经死亡或子女无力赡养的祖父母、外祖父母，有赡养的义务。"孙子女、外孙子女对祖父母、外祖父母承担赡养义务的条件：

第一，孙子女、外孙子女为有负担能力的成年人。

第二，祖父母、外祖父母的子女已经死亡或子女确无力赡养。

第三，祖父母、外祖父母必须是需要赡养的人。上述三个条件必须同时具备，才产生孙子女、外孙子女对祖父母、外祖父母的赡养义务。而第二个条件中的"子女已经死亡"应理解为所有子女都已经死亡或所有子女确无力赡养。而本案中祖父常某在长子死亡后，还有次子、三子和女儿，他的子女又都有负担能力，因此，祖父不应要求孙子女承担赡养义务。

第三节　兄弟姐妹关系

一、兄弟姐妹关系的历史沿革

我国的 1950 年《婚姻法》仅规定了夫妻和父母子女关系，未涉及其他家庭成员关系。我国的 1980 年《婚姻法》明确规定，除了夫妻关系、父母子女关系外，祖孙之间、兄妹姐妹之间等其他家庭成员之间也具有特定的权利和义务关系。第 23 条规定："有负担能力的兄、姊，对于父母已经死亡或父母无力抚养的未成年的弟、妹，有抚养的义务。"1980 年《婚姻法》仅规定了兄、姐对弟、妹的单向抚养义务，而未规定弟、妹对兄姐的扶养义务。这不仅有失公正，亦与权利与义务相一致的原则精神相悖。对于实践中出现的上述纠纷，主要是根据 1984 年最高人民法院《关于贯彻执行民事政策法律若干问题的意见》第 26 条的规定处理。第 26 条规定："由兄、姐抚养长大的有负担能力的弟、妹，对丧失劳动能力、孤独无依的兄、姐，有扶养的义务。"上述规定，在一定程度上弥补了 1980 年《婚姻法》的不足，但缺乏法律上的统一性。

2001 年 4 月 28 日修正的《婚姻法》吸纳了最高人民法院《关于贯彻执行民事政策法律若干问题的意见》第 26 条的精神，规定了双向扶养义务。该法第 29 条规定，"有负担能力的兄、姐，对于父母已经死亡或父母无力抚养的未成年的弟、妹，有扶养的义务。由兄、姐扶养长大的有负担能力的弟、妹，对于缺乏劳动能力又缺乏生活来源的兄、姐，有扶养的义务"。

二、兄弟姐妹间的扶养义务

兄弟姐妹关系是最亲近的旁系血亲，包括同父母的兄弟姐妹、同父异母或同母异父的兄弟姐妹、养兄弟姐妹和有扶养关系的继兄弟姐妹。一般情况下，兄弟姐妹均由他们的父母抚养，而他们相互间不发生扶养关系。但是，当发生某种客观原因，导致父母不能或无力履行抚养义务时，兄弟姐妹之间在一定条件下就产生了扶养义务。根据《婚姻法》第29条的规定，兄、姐与弟、妹之间的相互扶养是有条件的。

（一）兄、姐对弟、妹承担扶养义务的条件

兄、姐对弟、妹承担扶养义务的条件为：兄、姐有负担能力，弟、妹的父母已经死亡或父母无力抚养，弟、妹必须是未成年人。以上三个条件必须同时具备，才产生兄、姐对弟、妹的扶养义务。适用此条款，不以同居一家、共同生活为限。如果该未成年人的兄姐、祖父母、外祖父母均有负担能力，应当由谁承担对他的扶养义务呢？由于我国《婚姻法》中没有关于扶养顺序的规定，而《民法通则》中关于未成年人的父母已经死亡或没有监护能力时监护人的顺序规定不能作为确定兄姐与祖父母、外祖父母承担扶养义务顺序的依据，因此，兄姐和祖父母、外祖父母应该共同作为扶养义务人，没有先后顺序之分。各扶养义务人可以自行协商承担扶养义务，对10周岁以上的未成年人应该征询其意见。在协商不成的情况下，可由人民法院判决确定承担扶养义务的方式等。

（二）弟、妹对兄、姐负担扶养义务的条件

弟、妹对兄、姐负担扶养义务的条件为：（1）弟、妹有负担能力，（2）弟、妹由兄、姐扶养长大。如果弟、妹不是由兄、姐扶养长大，而是由父母或祖父母、外祖父母抚养长大，则弟、妹对兄、姐不承担扶养义务。（3）兄、姐必须是缺乏劳动能力又缺乏生活来源的人。所谓缺乏生活来源是指没有维持生活的财产，包括没有第一顺位的扶养义务人（配偶、父母、成年子女）或者第一顺位的扶养义务人丧失扶养能力。如果兄姐有第一顺位的扶养义务人且扶养义务人具有扶养能力，需要扶养的兄姐应当由其配偶、父母或成年子女扶养，弟妹不承担扶养义务。当然，如果兄、姐能以自己的财产维持生活，弟、妹也可不扶养。或者虽然兄、姐不能以自己的财产维持生活也没有其他的生活来源，但其具有劳动能力的，弟、妹也可以不扶养。

以上三个条件必须同时具备，才产生弟妹对兄姐的扶养义务。适用此条款，不以兄弟姐妹同居一家共同生活为限。

可见，兄弟姐妹之间的扶养义务与祖孙之间的抚养、赡养义务比较相似，都是第二位的，都具有对父母子女间的抚养、赡养义务的补位性质。符合法定条件的扶养人，必须履行扶养义务。否则，被扶养人有权向人民法院提起诉讼，请求法院强制义务人履行扶养义务。

兄弟姐妹间是否承担扶养义务，世界各国及地区的规定是不尽相同的。如法国、德国等一些国家就没有规定兄弟姐妹之间承担扶养义务。《法国民法典》规定的扶养的范围为夫妻之间、直系血亲相互之间以及女婿、儿媳与岳父母、公婆相互间。《德国民法典》规定的扶养的范围为夫妻之间和直系亲属相互间。而绝大多数的国家和地区都规定了亲兄弟姐妹、同父异母或同母异父兄弟姐妹、养兄弟姐妹及形成抚育关系的继兄弟姐妹之间，均具有相互扶养的义务。如《瑞士民法典》第328条规定："兄弟姐妹间，互负扶养义务，但仅以无此帮助生活陷于贫困者为限。兄弟姐妹间，无充分财力时，不负扶养义务。"①《意大利民法典》第433条规定了承担给付抚养费、扶养费、赡养费义务人的顺序，其中第（6）项规定的即是兄弟姐妹之间的扶养义务。"同父同母的兄弟姐妹和同父异母、同母异父的兄弟姐妹；同父同母的兄弟姐妹先于同父异母、同母异父的兄弟姐妹承担义务"。② 1995年《俄罗斯联邦家庭法典》第93条规定，"需要帮助的未成年的兄弟姐妹，如果不能得到其父母的抚养，有权依司法程序获得其有劳动能力的必要的该资金的成年兄弟姐妹的扶养。成年的无劳动能力的需要帮助的兄弟姐妹，如果不能得到自己有劳动能力的成年子女、配偶（原配偶）或者父母的扶养，也享有同样的权利"。③《埃塞俄比亚民法典》第636条规定，"同父母或同父异母或同母异父的兄弟姐妹之间也存在生活保持义务"。④

案例：某码头搬运工人石某与老伴膝下有一子二女，儿子名石甲，大女儿石乙，小女儿石丁。石某因常年从事重物搬运工作，腰肌损伤严重，

---

① 参见《瑞士民法典》，殷生根译、艾棠校，法律出版社1987年版，第86页。
② 参见《意大利民法典》，费安玲、丁玫译，中国政法大学出版社1997年版，第123页。
③ 参见中国法学会婚姻法学研究会编：《外国婚姻家庭法汇编》，群众出版社2000年版，第498页。
④ 参见徐国栋主编：《埃塞俄比亚民法典》，薛军译，中国法制出版社、金桥文化出版（香港）有限公司2002年版，第159页。

后被检查出有腰椎滑脱，不宜再从事重体力劳动，遂于2002年依有关政策办理了"内退"手续。石某的老伴也因身患重病早就下岗在家。儿子石甲从事个体经营，已成家，日子比较宽裕。大女儿石乙顶替父亲"内退"到码头的理发店工作，2004年出嫁。小女儿石丁14岁，在中学读书。自石某"内退"以后，每月的退休金不多，加上夫妇双方身体都有病，不时有一些医疗开销，家庭经济拮据，日子甚是艰难。大女儿石乙出嫁前其收入多少还能接济家里一些，可她成家后，由于不久便有了孩子，又因其爱人是一名民办教师，工资很低，而且患有肺病，经常需要买些营养品滋补身体，因此，也就无力再帮助家里。

石某虽想靠自己的努力扭转家中的困境，但因腰部伤痛实在力不从心，于是便提出让儿子石甲帮家里一把，要求他负担其小妹的生活费，资助其小妹上学。但石甲以当年由其大妹妹石乙顶替了父亲的工作为由，拒绝了父亲的要求。为此，父子之间发生了争吵。其住所地的居委会知道此事情后，协助石某找到当地政府基层民事调解组织帮忙做其儿子石甲的工作。该调解组织工作人员多次找到石甲，向他宣讲我国《婚姻法》的有关规定，告诉他当父母无力抚养其未成年的妹妹时，有负担能力的兄姐即有扶养义务。他符合扶养其小妹的条件，而他大妹妹石乙家里的经济状况较差，不具备负担能力，不符合扶养其小妹的法定条件。

经过调解组织耐心的讲解和说服劝导，石甲终于想通了，同意每月支付给小妹生活费120元，每学期开学另加50元的学杂费。

父子间的这场关于兄对妹是否应负担抚养义务的纷争未经涉诉而得到了圆满解决。①

评析：这是一起有负担能力的兄对父母无力抚养的未成年的妹妹是否承担扶养义务的案件。

根据我国《婚姻法》第29条规定，"有负担能力的兄、姐，对于父母已经死亡或父母无力抚养的未成年的弟、妹，有扶养的义务。由兄、姐扶养长大的有负担能力的弟、妹，对于缺乏劳动能力又缺乏生活来源的兄、姐，有扶养的义务"。兄、姐对弟、妹承担扶养义务必须具备一定的条件：第一，兄、姐有负担能力。第二，弟、妹的父母已经死亡或父母无力抚养。第三，弟、妹必

---

① 参见王国平编著：《婚姻家庭法案例选评》，对外经济贸易大学出版社2008年版，第231~232页。

须是未成年人。以上三个条件必须同时具备，才产生兄、姐对弟、妹的扶养义务。

本案中石甲的经济收入较高、家庭条件较好，具有负担能力；石某与老伴都身患重病，家庭经济拮据，无力抚养其小女儿石丁；而石丁时年14周岁，是未成年人。虽然石丁还有一个姐姐石乙，可她家庭经济比较困难，不具备负担能力。因此，在父母无力抚养未成年的妹妹时，作为有负担能力的哥哥应当承担扶养义务。好在双方经基层调解组织调解解决了案件。如果哥哥石甲拒绝履行义务的情况下，父亲石某可以代理妹妹向人民法院提起诉讼，强制其履行义务。

第九章 离 婚

【本章重点难点提示】 学习本章内容，应把重点放在了解我国离婚制度的基本构成体系及主要法律程序方面，而难点则在于精准理解离婚的效力，准确把握夫妻财产分割的方法及合理分配子女抚养权。

第一节 婚姻终止概述

一、婚姻终止的概念

婚姻终止是指合法有效的婚姻关系因发生一定的法律事实而归于消灭。把握婚姻终止的概念应从如下几个方面来理解：

第一，婚姻终止只能是指合法有效的婚姻关系的消灭，凡是不存在婚姻关系的，婚姻关系违法、无效的，都只能通过一定的法律程序被宣告为婚姻不成立或婚姻无效，或被撤销，不能等同于合法婚姻终止。

第二，婚姻终止基于一定的法律事实。引起婚姻终止的法律事实，包括配偶死亡和离婚。前者为法律事件，后者则是法律行为。

第三，婚姻终止使婚姻关系归于消灭，并产生一系列相关法律后果。概而言之，婚姻终止会使婚姻当事人之间及当事人与第三人之间的财产关系、人身关系发生一系列变化。

二、婚姻终止的原因

引起婚姻关系终止的原因有两种：一是配偶一方的死亡；二是夫妻双方离婚。前者是基于一定的自然事件即死亡（包括一方被宣告死亡）而终止，后者是由于人为的原因（即一定的法律行为）而终止。在上述两种情况下，婚姻关系均失去原来的法律效力。

1. 因配偶死亡而终止婚姻关系

配偶的死亡分为两种情形：一种是配偶一方自然死亡；另一种是配偶一方

被宣告死亡。配偶关系包含着丰富的人身内容和财产内容，因此配偶关系的延续必然以配偶双方的生命存在为前提，配偶的死亡必然导致婚姻关系终止。但配偶死亡情形不同，婚姻终止的后果也不尽相同。

（1）因配偶一方自然死亡而终止婚姻关系。配偶一方自然死亡，另一方配偶无法再与之共同生活，夫妻之间的权利义务亦无法实现，婚姻关系自应终止。但学界一般认为，虽然婚姻的对内效力自然终止，即夫妻之间的权利义务关系不存在了，但对外的效力并不绝对消灭。因为在实际生活中，配偶一方死亡之后，他方往往仍保持着与死亡一方亲属的亲密关系，特别是仍然在原家庭内生活的，姻亲关系仍然存在，这是婚姻的外部效力的表现。区分婚姻关系的对内效力和对外效力有助于正确认识和处理现实中的各种亲属关系和亲属纠纷，亦有助于维护有关当事人的合法权益。

（2）因配偶一方宣告死亡而终止婚姻关系。所谓宣告死亡是指人民法院经利害关系人申请，依法定程序宣告下落不明达一定期间的公民死亡的法律制度。宣告死亡是在法律上推定失踪人已经死亡，以公民生前居住地为中心的各种民事关系按照公民自然死亡的情形来处理，当然也包括婚姻关系终止。

具体而言，婚姻关系自何时终止，各国立法例大致可分为两类，一类规定自配偶一方被宣告死亡之日起婚姻关系自行终止，另一类规定配偶一方被宣告死亡后，至生存方配偶再婚时，双方婚姻关系终止。我国《最高人民法院关于贯彻执行〈中华人民共和国民法通则〉若干问题的意见》（以下简称《最高院民法通则意见》）第37条明确规定："被宣告死亡的人与配偶的婚姻关系，自死亡宣告之日起消灭。"可见，我国上述规定可归于第一类立法例，即配偶一方被宣告死亡之日即为配偶双方婚姻关系终止之日。

但宣告死亡毕竟只是在法律上推定失踪人已经死亡，可能会出现与现实不符的情形。当失踪人重新出现，经其本人或利害关系人申请，人民法院应当作出新的判决，撤销原宣告死亡的判决。死亡宣告的撤销，会引起一些法律关系的变更或恢复，那么，它对于配偶双方的婚姻关系又有何影响呢？上述最高院民法通则意见第37条针对撤销死亡宣告的情形进一步规定："死亡宣告被人民法院撤销，如果其配偶尚未再婚的，夫妻关系从撤销死亡宣告之日起自行恢复；如果其配偶再婚后又离婚或者再婚后配偶又死亡的，则不得认定夫妻关系自行恢复。"

2. 因离婚而引起婚姻终止

离婚是指在夫妻双方生存期间依照法定的条件和程序解除婚姻关系的法律行为。此概念至少包含四个方面的要点：其一，离婚必须是夫妻双方本人的法律行为。婚姻关系具有极强的人身色彩，除夫妻双方之外的任何他人都不得代理其本人表达离婚的意思或启动离婚程序，除非当事人本人确无可能亲自表达或办理有关程序，依法律规定的程序委托他人代为表达或办理。其二，离婚程序只能在夫妻双方均生存期间才能启动。因为当配偶一方死亡或被宣告死亡时，婚姻关系自然终止，无需依离婚程序解除婚姻关系。其三，离婚须具备一定的法律要件、履行一定的法律程序，得到国家法律的认可，才能发生法律效力。婚姻关系具有自然性和社会性两重属性，婚姻的缔结和解除都必须得到法律的认可方可得到法律的保护。当事人自行达成的离婚协议并不自动产生离婚的法律效力。其四，离婚是夫妻双方的法律行为，获得法律的许可或认可后，一方面导致夫妻之间的人身关系和财产关系解除，另一方面也对相关利害关系人产生影响，如夫妻双方的子女及夫妻双方的共同债权人等。

从不同角度可对离婚作如下分类：第一，根据当事人对离婚的态度，可分为双方自愿的离婚和一方要求的离婚。第二，根据离婚的程序，可分为行政程序的离婚和诉讼程序的离婚。第三，根据解除婚姻关系的方式，可分为协议离婚和判决离婚。上述分类具有一定的重合性，如协议离婚也是依行政程序离婚。

三、离婚制度的历史沿革

离婚制度是特定社会关于解除婚姻关系的规范体系，是人类婚姻家庭制度发展到一定阶段才形成的。作为上层建筑的一部分，离婚制度当然也受到特定社会经济基础的制约和上层建筑其他方面的影响，因此各个时代各个形态的社会必然推崇与其社会条件和社会文化相适应的离婚制度。但区域性的社会发展终究要汇入人类文明发展的壮阔历史中，所以从古至今，离婚制度也呈现出较为分明的历史脉络，集中体现在离婚立法主义的变化和发展中。在我国特定的历史文化背景下，离婚制度的发展也颇具民族文化色彩。

(一) 离婚制度的立法主义

在历史长河中，离婚制度的发展围绕三大核心问题而进行：其一，是否许可离婚？关于这个问题的回答，离婚制度经历了从禁止离婚主义到许可离婚主义两大阶段。其二，是否赋予夫妻双方离婚的权利？对此问题的回答，离婚制度经历了从专权离婚主义到同权离婚主义两大阶段。其三，主张离婚是否必须要求配偶有过错？就此问题而言，离婚制度经历了从有责离婚主义到无责离婚主义两大阶段。

1. 从禁止离婚主义到许可离婚主义

这里所言"从禁止离婚主义到许可离婚主义",并非是说禁止离婚主义在前、许可离婚主义在后。事实上,只有许可离婚才可能形成离婚制度,所以离婚制度是以许可离婚为前提的。但在历史发展中,的确在某个时期某个地域内实行禁止离婚主义,而许可离婚主义也是随着社会的发展而越来越宽松、越来越广泛的,因此将这一趋势概括为从禁止离婚主义到许可离婚主义。

罗马法非常重视婚姻要有持续的婚意,因此罗马的婚姻可因配偶一方或双方失去"婚意"而解除。查士丁尼在《新律》第 22 解释说:"相互合意创造……婚姻……但婚姻缔结后,可以在不受处罚或受处罚的情况下解除它,因为人们之间达成的一切均可解除。"① 罗马人不仅把夫妻间不再存在合意时婚姻的存续视为一种荒谬,而且认为是下流的,为了维护婚姻的道德性,罗马法禁止明确约定不得离婚或约定在离婚情况下支付罚款。离婚就其性质而言不要求形式,就像婚姻不要求形式一样。简单的口头通知,书面通知或通过传信人通知就足够了。但是存在着一些很普遍的社会形式,如向妻子宣告:"你自己管理你的物。" 在帝国时代,一般采用寄发书面休妻通知的做法。

但是到了中世纪时期,欧洲受基督教的影响开始实行禁止离婚主义,即在任何情形下都不允许夫妻离婚。中世纪时教会法认为婚姻是一种圣礼,"是上帝和他的创造物之间、基督与其教会之间联合的一个标志",② 所以婚姻是不可解除的。可以解除的不是婚姻,而只是那种呈现着婚姻外观的非婚姻关系,即无效的婚姻。导致婚姻无效的情况有很多种,大致包括未及适婚年龄、不能性交、重婚、近亲、宗教上的原因(比如基督徒与异教徒的婚姻、曾许"守童身愿"、"贞洁愿"等)、欠缺真实意思,欠缺必要的方式(如没有在司祭和两名证人面前举行仪式)。对真正的婚姻的救济只有别居(即"桌子与床的分离",Separation bed and board),别居分为"永久别居"和"暂时别居",分别有不同的法定原因。别居后,双方依然存在婚姻关系,双方都无权再婚,而且男性依然要承担扶养妻子的责任。

应该说,古今中外很多国家都一直采取许可离婚的立法主张,只是享有离婚权利的主体、允许离婚的法定事由有所不同。中世纪后期,文艺复兴和宗教改革运动在欧洲兴起,从此欧洲也实行许可离婚主义。至此,在世界范围内,

---

① 转引自[意]彼德罗·彭·梵得著:《罗马法教科书》,黄风译,中国政法大学出版社 1992 年版,第 151 页。
② 贺卫方:《教会法研究(历史发展、婚姻制度及其对世俗的影响)》,中国政法大学 1985 年法制史专业硕士学位论文,第 33 页。

许可离婚主义成为通例。

许可离婚主义，是指法律允许解除婚姻关系。许可离婚主义承认婚姻关系的可变性和可离异性，允许夫妻在其生存期间根据双方或一方的请求解除婚姻关系。在社会发展进程中，许可离婚主义的具体模式也经历了不断演变的历程。起初，离婚的主体、离婚的法定理由都有严格的限制，后来经过多次法律改革，在离婚主体问题上实行了从专权离婚主义到同权离婚主义的转变，在离婚法定理由问题上实行了从有责离婚主义到无责离婚主义的转变，离婚自由才真正确立。所以，无论是专权离婚主义、同权离婚主义，还是有责离婚主义、无责离婚主义，都是许可离婚主义的具体表现形式。

2. 从专权离婚主义到同权离婚主义

专权离婚主义是指夫妻一方享有较为宽松的离婚权利，而另一方没有离婚权或者离婚权受到极大的限制。在历史现实中，从性别上来说，主要是夫方享有离婚的专权。这是奴隶社会和封建社会时期的典型立法例，与男性在当时的政治经济优势地位是相呼应的。

罗马法虽然允许夫妻离婚，但在相当长的历史时期，这种自由只是丈夫的特权，处于家父权和夫权控制下的妇女是不可能提出与其丈夫离婚的。只有到了共和国末期，丧失婚意的妻子才可以提出离婚，并要求丈夫通过"要式退卖"或"解除祭祀婚"等行为放弃夫权。① 而我国古代的"七出"制度也是专权离婚主义的典型例证，下文将予详述。

此后，随着女性地位的提高和社会文明的进步，女性终于获得了平等的离婚权利，许可离婚主义发展到同权离婚主义阶段。在同权离婚主义下，夫妻双方作为平等享有离婚权的主体享有平等的法律地位，任何一方均可依照法定的程序提出离婚。

3. 从有责离婚主义到无责离婚主义

从有责离婚主义到无责离婚主义，是许可离婚主义的又一大进步。有责离婚主义又称为有因离婚主义或限制离婚主义，是指夫妻双方均享有离婚请求权，但必须符合法律规定的严格的离婚条件才能被准许离婚。只有当认为存在通奸、虐待、遗弃等一定的有责行为时，国家才承认另一方配偶有离婚请求权，作为对有责行为人的裁判而课以离婚负担。但是世界大战后由于经济高度发展而出现了社会的都市化和工业化以及女性进入劳动市场的社会经济现象和

---

① 贺卫方：《教会法研究（历史发展、婚姻制度及其对世俗的影响）》，中国政法大学1985年法制史专业硕士学位论文，第148～149页。

传统的婚姻、离婚观发生变化的文化现象,在此背景下,离婚率上升,结婚率下降,同居现象增多。旧有的离婚制度不能完全适应新的情况。一方面,为了处理大量的离婚,对那些通过已存的离婚制度所进行的通谋离婚不得不放弃法律的限制。另一方面,在新的因素影响下,事实上已经破裂的婚姻及其后产生的新的家庭关系,特别是重婚性的同居,在离婚或结婚被阻挡的状态下被置于适当的法律管理之外,因而产生种种问题。离婚制度的改革就是在回答谋求离婚自由的呼声中,以再次强化对离婚的法律管理,恢复法律的权威作为共同的目标。

如果把离婚原则分为三种,即有责离婚、破裂离婚和合意离婚,那么各国离婚法的改革正是从有责离婚转向破裂离婚和合意离婚混合形态,少数国家(如英国、法国)为了适应复杂的社会形势,也暂时保留了有责离婚的某一方面。合意离婚,虽然其条件构成存在差异,但各国都承认。它是以当事人自由地形成离婚意思为前提的。离婚自由是当事人双方对国家的共同要求,也因此被国家承认,但这并不意味着法律放弃管理,因为各当事人的离婚意思是由法律来确认的,而且还必须在离婚事件中确保子女的利益。当夫妻之间不能达成离婚合意也就是一方希望离婚而另一方不希望时,作为婚姻的法律制度的延长,国家不得不对离婚进行法律管理,这时便根据破裂离婚原则来裁判是否准许解除婚姻关系。所谓破裂离婚原则,是指法律规定"婚姻无法挽救地解体"或"婚姻无法挽救地破裂"即可准许离婚。采取破裂离婚原则的立法例一般被称为离婚破裂主义或离婚破绽主义。与有责离婚主义相对,破裂离婚和合意离婚原则都不要求离婚必须有法定过错,所以这种混合形态的立法例通常又被称为无责离婚主义。

从离婚制度的立法主义的变迁来看,各国离婚制度的发展都趋向于更加自由和宽松,当然,一定限度的管制也是必要的和现实的。事实上,离婚与婚姻是应当结合起来理解的,离婚制度是与婚姻的本质相对应的,是否肯认离婚自由与婚姻观有深刻的联系。从历史上来看,罗马法时期是不平等的离婚自由,教会法时期没有离婚自由,只有在视婚姻为广义民事契约的现代文明下才有男女平等的离婚自由。

(二) 我国离婚制度的演变

1. 我国古代离婚制度

我国在数千年之久的古代史中主要处于奴隶社会和封建社会时期,因此离婚制度呈现出浓厚的宗法色彩。在以男性为中心的宗法制度下,离婚制度也着力于维护夫权、父权、族权,呈现出专权离婚主义的特点。在封建社会,婚姻

第九章 离 婚

的缔结和解除都必须服从家庭和家族的利益，因此在法律规定的离婚事由中也包括很多有违家庭利益和家族利益的情形。具体来说，我国古代离婚的情形主要包括：七出、义绝、和离及呈诉离婚，以下分而述之。

（1）七出。"七出"又称为"七弃"，是我国古代礼法规定的男子出妻、夫家出妇的理由。可见，我国封建时代的专权离婚主义，是丈夫和夫家享有的离婚特权。只要妻子有七出事由之一，夫家即可不经官府，拟写休书邀请夫妇双方近亲近邻或其他见证人一同署名，即可径行弃妻。

七出制度源于我国奴隶社会末期，最早属于礼制，进入封建社会以后，始以法律的形式固定下来。按照《大戴礼记·本命》的记载，"妇人七出，不顺父母，为其逆德也；无子，为其绝世也；淫，为其乱族也；妒，为其乱家也；有恶疾，为其不能共粢盛；口多言，为其离亲也；窃盗，为其反义也。"

"不顺父母"，是指儿媳不孝敬公婆，礼法认为这是"逆德"；"无子"，是指妻不生子，礼法认为这会使夫家断绝香火，所以指责此为"绝世"；"淫"，是指妻与人通奸，乱夫家血统和族人之序，所以被礼法指责为"乱族"；"妒"，是指妻存嫉妒之心，无法与夫之其他妻妾和睦相处，所以被指责为"乱家"；"有恶疾"，是指妻有严重疾患，不能与夫及夫家共同生活，所以礼法认为"不能共粢盛"；"口多言"，是指妻搬弄是非挑拨离间，被指责为"离亲"；"窃盗"，是指妻偷盗夫家财产，哪怕仅仅是未经许可动用财产，也会被指责为"反义"。

凡具有七出之一情形，妻便面临被休弃的命运，处于完全被动的地位，除非妻具备"三不去"（或曰"三不出"）的情形。"三不去"是对丈夫所享有的休妻权的限制和制约，其目的也是为了维护封建宗法秩序。据《大戴礼记·本命》记载，"与更三年丧不去，娶时贱后贵不去，有所受无所归不去"。这是说，妻曾为公婆守孝3年的不得被休；出嫁时夫家贫贱而今夫家富贵的不得被休；出嫁时携带嫁妆而今并无娘家可归的不得被休。

具备这三种情形的妻子，便获得了一种特赦，即使有七出情形，夫也不得将其休弃，除非法律另有规定。同时，不具有七出情形的，夫也不得任意休妻。《唐律》明文规定："诸妻无七出及义绝之状而出之则徒一年半；虽犯七出，有三不出而出之者杖一百；若犯恶疾及奸者不用此律。"

另一方面，即使丈夫有恶行，妻子也不得离弃他，只能奉行从一而终的封建宗法，私自逃离会受重罚。《白虎通·嫁娶》云："夫有恶行，妻不得去者，地无去天之义也。"《唐律》规定："妻妾去者徒三年，因而改嫁者加二等。"《明律》规定："若要背夫在逃者杖一百，从夫嫁卖，因而改嫁者绞。"

(2) 义绝。"义绝"是我国封建社会特有的一种强制离婚制度。因婚姻事关宗族，无论夫妻之间、夫妻一方与他方特定亲属之间抑或双方特定亲属之间发生情义断绝的事件，封建伦理制度主导下的官府都会认为此种婚姻关系应当离异，所以要强制性地解除夫妻之间的婚姻关系。

汉代时班昭在《女诫》中言："夫为夫妇者义以和亲，恩以好合……恩义俱废，夫妇离矣。"据《唐律疏议》的解释，五种情形会被认定为夫妇义绝：其一，夫殴妻之祖父母、父母，杀妻之外祖父母、伯叔父母、兄弟、姑、姊妹；其二，夫妻祖父母、父母、外祖父母、伯叔父母、兄弟、姑、姊妹自相杀；其三，妻殴夫之祖父母、父母，杀伤夫之外祖父母、伯叔父母、兄弟、姑、姊妹；其四，妻与夫之缌麻以上亲奸；夫与妻母奸；其五，妻欲害夫者。

义绝这种离婚制度最鲜明的特征在于其浓厚的官府干预色彩。如果妻有七出情形，虽然于礼应出，于法可出，但最终决定权仍在于夫或夫家。如果夫妇之间有义绝情形，则官府将主动干预，必依律使之离异。《唐律》规定："诸犯义绝者离之，违者徒一年。"此后，元明清历朝亦以律法规定，若犯义绝应离而不离者，杖八十。

与七出制度相较，义绝制度还有一个特点就在于，七出制度只述妻之不端，而义绝制度也涉及夫之恶行。就此而言，义绝制度在适用范围上要更为广泛一些。义绝制度在我国传承甚久，直至民国初年，北洋军阀政府大理院的判例中仍有适用。

(3) 和离。"和离"是指夫妻通过协议的方式离婚。自唐宋始，元、明、清都规定了和离制度。《唐律》规定："若夫妻不相安谐而和离者，不坐。"宋代同此律。元代以后的律法规定："夫妇两愿离者，不坐。"但从现实来说，妇女受到三从四德和从一而终的封建伦理束缚，极少主动提出离婚的要求和主张，所以和离往往只反映丈夫的真实意愿。

(4) 呈诉离婚。"呈诉离婚"是指夫妇一方向官府提出离婚要求而由官府裁断是否判离的一种离婚制度，所以又称为官府判离。只有在律法规定的情形下，当事人方可向官府要求离婚，而且夫与妻呈诉离婚的法定理由并不相同。夫呈诉的法定理由主要是：男妇虚执翁奸（即妻诬告公公奸污自己）、妻杀妾子（即妻谋杀妾之子）、妻魇魅其夫（即妻以巫术诅咒、谋杀或魅惑夫）等。妻呈诉的法定理由则包括：夫抑勒或纵容其妻妾与人通奸、夫逃亡三年以上不归、夫殴妻至折伤以上、夫典雇妻妾、翁欺奸男妇等。

2. 国民党统治时期离婚制度

国民党统治时期，我国仍处于半殖民地半封建时代，其时的离婚制度也反映出这一社会特点。1930年12月26日,国民党政府颁布《民法典·亲属编》,在形式上模仿日本、德国等大陆法系国家亲属法的体例,但在内容上则保留了相当多封建离婚制度的内容。这部法典规定了两种离婚方式,即两愿离婚和判决离婚。

两愿离婚是指当事人达成合意解除双方之间的婚姻关系。1930年民法典第1049条规定:"夫妻两愿离婚者,得自行离婚。但未成年人应得法定代理人之同意。"关于两愿离婚的形式要件,该"民法典"第1050条规定:"两愿离婚应以书面为之,有2人以上证人之签名。"1985年,我国台湾地区对该"民法典"的"亲属法"部分进行了修改,增加规定两愿离婚还需在户籍机关进行登记。

判决离婚指由法院根据当事人的诉求判决解除当事人双方的婚姻关系。这部"民法典"以列举的方式规定了法院判决离婚的十种情形,包括:重婚、通奸、虐待、恶意遗弃、杀害他方、不治之恶疾、重大不治之精神疾病、生死不明逾3年、被处3年以上徒刑、死刑或者不名誉犯罪被处徒刑。1985年的"亲属法"修订吸收了无责离婚主义的理念,增加了概括性条款,规定有重大事由难以维持婚姻双方或无责一方可请求离婚,这就可以弥补单纯列举的不足,适应社会现实的多样性和复杂性。

3. 革命根据地离婚制度

解放妇女、实现男女平等和婚姻自由是中国共产党的重要历史使命之一。1930年到1949年间,中国共产党在其领导的苏区、抗日根据地和解放区先后颁行了很多关于婚姻家庭的规范性文件,对离婚问题多有涉及,奠定了我国现代离婚制度的基础框架。这一时期,革命根据地离婚制度的主要内容包括以下方面。

(1) 提出婚姻自由原则,将离婚自由规定为婚姻自由的重要内容。《中华苏维埃共和国婚姻法》第10条规定,确定离婚自由,男女一方坚决要求离婚的即可离婚。

(2) 规定男女平等原则,赋予夫妻平等的离婚权利,彻底抛弃了男子专权离婚的封建残余。

(3) 确立离婚登记制度,将离婚问题纳入国家管辖范围。《中华苏维埃共和国婚姻法》和《晋察冀边区婚姻条例》都规定了离婚的形式要件。

(4) 以各种方式明确规定离婚原因。典型如《晋察冀边区婚姻条例》不仅规定,夫妻感情恶劣,致不能同居者,任何一方均得请求离婚。该条例还进一步规定,夫妻一方有下列情形之一者,他方得请求离婚:未经离婚,即与他人有订婚或结婚行为者;虐待、压迫或遗弃他方者;妻受夫之直系亲属虐待,致不能同居生活者;生死不明已逾3年者;患花柳病、精神病及不可医治之传染病等恶疾者;被处3年以上之徒刑者;充当汉奸者;吸食毒品或有其他不良嗜好,经屡劝不改者;不能人道者。《陕甘宁边区婚姻条例》也有类似规定。

(5) 为了安定军心,对革命军人的婚姻关系予以特殊保护。《中华苏维埃共和国婚姻法》规定,红军战士之妻要求离婚须得其夫同意。《晋冀鲁豫边区婚姻暂行条例》规定,抗战军人之妻(或夫)除确知其夫(或妻)已经死亡外,未经抗战军人本人同意,不得离婚。直到现在,这一传统仍在我国现行婚姻法中有所反映。

(6) 在离婚问题上注重保护妇女权益。如《中华苏维埃共和国婚姻法》规定:男女同居时所负的公共债务,归男子负责清偿。离婚后女子如未再行结婚,并缺乏劳动力,或没有固定职业因而不能维持生活者,男子须帮助女子耕种土地或维持生活。这一理念在我国现行婚姻法中也有传承。

(7) 注重保护未成年子女的合法权益。当时的离婚制度已经对离婚后子女的抚养归属和抚养费的负担进行了较为详细的规定。

从以上几个方面的内容来看,早在那个战争时期,中国共产党已经大致确立了其婚姻家庭领域的重要施政纲领,新中国成立后进一步以法律法规的形式确立了男女平等、婚姻自由等原则,同时也继承了很多方面的具体制度,如保护军婚的制度、离婚后经济帮助制度等。

4. 新中国离婚制度

1950年婚姻法是新中国成立后颁布实施的第一部婚姻家庭领域基本法。这部法律吸收了解放战争时期中国共产党在革命根据地解决婚姻家庭问题的经验,针对新中国成立初期的社会现状,制定了符合中国社会现状也符合现代文明潮流和社会主义方向的婚姻家庭制度。其所规定的离婚制度主要有如下特点:(1) 明确规定婚姻自由、男女平等的基本原则,平等保护两性的离婚自由。(2) 确立了行政离婚与诉讼离婚两种离婚方式,形成离婚制度的主要框架体系。(3) 为了彰显离婚自由,一改以往列举离婚法定理由的立法模式,采概括立法主义,规定:男女双方自愿离婚的,准予离婚。男女一方坚决要求离婚的,经区人民政府和司法机关调解无效时,亦准予离婚。(4) 从多方面保护妇女的合法权益。一方面,这部婚姻法规定女方怀孕期间和分娩后一年内,男方不得提出离婚,男方要求离婚,须于女方分娩一年后,始得提出。另一方面,这部婚姻法也强化了离婚时男方在财产方面和经济救助方面的责任,着力减轻女方的负担。(5) 注重保护未成年子女的合法权益,保障其健康成

第九章 离 婚

长。这部婚姻法对离婚后子女的抚养问题作了强制性的明确规定,将保障夫妻离婚权与保障其子女的成长统一起来。

"文化大革命"后,经过十一届三中全会拨乱反正、正本清源,我国社会走向改革开放飞速发展的新时期。在这样的社会背景下,我国第二部婚姻法于1980年出台。新的离婚制度主要补充和完善了离婚法定理由与法定程序这些方面的内容。关于诉讼离婚,这部婚姻法第25条规定,"男女一方要求离婚的,可由有关部门进行调解或直接向人民法院提出离婚诉讼。人民法院审理离婚案件,应当进行调解;如感情确已破裂,调解无效,应准予离婚。"关于行政离婚,法律规定,"男女双方自愿离婚的,准予离婚。双方须到婚姻登记机关申请离婚。婚姻登记机关查明双方确实是自愿并对子女和财产问题已有适当处理时,应即发给离婚证。"

2001年在新的社会形势下,我国1980年婚姻法又得到进一步的修订和完善。此次修订,涉及离婚制度的内容可大致概括为三个方面:其一,关于离婚的条件。此次修订增加规定男女一方要求离婚时认定感情确已破裂的例示情形,增加规定一方被宣告失踪后应准许另一方提出的离婚请求,补充现役军人配偶要求离婚须得军人同意的例外规定,即在军人一方有重大过错时不适用这一规定。其二,关于离婚的程序。为保护女性在特定期间的身心健康,此次修订增加规定,在女方中止妊娠后6个月内男方亦不得提出离婚。其三,关于离婚救济制度。此次修订除保留了由来已久的经济帮助制度外,新设了家务劳动补偿制度和离婚过错赔偿制度,并针对离婚时隐匿夫妻共同财产的情形设立财产追偿制度,还明确规定保护夫妻在家庭土地承包经营中享有的权益。其四,关于离婚后子女抚养问题。此次修订增加规定离婚后不直接抚养子女的父或母有探望子女的权利,同时规定另一方有协助的义务。

从几部婚姻法内容来看,我国离婚制度日渐完善,也具有越来越强的操作性,在切实保障公民离婚自由的同时也着力维护新时代婚姻家庭的稳定和幸福。

案例:刘某(女)与李某(男)于1988年结婚,婚后育有一子一女。1993年3月,李某外出打工,从此再无音信。刘某独自靠微薄的工资抚养两个子女,日子过得很是困窘。1998年5月,刘某向法院提出申请,请求宣告李某死亡,同年12月法院作出相应判决。2001年3月,刘某经人介绍认识了杨某,两人很快确立了恋爱关系。2001年6月,李某突然回到家中,发现刘某与杨某的交往后便加阻止。刘某争辩说,自己与李某之间的婚姻关系自李某被宣告死亡后即告终止，所以她有权与杨某自由恋爱。但李某认为，两人的婚姻关系自他重新出现起自行恢复，所以刘某与杨某之间属婚外恋。双方各执一词，纷争不断。

评析：本案例中，当事人产生分歧的原因在于，双方对宣告死亡判决对婚姻关系效力的认识都不准确、不全面。首先，经法定程序，法院宣告李某死亡，这一事件确实导致其与刘某之间的婚姻关系终止。但是，宣告死亡本身只是一种法律拟制和法律推定，本案中李某实际上还生存于世，并在数年后返回家乡，这就给其与刘某的婚姻关系带来新的影响。当李某返乡之际，刘某已与杨某建立了恋爱关系，但他们并没有进行结婚登记，也就是说，刘某尚未再婚。按照最高人民法院《民法通则意见》第37条的具体规定，在这种情形下，李某与刘某之间的婚姻关系自李某的死亡宣告被撤销之日起自行恢复。所以，刘某认为其与李某之间的婚姻关系自李某被宣告死亡之日起已告终止是不全面的，因为李某重新出现对案情有了新的影响。而李某认为其与刘某之间的婚姻关系自行恢复也是不全面的，因为从程序上来说，须宣告李某死亡的判决被撤销，双方之间的婚姻关系才自行恢复。综上，本案的关键在于，以宣告李某死亡的判决被撤销之日为时间点，考察刘某是否再婚的事实状态，从而判定刘某与李某婚姻关系的效力。如果李某死亡宣告被撤销时，刘某尚未再婚但不愿再与李某共同生活，则需通过离婚程序解除双方之间的婚姻关系。

第二节　登 记 离 婚

一、登记离婚的概念和特点

登记离婚，又叫协议离婚或行政离婚，是指双方当事人就解除婚姻关系达成合意，经过特定的法定程序即生效的离婚方式，因大多数国家都规定由行政机关以登记的方式为当事人办理协议离婚的手续而得名。广义的登记离婚包括诉讼外的登记离婚和诉讼内的登记离婚，前者是独立于诉讼程序、与诉讼离婚并列的离婚方式和离婚制度，后者则是蕴涵于诉讼程序、经法官调解当事人在诉讼程序中达成离婚协议的离婚方式和离婚制度。狭义的登记离婚仅指诉讼外的协议离婚。作为与诉讼离婚并列的章节，这里采狭义的登记离婚概念。

登记离婚最鲜明的特点就在于，双方当事人已就离婚事宜达成合意，无论是财产分割还是子女抚养都已安排妥当，此种情形下解除双方之间的婚姻关系不会对其他利害关系人的利益造成难以承受的损害，也不会引发激烈的冲突和矛盾，能够以较为平和的方式解决问题。所以说，登记离婚这种离婚方式能够最大限度地体现当事人在婚姻问题上的自由与自治。

但婚姻自由从来都受到社会规范的制约，即使双方达成离婚的合意，也有必要将其纳入行政管辖范围，以保护第三人利益和社会利益。有鉴于此，各国往往都规定合意离婚必须履行一定的程序，这种程序大多是在行政机关登记，但也可能是经司法机关裁决。从立法例来看，大致可分为三类：其一，当事人合意离婚应向户籍管理机关申报和登记。如日本民法典即要求协议离婚须由夫妻双方依户籍法的规定向户籍机关申报，登记在案。其二，当事人合意离婚须经专门的主管机关批准。如墨西哥民法典规定，夫妻双方自愿离婚，应亲自到其住所地的民事登记处官员面前声明，由民事官员制作一项记录，载明他们的离婚请求，并在15日内传唤双方前来确认上述记录，如果当事人双方都表示同意，民事登记处官员就应宣布他们离婚。其三，当事人合意离婚须经司法部门裁决。如法国民法典规定，如夫妻双方共同请求离婚，无须说明其原因，夫妻双方仅应将处理离婚后果的协议草案呈报法官批准。再如，按照奥地利的有关规定，双方自愿离婚，其就离婚后有关问题达成的协议应报由法院判决并批准。此第三种立法例下，当事人的离婚协议由司法机构加以批准或确认，与行政机关所主持的登记离婚有所不同。

我国《婚姻法》第31条规定："男女双方自愿离婚的，准予离婚。双方必须到婚姻登记机关申请离婚。婚姻登记机关查明双方确实是自愿并对子女和财产问题已有适当处理时，发给离婚证。"可见，在我国，当事人协议离婚须向专门的主管机关即婚姻登记机关申请，并办理登记程序，取得离婚证方具有法律效力，是典型的登记离婚制度。

二、我国登记离婚制度

(一) 登记离婚的主管机构

根据国务院于2003年发布的《婚姻登记条例》的有关规定，内地居民自愿离婚的，男女双方应当共同到一方当事人常住户口所在地的婚姻登记机关办理离婚登记；中国公民同外国人在中国内地自愿离婚的，内地居民同香港居民、澳门居民、台湾居民、华侨在中国内地自愿离婚的，男女双方应当共同到内地居民常住户口所在地的婚姻登记机关办理离婚登记。

关于婚姻登记机关的具体所指，该文件规定：内地居民办理婚姻登记的机关是县级人民政府民政部门或者乡（镇）人民政府，省、自治区、直辖市人民政府可以按照便民原则确定农村居民办理婚姻登记的具体机关。中国公民同外国人，内地居民同香港特别行政区居民（以下简称香港居民）、澳门特别行政区居民（以下简称澳门居民）、台湾地区居民（以下简称台湾居民）、华侨办理婚姻登记的机关是省、自治区、直辖市人民政府民政部门或者省、自治区、直辖市人民政府民政部门确定的机关。

（二）登记离婚的具体条件

登记离婚的条件有如下几个方面：

1. 登记离婚的男女双方须经过登记结婚

没有登记结婚的当事人，不能通过达成协议继而进行行政登记的方式离婚，其处理办法为：如果其为事实婚姻，则须按照诉讼离婚的方式解除婚姻关系；如果其为同居关系，则面临的问题即为解除同居关系。此外还应注意，根据我国婚姻登记条例的规定，当事人的结婚登记不是在中国内地办理的，对其离婚登记，婚姻登记机关不予受理。

2. 双方当事人为有完全民事行为能力的人

登记离婚在很大程度上是当事人意思自治的过程，同时也对当事人的生活产生重大影响，非完全民事行为能力者不足以进行此种民事行为。无民事行为能力或限制行为能力的人不适用离婚的行政程序，而应当依诉讼程序办理，并要求其法定代理人参加离婚诉讼。

3. 双方当事人须有离婚的合意

即双方当事人对离婚的意愿必须是自愿、真实、一致的，而不是虚假的，不是一方胁迫另一方离婚。为了保证当事人自主自愿地决定和表达离婚的意思，法律规定登记离婚不得代理，必须由当事人本人完成。

4. 双方对子女的抚养教育和夫妻共同财产的分割问题已有适当处理

双方当事人离婚后不再保持原来的共同生活，自然需要对共同财产进行分割。同时，离婚会给当事人子女的生活带来重大变化，离婚后子女由何方抚养、其父母如何分担抚养费等这些问题都需要有明确可行的安排。婚姻当事人如果选择以协议离婚的方式解除婚姻关系，必须就如何分割共同财产、如何抚养子女达成共识，往往还需要为此签订离婚协议书。

5. 登记离婚必须合法

双方当事人关于解除婚姻关系的协议、关于子女抚养和财产分割的协议都必须符合法律和政策，不得规避或违反法律。具体而言，双方当事人关于解除婚姻关系的合意必须是真实的，不能滥用法律假离婚来达到其他不正当目的，也不能规避法律的监管骗取离婚证；双方当事人关于子女抚养的协议必须合法合理，必须保障未成年子女在父母离婚后仍能得到充分的物质供养和精神养育从而健康成长；双方当事人关于财产分割的协议也不必须合法，既要保护各方当事人的财产权利，也要维护国家、集体和第三人的财产权利和财产利益。

(三) 登记离婚的法定程序

同结婚登记一样，当事人合意离婚也要向婚姻登记管理机关申请办理离婚登记。离婚登记在程序上大致要经过申请、审查和登记这样三个步骤和阶段。

1. 申请

要求离婚的男女双方须亲自到一方户口所在地的婚姻登记管理机关申请离婚登记。办理离婚登记的内地居民应当出具下列证件和证明材料：(1) 本人的户口簿、身份证；(2) 本人的结婚证；(3) 双方当事人共同签署的离婚协议书。

2. 审查

婚姻登记管理机关对当事人的离婚申请应当进行审查，具体审查内容主要包括：(1) 审查当事人提供的情况是否属实，防止当事人弄虚作假；(2) 审查当事人是否符合离婚登记的条件，如当事人有无登记结婚、离婚是否真实自愿、是否已就财产分割和子女抚养达成一致意见等。在审查中，如发现双方当事人尚有和好可能的，也可以做调解和好工作，但必须符合自愿、合法的原则，不得带有任何强制性。

3. 登记

婚姻登记管理机关经过审查，对符合法律规定的离婚申请应准予离婚。一般而言，婚姻登记管理机关自受理离婚申请之日起一个月内，对符合离婚登记的，应当予以登记，发给离婚证，注销结婚证。《婚姻登记条例》第 13 条还规定，对当事人确属自愿离婚，并已对子女抚养、财产、债务等问题达成一致处理意见的，应当当场予以登记，发给离婚证。对不符合我国婚姻法和婚姻登记条例规定的，婚姻登记管理机关不予登记，并应向当事人讲明理由。

(四) 登记离婚的法律效力

登记离婚的当事人从取得离婚证起，解除夫妻关系。离婚证与人民法院的离婚判决书、离婚调解书具有同等法律效力，是证明婚姻关系已经解除的证件。

离婚的当事人一方不按照离婚协议履行应尽义务的，另一方可以向人民法院提起民事诉讼。《婚姻法司法解释二》就协议离婚的有关法律问题作了规定：首先，该司法解释文件明确，离婚协议中关于财产分割的条款或者当事人因离婚就财产分割达成的协议，对男女双方具有法律约束力。当事人因履行上

婚姻家庭继承法学

述财产分割协议发生纠纷提起诉讼的，人民法院应当受理。其次，该司法解释文件还规定，男女双方协议离婚后一年内对财产分割问题反悔，请求变更或者撤销财产分割协议的，人民法院应当受理。人民法院审理后，未发现订立财产分割协议时存在欺诈、胁迫等情形的，应当依法驳回当事人的诉讼请求。根据最高人民法院民事审判第一庭的进一步解释，这里所规定的"一年"应当属于除斥期间，其起算点是向婚姻登记机关申请离婚的当事人领取离婚证的次日，且一年期间为不变期间，即不得中止、中断或延长。①

案例：姚某（男）和何某（女）于2000年结婚，2003年两人买下位于老城区的一套住房，但办理房屋产权证时仅登记了姚某的名字。由于婚后经常因生活琐事发生争吵和摔打，两人感情日渐疏远。2005年，双方商谈离婚事宜，约定离婚后房屋归何某所有，随后在民政部门登记离婚。此后何某数次要求姚某协助办理房屋过户手续，均被姚某拒绝。何某无奈，诉至法院。姚某声称购买该房的资金大多由其支付，因此主张重新认定房屋归属。

评析：当事人选择协议离婚的，必须就如何分割共同财产、如何抚养子女达成共识，这些离婚事宜的安排往往集中反映在当事人向婚姻登记机关提交的离婚协议书中。一经办理离婚登记手续，双方之间的婚姻关系即告终止，同时应本着诚实信用的原则践行离婚协议的内容。本案中，原、被告离婚时就财产的分割达成协议，该协议不存在胁迫、欺诈等情形，可认定为双方真实意思表示。双方在民政部门办理离婚登记后，其所提交的离婚协议依法具有法律约束力。

本案中的诉争房屋系姚某与何某在婚姻关系存续期间置买的，鉴于双方并未约定实行分别财产制，该房屋应被认定为夫妻共同财产。即使购买该房屋的大部资金确由姚某支付，亦不能改变共同财产的性质，因姚某在婚姻存续期间的财产所得，除法律明确规定属于个人所有之外，也应属于夫妻共同财产。双方在离婚时就该房屋的归属作出约定，是按照其自身的意愿对夫妻共同财产进行分割，经婚姻登记机关予以认可和登记后，即具有法律约束力。姚某由于对夫妻财产制度存在误解、曲解而拒绝协助何某办理房屋过户手续，违反了双方

---

① 最高人民法院民事审判第一庭编著：《最高人民法院婚姻法司法解释（二）的理解与适用》，人民法院出版社2004年版，第82页。

当事人签订的离婚协议。本案经法院审理后判决如下：双方当事人基于意思自治签订了离婚协议，并办理了相关登记手续，该离婚协议依法具有法律约束力。姚某辩称购房资金大多由其支付，主张重新分割财产，缺乏事实和法律依据，不予支持。

第三节 诉讼离婚

一、诉讼离婚的概念和特点

诉讼离婚是指夫妻双方在是否离婚或离婚后子女抚养、财产分割等问题上不能达成协议，由一方向人民法院提起诉讼，经人民法院审理、调解或判决的一种离婚制度。

诉讼离婚的特点在于，夫妻双方不能就有关离婚事宜达成一致，由法官行使裁判权来判定双方当事人之间的婚姻关系是否解除，以及婚姻关系解除后财产如何分割及子女如何抚养的问题。较之协议离婚，诉讼离婚更多地体现了国家权力对公民婚姻家庭生活的干预。

在欧洲，教会失去对世俗婚姻的管辖权之后，此权力转由法治理念指导下的行政机关和司法机关行使，而在当事人对婚姻问题产生纠纷和冲突时，理所当然由司法机关本着其平息纠纷裁断利益的使命介入。由于协议离婚需双方当事人就离婚事宜有高度一致的共识时方能实现，诉讼离婚就成为现实中解决离婚问题的主要途径。

二、我国诉讼离婚制度

（一）诉讼外调解

我国《婚姻法》第32条第1款规定："男女一方要求离婚的，可由有关部门进行调解或直接向人民法院提出离婚诉讼。"依据这一规定，对男女一方要求离婚、另一方不同意离婚的纠纷，既可在诉讼程序外由有关部门进行调解，也可依诉讼程序直接向人民法院起诉离婚。所以，在诉讼离婚的程序上，首先要正确认识和处理诉讼离婚与诉讼外调解的关系。

这里，由有关部门进行的诉讼程序外的调解活动又被称为诉前调解或行政调解。所谓有关部门，主要是指当事人所在单位、群众团体、基层调解组织、居民委员会或村民委员会）等。一般来说，这些部门对当事人的情况较为了解和熟悉，易于进行疏导和教育工作，防止矛盾激化，促使夫妻之间的冲突尽早解决，维护婚姻家庭的稳定和谐。而且，发动这些基层组织和群众组织的力量，能够大大减少不必要的争讼，节约司法资源，提高司法效率。

但必须注意的是，诉讼外调解绝非诉讼离婚的必要前提，因此诉讼外调解活动必须遵循自愿合法的原则，不得强迫婚姻当事人接受调解。无论是否接受诉讼外调解，当事人诉讼离婚的权利都不受影响，都有权向人民法院起诉离婚，人民法院也不得以未经有关部门调解为由拒绝受理离婚案件。

如果诉讼外调解使双方当事人和好如初，继续保持和延续其婚姻关系，说明调解活动卓有成效。但评价调解效果应采多元化标准，无论当事人是否和好，只要有助于解决婚姻争议，都应肯定调解活动具有积极的效益。如果诉讼外调解虽未能使当事人和好，但帮助当事人达成一致的离婚合意，并就子女抚养、财产分割问题达成协议，则当事人须依照法律程序办理离婚登记手续，才能使双方在调解活动中达成的离婚协议具有法律效力。如果经过有关部门进行诉讼外调解，双方当事人仍未能达成离婚协议，则仍需通过诉讼离婚的途径解决婚姻纠纷。

(二) 诉讼程序

1. 管辖与受理

作为民事诉讼，离婚诉讼的管辖亦应遵循"原告就被告"的民事诉讼规则。离婚案件一般应由被告住所地人民法院管辖；被告离开住所地超过一年的，由原告住所地人民法院管辖；双方均离开住所地超过一年的，由被告经常居住地人民法院管辖，被告没有经常居住地的，由起诉时被告的居住地人民法院管辖。

如果当事人双方都是军人，一般应由被告住所地或被告所在部队团以上机关所在地人民法院管辖；如果当事人双方都被监禁或劳动教养，一般由被告原住所地人民法院管辖，被告被监禁或劳动教养满一年以上的，由被告被监禁地或劳动教养地人民法院管辖。

特别情形下，可依我国民事诉讼法有关规定由原告住所地或经常居住地人民法院管辖。如，对不在我国境内居住的人、下落不明或宣告失踪的人以及被监禁或劳动教养的人提起的离婚诉讼，由原告住所地或者经常居住地人民法院管辖。

离婚案件的受理程序一如普通民事案件的受理程序，但有三个具体问题需要特别注意：

其一，基于保护女性利益的考虑，特定情形下男性的离婚诉权受限制，此时人民法院依法不应受理其提出的离婚诉讼。我国《婚姻法》第34条规定：

"女方在怀孕期间、分娩后一年内或中止妊娠后 6 个月内，男方不得提出离婚。女方提出离婚的，或人民法院认为确有必要受理男方离婚请求的，不在此限。"

法律作此特殊规定，主要是考虑到，女性在处于特殊生理期间时需要身体和精神方面的特殊照料和照应，如果在此期间陷入非其所愿的离婚诉讼，女性在身心方面都会受到极大的消极影响，也不利于胎儿或婴儿的发育和成长，所以要在这样的特殊期间里限制男性的离婚诉权。

在具体适用方面，需准确把握法律规定的内涵，以在男性离婚自由和女性特殊利益之间达到平衡。适用这一规定应注意这样几个方面的要点：（1）男性的离婚诉权只是暂时性地受限制，一旦法定情形消失或法定期间经过，男性仍可行使离婚诉权；（2）此限制性规定存在例外情形，即女方提出离婚或人民法院认为确有必要受理男方离婚请求的，双方之间的离婚诉讼仍可启动。按照现代民法意思自治的精神，女方提出离婚可推定离婚对女方身心健康更相宜，所以法院应当受理该离婚诉讼。"确有必要受理男方离婚请求的情形"，一般是指因女方有重大过错或出现重大紧迫事由使得男方有正当理由提出离婚请求。如女方与他人通奸怀孕，男方在情感上难以接受，这样其就被视为具有正当理由提出离婚诉讼，又因为此种情形下的共同生活对女方的妊娠活动或哺乳活动亦大不利，所以法院也很有可能会受理该离婚诉讼。（3）此限制性规定仅适用于男方单方面提出的离婚诉讼，如男女双方当事人系自愿离婚，则不予适用。

其二，人民法院受理离婚案件时，如果发现双方当事人当初并未履行登记结婚的手续，则应按照《婚姻法司法解释一》第 5 条的规定区别对待：（1）1994 年 2 月 1 日民政部《婚姻登记管理条例》公布实施以前，男女双方已经符合结婚实质要件的，按事实婚姻处理；（2）1994 年 2 月 1 日民政部《婚姻登记管理条例》公布实施以后，男女双方符合结婚实质要件的，人民法院应当告知其在案件受理前补办结婚登记；未补办结婚登记的，按解除同居关系处理。

其三，无民事行为能力人的配偶有虐待、遗弃等严重损害无民事行为能力一方的人身权利或者财产权益行为，其他有监护资格的人可以依照特别程序要求变更监护关系；变更后的监护人代理无民事行为能力一方提起离婚诉讼的，人民法院应予受理。

《婚姻法司法解释三》第 8 条规定："无民事行为能力人的配偶有虐待、遗弃等严重损害无民事行为能力一方的人身权利或者财产权益行为，其他有监护资格的人可以依照特别程序要求变更监护关系；变更后的监护人代理无民事行为能力一方提起离婚诉讼的，人民法院应予受理。"根据我国民法通则的规定，不满 10 周岁的未成年人及不能辨认自己行为的精神病人是无民事行为能力人，其民事活动由他的法定代理人代理。在本条的规定中，实际包含了两层含义，一层是在特定的条件下变更监护关系，另一层则是变更后的监护人可以代理无民事行为能力一方提起离婚诉讼。监护是指民法上所规定的对于无民事行为能力人和限制民事行为能力人的人身、财产及其他合法权益进行监督、保护的一项制度。监护从其本质上讲就是对缺乏行为能力人的监督和照顾制度，无民事行为能力人、限制民事行为能力人的监护人是他的法定代理人，监护人的主要职责就是对于无民事行为能力人和限制民事行为能力人的人身、财产及其他合法权益进行监督、保护。如果监护人不履行监护职责，其他有监护资格的人可以申请变更监护关系。在婚姻关系中，如果一方是无民事行为能力人，其配偶就是第一顺序的监护人。只有无民事行为能力人的配偶有虐待、遗弃等严重损害无民事行为能力一方的人身权利或者财产权益行为，其他有监护资格的人可以依照特别程序要求变更监护关系。这里的其他有监护资格的人主要是指无民事行为能力一方的父母、成年子女、其他近亲属。在这里需要注意的是：（1）在婚姻关系中，如果一方是无民事行为能力人，其配偶就是第一顺序的监护人。（2）撤销配偶监护权的前提条件是无民事行为能力人的配偶实施了虐待、遗弃等严重损害无民事行为能力一方的人身权利或者财产权益行为。（3）有权利要求变更监护关系的首先是无民事行为能力一方的父母，没有父母的则依次为其成年子女、其他近亲属、经精神病人的所在单位或者住所地的居民委员会、村民委员会同意的关系密切的其他亲属、朋友等。没有上述人员的，则由精神病人的所在单位或者住所地的居民委员会、村民委员会或者民政部门担任监护人。（4）变更监护关系适用特别程序。关于无民事行为能力人可否做为离婚案件的原告提起离婚诉讼的探析在法学理论界与司法实务界多年来虽然从未间断，但却一直未形成定论。《婚姻法司法解释三》的本条规定，为此下了肯定性的结论。由于没有行为能力，无民事行为能力人在离婚程序上十分特殊。首先，无民事行为能力或限制行为能力的人不适用离婚的行政程序，而应当依诉讼程序办理；其次，只有当婚姻关系的继续有可能会伤害到无民事行为能力人的情况下才能由法定代理人代理无民事行为能力人提出离婚诉讼。

2. 调解

按照我国现行《婚姻法》第 32 条的规定，人民法院审理离婚案件，也应当进行调解,这属于诉讼内调解。在离婚诉讼中设定诉讼内调解环节,充分体现了我国以和为贵的文化传统。这一程序由人民法院审判人员主持,旨在促使双方当事人自愿协商、达成协议,从而以最为有效和最为合理的方式解决婚姻纠纷。

按照这一要求,人民法院在审理离婚案件的整个过程中都应当注重调解工作。从期间上来说,自受理案件始至判决案件前,审判人员都可以依职权主动进行调解。从审级上来说,无论是第一审程序还是第二审程序或审判监督程序,审判人员都可以在适当的时候展开调解活动。但仍应明确,人民法院主持下的调解工作也必须坚持自愿、合法的原则。在诉讼内的调解活动中,人民法院也可发动和借助基层组织或群众组织的力量,多方面展开说服工作,这体现出诉讼内调解程序与诉讼外调解活动的衔接和呼应。

调解结束,按照调解的结果和效果分别情况加以处理:如调解后双方当事人和好,则应由原告撤诉,结束诉讼;如调解后双方当事人达成离婚协议,则由人民法院按照协议内容制作离婚调解书,该调解书一经送达即生效,双方婚姻关系就此解除;如调解后双方未能和好亦未能就相关问题达成一致,则应由人民法院进行审理和判决。

3. 审理与判决

为了确保当事人充分明确表达自身意愿,人民法院审理离婚案件,要求当事人本人必须出庭,除非当事人本人不能进行意思表示。如因特殊情况当事人无法出庭,则应向人民法院提交书面意见和委托代理书。

由于离婚案件多涉及个人隐私,当事人可以申请不公开审理。但是,婚姻关系的存续与否关系到第三人利益和社会利益,有公示之必要,所以离婚案件虽然不一定公开审理,却一律公开宣告判决。

虽经过人民法院的调解,双方当事人仍未能达成一致共识,则人民法院应以事实为根据、以法律为准绳作出判决,内容应涉及是否解除双方之间的婚姻关系,如果判决解除婚姻关系,则应进一步裁断共同财产应如何分割、离婚后子女应如何抚养等问题。

在离婚案件的审理过程中,如果出现或发现新的情况,人民法院要注意妥善处理。如果在离婚诉讼进行之中,当事人一方发生死亡情事,则双方当事人之间的婚姻关系由于该死亡事件而归于消灭,离婚诉讼自无继续之必要,诉讼终结。如果人民法院受理离婚案件后,经过审查发现双方当事人之间的婚姻为无效婚姻,则应将婚姻无效的情形告知当事人,并依法作出宣告婚姻无效的判决。如果人民法院受理离婚案件后,发现同一婚姻关系已向人民法院申请宣告婚姻无效，则对于离婚案件的审理，应当待申请宣告婚姻无效案件作出判决后进行，若所涉婚姻关系被宣告无效，但双方当事人仍不能对财产分割和子女问题达成一致意见，那么人民法院应该针对这些问题继续审理。

婚姻关系对于个人生活具有重大影响，为了尽可能保障和维护婚姻家庭的稳定，我国法律规定，凡判决不准离婚及调解和好的离婚案件，没有新情况、新理由，原告在6个月内不得重新起诉离婚，被告起诉离婚则不受上述期间的限制。

（三）诉讼离婚的法定条件

1. 破裂主义的离婚标准

《婚姻法》第32条第2款规定："人民法院审理离婚案件……如感情确已破裂，调解无效，应准予离婚。"根据这一规定，感情确已破裂，调解无效，是我国离婚制度中判决准予离婚的法定条件。其中，夫妻"感情确已破裂"是人民法院判决准予离婚的实质性条件，而"调解无效"则是判决准予离婚的程序性条件。无论调解离婚，还是判决离婚，关键是在于把握夫妻感情是否确已破裂。如果感情确已破裂，经调解无效，应当准予离婚；如果夫妻感情没有破裂或尚未完全破裂，即使调解无效，也可不准离婚。

在我国，1950年婚姻法没有规定具体的离婚标准，1980年婚姻法始将离婚标准明确规定为"夫妻感情确已破裂，调解无效"。2001年修订中，婚姻法在抽象层面和程序规则上都承续了1980年婚姻法的相关规定，但在法律规范的表述方式上更加科学，修订后的婚姻法以列举的方式增加规定了准予离婚的例示情形。

2. 准予离婚的法定情形

感情确已破裂是准予离婚的实质性条件，但感情本身具有复杂多变、难以认定的特点。为了在审理离婚案件中增强可操作性，提高民事审判工作效率，《婚姻法》第32条第3款进一步规定："有下列情形之一，调解无效的，应准予离婚：（1）重婚或有配偶者与他人同居的；（2）实施家庭暴力或虐待、遗弃家庭成员的；（3）有赌博、吸毒等恶习屡教不改的；（4）因感情不和分居满二年的；（5）其他导致夫妻感情破裂的情形。"基于破裂主义的立法精神，我国现行法律在是否准予离婚的问题上着重考查婚姻关系和双方感情是否无可挽救，并不进行过多的道德评判。为了更好地统一认识，最高院婚姻法司法解释（一）明确指出：人民法院审理离婚案件，对符合《婚姻法》第32条第2款规定"应准予离婚"情形的，不应当因当事人有过错而判决不准离婚。

关于上述条款所列第（5）点，是一个兜底性的条款，给法官一定的自由裁量权。从我国长期司法实践经验来看，法官在判断夫妻感情是否破裂时主要从五个方面来考量，即婚姻基础、婚后感情、离婚原因、夫妻关系现状以及夫妻有无可能和好。

(四) 对现役军人婚姻关系的特别保护

早在革命战争时期，中国共产党在革命根据地破除封建礼法、实行新型婚姻制度时，就从革命实践的需要出发，对军人的婚姻关系进行了特别保护。如《中华苏维埃共和国婚姻法》明确规定，红军战士之妻要求离婚须得其夫同意。

在当前社会主义建设新时期，国家安全和社会稳定仍然需要军人作出特别的奉献和牺牲，有鉴于此，我国现行婚姻法对于涉及现役军人利益的离婚诉讼作了特别的规定。《婚姻法》第33条规定："现役军人的配偶要求离婚，须征得军人同意，但军人一方有重大过错的除外。"现役军人，是指在中国人民解放军服现役、具有军籍的干部和战士，包括中国人民武装警察部队的干部和战士。虽在军队工作但并未取得军籍的职工和其他人员，以及已经退役、复员或转业的群体，均不属于现役军人。

正确理解婚姻法对军婚的特别保护，应注意如下几点：

其一，上述规定仅适用于现役军人配偶的离婚请求权，更确切地说，仅适用于非现役军人单方面向现役军人提出的离婚，现役军人本人提出离婚的或者夫妻双方都是现役军人的，不适用上述规定。

其二，上述规定所要求的"须得军人同意"应理解为，现役军人的意愿对于其婚姻关系的存续与否具有非常关键的作用；如果现役军人不同意离婚，人民法院应与有关部门配合，对要求离婚的非现役军人一方进行说服教育，积极促使其夫妻关系臻于改善，必要时可以判决不准离婚的方式尽可能地挽救现役军人的婚姻关系；但是如果现役军人与其配偶之间的夫妻感情确已破裂，继续维持婚姻关系只能使双方当事人徒增烦恼，人民法院也可与有关部门配合，作现役军人的思想工作，力争妥善处理其婚姻纠纷。

其三，上述规定不适用于现役军人一方有重大过错的情形。那么，该条文中"重大过错"具体当作何解呢？《婚姻法司法解释一》第23条规定，这里的"重大过错"可以依据《婚姻法》第32条第2款前3项规定及军人有其他重大过错导致夫妻感情破裂的情形予以判断。也就是说，现役军人一方有重婚或与他人同居的情形，或其实施家庭暴力或虐待、遗弃家庭成员，或其有赌博、吸毒等恶习屡教不改，或其有其他重大过错导致夫妻感情破裂，现役军人的配偶要求离婚，不必征得军人同意。因军人一方的重大过错致其夫妻感情破裂，法律不对其婚姻关系提供特别保护。

案例：周某（男）和郑某（女）于2001年自主恋爱，2002年3月，两人办理了结婚登记手续。结婚之初，双方感情不错。2003年4月起，周某受朋友影响沉迷于麻将牌桌，渐渐疏于关心家庭。为此，双方争执不断，并且开始互相猜忌。2004年5月，郑某诉至法院要求离婚，周某辩称双方仍有和好的可能，不同意离婚。法院审理后认为，双方当事人存在较好的感情基础，夫妻不和主要由周某沉迷麻将所致，如周某改正不良习性，尚有挽救婚姻之余地，因此判决不准离婚。此后，郑某搬回娘家居住，周某仍照旧厮混于牌桌，偶尔寻至郑某居处大声吵闹辱骂。2004年8月，周某与郑某家人发生打斗，当地警察出面才得以阻止。2004年9月，郑某不堪忍受骚扰，再次诉至法院请求离婚，周某答辩称法院不应在双方被判决不准离婚后6个月内受理郑某的起诉。

评析：本案主要涉及两个方面的问题：一是离婚诉权，即法院判决离婚后，同一当事人能否在6个月内再次起诉离婚；二是离婚的标准和条件，即如何认定夫妻感情破裂。

准确理解法律规定才能正确适用法律条文。根据我国《民事诉讼法》第111条第1款第7项的规定，判决不准离婚和调解和好的离婚案件，没有新情况、新理由，原告在6个月内又起诉的，不予受理。这里要掌握，对于判决不准离婚和调解和好的离婚案件，原告在6个月内又起诉的，法院一般不予受理，但是出现了新情况、新理由，就应当另作考量，符合起诉条件的，法院应当受理。

本案正是原告在法院判决不准离婚之后仅四个月又再行起诉的情形。根据案情概述可知，法院判决不准离婚后，周某并未悔改，反而对郑某进行骚扰辱骂，以致与其家人产生冲突和争斗，引发治安案件。周某的不良表现属于判决后的新情况、新理由，原告郑某据此再次诉请离婚，不受6个月期限的限制，法院应当予以受理。

我国《婚姻法》第32条第2款规定，夫妻感情确已破裂，调解无效，应准予离婚。就如何认定夫妻感情确已破裂，有这样一些具体的标准可资参考，比如：重婚或有配偶者与他人同居的；实施家庭暴力或虐待、遗弃家庭成员的；有赌博、吸毒等恶习屡教不改的；因感情不和分居满两年的等。但值得注意的是，判断夫妻感情是否破裂是对生活事实的把握，不能片面而论，一定要坚持从婚姻基础、婚后感情、离婚原因、夫妻关系的现状和前景等几个方面综合考量，也正是出于这样的考虑，《婚姻法》第32条在描述了若干种夫妻感情破裂的具体情形之后以"其他导致夫妻感情破裂的情形"加以总括。本案中，郑某第一次起诉离婚时，法院考虑到双方系自由恋爱、婚初感情不错、矛盾也相对集中而认定夫妻感情尚有和好可能，因此判决不准离婚，但郑某第二次起诉时，双方仍未能有效化解矛盾反而愈演愈烈，说明夫妻感情更加恶化很难改善，如调解无效，可认定夫妻感情确已破裂，法院应当判决准予离婚。

第四节 离婚的效力

离婚的法律效力又称为离婚的法律后果，是指离婚在当事人的人身关系、财产关系和亲子关系方面所引发的一系列法律后果。按照法律主体的不同，离婚的法律效力可大致分为两个方面，即离婚在当事人之间产生的法律后果和离婚在父母子女之间产生的法律后果。

一、离婚在当事人之间产生的法律后果

婚姻关系的成立和存续使夫妻之间产生了特定的身份关系和财产关系，离婚使得夫妻之间的婚姻关系归于消灭，解除了当事人之间的夫妻身份，相应地，当事人之间基于夫妻身份而维持的权利义务关系也走向终止。同时，夫妻共同生活期间所使用或拥有的财产以及负债，也由于夫妻关系的解体而需要加以区分，对于属于夫妻个人所有的财产应明确其权属，对于属于夫妻共同所有的财产则应加以分割界定权属，对于夫妻的对外债务，也应明确由一方或双方承担清偿义务。

（一）终止夫妻权利义务关系

离婚使得当事人之间因夫妻身份而确定的权利义务关系随之消灭，主要体现在如下几个方面。

其一，当事人共同生活的权利义务解除。

从人身关系的角度而言，夫妻共同生活的基础是夫妻同居的权利义务。夫妻同居是实现婚姻宗旨和婚姻功能的必要内容，各国法律均规定，在婚姻关系存续期间，夫妻应当保持同居生活，无故不履行同居义务的应承担法律责任。而离婚事件则在消灭当事人之间的婚姻关系的同时，也解除了双方共同生活的权利义务。

其二，当事人相互扶养的权利义务终止。

婚姻家庭继承法学

在婚姻关系存续期间，夫妻是共同生活的伴侣，由此衍生出夫妻之间相互扶养的权利和义务。我国婚姻法规定，对于一方不履行抚养义务的，另一方有要求对方给付扶养费的权利，这种权利可以直接向对方主张，也可以通过诉讼提出主张。离婚事件使得当事人之间不复具有夫妻的身份，当然也解除了双方相互扶养的权利义务关系。

其三，当事人互为法定继承人的资格丧失。

我国婚姻法和继承法都规定夫妻有相互继承对方遗产的权利，夫妻互为对方的法定继承人。夫妻之间的继承权是以婚姻关系的存续和夫妻身份的拥有为前提的，一旦当事人通过离婚解除了双方之间的婚姻关系和夫妻身份，则其互为法定继承人的资格自然丧失。

其四，排除当事人双方不得再婚的限制。

基于一夫一妻制的基本原则，我国婚姻法严格禁止有配偶者重婚或与他人同居，强调夫妻应当互相忠实、互相尊重。只有在婚姻关系解除或消灭的情形下，当事人方获得再婚的自由和权利，而离婚正是解除婚姻关系的法定途径。所以，离婚后的当事人拥有再婚的权利和自由，任何人对其再婚不得加以干涉，当事人彼此之间亦不得干涉对方行使再婚的权利。

在实践中，必须准确认定婚姻关系终止、当事人获得再婚自由的时点：通过协议离婚的方式解除婚姻关系的，当事人在离婚申请被有权机关批准、取得有权机关颁发的《离婚证》后，才享有再婚的权利和自由；通过诉讼离婚的方式解除婚姻关系的，当事人自离婚判决书、离婚调解书发生法律效力之日起享有再婚的权利和自由。尤其要注意的是，经一审法院判决离婚的当事人，如遇一方不服在上诉期限内提起上诉的情形，一审判决尚不能发生法律效力，双方均无权再婚，直至二审判决或终审判决准予离婚且发生法律效力后，当事人方可再婚。

(二) 区分和分割财产权利

离婚终止了夫妻之间的共同生活，那么，当事人在夫妻共同生活中形成的财产使用或拥有关系以及负债关系必然要按照法律规定或双方约定进行清晰的权属认定或债务定性。总的来说，夫妻一方所有的财产由其自行取回、一方所负债务由其自身承担，而夫妻双方共有的财产则应按照双方协议或司法判决予以分割，夫妻为共同生活所负债务则由其共同清偿。

1. 夫妻共同财产的分割

《婚姻法》第39条第1款规定："离婚时，夫妻的共同财产由双方协议处理；协议不成时，由人民法院根据财产的具体情况，照顾子女和女方权益的原则判决。"针对农村妇女离婚后其土地承包权易受侵害的社会问题，2001年婚姻法修订中特意通过该条第2款补充规定，夫或妻在家庭土地承包经营中享有的权益等，应当依法予以保护。

在夫妻离婚分割财产时，首先应当明确夫妻共同财产的范围，严格区分夫妻共同财产与个人财产、家庭财产三个方面，注意保护未成年子女所有的财产权利。按照我国《婚姻法》的规定，夫妻在婚姻关系存续期间所得的、该法第17条列举的财产，为夫妻共同所有，离婚时原则上应当均等分割。在约定夫妻财产制下，夫妻双方以契约的形式约定为共同所有的财产，夫妻双方在离婚时应当均等分割。

对于当事人申请离婚时一并请求返还按照习俗给付的彩礼的，如双方办理结婚登记手续但确未共同生活，或者该彩礼系婚前给付并导致给付人生活困难的，人民法院如果判决离婚则应支持当事人关于返还彩礼的请求。

（1）分割夫妻共同财产的原则。对夫妻共同财产的分割，夫妻双方有约定的，如约定合法，按约定处理，如约定不合法，应按共同财产处理。对夫妻共同财产进行分割时，应按照以下原则处理：

①男女平等原则。夫妻对共同财产享有平等的所有权，所以对夫妻共同财产原则上应平均分割，同时还要考虑结婚时间的长短、财产来源等具体情况处理。因此，夫妻双方对共同财产享有共同分割权，对夫妻共同债务承担平等的清偿义务。

②保护儿童、妇女合法权益原则。这是对婚姻法保护妇女、儿童合法权益原则的具体实施，也是对男女平等原则的重要补充。在条件相当的情况下，对于女方及抚养子女的一方应适当多分财产。

③有利生产和生活，不损害国家、集体和他人利益的原则。这是指在分割夫妻财产时，不损害财产的效用和经济价值，保护国家、集体和他人利益。

（2）分割夫妻共同财产的方法。对夫妻共同财产的分割，人民法院应在坚持上述原则的基础上，促使双方当事人在自愿合法的前提下，就财产的分割问题达成协议，或在人民法院主持下调解达成协议，协议不成的，人民法院依法判决。对夫妻财产分割的方法可采用实物分割的方法和折价补偿的方法。对不宜分割或分割后有损其价值的，可以采用财产归一方所有，对方折价补偿的方法。

根据《婚姻法司法解释三》的规定，当事人达成的以登记离婚或者到人民法院协议离婚为条件的财产分割协议，如果双方协议离婚未成，一方在离婚诉讼中反悔的，人民法院应当认定该财产分割协议没有生效，并根据实际情况依法对夫妻共同财产进行分割。当事人达成的以登记离婚或者到人民法院协议离婚为条件的财产分割协议，实际上是一种附条件的民事法律行为。所谓附条件的民事法律行为就是在意思表示当中附有决定该行为效力发生或者消灭条件的民事法律行为。我国民法通则规定，民事法律行为可以附条件，附条件的民事法律行为在符合所附条件时生效。在我国，婚姻法允许婚姻当事人就其财产问题进行书面约定。从形式看，当事人达成的以登记离婚或者到人民法院协议离婚为条件的财产分割协议，也是一种书面约定，似乎也应当有效，然而该协议是以双方到民政部门办理离婚登记或到法院进行协议离婚为前提条件的，如果双方未到民政部门办理离婚登记也未到法院进行协议离婚，那么，其所附条件尚未成就，事先达成的离婚协议就不应生效，对夫妻双方也不应产生法律约束力，从而不能作为人民法院处理离婚案件的依据。只有在双方最终达成一致意见并到民政部门登记离婚或者到法院自愿办理协议离婚手续时，所附条件才可视为已经成立，协议也才能真正生效。虽然当事人达成的以登记离婚或者到人民法院协议离婚为条件的财产分割协议，如果双方协议离婚未成，一方在离婚诉讼中反悔的，人民法院应当认定该财产分割协议没有生效，但这并非是说这种财产分割协议就没有任何用处，实际上，这种协议本身就是一种证据，是能够证明协议中提及的财产是否存在以及财产性质的有力证据。

婚姻关系存续期间，夫妻一方作为继承人依法可以继承的遗产，在继承人之间尚未实际分割，起诉离婚时另一方请求分割的，人民法院应当告知当事人在继承人之间实际分割遗产后另行起诉。根据婚姻法的规定，婚姻关系存续期间，夫妻一方作为继承人依法继承的遗产，如果没有明确是由一方所有的，就应视为夫妻共同财产，离婚时就可以要求分割。但由于继承发生的时间和遗产分割的时间并非完全一致，继承发生的时间往往要比遗产分割的时间早，甚至两个时间之间会有很长的间隔。由于遗产所有权的取得时间取决于继承发生的时间，所以继承发生后，该遗产就归夫妻共有了，但由于遗产没有实际分割，所以最终哪些遗产归夫妻共有也还不能最终确定，因此本条规定离婚时另一方请求分割的，人民法院应当告知当事人在继承人之间实际分割遗产后另行起诉。

（3）离婚时住房问题的处理。住房是夫妻离婚时财产分割中的一个焦点问题，其原因存在于多方面，如民众的住房需求、城市住房的急剧升值、当前房屋产权的复杂多样化等。

对于住房，首先应当明确其究竟属于共同财产还是个人财产，只有作为共同财产的住房才存在分割的问题。《婚姻法司法解释二》和《婚姻法司法解释

第九章 离 婚

三》在这个问题上有如下明确规定：

①由一方婚前承租、婚后用共同财产购买的房屋，房屋权属证书登记在一方名下的，应当认定为夫妻共同财产。

②双方对夫妻共同财产中的房屋价值及归属无法达成协议时，人民法院按以下情形分别处理：第一种情形，双方均主张房屋所有权并且同意竞价取得的，应当准许；第二种情形，一方主张房屋所有权的，由评估机构按市场价格对房屋作出评估，取得房屋所有权的一方应当给予另一方相应的补偿；第三种情形，双方均不主张房屋所有权的，根据当事人的申请拍卖房屋，就所得价款进行分割。

③离婚时双方对尚未取得所有权或者尚未取得完全所有权的房屋有争议且协商不成的，人民法院不宜判决房屋所有权的归属，应当根据实际情况判决由当事人使用。当事人就前款规定的房屋取得完全所有权后，有争议的，可以另行向人民法院提起诉讼。

④当事人结婚前，父母为双方购置房屋出资的，该出资应当认定为对自己子女的个人赠与，但父母明确表示赠与双方的除外。

婚后由一方父母出资为子女购买的不动产，产权登记在出资人子女名下的，可按照《婚姻法》第18条第（3）项的规定，视为只对自己子女一方的赠与，该不动产应认定为夫妻一方的个人财产。由双方父母出资购买的不动产，产权登记在一方子女名下的，该不动产可认定为双方按照各自父母的出资份额按份共有，但当事人另有约定的除外。

一般说来，夫妻在婚姻关系存续期间因赠与所得的财产，除了赠与合同中明示该赠与财产只归受赠人一方所有的外，都属于夫妻共同财产。我国婚姻法之所以如此规定，就是在坚持婚后所得共同制的同时，又要对赠与人私有财产处分权给予充分尊重。《婚姻法司法解释二》中曾规定："当事人结婚前，父母为双方购置房屋出资的，该出资应当认定为对自己子女的个人赠与，但父母明确表示赠与双方的除外。当事人结婚后，父母为双方购置房屋出资的，该出资应当认定为对夫妻双方的赠与，但父母明确表示赠与一方的除外。"在实际生活中，父母出资为子女结婚购房往往倾注全部积蓄，一般也不会与子女签署书面协议，如果离婚时一概将房屋认定为夫妻共同财产，势必违背了父母为子女购房的初衷和意愿，实际上也侵害了出资购房父母的利益。所以，房屋产权登记在出资购房父母子女名下的，视为父母明确只对自己子女一方的赠与比较合情合理，由双方父母出资购买不动产，产权登记在一方子女名下的，可以按照双方父母的出资份额按份共有，因此《婚姻法司法解释三》就进一步明确了婚后一方父母出资为子女购买不动产且产权登记在自己子女名下的应认定为夫妻一方的个人财产。

这一规定从我国的实际出发，将产权登记主体与明确表示赠与一方联系起来，可以使父母出资购房真实意图的判断依据更为客观，便于司法认定及统一裁量尺度，也有利于均衡保护婚姻双方及其父母的权益。与此同时也提醒婚姻当事人，如果婚后一方父母是为双方购买的房屋，那么在办理产权登记时就应明确登记在双方的名下，如果是由双方父母出资购买的不动产，产权登记更应登记在双方的名下，如果登记在一方子女名下，双方则应对各自的出资保留相关的证据，特别是产权证上没有自己名字的一方。

⑤夫妻一方婚前签订不动产买卖合同，以个人财产支付首付款并在银行贷款，婚后用夫妻共同财产还贷，不动产登记于首付款支付方名下的，离婚时该不动产由双方协议处理。不能达成协议的，人民法院可以判决该不动产归产权登记一方，尚未归还的贷款为产权登记一方的个人债务。双方婚后共同还贷支付的款项及其相对应财产增值部分，离婚时应根据《婚姻法》第39条第1款规定的原则，由产权登记一方对另一方进行补偿。根据《婚姻法司法解释三》第10条的规定，一方在婚前已经通过银行贷款的方式向房地产公司支付了全部购房款，买卖房屋的合同义务已经履行完毕，即在婚前就取得了购房合同确认给购房者的全部债权，婚后获得房产的物权只是财产权利的自然转化，故离婚分割财产时将按揭房屋认定为一方的个人财产相对比较公平。同时，对按揭房屋在婚后的增值，应考虑配偶一方参与还贷的实际情况，对其作出公平合理的补偿。在理解本条是应注意：（1）夫妻一方婚前签订不动产买卖合同，以个人财产支付首付款并在银行贷款，婚后用夫妻共同财产还贷，不动产登记于首付款支付方名下的，该不动产并不是当然地归属产权登记一方，而是双方可以协商确定；（2）在不能达成协议的情况下，人民法院可以判决该不动产归产权登记一方，同时在将按揭房屋认定为一方所有的基础上，未还债务也应由其继续承担；（3）对于婚后参与还贷的一方来说，婚后共同还贷支付的款项及其相对应财产增值部分，离婚时根据婚姻法第39条第1款规定的照顾子女和女方权益的原则，由产权登记一方对另一方进行补偿。（4）如果夫妻一方婚前签订不动产买卖合同，以个人财产支付首付款并在银行贷款，婚后用夫妻共同财产还贷，不动产登记于双方名下的，应当认定为夫妻共同共有。

⑥婚姻关系存续期间，双方用夫妻共同财产出资购买以一方父母名义参加房改的房屋，产权登记在一方父母名下，离婚时另一方主张按照夫妻共同财产对该房屋进行分割的，人民法院不予支持。购买该房屋时的出资，可以作为债

权处理。房改房又可以叫做已购公房,是指享受国家房改优惠政策的住宅,即居民将现住公房以标准价或成本价扣除折算后(旧住宅还要扣除房屋折算)购买的公房。《婚姻法司法解释三》规定,婚姻关系存续期间,双方用夫妻共同财产出资购买以一方父母名义参加房改的房屋,产权登记在一方父母名下,离婚时另一方主张按照夫妻共同财产对该房屋进行分割的,人民法院不予支持。购买该房屋时的出资,可以作为债权处理。这一规定的根据在于(1)房屋是不动产,而根据物权法的规定,不动产登记是物权归属和内容的根据,不动产权属证书是权利人享有该不动产物权的证明。婚姻关系存续期间,虽然双方用夫妻共同财产出资购买以一方父母名义参加房改的房屋,但由于产权登记在一方父母名下,所以产权应当归产权证上载明的一方父母,而不是出资者。(2)房改房是国家对职工工资中没有包含住房消费资金的一种补偿,是住房制度向住房商品化过渡的形式,它的价格不由市场供求关系决定,而是由政府根据实现住房简单再生产和建立具有社会保障性的住房供给体系的原则决定,所以出资者的出资实际上也并不是整个房屋的价格,甚至只占房屋实际价格的一小部分。(3)房改房的销售对象是有限制的,不是任何人都可以享受房改的优惠政策,购买房改出售的住房的人只能是承住独用成套公有住房的居民和符合分配住房条件的职工。在这种情况下,出资者并没有购买该房屋的资格。正是由于上述原因,《婚姻法司法解释三》作出了本条规定。这一规定虽然对出资者未必完全公平,但它却是较好地保护了老年人的合法权益。

⑦对于应归一方所有的房屋,如另一方以离婚后无房居住为由要求暂住的,经查核实可根据情况予以支持,但一般不超过两年;无房一方租房居住,经济上确有困难的,享有房屋产权的一方应给予一次性经济帮助。

⑧对于当事人不享有产权、仅享有承租权的公房,最高院于1996年2月5日公布的《关于审理离婚案件中公房使用、承租若干问题的解答》详细界定了此种住房的范围和处理办法。按照这一解释文件,此类住房包括:A. 婚前由一方承租的公房,婚姻关系存续5年以上的;B. 婚前一方承租的本单位的房屋,离婚时,双方均为本单位职工的;C. 一方婚前借款投资建房取得的公房承租权,婚后夫妻共同偿还借款的;D. 婚后一方或双方申请取得公房承租权的;E. 婚前一方承租的公房,婚后因该承租房屋拆迁而取得房屋承租权的;F. 夫妻双方单位投资联建或联合购置的共有房屋的;G. 一方将其承租的本单位的房屋,交回本单位或交给另一单位后,另一单位另给调换房屋的;H. 婚前双方均租有公房,婚后合并调换房屋的;I. 其他应当认定为夫妻双方均可承租的情形。对于此类住房,人民法院应当依照照顾抚养子女方,同等条件下

照顾女方、照顾残疾或生活困难的一方，照顾无过错一方的原则处理。如房屋面积较大能够隔开分室居住使用的，可由双方分别租住；对可以另调房屋分别租住或承租方给另一方解决住房的，可予准许。

（4）离婚时双方共有的无形财产的处理。随着我国市场经济的逐步推进和发展，民众的财产形式越来越多样化，除了有形财产外，以有价证券、出资等为代表的无形财产在财产总额中所占的比重越来越大，因此夫妻双方离婚时对此部分无形财产的权属也应作以妥当处理。

关于有价证券资产。夫妻双方分割共同财产中的股票、债券、投资基金份额等有价证券以及未上市股份有限公司股份时，协商不成或者按市价分配有困难的，人民法院可以根据数量按比例分配。

关于有限责任公司中的出资额。人民法院审理离婚案件，涉及分割夫妻共同财产中以一方名义在有限责任公司的出资额，另一方不是该公司股东的，按以下情形分别处理：①夫妻双方协商一致将出资额部分或者全部转让给该股东的配偶，过半数股东同意、其他股东明确表示放弃优先购买权的，该股东的配偶可以成为该公司股东；②夫妻双方就出资额转让份额和转让价格等事项协商一致后，过半数股东不同意转让，但愿意以同等价格购买该出资额的，人民法院可以对转让出资所得财产进行分割。过半数股东不同意转让，也不愿意以同等价格购买该出资额的，视为其同意转让，该股东的配偶可以成为该公司股东。

关于合伙中的出资。人民法院审理离婚案件，涉及分割夫妻共同财产中以一方名义在合伙企业中的出资，另一方不是该企业合伙人的，当夫妻双方协商一致，将其合伙企业中的财产份额全部或者部分转让给对方时，按以下情形分别处理：①其他合伙人一致同意的，该配偶依法取得合伙人地位；②其他合伙人不同意转让，在同等条件下行使优先受让权的，可以对转让所得的财产进行分割；③其他合伙人不同意转让，也不行使优先受让权，但同意该合伙人退伙或者退还部分财产份额的，可以对退还的财产进行分割；④其他合伙人既不同意转让，也不行使优先受让权，又不同意该合伙人退伙或者退还部分财产份额的，视为全体合伙人同意转让，该配偶依法取得合伙人地位。

关于独资企业中的投资。夫妻以一方名义投资设立独资企业的，人民法院分割夫妻在该独资企业中的共同财产时，应当按照以下情形分别处理：①一方主张经营该企业的，对企业资产进行评估后，由取得企业一方给另一方相应的补偿；②双方均主张经营该企业的，在双方竞价的基础上，由取得企业的一方给予另一方相应的补偿；③双方均不愿意经营该企业的，按照《中华人民共和国个人独资企业法》等有关规定办理。

（5）对离婚时妨害共同财产分割的处理。在离婚纠纷中，共同财产的分割对当事人离婚后的生活有着非同小可的影响，因此这个问题历来也受到双方当事人的极大关注。有些当事人为了最大限度地为自己谋利，不惜违反法律法规、违反诚信道德，采取一些非法手段尽量使自己多分财产，损害对方当事人的合法利益。基于此现实，2001年婚姻法修订中特别增加了对妨害共同财产分割行为的处理措施。

按照《婚姻法》第47条的规定，人民法院对离婚当事人妨害共同财产分割的行为可以依照民事诉讼法的规定予以制裁，即罚款或拘留。除此之外，为了维护另一方当事人的合法利益，法律规定区分当事人不法行为被发现的时点采取不同的处理办法：①离婚时，一方隐藏、转移、变卖、毁损夫妻共同财产，或伪造债务企图侵占另一方财产的，分割夫妻共同财产时，对隐藏、转移、变卖、毁损夫妻共同财产或伪造债务的一方，可以少分或不分。②离婚后，另一方发现对方当事人有上述行为的，可以向人民法院提起诉讼，请求再次分割夫妻共同财产。最高人民法院司法解释（一）明确规定，此种情形下当事人向人民法院提起诉讼，请求再次分割夫妻共同财产的诉讼时效为两年，从当事人发现之次日起计算。

2. 夫妻共同债务的清偿

夫妻在共同生活期间，不仅会积累起共同财产，也可能对外共同负债。离婚时，当事人之间的夫妻关系行将解除，当此之际，与共同财产的分割相对应，对共同负债亦应明确清偿责任。

《婚姻法》第41条规定："离婚时，原为夫妻共同生活所负的债务，应当共同偿还。共同财产不足清偿的，或财产归各自所有的，由双方协议清偿；协议不成时，由人民法院判决。"由此可见，我国婚姻法将夫妻债务区分出共同债务和个人债务，规定共同债务由双方共同清偿，那么个人债务当然由个人清偿。按照《婚姻法司法解释二》的有关规定，区分共同债务和个人债务可从三个方面进行分析：一是负债的事实发生于婚前还是婚后，一般婚前所负债务为个人债务，婚后所负债务为共同债务；二是负债是否用于夫妻共同生活，一般用于夫妻共同生活的负债为共同债务，否则为个人债务；三是债权人是否知道夫妻之间关于分别财产制的约定，一般而言，如果债权人知道，则相应负债视为个人债务，如果债权人不知道，则相应负债视为共同债务。但需要强调的是，必须综合分析上述三个方面才能准确定性，不能孤立地只看一个方面。

具体而言，下列情形下的负债被认定为个人债务：①一方婚前所负债务，

婚姻家庭继承法学

除非债权人能够证明所负债务用于婚后家庭共同生活。②一方以个人名义在婚姻关系存续期间所负债务,且与债权人明确约定为个人债务的。③一方个人名义在婚姻关系存续期间所负债务,且债权人知道其夫妻之间实行分别财产制。最高人民法院发布的《关于审理离婚案件处理财产分割问题的若干具体意见》(以下简称"最高院关于财产分割问题的若干意见")对个人债务作了如下补充规定:①夫妻双方约定由个人负担的债务,但以逃避债务为目的的除外;②一方未经对方同意,擅自资助与其没有抚养义务的亲朋所负的债务;③一方未经对方同意,独自筹资从事经营活动,其收入确未用于共同生活所负的债务;④其他个人债务。

夫妻为维持其共同生活所负债务应被认定为共同债务。根据最高院司法解释文件,一方婚前负债但用于婚后家庭共同生活的债务,债权人可向债务人的配偶主张权利。而且,婚姻关系存续期间夫妻一方以个人名义所负债务一般也被认定为夫妻共同债务,除非债务人已与债权人明确约定为个人债务或债权人知道债务人与其配偶约定了分别财产制。

对于夫妻共同债务,应以夫妻共同财产偿还。如夫妻共同财产不足以清偿夫妻共同债务,或者夫妻之间实行分别财产制,则共同债务由双方协议清偿;双方无法达成协议时,由人民法院判决当事人各方清偿的份额。

需要强调的是,虽然当事人协议或司法判决会对各方清偿的份额加以规定,但这都不能改变夫妻就其共同债务承担连带清偿责任的原则。最高人民法院《婚姻法司法解释二》明确规定:当事人的离婚协议或者人民法院的判决书、裁定书、调解书已经对夫妻财产分割问题作出处理的,债权人仍有权就夫妻共同债务向男女双方主张权利。一方就共同债务承担连带清偿责任后,基于离婚协议或者人民法院的法律文书向另一方主张追偿的,人民法院应当支持。夫或妻一方死亡的,生存一方应当对婚姻关系存续期间的共同债务承担连带清偿责任。

二、离婚在父母子女关系方面的法律后果

(一) 离婚不消除父母子女关系

婚姻关系与父母子女关系的产生依据有所不同,夫与妻结婚这一法律行为使彼此之间产生婚姻关系,而父母子女关系则是由子女出生的法律事实建立的。因此,即使夫妻之间通过离婚解除双方的婚姻关系,也不影响其与子女之间基于血缘联系而成立的法律关系。我国《婚姻法》第36条第1款和第2款明确规定:"父母与子女间的关系,不因父母离婚而消除。离婚后,子女无论由父或母直接抚养，仍是父母双方的子女。离婚后，父母对于子女仍有抚养和教育的权利和义务。"可见，在离婚后，父母与子女之间仍一如既往地存在法定权利义务关系，父母既要抚养孩子，也要教育孩子，而孩子成年后亦负有赡养双亲的义务和责任。

上述规定没有区分生父母子女关系、养父母子女关系和继父母子女关系，那么可以推定，一般而言，无论何种父母子女关系均应适用上述规定。但继父母子女关系可能会有多种情形，因而继父、继母与生母、生父离婚后继父母子女关系是否存在应当区分具体情况来处理：（1）如继父母子女之间已经建立起抚养教育关系，且继子女已经成年，则拟制的继父母子女关系并不随着夫妻离婚而解除。（2）如继父母子女之间已经建立起抚养教育关系，而继子女尚未成年，则拟制的继父母子女关系在夫妻离婚后是否存续取决于继父或继母在离婚后是否继续抚养继子女。如果其继续抚养继子女且得到生父或生母的同意或认可，则继父母子女关系依然存续，如果其停止抚养继子女，则继父母子女关系消灭。（3）如继父母之间并未建立起抚养教育关系，则夫妻离婚后继父母子女关系也随之消灭。

（二）离婚后子女的抚养归属

当婚姻关系存续时，子女随父母共同生活，当婚姻关系解体时，父母不再共同生活，此时子女只能随一方生活。确定子女究竟随哪一方生活，就是确定离婚后子女的抚养归属所要解决的问题。关于这方面，《婚姻法》第36条第3款规定："离婚后，哺乳期内的子女，以随哺乳的母亲抚养为原则。哺乳期后的子女，如双方因抚养问题发生争执不能达成协议时，由人民法院根据子女的权益和双方的具体情况判决。"

在审判实践中，人民法院在处理这一问题时主要参考最高人民法院发布的《关于人民法院审理离婚案件处理子女抚养问题的若干具体意见》（以下简称"最高院关于子女抚养问题的若干意见"），区分子女的年龄段采取不同的处理方法：

1. 两周岁以下的子女一般随母亲生活

这个年龄段的幼小子女仍有哺乳等只有母亲才能满足的需要，因此两周岁以下的子女以随母亲生活为宜。当然，如果父母双方达成协议由父亲带着子女一起生活也是可以的，但必须保证对子女的健康成长无不利影响。但是如果母亲有如下情形之一，子女可随父亲生活：（1）患有久治不愈的传染性疾病或其他严重疾病，子女不宜与其共同生活的；（2）有抚养条件不尽抚养义务，而父亲要求子女随其生活的；（3）因其他原因，子女确无法随母亲生活的。

2. 两周岁以上未成年的子女以维护子女最大利益为原则确定抚养方

对于这个年龄段的子女，应当以维护其最大利益为原则，综合考虑父母双方的经济条件、身体和精神健康情况、文化素质、道德水平及其与子女的感情等因素，来确定子女随何方生活。父母一方有如下情形之一的，可以优先考虑判决子女随其生活：其已做绝育手术或因其他原因丧失生育能力的；子女随其生活时间较长，改变生活环境对子女健康成长明显不利的；其没有其他子女，而另一方有其他子女的；子女随其生活，对子女成长有利，而另一方患有久治不愈的传染性疾病或其他严重疾病，或者有其他不利于子女身心健康的情形，不宜与子女共同生活的；双方抚养子女的条件基本相同，且均要求子女与其共同生活，但子女单独随祖父母或外祖父母共同生活多年，且祖父母或外祖父母要求并且有能力帮助子女照顾孙子女或外孙子女的，可优先考虑让子女随该方生活。

3. 10周岁以上未成年子女的自身意愿应予考虑

父母对于10周岁以上未成年子女究竟随何方生活不能达成协议的，人民法院在判决时应当适当考虑该子女自身的意愿。

关于继子女与养子女的直接抚养方，最高院关于子女抚养问题的若干意见规定：生父与继母或生母与继父离婚时，对曾受其抚养教育的继子女不同意继续抚养的，仍由生父母抚养。我国收养法施行前，夫或妻一方收养的子女，对方未表示反对的，并与该子女形成事实收养关系的，离婚后，应由双方负担子女的抚养费；夫或妻一方收养的子女，对方始终反对的，离婚后，应由收养方直接抚养该子女。我国自1991年发布收养法以来便规定，有配偶者收养子女，须夫妻共同收养，所以该法实施后便不存在一方收养子女的问题。

离婚后，子女的抚养归属可因父母抚养条件的变化或者子女的要求而变更。要变更子女的抚养归属，父母双方可先予协商，无法达成协议时，可向人民法院提起诉讼要求变更子女抚养归属。最高院关于子女抚养问题的若干意见规定：一方要求变更子女抚养关系有下列情形之一，人民法院应予支持：与子女共同生活的一方因患严重疾病或因伤残无力继续抚养子女的；与子女共同生活的一方不尽抚养义务或有虐待子女行为，或其与子女共同生活对子女身心健康确有不利影响的；10周岁以上未成年子女，愿随另一方生活，该方又有抚养能力的；有其他正当理由需要变更的。

（三）离婚后子女抚育费的分担和变更

父母双方都有抚养子女的义务，离婚时确定子女抚养归属只是确定子女日常生活随父母一方起居，并不免除另一方抚养子女的义务。对于子女不随其生活的一方父母来说，给付一定额度的抚育费是其承担抚养义务的重要表现。《婚姻法》第37条规定："离婚后，一方抚养的子女，另一方应负担必要的生活费和教育费的一部或全部，负担费用的多少和期限的长短，由双方协议；协议不成时，由人民法院判决。关于子女生活费和教育费的协议或判决，不妨碍子女在必要时向父母任何一方提出超过协议或判决原定数额的合理要求。"

关于抚育费的具体额度，最高院关于子女抚养问题的若干意见规定：有固定收入的，抚养费一般可按其月总收入的20%～30%的比例给付，负担两个以上子女抚养费的，比例可适当提高，但一般不得超过月总收入的50%；无固定收入的，抚养费的数额可依据当年总收入或同行业平均收入，参照上述比例确定；有特殊情况的，可适当提高或降低上述比例。

（四）不直接抚养子女一方享有探望权

给付抚育费是不直接抚养子女一方的义务，而享有探望权则是其权利。所谓探望权，是指因离婚而与子女分开生活、不直接抚养子女的父或母定期或不定期探望子女或与子女共处的权利。虽然此类父母不与子女共同生活，但其仍是子女的监护人，仍对子女有抚养和教育的权利和义务，赋予其探望权能够保障其与子女的感情联络并有助于促进子女的健康成长。

有关探望权的规定是2001年婚姻法修订中新增加的内容。在此之前，相关规定只有司法解释文件关于离异夫妻对子女的监护权方面的规定，即最高人民法院民法通则意见第21条规定："夫妻离婚后，与子女共同生活的一方无权取消对方对该子女的监护权。但是，未与该子女共同生活的一方，对该子女有犯罪行为、虐待行为或者对该子女明显不利的，人民法院认为可以取消的除外。"该条关于监护权的规定比较笼统，实践中，离婚后的父母经常在探望子女方面产生分歧，甚至一方挟私阻挠另一方的探望活动，使另一方深受痛苦，也给子女的成长带来阴影。

为此，2001年修订婚姻法时，特意在第38条明确规定："离婚后，不直接抚养子女的父或母，有探望子女的权利，另一方有协助的义务。行使探望权利的方式、时间由当事人协议；协议不成时，由人民法院判决。父或母探望子女，不利于子女身心健康的，由人民法院依法中止探望的权利；中止的事由消失后，应当恢复探望的权利。"如果人民法院作出的生效的离婚判决中未涉及探望权，当事人就探望权问题单独提起诉讼的，人民法院应予受理。

一般来说，在离婚之际，夫妻双方应就探望权的行使进行具体的协商，主要是未与子女共同生活的一方于何时何地以何种方式探望子女，另一方应给予何种协助等，相关内容还可听取子女自己的意愿。当形势发生变化，父母行使

婚姻家庭继承法学

探望权不利于子女身心健康时，未成年子女、直接抚养子女的父或母及其他对未成年子女负担抚养、教育义务的法定监护人，有权向人民法院提出中止探望权的请求。人民法院在征询双方当事人意见后，认为需要中止行使探望权的，依法作出裁定。中止探望的情形消失后，人民法院应当根据当事人的申请通知其恢复探望权的行使。

三、离婚救济制度

离婚救济制度是法律为离婚过程中权利受到损害一方提供的权利救济方式，或者是为弱势一方提供的法律救助手段。2001年婚姻法修正案首次在我国设立较为完善的离婚救济制度体系，在原婚姻法规定的离婚时应对困难一方给予经济帮助的基础上，增设了离婚损害赔偿制度及家务劳动补偿制度，强化了经济帮助的内容制度，构建起完整的离婚救济制度体系。它反映了立法界有关离婚指导思想的重大变化，由保障离婚自由、反对轻率离婚发展为保障离婚自由、实现保护弱者利益的社会正义与法律公平。

（一）家务劳动补偿制度

《婚姻法》第40条规定："夫妻书面约定婚姻关系存续期间所得的财产归各自所有，一方因抚育子女、照料老人、协助另一方工作等付出较多义务的，离婚时有权向另一方请求补偿，另一方应当予以补偿。"

有关调查研究表明：改革开放以来，总的社会经济形势好转，女性的经济收入在不断提高，但其经济地位依然无法与男性相抗衡，同时女性仍然承担着家庭中大部分家务劳动。我们不能无视两性自然差别追求两性从事绝对等量的家务劳动，但确有必要防止这种自然分工在劳动价值的计量上造成婚姻中两性之间的不公平。确立家务劳动补偿制度正是这种思潮的立法表现。这一制度规定，当婚姻解体时，为家庭付出较多劳动以至在自身工作或事业中有所牺牲的一方有权得到补偿，以弥补其因离婚而使已经付出的劳动无法得到回报而造成的损失。

但目前来说，适用家务劳动补偿制度有着相当严格的限制。如果将上述规定条分缕析，这一制度的适用条件包括：（1）夫妻书面约定婚姻关系存续期间所得的财产归各自所有；（2）一方因抚育子女、照料老人、协助另一方工作等付出较多义务的；（3）家务劳动补偿请求权必须在离婚时行使。

（二）离婚损害赔偿制度

《婚姻法》第46条规定："有下列情形之一，导致离婚的，无过错方有权请求损害赔偿：（1）重婚的；（2）有配偶者与他人同居的；（3）实施家庭暴力的;(4)虐待、遗弃家庭成员的。"《婚姻法司法解释一》有关规定在对该条进行解释的同时,使无过错方的损害赔偿权的行使更具有可操作性。

(三) 经济帮助制度

我国从1950年婚姻法开始即在离婚制度中规定了经济帮助制度,此后虽一再修订婚姻法亦未尝有所改动。现行《婚姻法》第42条规定:"离婚时,如一方生活困难,另一方应从其住房等个人财产中给予适当帮助。具体办法由双方协议,协议不成时,由人民法院判决。"根据《婚姻法司法解释(一)》第27条的规定,上述法条可作如下理解:这里所称"一方生活困难",是指依靠个人财产和离婚时分得的财产无法维持当地基本生活水平;一方离婚后没有住处的,属于生活困难;离婚时,一方以个人财产中的住房对生活困难者进行帮助的形式,可以是房屋的居住权或者房屋的所有权。

由此可见,我国婚姻法所确立的经济帮助制度,有着多层次的内涵:(1)首先应明确,如离婚时一方生活困难,则给予其适当帮助是另一方的义务和责任。如果双方不能就此达成协议,人民法院可以判决另一方给予其帮助。(2)给予经济帮助的形式是多样的,可以是短期或一次性的,也可以是长期的,可以是物质或财产方面的,也可以是生活方面的照料,具体采取何种方式对经济困难方给予帮助,取决于经济困难方的需要和提供帮助方的能力。(3)对于一方离婚后没有住处的,住房方面的经济帮助非常重要,其形式可以是房屋的居住权,也可以是房屋的所有权,旨在使无房居住方能够有庇身之所。如在经济帮助期间,经济困难方另行结婚,或者其经济状况好转足以维持当地平均生活水平,则提供帮助方可申请终止给付。

当前,我国的社会保障体系尚不完善,离婚后当事人的福利仍在相当程度上依赖原婚姻中的伴侣,其根据何在?我国学者并无明确的理论解释,但笔者以为存在这样的社会观念:当时居主流地位的婚姻观视婚姻为神圣的、长久的结合,当事人之间的关系至为密切,离婚多是出于不得已之情由,即使婚姻破裂,当事人之间的关系无论在其自身看来还是在他人看来依然是特殊的,因此在无其他救济手段时求助于曾经的配偶也是情理之中。

案例:蔡某(男)和张某(女)于1997年经介绍认识,1998年1月登记结婚。婚后,因张某为职业运动员,经常在外训练和参赛,双方聚少离多缺乏交流,在工作、学习和生活等诸多方面都产生分歧,影响了夫妻感情,也没有养育子女。自1999年9月,张某长期居住父母家,从那以后两人开始分居。其间,虽有相关机构参与调解,两人关系也未有改善。

后经协调，双方都同意离婚，但对于财产分割问题始终未能达成一致。

双方诉争财产主要包括：张某于1998年3月在国际比赛中夺冠后所获金牌一枚、政府奖励40万元、民间组织奖励20万元以及某公司赠送的纯金纪念品一件；张某为某商品代言获厂家给付报酬10万元。此外，还涉及两处房产：一是张某夺冠后，单位于1998年6月按照有关政策分配的一套公有房屋，由张某承租，但双方均未居住；二是2000年11月，某公司与张某签订捐赠协议书，表示愿赠与张某一套商品房，但该房尚未交付使用，亦未办理房产证。

蔡某认为上诉财产系夫妻共同财产，应在离婚时平均分割，而张某认为这些财产系自己在运动生涯中付出巨大努力才争取到的财富，蔡某要求平均分割财产对自己不公平。双方争执不下，张某于2002年3月诉至法院请求判决离婚。

评析：对于离婚案件的财产分割问题，我们在分析和处理时要首先明确一个前提，即所谓分割财产，是指分割夫妻共同财产，夫妻一方所有的财产应由其自行取回，不存在分割的问题。但实践中可能会出现财产所有权归属不明确的情况，比如本案当事人蔡某和张某对于系争财产究属张某个人财产还是夫妻共同财产就存在着重大分歧，由此影响到双方当事人对离婚事宜的协商和安排。所以，离婚案件的财产分割，往往以划分当事人个人财产和夫妻共同财产为首要工作，明确了财产归属也就大致明确了财产分配方案。

我国婚姻财产制度大致可分为约定财产制和法定财产制。约定财产制是指夫妻可依法约定其婚前财产、婚后财产的占有、使用、收益、处分等事项。法定财产制是在夫妻没有约定的情形下适用的。按照我国《婚姻法》第17条和第18条的规定，可知：夫妻共同财产包括夫妻在婚姻关系存续期间所得的工资、奖金，生产、经营的收益，知识产权的收益，继承或赠与所得的财产（遗嘱或赠与合同中确定只归夫或妻一方的财产除外），及其他应当归共同所有的财产；夫妻个人财产则包括一方的婚前财产，一方因身体受到伤害获得的医疗费、残疾人生活补助费等费用，遗嘱或赠与合同中确定只归夫或妻一方的财产，一方专用的生活用品及其他应当归一方的财产。除此之外，对于法律没有明确规定的财产，我们应综合考虑取得财产的时间、财产的具体来源、财产的性质是否与人身有不可分割的联系等因素来认定其所有权归属。

本案中，双方诉争财产包括张某所获奖牌一枚、张某所获奖金或赠品若干、张某所获劳动报酬若干，以及张某对单位公房享有的承租权和张某接受赠与的一套房产。其中，奖牌虽也代表一定价值的财产，但更重要的是，它代表着公众和社会对张某运动技能的认可和表彰，就此而言，奖牌与张某具有不可分割的人身联系，它应是专属于张某所有的。至于张某因其出色的运动成绩而荣获的官方奖励，可归入其婚后的奖金收入，应认定为夫妻共同财产。而张某夺冠后所接受的民间捐赠，因赠与方并未明确表示该赠与财产仅归张某个人所有或明确排除其夫蔡某或其他可能享有权益的主体，故这些财产应被认定为夫妻共同财产。但应注意的是，2000年11月，某房产公司签署捐赠协议，表示要赠与张某一套房产，但其后既未交付使用亦未办理过户，就法律效力而言，张某尚未取得该项财产，所以对于这套房产，法院暂不作裁断为妥。张某代言广告所获劳动报酬，属于婚后工资类收入，自当归入夫妻共同财产。至于张某单位公房的承租权，按照最高院1996年公布的《关于审理离婚案件中公房使用、承租若干问题的解答》，张某获得这套公房的承租权是在结婚之前，且张某与蔡某之间的婚姻关系存续未满5年，所以这项承租权应认定为张某婚前财产（权），由张某个人享有。

综上，张某所获奖牌及其对单位公房的承租权都应认定为其个人财产，张某婚后取得的官方奖励、民间赠与财产应认定为夫妻共有财产。那么，分割财产应针对这些夫妻共同财产来进行。在进一步确定财产份额时，也要注意结合具体案情全盘把握、综合考虑。比如，本案中，张某与蔡某结婚时间不长，其间双方共同生活不够和睦，彼此之间的支持和关心较少，因此一方对另一方所取得的成就和财产贡献也是比较有限的，在这种情形下，分割财产就不宜平均分配，而应合理分配。

第十章 救助措施与法律责任

【本章重点难点提示】 本章学习重点是明确各救助机构所实施的救助措施的内容；掌握婚姻法规定的法律责任。难点在于掌握救助措施与法律责任的关系以及如何实施离婚损害赔偿制度。

第一节 救助措施与法律责任概述

一、救助措施与法律责任的概念

权利是法律赋予的，同时受法律保护。为了保证权利的实现，法律必须为权利的实现设立相应的保障，一方面要预防侵害的发生，另一方面还应在预防失效情况下的予以救济。救助措施与法律责任是最常见的救济手段。

救助措施，是指当权利主体在实现自己权利过程中遇到障碍或受到侵害时，法律允许权利主体或国家和社会的有关组织依法采取的各种旨在保护或恢复权利的手段和方法。救济措施大致可分为两种，即自力救济和公力救济。自力救济是指权利人自己采取各种合法手段保护自己的权益不受侵犯。如正当防卫、紧急避险、自助行为等；公力救济是指当法律确认的权利受到侵犯时，由国家机关给予保护。如权利人的权利受到侵犯时，可以请求行政机关、司法机关予以保护。

法律责任，是指行为人因其行为违反了法律规定而必须承担的制裁性法律后果。在我国，法律责任按其性质不同分为民事法律责任、行政法律责任、刑事法律责任。不同的违法行为应承担不同的法律责任。民事法律责任、行政法律责任和刑事法律责任三者之间，责任的性质不同，法律强制的程度不同，承担的原则也不同。一项违法行为可能只需要成一种法律责任，也可能要同时承担几种法律责任。

第十章　救助措施与法律责任

二、婚姻法规定救助措施与法律责任的意义

在我国，无论是1950年的婚姻法还是1980年的婚姻法，都十分缺乏有关法律责任的规定。在1950年《婚姻法》中，只有第26条规定了"违反本法者，依法制裁。凡因干涉婚姻自由而引起被干涉者死亡或伤害者，干涉者一律应并负刑事的责任"。1980年《婚姻法》也只是在其第五章第34条简单规定："违反本法者，得分别情况，依法予以行政处分或法律制裁。"这样的规定不仅笼统，没有突出婚姻法的特点，而且在法律用语上也很不规范，因此使得婚姻法的实施力度大打折扣，实际上造成了婚姻法没有罚则的局面。针对这一现状，2001年修改婚姻法时，增设了"救助措施与法律责任"一章，不仅规定了家庭暴力、虐待、遗弃、重婚、有配偶者与他人同居的民事责任，增设了离婚损害赔偿制度，而且重申了要依法追究侵犯婚姻家庭权益行为的行政、刑事法律责任，强调了有关单位特别是司法机关在制止侵害婚姻家庭权益违法行为方面应负的责任。这些规定，不仅有利于切实保障了公民的婚姻家庭权益，增强了婚姻法的权威性和可操作性，而且完善了我国的婚姻家庭立法，具有十分重要的意义。

婚姻法规定救助措施和法律责任，充分体现了法律调整婚姻家庭关系的必要性、重要性。由于婚姻家庭本身是一个伦理实体，因而在婚姻家庭领域，许多问题并不一定都通过法律途径来解决，道德的作用往往更为人们所重视。但是，社会对人们在婚姻家庭中的一般要求和人们在婚姻家庭中的权利需要由法律来确认，那些违反婚姻家庭义务行为的责任以及权利受损者的救济途径也需要由法律来规定；没有法律的保障，道德的威力也会大打折扣。在婚姻家庭领域，"法治"与"德治"应该相辅相成，协调统一，并形成良性互动。社会主义的伦理道德建设应该为婚姻家庭领域的立法、司法、守法提供良好的社会环境和舆论支持；而婚姻家庭领域的法律则应该反映社会主义道德的要求，为弘扬社会主义的伦理道德提供制度上的保障，对于那些在道德上具有正当性、合理性的内容，法律上就应该提倡；对于那些违反道德特别是那些严重违反道德、民众反应强烈的行为，法律就应该否定，直至让其承担相应的法律责任。2001年修正的婚姻法增设"救助措施与法律责任"一章，充分反映了立法者对法律调整婚姻家庭关系的必要性、重要性有着深刻的认识，同时也标志着我国婚姻家庭立法在指导思想上有了重大的突破。

救助措施与法律责任并列，体现了婚姻法自身的特色。由于婚姻法作为规范婚姻家庭关系的发生、变更和终止，以及由此所产生的特定亲属之间权利义

婚姻家庭继承法学

务关系的法律,在内容上具有浓厚的伦理性和强烈的民族性、传统性;在调整方式上采用了较多的强行性规范。婚姻法的这些特点决定了没有法律责任不行,没有独具特色的法律责任也不行。对于家庭成员之间发生的问题,由于权利义务主体之间存在着特殊(亲属)的、长期(不是一次性)的、有些甚至是不可变更(如自然血亲)的关系,因此对于发生在家庭成员之间的纠纷和侵权、甚至是犯罪,在处理时首先要考虑的是如何保护受害的权益,如何为受害者提供切实的帮助,如何使受害者更有效地摆脱不利的处境,如何找到对受害者更有利的救济途径。即使对侵害者进行惩治,其最终目的也是为了制止其侵害家庭成员的行为,避免受害者再次受害。基于这种出发点,2001年修正后的婚姻法把救助措施与法律责任同时规定并特别突出了民事责任是完全必要的,这不仅可以有助于法律责任的落实,而且有助于法律作用的发挥和最终目的的实现,充分体现了婚姻法的自身特点,有利于最大限度地保护婚姻当事人的合法权益。

第二节 救助措施

一、请求救助的主体

婚姻家庭权益受到侵犯的受害人,有权请求负有实施救助责任的有关组织和部门予以救助。而且,在一般情况下,有关组织和部门实施救助,都应由受害人提出请求下。也就是说当事人不申请,救助机关一般不主动采取救助措施介入。法律没有赋予救助机关主动介入家庭纠纷和冲突的权力,是对当事人权利的尊重。当然这只是针对未构成犯罪以及当事人告诉才处理的家庭成员间的犯罪行为。法律规定需要由公安机关侦查、检察机关提起公诉的,则受害人即使没有提出请求,公安机关也应当依法侦查、人民检察院则应当依法提起公诉。

二、救助措施的义务主体及其职能

根据婚姻法、妇女权益保障法、未成年人保护法、老年人权益保障法、残疾人保障法等法律的规定,实施救助措施的义务主体主要是由居民委员会、村民委员会等城乡基层群众性自治组织、社会团体、当事人所在单位、公安、民政、司法行政等部门以及司法机关。

(一) 居（村）民委员会

居（村）民委员会是我国村民、居民自我管理、自我教育、自我服务的基层群众性自治组织，对所辖范围内的各个家庭及其成员有一定的了解，对解决辖区内家庭矛盾有一定的优势。

根据《中华人民共和国城市居民委员会组织法》的有关规定，居民委员会的基本职能和任务就包括办理本居住区居民的公共事务和公益事业、调解民间纠纷、协助维护社会治安等。而村民委员会为中国大陆地区乡（镇）所辖的行政村的村民选举产生的群众性自治组织，根据《中华人民共和国村民委员会组织法》第2条，村民委员会是村民自我管理、自我教育、自我服务的基层群众性自治组织，实行民主选举、民主决策、民主管理、民主监督。村民委员会办理本村的公共事务和公益事业，调解民间纠纷，协助维护社会治安，向人民政府反映村民的意见、要求和提出建议。

对实施家庭暴力或虐待家庭成员的，受害人有权提出请求，居民委员会、村民委员会以及所在单位应当予以劝阻、调解。

(二) 人民调解委员会

人民调解委员会我国基层解决人民内部纠纷的群众性自治组织。人民调解委员会在城市以居民委员会为单位，农村以村民委员会为单位建立。其任务是：及时发现纠纷，迅速解决争端、防止矛盾激化，预防、减少犯罪的发生等，现实中其主要工作是：调解婚姻、继承、赡养、抚养、扶养、家庭、房屋宅基地、债务、邻里、赔偿及其他民间纠纷，向群众宣传法律、法规、规章和政策等。

依照司法部《人民调解工作若干规定》法律规定，人民调解委员会在基层人民政府和基层人民法院的指导下开展工作，用调解的方法解决一般的民事纠纷和轻微的刑事案件。经调解自愿达成的协议，当事人应自觉履行，不愿调解或调解不成或调解后反悔的，一方或双方当事人可以向人民法院起诉。人民调解委员会不是国家司法机关的组成部分，也不是一级行政组织，它的活动及结果不具有法律和行政的强制性。

人民调解法已进入立法程序，2008年年底前，司法部已向国务院法制办递交了《中华人民共和国人民调解法》草案征求意见稿，一部专门的人民调解法有望在不久的将来出台，人民调解制度将更加完善。

(三) 所在单位

所在单位即家庭成员双方工作、学习的国家机关、团体、企业和事业单位，一般对当事人的情况较为熟悉，由于其两者之间存在行政上的隶属关系，而且单位一般也设有工会、妇联等维权组织，其作为救助机关有着得天独厚的优势，在实践中，单位在为家庭成员所做的也是劝阻与调解工作，一般也容易产生积极的效果。

（四）公安机关

公安机关是人民政府的重要组成部分，是国家的行政机关，同时它又担负着刑事案件的侦查任务，因而它又是国家的司法机关之一。公安机关是政府的一个职能部门，依法管理社会治安，行使国家的行政权，同时公安机关又依法侦查刑事案件，行使国家的司法权。公安机关的性质具有双重性，即既有行政性又有司法性。

在我国，人民群众对公安机关怀有极高的崇敬心理，而针对婚姻家庭领域的此类纠纷，公安机关主要体现在反家庭暴力中的作用及出警义务。公安机关应当设立家庭暴力案件投诉点，将家庭暴力报警纳入"110"出警工作范围，并按照《"110"接出警规则》的有关规定对家庭暴力求助投诉及时进行处理。对涉及家庭暴力及其他虐待遗弃家庭成员案件，公安机关应当根据不同情况，依法及时作出处理：

对情节轻微的家庭暴力案件，应当遵循既要维护受害人的合法权益，又要维护家庭团结，坚持调解的原则，对施暴者予以批评、训诫，告知其应承担的法律责任及相应的后果，防范和制止事态扩大；对违反治安管理规定的，依据《中华人民共和国治安管理处罚法》予以处罚；对构成犯罪的，依法立案侦查，做好调查取证工作，追究其刑事责任；对属于告诉才处理的虐待案件和受害人有证据证明的轻伤害案件，应当告知受害人或其法定代理人、近亲属直接向人民法院起诉，并及时将案件材料和有关证据移送有管辖权的人民法院。

（五）人民法院

人民法院是国家的审判机关。对遗弃家庭成员，受害人向人民法院提出民事诉讼请求的，人民法院应当依法作出支付扶养费、抚养费、赡养费的判决。而对于家庭成员重婚的、实施家庭暴力或虐待、遗弃家庭成员构成犯罪的，是人民法院实施救助措施追究加害者法律责任的前提。

（六）人民检察院

人民检察院是国家的法律监督机关，行使国家的检察权，有审查批准逮捕、决定起诉并出席法庭支持公诉的职能，并受理公民控告、申诉和检举。检察机关对此类案件的立案监督义务。人民检察院认为公安机关应当立案侦查而未立案的家庭暴力案件，或者受害人认为公安机关应当立案侦查而未立案的案件，人民检察院认为公安机关不立案的理由不能成立的，应当通知公安机关依法立案,公安机关应予立案。

对家庭成员重婚的,对实施家庭暴力或虐待、遗弃家庭成员构成犯罪的,依法追究刑事责任。受害人可以依照《刑事诉讼法》的有关规定,向人民法院自诉;公安机关应当依法侦查,人民检察院应当依法提起公诉。

(七) 司法所

司法所是司法行政系统的基层单位,2004年司法部《关于创建规范化司法所工作的意见》规定:司法所是县(区、市)司法局在乡镇(街道)的派出机构,是基层政法组织的重要组成部分,担负着落实司法行政各项业务工作,向广大群众提供法律服务、法律保障和法制宣传等重要职能。司法所工作的基本职能:是指导管理人民调解工作,参与调解疑难、复杂民间纠纷。在基层政法机构体系中,司法所是基层政法组织机构之一,它与公安派出所、法庭共同构成我国乡镇(街道)一级的政法体系,成为我国基层司法运行机制中不可缺少的重要组成部分。在基层社会治安综合治理机构体系中,司法所是司法行政系统参与基层综合治理工作的重要成员单位,处在化解人民内部矛盾、预防和减少犯罪的第一线。

目前,在对家庭成员间实施家庭暴力或虐待家庭成员的,司法所主要从事的也是对双方当事人的劝阻、调解及政策解释工作。

(八) 妇联组织

妇联是中国各族各界妇女的群众组织。中华全国妇女联合会,简称全国妇联,其基本职能是代表和维护妇女利益,促进男女平等。妇女联合会实行地方组织和团体会员相结合的组织制度。按照国家的行政区划建立地方各级组织。它的全国和地方各级领导机构,由全国和地方各级妇女代表大会选举产生。机关和事业单位建立妇女委员会,厂矿企业的基层工会女职工委员会及其以上各级工会女职工委员会均是妇女联合会的团体会员。其他在民政部门注册登记的全国性和地方性的妇女团体,各行业妇女自愿组织的为社会、妇女服务的协会、联谊会、宗教团体和其他群众团体的妇女组织,自愿申请,经全国妇女联合会或当地妇女联合会同意,可作为妇女联合会的团体会员。

在对家庭成员间实施家庭暴力或虐待家庭成员的,妇联组织在现实中发挥着巨大的作用,除对受害者通常为女性提供援助、进行劝阻、调解工作外,指导妇女通过各种合法途径进行维权。

三、救助措施的适用范围

婚姻法中的救助措施,主要适用于家庭成员实施的家庭暴力、虐待、遗弃、重婚、财产侵权行为等违反法律规定，侵害婚姻家庭成员合法权益的行为。

四、救助措施的具体方法

根据婚姻法、妇女权益保障法、未成年人保护法、老年人权益保障法、残疾人保障法等法律的规定，实施救助措施的具体方式有：劝阻、劝诫、调解、制止、给予行为人行政处罚和追究其民事、刑事责任。其中居民委员会、村民委员会及所在单位的救助措施，限于劝阻、劝诫和调解；而公安机关的救助措施则是制止正在进行的家庭暴力和根据受害人的请求给予加害人以行政处罚；人民法院和检察院则是依法追究违法犯罪人的民事责任或者刑事责任。

五、救助措施的适用情形

根据婚姻法、妇女权益保障法、未成年人保护法、老年人权益保障法、残疾人保障法等法律的规定，救助措施适用于下列情形：

（1）实施家庭暴力或虐待家庭成员，受害人有权提出请求，居民委员会、村民委员会以及所在单位应当予以劝阻、调解；

对正在实施的家庭暴力，受害人有权提出请求，居民委员会、村民委员会应当予以劝阻；公安机关应当予以制止。

实施家庭暴力或虐待家庭成员，受害人提出请求的，公安机关应当依照治安管理处罚的法律规定予以行政处罚；

（2）对遗弃家庭成员，受害人有权提出请求，居民委员会、村民委员会以及所在单位应当予以劝阻、调解。

对遗弃家庭成员，受害人提出请求的，人民法院应当依法作出支付扶养费、抚养费、赡养费的判决；

（3）老年人与家庭成员因赡养、扶养或者住房、财产发生纠纷，可以要求家庭成员所在组织或者居民委员会、村民委员会调解，也可以直接向人民法院提起诉讼。

调解上述家庭纠纷时，对有过错的家庭成员，应当给予批评教育，责令改正。

人民法院对老年人追索赡养费或者扶养费的申请，可以依法裁定先予执行。

（4）父母或者其他监护人不依法履行监护职责，或者侵害未成年人合法权益的，由其所在单位或者居民委员会、村民委员会予以劝诫、制止；构成违

第十章　救助措施与法律责任

反治安管理行为的，由公安机关依法给予行政处罚。

适龄儿童、少年的父母或者其他法定监护人无正当理由未依照义务教育法规定送适龄儿童、少年入学接受义务教育的，由当地乡镇人民政府或者县级人民政府教育行政部门给予批评教育，责令限期改正。

（5）对重婚的，对实施家庭暴力或虐待、遗弃家庭成员构成犯罪的，依法追究刑事责任。受害人可以依照刑事诉讼法的有关规定，向人民法院自诉；公安机关应当依法侦查，人民检察院应当依法提起公诉。

案例：2008年9月26日，××省××区法院发出了全省第一份人身安全保护裁定。当年9月3日，罗某以其丈夫陈某大男子主义思想严重，导致夫妻感情破裂为由，向该区法院起诉离婚。而后，陈某多次威胁要与其同归于尽，并对罗某进行殴打，罗某当晚报警，并于次日到法院，请求对其人身安全采取保护措施。

法院实地调查和询问被告后，于9月26日对陈某发出民事裁定：禁止其威胁、殴打妻子罗某。裁定有效期3个月，送达后立即执行。同时，法官告知：在裁定有效期内，如果其继续骚扰、殴打或者威胁罗某及其亲人，法院将视情节轻重，依照《民事诉讼法》第102条的规定对其处以罚款、拘留等相关处罚。

为保证裁定的执行效果，法院还向双方居住地的公安派出所和街道办事处发出了协助执行通知书，请求它们对受害人的人身安全予以密切关注。公安派出所将该案的协助执行工作纳入当地片区民警的日常工作管理，加强了对当事人的监督保护，并及时向法院反馈信息。当地街道办事处也予以全力配合。

2008年10月20日，在法官主持庭审调解过程中，陈某当庭表态以后会善待妻子，罗某也表示愿意与其和好。双方当庭签署了"和好协议"。

法官后来在回访中了解到，陈某在夫妻双方和好后不仅再没有殴打过罗某，还主动承担起更多的家务，夫妻俩的生活已趋于平静、和谐。

评析：人身安全保护民事裁定是我国人民法院借鉴国外成功的经验并结合我国实际情况而为家庭暴力受害者提供的一项有益的新举措。该措施变事后惩罚为事前保护，其主要内容包括以下一项或多项：禁止被申请人殴打、威胁申请人或申请人的亲友；禁止被申请人骚扰、跟踪申请人，或者与申请人或者可

245

婚姻家庭继承法学

能受到伤害的未成年子女进行不受欢迎的接触等。人身安全保护裁定的签发，不仅有效防止了家庭暴力事件的再次发生，而且成功挽救了一个陷入危机的家庭，促进了家庭和睦与社会和谐。

第三节 法律责任

保障家庭成员的合法权益，既是我国婚姻法的核心内容，也是其他相关法律的重要任务。在我国已经形成了以宪法为依据，以婚姻法为主体，包括收养法、继承法、民法通则、侵权责任法、老年人权益保障法、妇女权益保障法、未成年人保护法、治安管理处罚法、刑法等法律、婚姻登记条例等行政法规在内的法律体系。对于违反法律规定，侵犯公民婚姻家庭合法权益的行为，除了依照婚姻法的规定承担法律责任外，其他法律有规定的也要依照其规定追究法律责任。我国《婚姻法》第49条规定："其他法律对有关婚姻家庭的违法行为和法律责任另有规定的，依照其规定。"

对于违反婚姻法的法律责任，应根据违法行为的性质、情节和后果的不同情况，分别追究民事法律责任、行政法律责任和刑事法律责任。对于违反婚姻法的行为人，这三种法律责任形式可以单独使用，也可以结合起来使用。

一、民事法律责任

（一）民事法律责任的概念

民事法律责任，简称为民事责任，指的是民事主体违反民事义务所应承担的民事法律后果。侵害家庭成员合法权益的民事责任是指家庭成员违反婚姻家庭义务或其他民事义务所应承担的法律后果。侵害家庭成员合法权益的民事责任实际上是对义务人所施加的一种具有强制性的约束。责任的存在目的在于督促家庭成员正确履行其应尽的义务，保证其他家庭成员权利的实现。

由于侵害家庭成员合法权益的民事责任，主要是一般侵权民事责任，因此，构成侵害家庭成员合法权益民事法律责任的要件有特定的主体、损害事实、违法行为、行为人的过错、违法行为和损害事实之间的因果关系等要素。

（二）民事法律责任的承担方式

承担民事责任的方式就是由民法规定的承担民事责任的具体形式。它体现了国家对违法行为人采取的制裁及对受侵害的权利的补救，是法院保护民事权利的具体方法和制裁违法行为的具体措施。

根据民法通则、婚姻法、继承法、收养法等法律有关规定，承担侵害家庭成员合法权益的民事责任的方式主要有：停止侵害、排除妨碍、消除危险、返还财产、恢复原状、赔偿损失、消除影响、恢复名誉、赔礼道歉、丧失继承权、丧失监护权、中止探望权、解除收养关系等。

（三）侵害家庭成员合法权益的民事法律责任

1. 离婚损害赔偿

我国《婚姻法》第46条规定："有下列情形之一，导致离婚的，无过错方有权请求损害赔偿：（一）重婚的；（二）有配偶者与他人同居的；（三）实施家庭暴力的；（四）虐待、遗弃家庭成员的。"

离婚损害赔偿制度是指由于夫妻一方有法律规定的重大过错而导致离婚的，无过错方有权要求对方向自己进行赔偿的一种法律制度。我国的1950年婚姻法、1980年婚姻法都没有关于离婚时有过错的一方应向对方承担法律责任的规定。在婚姻关系中，尽管夫妻共同生活在一个家庭中，彼此之间存在着特殊的密切关系，但不能因此而忽视夫妻双方都是一个单独的生物个体，在法律上都有独立的人格，所以，对婚姻当事人一方来讲，从对方那里获得人格尊重和不受侵犯以及当婚姻权利受到对方侵犯时应从社会和国家获得必要救济，这是一个最基本的权利要求。这种要求在道德上具有正当性，因而它应得到法律的支持，在法律上被赋予权威性。2001年修正后的婚姻法所确立的离婚损害赔偿制度，不仅是新形势下更好地保护婚姻关系中无过错方的利益的需要，而且是完善婚姻法律制度，尊重人权、保护人权的需要，体现了社会的发展与进步。

离婚损害赔偿的适用需要满足以下条件：

（1）离婚是由一方特定的重大过错造成的。即离婚是因一方有重婚、有配偶者与他人同居、实施家庭暴力、虐待、遗弃家庭成员等法律特别规定的过错导致的，不能做扩大解释。

（2）离婚损害赔偿只能由无过错方提出，损害赔偿责任的主体，为离婚诉讼当事人中无过错方的配偶，而不能涉及婚姻关系当事人以外的人。无过错方中的无过错，就是没有婚姻法第46条规定的特定过错，也不能做扩大解释。如果夫妻双方均有《婚姻法》第46条规定的过错情形，一方或者双方向对方提出离婚损害赔偿请求的，人民法院不予支持。

（3）离婚损害赔偿提出的时间要求：在婚姻关系存续期间，当事人不起诉离婚而单独依据该条规定提起损害赔偿请求的，人民法院不予受理；人民法院判决不准离婚的案件，对于当事人提出的离婚损害赔偿请求，也不予支持；符合《婚姻法》第46条规定的无过错方作为原告基于该条规定向人民法院提

婚姻家庭继承法学

起损害赔偿请求的,必须在离婚诉讼的同时提出;符合《婚姻法》第46条规定的无过错方作为被告的离婚诉讼案件,如果被告不同意离婚也不基于该条规定提起损害赔偿请求的,可以在离婚后一年内就此单独提起诉讼;无过错方作为被告的离婚诉讼案件,一审时被告未基于《婚姻法》第46条规定提出损害赔偿请求,二审期间提出的,人民法院应当进行调解,调解不成的,告知当事人在离婚后一年内另行起诉;当事人在婚姻登记机关办理离婚登记手续后,以《婚姻法》第46条规定为由向人民法院提出损害赔偿请求的,人民法院应当受理。但当事人在协议离婚时已经明确表示放弃该项请求,或者在办理离婚登记手续一年后提出的,不予支持。

(4)离婚损害赔偿的范围。《婚姻法》第46条规定的"损害赔偿",包括物质损害赔偿和精神损害赔偿。涉及精神损害赔偿的,适用最高人民法院《关于确定民事侵权精神损害赔偿责任若干问题的解释》的有关规定。

2. 夫妻一方擅自处分共有财产的民事法律责任

夫妻共同财产从性质上说,属于共同共有。夫妻在婚姻关系存续期间,无论属于双方或一方的收入,无论各自收入的数量多少,也无论其中一方有无收入,夫妻作为共同生活的伴侣,对共同财产享有平等的所有权。我国婚姻法规定"夫妻对共同所有的财产,有平等的处理权"。这就是说,在夫妻共有关系消灭之前,夫妻的共有财产是一个整体。对夫妻共同共有的财产,夫妻双方均有依法占有、使用、收益和处分的权利。因日常生活需要而处理夫妻共同财产的,任何一方均有权决定。这种情况下,任何一方对财产的处分都是合法的,不构成对另一方的侵权,因而也无须承担任何民事责任。如果夫或妻非因日常生活需要对夫妻共同财产做重要处理决定,则夫妻双方应当平等协商,取得一致意见。在没有取得一致意见的情况下,任何一方不得违背他方的意志,擅自处理。特别是对共有财产作较大的变动时,如出卖、赠与等,更应征得他方的同意,否则就侵犯了另一方对共有财产的所有权。这种擅自处分共有财产的行为,一般应认定无效,当然,如果他人有理由相信其为夫妻双方共同意思表示的,另一方不得以不同意或不知道为由对抗善意第三人。由此造成另一方的损失,由擅自处分共有财产的一方赔偿。

3. 离婚时,一方隐藏、转移、变卖、毁损夫妻共同财产,或伪造债务企图侵占另一方财产的民事责任

离婚时,一方隐藏、转移、变卖、毁损夫妻共同财产,或伪造债务企图侵占另一方财产,是一种侵犯共同财产所有权的民事侵权行为。这里所谓的隐藏是指将财产藏匿起来,不让他人发现,使另一方无法获知财产的所在从而无法

控制。转移是指私自将财产移往他处，或将资金移往其他账户，脱离另一方的掌握。变卖是指将财产折价卖给他人。毁损是指采用打碎、拆卸、涂抹等破坏性手段使物品失去原貌，失去或者部分失去原来具有的使用价值和价值。伪造债务是指制造内容虚假的债务凭证，包括合同、欠条等，欺骗对方并将该共同财产据为己有。

分割夫妻共同财产时，对隐藏、转移、变卖、毁损夫妻共同财产或伪造债务的一方，可以少分或不分。这里所指可以少分或者不分的夫妻共同财产主要是指被隐藏、转移、变卖、毁损的或者伪造的债务侵占的那一部分财产，而不是夫妻共同财产的全部。对少分的具体份额或比例以及在何种情况下可以不分，法律并没有明确规定，法院应当根据违法行为的情节和案件的具体情况作出处理。

如果隐藏、转移、变卖、毁损夫妻共同财产或伪造债务的行为发生在诉讼期间，即发生在从起诉到执行终结的期间，人民法院可以根据具体情况依照民事诉讼法的规定对实施隐藏、转移、变卖、毁损夫妻共同财产或伪造债务的一方采取强制措施。

离婚后，即离婚案件已审理终结，人民法院的有关财产分割的调解书、判决书已发生法律效力后，另一方发现有隐藏、转移、变卖、毁损夫妻共同财产或伪造债务行为的，可以向人民法院提起诉讼，请求再次分割夫妻共同财产。在分割时，关于对隐藏、转移、变卖、毁损夫妻共同财产或伪造债务的一方可以少分或者不分的原则仍应适用。当事人依此向人民法院提起诉讼，请求再次分割夫妻共同财产的诉讼时效为两年，从当事人发现之次日起计算。

离婚后，一方以尚有夫妻共同财产未处理为由向人民法院起诉请求分割的，经审查该财产确属离婚时未涉及的夫妻共同财产，人民法院应当依法予以分割。

4. 拒付抚养费、赡养费、扶养费的民事法律责任

根据我国婚姻法的规定，夫妻之间、父母子女之间负有抚养、扶养、赡养的义务，祖孙之间、兄弟姐妹之间在特定条件下也有抚养、扶养、赡养的义务。负有抚养、扶养、赡养义务的一方如果不履行抚养、扶养、赡养的义务，权利人有要求对方付给抚养费、扶养费、赡养费的权利。双方如因抚养费、扶养费、赡养费发生纠纷，可以由有关部门进行调解，或向法院提出诉讼。人民法院应当依法判决义务人给付抚养费、扶养费、赡养费。义务人不执行有关扶养费的裁判时，人民法院可依据法律强制执行。如查询、冻结、划拨被执行人存款；扣留、提取被执行人应当履行义务部分的收入；查封、扣押、冻结、拍

卖、变卖被执行人应当履行义务部分的财产；搜查被执行人及其住所或财产隐匿地；强制被执行人及有关单位、公民交付法律文书指定交付的财物或者票证；强制迁出房屋或者强制退出土地；强制被执行人执行或者委托有关单位或者其他人完成法律文书指定的行为等。有关个人和单位应负协助执行的责任。

5. 侵害家庭成员财产继承权的民事法律责任

我国《婚姻法》第24条规定"夫妻有相互继承遗产的权利"，"父母和子女有相互继承遗产的权利"。为了保护公民的财产继承权，我国专门制定了继承法对遗产的范围、法定继承人的范围、顺序、遗嘱继承、遗赠、遗赠扶养协议等问题进行规范。在实践中，侵害家庭成员财产继承权的行为主要表现为：（1）确定遗产范围不当损害其他家庭成员财产利益。（2）继承人范围确定不当损害其他家庭成员财产利益。（3）未保留胎儿应得的遗产份额。（4）通过违法遗嘱剥夺缺乏劳动能力又没有生活来源的继承人的遗产份额。（5）通过杀害其他继承人、伪造、篡改、销毁遗嘱等方式故意隐匿、侵吞或争夺遗产。

根据我国继承法的规定，对于通过不正当手段多获得的遗产应当返还给其他继承人；剥夺缺乏劳动能力又没有生活来源的继承人的遗产份额的遗嘱应认定无效；通过杀害其他继承人、伪造、篡改、销毁遗嘱等方式故意隐匿、侵吞或争夺遗产的，依法丧失继承权。

二、行政法律责任

行政法律责任是指行政法律关系主体因违反行政法律规范所应承担或应负的法律上的不利后果。它既包括了行政机关承担的行政法律责任，也包括了家庭成员之间侵权的行政法律责任。婚姻法领域中的行政法律责任既是对婚姻家庭领域违法行为的惩戒及矫正，也是对婚姻家庭权益受到侵害的公民的抚慰或补偿，同时也是对社会秩序及公共利益的保护和救治。

行政机关对违反婚姻法，侵害其他家庭成员合法权益的行为追究行政责任，其具体的表现形式主要有以下两大类：行政处罚和行政处分。根据行政处罚法规定，行政处罚的种类主要有：警告；罚款；没收违法所得、没收非法财物；责令停产停业；暂扣或者吊销许可证、暂扣或者吊销执照；行政拘留；法律、行政法规规定的其他行政处罚。根据公务员法的规定，行政处分分为：警告、记过、记大过、降级、撤职、开除。

（一）行政机关的行政法律责任

在婚姻法领域，行政机关承担的行政责任专门指行政机关侵犯行政相对人在婚姻法上的合法权益即婚姻家庭权益所引发的行政法律责任。如果行政主体的行政行为没有侵犯行政相对人在婚姻法上的合法权益，而是侵犯了行政相对人的其他合法权益，由此引发的行政责任并不构成婚姻法上的行政法律责任。如公安机关在制止家庭暴力时违法使用警械导致相对人（实施家庭暴力者）的人身伤害或死亡，由此引发的行政责任便不是婚姻法意义上的行政责任。婚姻法意义上，由行政机关承担的行政责任主要是由于行政机关未尽到保护当事人合法的婚姻家庭权益的义务或职责而引起的，而不同于其他领域主要是由行政主体的主动的侵权行为而引起的。①

婚姻法是传统的私法领域。长期以来，行政权对这一领域的介入非常有限。而且，行政主体在现实中很少通过主动的作为的方式（即积极的行政行为）来侵犯婚姻法律关系主体合法的婚姻家庭权益。尽管行政权在婚姻法领域的有限介入有时也会对婚姻法律关系主体的合法权益造成侵害（如在制止家庭暴力时处罚失当过于严厉，在保护未成年人的合法权益时违法行政等），但此时行政权所侵犯的并不是相对人合法的婚姻家庭权益，而是相对人的其他人身权或财产权。因而这种情况下的行政侵权尽管与婚姻法有关，但从本质上说并不属于婚姻法领域的行政侵权。可以说，婚姻法领域的特殊性使行政权以积极的行政行为侵犯相对人婚姻家庭权益的情况较为少见。在特殊情况下，行政主体积极的行政行为也会对婚姻法律关系主体的婚姻家庭权益造成侵害。例如，《婚姻登记条例》第18条规定："婚姻登记机关及其婚姻登记员有下列行为之一的，对直接负责的主管人员和其他直接责任人员依法给予行政处分：（一）为不符合婚姻登记条件的当事人办理婚姻登记的；（二）玩忽职守造成婚姻登记档案损失的；（三）办理婚姻登记或者补发结婚证、离婚证超过收费标准收取费用的。违反前款第（三）项规定收取的费用，应当退还当事人。"这里的"为不符合婚姻登记条件的当事人办理婚姻登记的"，如果是婚姻登记机关在一方未到场的情况下向另一方发出结婚证，而未到场的一方未达法定婚龄又不愿现在结婚，此时婚姻登记机关的发给婚姻证的行政行为即构成对未到场一方婚姻家庭权益的侵害。

在婚姻法领域较少出现行政主体的主动侵权，并不意味着行政主体不会对婚姻法律关系主体的婚姻家庭权益造成侵害。由于行政主体在婚姻法领域负有保障婚姻法主体的婚姻家庭权益得以实现或不受他人非法侵害的职责，因而行政主体在此方面的不作为就构成了对当事人合法的婚姻家庭权益的侵害。但这

---

① 李明舜：《婚姻法中的救助措施与法律责任》，法律出版社2001年版，第162～163页。

种侵害并不是通常所言的主动的侵权，而只是一种消极被动的维权不力。《妇女权益保障法》第57条第2款规定："国家机关及其工作人员未依法履行职责，对侵害妇女权益的行为未及时制止或者未给予受害妇女必要帮助，造成严重后果的，由其所在单位或者上级机关依法对直接负责的主管人员和其他直接责任人员给予行政处分。"

(二) 家庭成员违法行为的行政法律责任

1. 实施家庭暴力的行政法律责任

根据婚姻法和治安管理处罚法的规定，实施家庭暴力，受害人提出请求的，公安机关应当依照治安管理处罚的法律规定予以行政处罚。如殴打家庭成员的，或者故意伤害家庭成员身体的，处5日以上10日以下拘留，并处200元以上500元以下罚款；情节较轻的，处5日以下拘留或者500元以下罚款。如果殴打、伤害残疾人、孕妇、不满14周岁的人或者60周岁以上的家庭成员的，处10日以上15日以下拘留，并处500元以上1000元以下罚款。胁迫、诱骗不满16周岁的家庭成员进行恐怖、残忍表演或者非法限制家庭成员人身自由的，处10日以上15日以下拘留，并处500元以上1000元以下罚款；情节较轻的，处5日以上10日以下拘留，并处200元以上500元以下罚款。

2. 虐待、遗弃家庭成员的行政法律责任

虐待家庭成员，被虐待人要求处理的，或者遗弃没有独立生活能力的被扶养人的，处5日以下拘留或者警告。

3. 侮辱、诽谤60岁以上的家庭成员的行政法律责任

根据老年人权益保障法和治安管理处罚法的规定，以暴力或者其他方法公然侮辱老年人、捏造事实诽谤老年人或者虐待老年人，情节较轻的，依法应该给予治安处罚：处5日以下拘留或者500元以下罚款；情节较重的，处5日以上10日以下拘留，可以并处500元以下罚款。

4. 家庭成员盗窃、诈骗、抢夺、勒索、故意毁坏老年人财物的行政法律责任

根据老年人权益保障法和治安管理处罚法的规定，家庭成员有盗窃、诈骗、抢夺、勒索、故意毁坏老年人财物，情节较轻的，依法应该给予治安处罚：处5日以上10日以下拘留，可以并处500元以下罚款；情节较重的，处10日以上15日以下拘留，可以并处1000元以下罚款。

5. 家庭成员违法生育的行政法律责任

违反人口和计划生育法生育子女的公民，应当依法缴纳社会抚养费。未在规定的期限内足额缴纳应当缴纳的社会抚养费的，自欠缴之日起，按照国家有

关规定加收滞纳金；仍不缴纳的，由作出征收决定的计划生育行政部门依法向人民法院申请强制执行。依法应缴纳社会抚养费的人员，是国家工作人员的，还应当依法给予行政处分；其他人员还应当由其所在单位或者组织给予纪律处分。

三、刑事法律责任

刑事法律责任是指行为人因实施犯罪而承担的法律谴责和刑罚惩罚的义务。这里讲的刑事法律责任，则是指行为人因实施妨害婚姻、家庭犯罪而承担的法律谴责和刑罚惩罚的义务。妨害婚姻、家庭的犯罪，是指违反婚姻法，妨害婚姻家庭制度，危害社会的犯罪行为。它侵犯的客体是社会主义婚姻、家庭制度，其内容包括男女婚姻自由，一夫一妻制，男女权利平等，保护妇女和子女合法权益，家庭成员间有相互抚养的义务等。在客观方面表现为各种妨害婚姻、家庭制度的行为，如暴力干涉婚姻自由的行为，重婚行为，虐待行为，遗弃行为等。在1979年刑法中，专门设有妨害婚姻家庭罪一章，但在1997年刑法修订以后，刑法取消了妨害婚姻家庭罪的章名，将其所辖之罪归并入侵犯公民人身权利、民主权利罪。

（一）暴力干涉婚姻自由犯罪的刑事责任

使用暴力方法干涉他人婚姻自由的行为，构成暴力干涉婚姻自由罪。本罪亲法的客体是复杂客体，即他人的婚姻自由权利和被害人的人身权利，实践中本罪多发生在家庭成员之间，因此，其犯罪客体也可以表述为家庭成员的婚姻自由权利及人身权利。本罪在客观方面表现为使用暴力方法干涉他人婚姻自由的行为。即行为人直接对被害人使用暴力迫使其违背意志，放弃行使婚姻自由的权利。行为人使用暴力手段干涉他人的婚姻自由是本罪的本质特征，也是区分罪与非罪的主要标准。暴力手段，通常表现为殴打、捆绑、禁闭、强抢等使人的身体受到限制的方法。刑法之所以把暴力方法作为本罪构成的必备要件，是因为使用暴力方法干涉易于使被害人屈服，从而实现干涉人的目的。如果未使用暴力，只是采取口头阻止、以中断经济供给或自杀相威胁等非暴力方法干涉婚姻自由的，不构成本罪，应视为一般违反婚姻法的行为。本罪的主观方面出于故意。即行为人明知其干涉婚姻自由会阻挠、破坏他人行使婚姻自由权利，为了达到使他人按照自己的意志处理婚姻问题的目的，而希望通过对被害人施暴，迫使其就范。我国《刑法》第257条规定："以暴力干涉他人婚姻自由的，处2年以下有期徒刑或者拘役。犯前款罪，致使被害人死亡的，处2年以上7年以下有期徒刑。第一款罪，告诉的才处理。"

婚姻家庭继承法学

(二) 虐待家庭成员犯罪的刑事责任

经常以打骂、冻饿、禁闭、强迫过度劳动、有病不给治疗或其他方法肆意折磨、摧残家庭成员,情节恶劣的行为,构成虐待罪。虐待罪侵犯的客体是家庭成员间的平等权利和被害人的人身权利。在客观方面表现为对被害人的身心实行经常性的折磨和摧残的行为。虐待的手段虽然是多种多样的,但大致可分为两类:一是肉体摧残,如殴打、捆绑、有病不给医治、强迫超体力劳动等;二是精神折磨,如侮辱、咒骂、讽刺等。在具体的虐待案件中,这两种手段,可能同时使用,也可能单独使用或交替使用。但是,无论使用何种手段,这种虐待必须具有经常性、一贯性的特征,且只有情节恶劣的,才构成犯罪;考察虐待情节是否恶劣,应从虐待时间持续的长短、次数是否频繁、虐待后果是否严重以及是否对孕妇、产妇、年老、年幼、病残等无独立生活能力的特定对象进行虐待等多种因素综合认定。构成虐待罪的主体是与被虐待者之间具有一定的亲属关系或收养关系,并在一个家庭中共同生活的成员。行为人主观方面是故意,即有意识地对被害人进行肉体上或精神上的折磨和摧残。虐待的动机多种多样,动机如何,不影响犯罪的成立。

根据《刑法》第260条的规定:"虐待家庭成员,情节恶劣的,处2年以下有期徒刑、拘役或者管制。犯前款罪,致使被害人重伤、死亡的,处2年以上7年以下有期徒刑。第一款罪,告诉的才处理。"

(三) 遗弃家庭成员犯罪的刑事责任

对年老、年幼、患病或者其他无独立生活能力的家庭成员负有扶养义务而拒绝扶养,情节恶劣的行为,构成遗弃罪。遗弃罪侵犯的客体是家庭成员之间互相扶养的权利义务关系。我国婚姻法、老年人权益保障法等对家庭成员间的扶养关系作了明确的规定。如果依法负有扶养义务的人对无独立生活能力的家庭成员故意不履行扶养义务,就侵犯了家庭成员在家庭生活中享有的合法权益。本罪在客观方面表现为对没有独立生活能力的家庭成员,负有扶养义务而拒绝抚养的行为。所谓没有独立生活能力的家庭成员,是指因年幼、年老、患病、伤残等原因,没有生活来源或者生活不能自理,因而不能独立生活的家庭成员。这里的"扶养"应作广义理解,包括长辈对晚辈的抚养,晚辈对长辈的赡养,以及夫妻、兄弟姐妹等平辈间的扶养。扶养的内容,既包括对没有生活来源的被扶养人经济上的供给,也包括对生活不能自理的被扶养人生活上的照料,同时也包括精神上的慰藉。遗弃行为表现为不作为,即负有扶养义务,且能够履行扶养义务而消极的不去履行,如儿女对失去劳动能力又无经济来源的父母不承担经济供养义务,或对生活不能自理的父母不予生活照料等。本罪的主体必须是对被遗弃者负有法定扶养义务而且能够履行义务的同一家庭的成员。本罪的主观方面出于故意,即行为人明知自己应当履行扶养义务,不履行义务会使被扶养人陷于生活困境,而有意不履行扶养义务。遗弃行为只有达到情节恶劣程度的,才构成犯罪。所谓"情节恶劣",通常是指因遗弃而导致被害人病情加重的;被遗弃者因生活无着,流离失所,沿街乞讨的;致被害人贫病交加,濒于绝境的;遗弃者屡教不改的或者遗弃动机卑鄙、手段十分恶劣等情节。我国《刑法》第261条规定:"对于年老、年幼、患病或者其他没有独立生活能力的人,负有扶养义务而拒绝扶养,情节恶劣的,处5年以下有期徒刑或者管制。"

(四) 重婚犯罪的刑事责任

重婚罪,是指有配偶而与他人结婚或者明知他人有配偶而与之结婚的行为。本罪的主要特征是:本罪的客体是婚姻法规定的一夫一妻制度。贯彻一夫一妻制,就是要禁止和取缔一切公开的、隐蔽的和变相的一夫多妻、一妻多夫,就是要坚决"禁止重婚。禁止有配偶者与他人同居"。本罪在客观方面表现为自己有配偶又与他人结婚或明知他人有配偶而与之结婚的行为。重婚包括两种情况:一种是有配偶之人在夫妻关系尚未解除之前又与他人登记结婚或无配偶之人明知他人有配偶而与之登记结婚。另一种是虽未进行登记,但公开以夫妻名义共同生活在一起,男女双方以夫妻自居而不是以姘头对待且群众也认为他们是夫妻,形成事实上的婚姻关系;根据最高人民法院《关于〈婚姻登记管理条例〉施行后发生的以夫妻名义非法同居的重婚案件是否以重婚定罪处罚的批复》精神,有配偶的人与他人以夫妻名义同居生活的,仍应按重婚罪处罚。本罪的主体有两种人:一是自己有配偶,在没有依法解除婚姻关系的情况下,又与他人结婚的人,在理论上称之为重婚者;二是本人虽无配偶,但明知他人有配偶而与之结婚的人。这种人严格说来,其本身并未重婚,只是重婚的共犯,理论上称之为相婚者。本罪的主观方面只能出于故意。即有配偶的人与他人结婚或自己无配偶但明知他人有配偶而与之结婚。如果一方因受骗不知对方有配偶而与之结婚的,受骗方不构成重婚罪。实践中,并非所有的重婚行为都构成重婚罪,下列几种重婚行为,可不以重婚罪论处:有配偶的妇女因被拐卖而重婚的;夫妻一方因不堪虐待外逃而重婚的;因遭受灾害外逃而与他人重婚的。我国《刑法》第258条的规定:"有配偶而重婚的,或者明知他人有配偶而与之结婚的,处2年以下有期徒刑或者拘役。"

(五) 破坏军人婚姻犯罪的刑事责任

破坏军婚罪是指明知是现役军人的配偶而与之同居或者结婚的行为。现役军人指的是在中国人民解放军和中国人民武装警察部队服役的、具有军（警）籍和军（警）衔的军官、士兵和警官、警士及其文职干部。破坏军婚罪侵害的客体是现役军人的婚姻家庭关系，在客观方面表现为明知是现役军人的配偶而与之同居或者结婚的行为。所谓"与现役军人的配偶结婚"，是指与现役军人的配偶通过婚姻登记机关登记而形成的婚姻关系；或虽未履行结婚登记手续，但确以夫妻名义公开共同生活，从而形成事实婚姻的行为。所谓"与现役军人的配偶同居"，是指与现役军人的配偶公开或秘密地同食同住，共同姘居的行为。这种同居关系主要以非法的两性关系为基础，同时还往往伴有经济上或其他生活方面的特殊关系，但双方并不以夫妻相待。行为人主观方面出于故意，即明知对方是现役军人的配偶而与之结婚或同居，有意地破坏现役军人的婚姻家庭关系。如果行为人不知对方是现役军人配偶，或者现役军人配偶有意隐瞒事实，欺骗行为人，经查属实的，行为人不构成破坏军婚罪。如果行为人明知对方有配偶，但不知其为现役军人的配偶，而与之结婚的，应认定为重婚罪。本罪一般只对与现役军人配偶同居或结婚的一方定罪，对现役军人配偶未做处罚规定。根据《刑法》第259条，构成本罪的，处3年以下有期徒刑或者拘役。

（六）拐骗儿童犯罪的刑事责任

拐骗儿童罪，是指用蒙骗、利诱或其他方法，使不满14周岁的儿童脱离家庭或监护人的行为。拐骗儿童罪一种专以儿童为侵害对象的侵犯人身权利的犯罪，侵害的对象是未满14周岁的男、女儿童。本罪在客观方面必须具有拐骗儿童，使之脱离家庭或监护人的行为。所谓拐骗儿童脱离家庭，是指使儿童脱离与父母或其他亲属共同生活的处所。所谓拐骗儿童脱离监护人，则是指使儿童脱离父母或其他依法对儿童的人身，财产和合法权益负有监督和保护责任的人。本罪在主观方面只能是直接故意。行为有明知其拐骗儿童的行为会使儿童脱离家庭或监护人，而积极追求这种危害结果的发生。犯罪分子具有拐骗儿童使之脱离家庭或监护人的犯罪目的，如果未满14周岁的儿童因与家长或监护人负气而出走，为他人暂时收留，行为人没有拐骗儿童的目的，不能认定拐骗儿童罪。依照《刑法》第262条的规定，拐骗不满14周岁的未成年人，脱离家庭或者监护人的，处5年以下有期徒刑或者拘役。

（七）出卖亲生子女的刑事责任

关于出卖亲生子女的问题，1992年《收养法》规定得比较明确，要按遗弃罪处理。修改后的《收养法》第31条第3款规定："出卖亲生子女的，由公安部门没收非法所得，并处以罚款；构成犯罪的，依法追究刑事责任。"这一规定很显然是概括的,没有具体明确按哪个罪处罚。对此,最高人民法院、最高人民检察院、公安部和全国妇联2000年3月20日《关于打击拐卖妇女儿童犯罪有关问题的通知》中明确:"出卖亲生子女的,由公安机关依法没收非法所得,并处以罚款;以营利为目的,出卖不满14周岁子女,情节恶劣的,借收养名义拐卖儿童的,以及出卖拾捡儿童的,均应以拐卖儿童罪追究刑事责任。"据此可知,一般情况下,对那些迫于生活困难、受重男轻女思想影响而出卖亲生子女或收养子女的,可不作为犯罪处理;如果情节恶劣,则应按拐卖儿童罪追究刑事责任。我国《刑法》第240条规定,拐卖儿童罪是指以出卖为目的,有拐骗、绑架、收买、贩卖、接送、中转儿童的犯罪行为。拐卖儿童构成犯罪的,处5年以上10年以下有期徒刑,并处罚金;有拐卖儿童集团的首要分子、拐卖儿童3人以上、造成拐卖儿童或者其亲属重伤、死亡或者其他严重后果、将儿童卖往境外等情形的,处10年以上有期徒刑或者无期徒刑,并处罚金或者没收财产;情节特别严重的,处死刑,并处没收财产。

(八) 盗窃家庭成员财产犯罪的刑事责任

以非法占有为目的,秘密窃取数额较大的家庭成员财物或者多次秘密窃取家庭成员财物,确有追究刑事责任必要的,应以盗窃罪予以处罚。

1998年3月17日起施行的最高人民法院《关于审理盗窃案件具体应用法律若干问题的解释》第1条第4项规定:"偷拿自己家的财物或者近亲属的财物,一般可不按犯罪处理;对确有追究刑事责任必要的,处罚时也应与在社会上作案的有所区别。"据此可知,盗窃同一家庭成员或者近亲属的财物,确有追究刑事责任必要的才构成盗窃罪。"确有追究刑事责任必要"是盗窃同一家庭成员或者近亲属的财物行为构成犯罪的必备条件。何谓"确有追究刑事责任必要",目前没有具体的法律规定。一般认为,应针对案件的具体情况,考虑以下因素:一是情节和结果。盗窃家庭成员财产的犯罪发生在家庭内部,社会危害性相对于社会上作案要小,因此,其行为在已经达到盗窃罪基本标准的基础上,情节和后果还应比较恶劣或者比较严重,如盗窃数额巨大、以破坏性手段盗窃、盗窃残疾人、盗窃导致被害人死亡、精神失常或者其他严重结果、盗窃生产资料严重影响生产等可以认为有追究的必要;二是受害人的态度。盗窃家庭成员财产的犯罪毕竟发生在家庭成员之间,对案犯的处理与受害人直接相关,因此,盗窃家庭成员财产是否有追究的必要,还要看受害人的态度,是否立案、是否坚持要求司法机关追究行为人的刑事责任。认定盗窃家庭成员财产的犯罪时应本着既要有效地保护家庭成员的合法利益,又不扩大打击面的原则,具体分析、综合考虑。至于追究本罪刑事责任时如何与社会上作案的相区别，司法实践中的一般做法是比照同等情况的社会上的作案从宽处理，即结合案件的具体情况从轻、减轻处罚或者免除处罚。此外，对于未成年人实施了盗窃家庭成员财产的行为时，是否构成犯罪，应更加谨慎。2005年12月12日最高人民法院审判委员会第1373次会议通过的《最高人民法院关于审理未成年人刑事案件具体应用法律若干问题的解释》第9条第3款规定："已满16周岁不满18周岁的人盗窃自己家庭或者近亲属财物，或者盗窃其他亲属财物但其他亲属要求不予追究的，可不按犯罪处理。"

我国《刑法》第264条规定，盗窃公私财物，数额较大或者多次盗窃的，处3年以下有期徒刑、拘役或者管制，并处或者单处罚金；数额巨大或者有其他严重情节的，处3年以上10年以下有期徒刑，并处罚金；数额特别巨大或者有其他特别严重情节的，处10年以上有期徒刑或者无期徒刑，并处罚金或者没收财产。

（九）诈骗家庭成员财产犯罪的刑事责任

以非法占有为目的，使用虚构事实或者隐瞒真相的方法，骗取数额较大的家庭成员财物的，应以诈骗罪论处，根据《刑法》第266条规定："诈骗公私财物，数额较大的，处3年以下有期徒刑、拘役或者管制，并处或者单处罚金；数额巨大或者有其他严重情节的，处3年以上10年以下有期徒刑，并处罚金；数额特别巨大或者有其他特别严重情节的，处10年以上有期徒刑或者无期徒刑，并处罚金或者没收财产。本法另有规定的，依照规定。"

（十）抢夺家庭成员财产犯罪的刑事责任

以非法占有为目的，公然夺取家庭成员数额较大的财物的，应以抢夺罪予以处罚。根据《刑法》第267条的规定："抢夺公私财物，数字较大的，处3年以下有期徒刑、拘役或者管制，并处或者单处罚金；数额巨大或者有其他严重情节的，处3年以上10年以下有期徒刑，并处罚金；数额特别巨大或者有其他特别严重情节的，处10年以上有期徒刑或者无期徒刑，并处罚金或者没收财产。携带凶器抢夺的，依照刑法第263条的规定定罪处罚。"

（十一）故意毁坏家庭成员财产犯罪的刑事责任

家庭成员故意毁灭或者损坏其他家庭成员财物，如果数额较大或者情节严重的，一般应以故意毁坏财物罪追究刑事责任。我国《刑法》第275条规定："故意毁坏公私财物，数额较大或者有其他严重情节的，处3年以下有期徒刑、拘役或者罚金；数额巨大或者有其他特别严重情节的，处3年以上7年以下有期徒刑。"如果行为人使用放火、爆炸等危险方法毁坏家庭成员财物，而且足以危害公共安全的，则应以放火罪、爆炸罪等危害公共安全罪论处。如果故意毁坏的是家庭成员使用中的交通工具、通信设备等，由于侵犯了其他客体，则应按刑法规定的相应的犯罪处罚；

案例：1990年12月，某县农民冯某与刘女士登记结婚。2002年12月，冯某以夫妻感情破裂为由向该县法院起诉要求离婚，法院判决准予离婚。判决后，刘某不服，向某市中级法院提起上诉，要求冯某承担过错赔偿责任。在此期间，刘某又向县法院控告冯某犯有重婚罪，市中院遂中止离婚上诉案的审理。县法院在审理重婚案中查明，冯某在明知其与刘某婚姻关系尚未解除的情况下，与程某以夫妻名义同居生活，已构成重婚罪，判决冯某有期徒刑6个月。该判决生效后市中院恢复离婚上诉案的审理，因一审时刘某并未提出损害过错赔偿的请求，二审时双方也未就此达成调解协议，对此上诉理由二审法院不能径行判决，遂于2004年1月10日判决驳回上诉，维持原判，并告知其另行单独起诉。2004年年初，刘某向县法院提起诉讼，要求冯某赔偿其精神损失2万元。县法院认为冯某给刘某精神造成了损害，应当承担赔偿责任，考虑到冯某的实际情况，于3月21日作出判决，冯某赔偿刘某5000元。判决后，双方均未上诉。

评析：本案既涉及离婚、离婚损害赔偿等民事问题，也涉及重婚等刑事问题，既涉及实体问题，又涉及程序问题。法院对本案的处理是符合法律规定的。由于冯某的行为符合重婚罪的构成要件，所以按刑法给予刑事处罚；而冯某的重婚行为又符合婚姻法规定离婚理由和离婚损害赔偿的条件，所以判决冯某赔偿刘某5000元。

第十一章 婚姻家庭法附论

【本章重点难点提示】 学习本章内容，重点了解民族婚姻、涉港澳台婚姻、涉外婚姻的主要内容及特点，掌握民族婚姻的特殊规定以及区际及涉外婚姻家庭问题的法律适用。难点在于掌握区际及涉外婚姻家庭问题的法律适用。

第一节 民族婚姻家庭

一、民族婚姻家庭概述

民族婚姻家庭，是指少数民族在民族内、少数民族之间、少数民族与汉族之间的婚姻和各种不同类型的家庭关系。包括结婚、离婚、复婚、扶养、监护、收养等。①

我国除汉族外，还有 55 个少数民族。各少数民族在长期的历史发展中，由于生产条件、生活方式、文化传统、宗教信仰和风俗习惯不同，形成了自己独特的婚姻家庭习俗。在婚姻家庭领域，少数民族的习惯法起着重要的作用。为使成文法得到良好的贯彻与执行，我国 1980 年《婚姻法》第 50 条规定，民族自治地方的人民代表大会有权结合当地民族婚姻家庭的具体情况，制定变通规定。为此，一些民族自治地方颁布了贯彻执行《婚姻法》的变通或补充规定。地方立法的目的在于引导当地人民转变落后的婚姻家庭观念，同时对涉及婚姻家庭领域的实质性问题作出强制性规定，以改变习惯法中某些落后的因素。到目前为止，适用于少数民族地区的《婚姻法》变通规定主要有《新疆维吾尔自治区执行〈中华人民共和国婚姻法〉的补充规定》（1980 年 12 月 14 日通过，1981 年 1 月 1 日起执行），《西藏自治区施行〈中华人民共和国婚姻法〉的变通条例》（1981 年 4 月 18 日通过，1982 年 1 月 1 日起施行），《宁夏回族自治区执行〈中华人民共和国婚姻法〉的补充规定》（1981 年 6 月 15 日

---

① 杨大文主编：《婚姻家庭法》，中国人民大学出版社 2006 年版，第 290 页。

第十一章 婚姻家庭法附论

通过，颁布之日起施行），《内蒙古自治区执行〈中华人民共和国婚姻法〉的补充规定》（1981年9月21日通过，颁布之日起施行）。上述规定不仅适用于居住在自治区内的本族人民，而且适用于居住在自治区内的其他各少数民族。此外，一些自治州、自治县对《婚姻法》也做了变通规定，其中，四川省的甘孜、阿坝、凉山等自治州的变通规定除适用于本州的少数民族外，还适用于与少数民族结婚的汉族。青海省的循化、华隆自治县，云南省的孟连、沧源自治县的变通规定只适用于本地区少数民族中的一般群众，双方都是国家职工的，适用《婚姻法》的相关规定。

二、各自治区执行《婚姻法》补充规定或变通条例的主要内容

1. 关于结婚年龄的强制性规定

我国少数民族的结婚年龄普遍较早，有些地方的女孩在生理发育尚不健全的情况下结婚，对其生理和心理健康都造成了负面影响，不利于婚姻家庭生活的和谐与稳定。因此各自治区关于执行《婚姻法》的补充规定或变通条例均规定结婚年龄男不得早于20周岁，女不得早于18周岁。

2. 关于近亲结婚的禁止性规定

由于少数民族居住地较为集中，形成相对封闭的生活圈，而且基于文化传统和风俗习惯的影响，近亲结婚的现象较为普遍。从优生学及伦理学的角度考虑，宁夏回族自治区、新疆维吾尔自治区明确规定禁止三代以内的旁系血亲结婚，内蒙古自治区则规定大力提倡三代以内的旁系血亲不结婚。

3. 关于宗教干涉婚姻的禁止性规定

我国少数民族普遍有自己的宗教信仰，而且宗教比法律存在的时间更久远，对人们的影响更深入。因此人们按宗教习惯结婚、离婚的现象广泛存在。但宗教习惯中的一些内容对保护婚姻当事人不利，特别是结婚的非法定化，使当事人无法得到《婚姻法》的保护。而且离婚形式过于随意，在男权社会的文化背景下，很多女性的权利受到侵害。为此，新疆、西藏、宁夏回族自治区明确规定禁止用宗教干涉婚姻家庭，禁止以宗教仪式代替结婚登记。强调结婚、离婚必须履行法律手续。

4. 关于计划生育的规定

计划生育是我国的基本国策。从维护少数民族持续发展的角度考虑，我国允许各少数民族根据本民族的人口情况确定各自的法律和政策。内蒙古自治区、新疆维吾尔自治区在最初的补充规定中不提倡计划生育，但在后来的修订中则明确规定要实行计划生育。西藏自治区和宁夏回族自治区在变通规定中则

未提及计划生育问题。

5. 各自治区的其他规定

根据各少数民族婚姻家庭的特点,各自治区的补充规定或变通条例作出了有针对性的规定。例如,新疆维吾尔自治区明确规定禁止买卖婚姻和借婚姻索取财物;禁止一方用口头或文字通知对方的方法离婚。西藏自治区则明确规定废除一夫多妻,一妻多夫等落后婚姻。另外关于寡妇再婚权,宁夏回族自治区和新疆维吾尔自治区也做了明确规定。

第二节 涉港澳台婚姻家庭

一、区际婚姻家庭概述

区际婚姻家庭是指婚姻家庭关系的一方当事人是大陆居民,另一方当事人或者是香港居民,或者是澳门居民,或者是台湾居民,其内容主要包括结婚、离婚和收养。

我国对香港、澳门特别行政区实行"一国两制"的基本国策。我国中央政府对台湾地区的态度也是"一国两制",承诺其在维护祖国统一的前提下保持高度自治。因此,在法律适用上中央政府尊重香港、澳门和台湾的现行法律。

从立法模式上看,香港属于英美法系,澳门、台湾和大陆基本上属于大陆法系。虽然澳门、台湾和大陆继受了大陆法系的立法传统,但因各自的立法背景、价值观念不同,在法律内容上有很大差别,因此在法律适用上不可避免地存在着法律冲突。妥善解决这些法律冲突,是解决好区际婚姻家庭问题的关键所在。

在充分尊重香港、澳门和台湾地区法律的基础上,我国对涉港、澳、台的结婚、离婚和收养做了明确规定。

二、涉港、澳、台居民婚姻家庭的法律适用

(一)结婚

1. 婚姻当事人在内地办理结婚手续

香港、澳门、台湾的居民与内地居民结婚,如选择在大陆办理结婚手续,适用《中华人民共和国婚姻法》的规定,在实体法上应满足下列条件:(1)自愿;(2)达到法定婚龄;(3)一夫一妻;(4)双方没有禁止结婚的亲属关

系；（5）未患有禁止结婚的疾病。在程序上必须履行结婚登记手续。根据《中华人民共和国婚姻登记条例》的规定，双方应当共同到内地居民常住户口所在地的婚姻登记机关办理结婚登记。办理结婚登记时应带齐下列证件和证明材料：

内地居民应当出具：（1）本人的户口簿、身份证；（2）本人无配偶以及与对方当事人没有直系血亲和三代以内旁系血亲关系的签字声明。

香港居民、澳门居民、台湾居民应当出具下列证件和证明材料：（1）本人的有效通行证、身份证；（2）经居住地公证机构公证的本人无配偶以及与对方当事人没有直系血亲和三代以内旁系血亲关系的声明。

2. 婚姻当事人在香港办理结婚手续

香港居民与大陆居民结婚，如选择在香港办理结婚手续，适用《香港婚姻条例》，在实体法上应满足下列条件：（1）一夫一妻；（2）自愿；（3）男女双方已满16岁，已满16岁不满21岁者结婚须有指定人员的同意书；（4）没有禁止结婚的血亲和姻亲关系。

在程序上，香港现行法要求有效婚姻应进行注册登记。申请结婚的双方当事人须向注册官提出结婚申报，填写结婚申报书。登记官须在其办事处展示上述结婚申报表，即通知书，亦可在其他显眼的公众地方展示15天。公示期满后，登记官须随时应拟结婚任何一方的要求，发给订明格式的证明书。如发出上述通知后，双方不在3个月内结婚，则该项通知及一切附随程序即完全作废，必须重新发出通知，双方始可结婚。如公告期满未有人提出异议，当事人双方还必须亲自到注册官处作出无任何障碍的誓言保证，然后由注册官签发订明格式的证明书或在通知书上作出同样效力的批注。随后，当事人还必须亲自参加婚礼。婚礼在婚姻登记处或有执照之教堂举行，由婚姻登记官或神职人员主持，还必须有2名证婚人到场证婚；婚礼上必须由双方当事人、两名以上证人、主婚人在一式两份的结婚证书上签名，然后，一份交结婚当事人，另一份存登记处备案。若举行教会婚礼，则由主持婚礼之神职人员于7天之内把签名之结婚证书交婚姻登记官存档备案。香港婚姻条例规定，结婚必须获得结婚证书，婚礼必须由婚姻注册官或神职人员主持方为有效。双方当事人不得故意于婚姻注册处或领有执照的教堂以外的任何地方举行婚礼，除港督特别许可以及临终婚礼外。

3. 婚姻当事人在澳门办理结婚手续

澳门居民与大陆居民结婚，如选择在澳门办理结婚手续，适用《澳门民法典》的相关规定。在实体法上应满足下列条件：（1）男女双方合意。（2）

达到法定婚龄。男女双方均须满16岁。但16岁至18岁的未成年人结婚须达到"结婚授权",即须得到行使亲权的父母或行使监护权的监护人许可。(3)不得重婚。(4)无禁止结婚的疾病。(5)无禁止结婚的血亲关系。(6)双方不具有监护关系、保佐关系及财产管理关系的存在。

在程序上,结婚当事人应根据《民事登记法》进行婚姻登记,即通过结婚申请、张贴公告、发许可证、举行婚礼式、进行登记等步骤完成登记程序。双方当事人应先到婚姻登记局提出结婚申请,填写申请书并成交规定的文件。登记局将申请内容张贴公告8日,以便接受公众对该项婚姻有无障碍的监督,同时登记局官员进行必要的调查,在确认无障碍后,作出许可批示。在许可批示作出后90天内,在登记局由双方当事人或一方与另一方的特别委托人、登记局所派主婚人、2名证婚人、遵循公开、严肃之原则举行婚礼仪式,婚礼仪式包括宣读申请、询问授权情况、排除禁止结婚障碍、询问自愿合意情况、宣布婚姻成立,仪式之后直接进行注录式记载登记。

若为宗教婚,则须凭民事登记局签发的《结婚能力证明书》举行宗教婚礼,并于婚礼举行之后,由教区长向登记局寄送教区记录之副本,登记局将已举行婚礼仪式在有关卷宗中登录。

4. 婚姻当事人在台湾办理结婚手续

台湾居民与大陆居民结婚,如选择在台湾办理结婚手续,适用台湾"民法典"、"台湾地区与大陆地区人民关系条例"的相关规定。在实体法上应满足下列条件:(1)男满18岁,女满16岁;男满18岁不足20岁者,女满16岁不足20岁者,结婚应得到法定代理人(父母或监护人)的同意。(2)无禁止结婚的血亲关系。(3)监护人与受监护人于监护关系存续中不得结婚,但经受监护人父母同意的不在此限。(4)不得重婚。(5)因奸经判决离婚或受刑之宣告者,不得与相奸者结婚。(6)女子再婚须逾再婚禁止期间。即女子自婚姻关系消灭后非逾六个月不得再行结婚,但于六个月内已分娩者不再此限。

在程序上,台湾"民法典"要求结婚当事人举行公开仪式、有两个以上证人在场。台湾"户籍法"要求结婚者应进行结婚登记,但因"户籍法"系行政法性质,主要是规范户籍管理行为,结婚的当事人虽有义务申请在户籍上进行结婚登记,但这种登记并非婚姻有效成立的要件,不影响婚姻的有效成立。

(二)离婚

1. 婚姻当事人在大陆办理离婚手续

（1）协议离婚。香港、澳门、台湾居民与内地居民自愿离婚并就子女抚养、财产分割、债务承担等问题达成一致意见的，男女双方应当共同到内地居民常住户口所在地的婚姻登记机关办理离婚登记。根据《中华人民共和国婚姻登记条例》的相关规定，办理离婚登记时应带齐下列证件和证明材料：

内地居民应当出具：①本人的户口簿、身份证；②本人的结婚证；③双方当事人共同签署的离婚协议书。香港居民、澳门居民、台湾居民除应当出具上列第②项、第③项规定的证件、证明材料外，还应当出具本人的有效通行证、身份证。

除行政程序的协议离婚外，当事人还可以到大陆居民经常居住地所属的基层人民法院办理协议离婚，由人民法院出具调解书，双方当事人签收后发生法律效力。

（2）诉讼离婚。香港、澳门、台湾居民与内地居民无法就离婚、子女抚养、财产分割、债务承担等问题达成一致意见，如选择在大陆办理诉讼离婚，双方均可到大陆居民经常居住地所属的基层人民法院起诉，适用《中华人民共和国婚姻法》、《中华人民共和国民事诉讼法》的相关规定。

诉讼离婚的法定事由包括以下几个方面：重婚或有配偶者与他人同居的实施家庭暴力或虐待、遗弃家庭成员的；有赌博、吸毒等恶习屡教不改的；因感情不和分居满2年的；其他导致夫妻感情破裂的情形。

2. 婚姻当事人在香港办理离婚手续

香港居民与内地居民离婚，如选择在香港办理离婚手续，适用香港《婚姻诉讼条例》、《婚姻诉讼规则》的相关规定。

香港实行诉讼离婚制度。在实体上，婚姻破裂到无法挽回的程度，是婚姻一方当事人向法院申请离婚的唯一理由。婚姻破裂的法定事由包括：通奸；不合理行为；分居：双方同意离婚的分居须满1年，一方不同意离婚的分居须满2年；遗弃。

在程序上，原告诉求离婚应往高院离婚登记处索取各类表格，填妥后交地方法院，所交文件共有：诉愿书、子女安排陈述书、结婚证书、诉讼程序通知书、文件送达认收书以及诉讼费。值得注意的是，香港诉讼离婚必须是结婚已满1年才有诉权，未满1年不能起诉。然后法院会通知被告，被告8日内填妥文件送达认收书交回法院。如果被告在文件送达认收书中表示同意离婚或不交回文件送达认收书，原告均可填具审讯指示申请书，法庭则将案件归入"无抗辩婚姻诉讼"并排队聆讯。如果被告在文件送达认收书中表示反对离婚，或被告在抗辩婚姻诉讼之聆讯中又提出抗辩，法庭则将案件归入"有抗辩婚姻诉讼"并排队聆讯。

如果诉求离婚的理由不涉及"被告人的行为使申请人不能在合理情况下与其共同生活",原、被告之间又没有子女,被告在文件送达认收书中说明不准备抗辩,并同意离婚,即法庭应将该案归入"特别程序离婚诉讼"。"无抗辩婚姻诉讼"和"有抗辩婚姻诉讼",法官在审理后会颁发暂准制令,但不发生离婚的效力。暂准制令颁发之日起3个月之后,法官方可颁发最终命令,解除双方的婚姻关系。在"特别程序离婚诉讼"中,原告若充分证明诉愿书事实属实,聆讯法官会发出一份证明书存档,并订下日期公开宣布离婚命令。

3. 婚姻当事人在澳门办理离婚手续

澳门居民与内地居民离婚,如选择在澳门办理离婚手续,适用《澳门民法典》、《澳门民事诉讼法典》的相关规定。

(1) 两愿离婚。夫妻双方均同意离婚的,可向有管辖权的法院申请两愿离婚,如双方没有婚生未成年子女,也可以向有权限的民事登记局申请两愿离婚。即两愿离婚可以通过司法程序办理,也可以通过行政程序办理。

两愿离婚的要件:婚龄超过一年;夫妻双方不需要透露离婚的理由,但应就配偶之一方的扶养问题、对未成年子女的亲权行使问题、家庭居所的归属问题等达成协议;双方应就诉讼期间的扶养、行使亲权及家庭居所等问题达成协议。

法官在接到申请后,应召集夫妻双方举行一次会议,并在会议上试行调解双方和好。如夫妻双方有婚生未成年子女,或在第一次会议中双方未明确表示无和好的可能,则法官须在3~6个月的时间内召集第二次会议,并在第二次会议上再次试行调解双方和好。如果双方坚持离婚,且法官已就协议的内容要求当事人进行了修改,则法官应就修改的协议进行审查。

如果无须举行第二次会议,且协议的内容不须修改,则法官须在第一次会议上作出判决,并在判决中宣告离婚及认可双方的协议内容。如果协议的内容需要修改,则应在限制的期限届满后作出判决,根据协议的内容是否足以保障夫妻双方及子女利益,作出离婚宣告或驳回离婚的请求。

如果有必要举行第二次会议,且双方坚持离婚的,法官须在第二次会议上宣告离婚及认可协议的内容。但是如果法官要求当事人修改协议,但修改后的协议不足以保障夫妻双方及子女利益的,则驳回离婚的请求。

由民事登记局局长作出的有关决定,同法院作出的判决具有同等效力。

(2) 诉讼离婚。一方当事人依法定的离婚理由向法院提出离婚申请。法定的离婚理由包括:①过错违反夫妻义务:夫妻之任一方均可因他方在有过错下违反夫妻义务,且该违反之严重性或重复性导致不可能继续共同生活,而申请离婚;②共同生活之破坏:事实分居连续两年;失踪且音讯全无满3年;对方的精神能力发生变化逾3年,因其严重性导致不能继续共同生活。

4. 婚姻当事人在台湾办理离婚手续

台湾居民与内地居民离婚,如选择在台湾办理离婚手续,适用台湾"民法典"、"台湾地区与大陆地区人民关系条例"、台湾"民事诉讼法典"的相关规定。

(1)两愿离婚。如双方合意解除婚姻关系,需达成书面离婚协议。离婚协议还必须有两个以上证人签名,然后可在户证机关进行离婚登记。

(2)诉讼离婚。如双方不能达成离婚协议,一方可向有管辖权的法院提起诉讼。诉讼离婚的法定事由:重婚;通奸;虐待;遗弃;有杀害对方的意图;不治之恶疾;重大不治之精神病者;生死不明超过3年;被处3年以上徒刑或因犯不名誉之罪被处徒刑。

(三) 收养

居住在香港、澳门、台湾的中国公民在内地收养子女,适用《中国公民收养子女登记办法》、《华侨以及居住在香港、澳门、台湾地区的中国公民办理收养登记的管辖以及所需要出具的证件和证明材料的规定》。

居住在香港、澳门、台湾地区的中国公民在中国内地收养子女的,应当到被收养人常住户口所在地的直辖市、设区的市、自治州人民政府民政部门或者地区(盟)行政公署民政部门申请办理收养登记。

居住在香港、澳门、台湾的中国居民均须提交收养申请书。另外,香港和澳门居民还应提交下列材料:居民身份证、居民来往内地通行证或者同胞回乡证;经国家主管机关委托的香港或澳门委托公证人证明的收养人的年龄、婚姻、有无子女、职业、财产、健康、有无受过刑事处罚等状况的证明材料。台湾居民应当提交在台湾地区居住的有效证明;中华人民共和国主管机关签发或签注的在有效期内的旅行证件;经台湾地区公证机构公证的收养人的年龄、婚姻、有无子女、职业、财产、健康、有无受过刑事处罚等状况的证明材料。

三、中国大陆与香港、澳门、台湾生效判决的认可与执行

(一) 大陆与香港生效判决的认可与执行

《最高人民法院关于内地与香港特别行政区法院相互认可和执行当事人协议管辖的民商事案件判决的安排》于2006年6月12日由最高人民法院审判委员会第1390次会议通过,自2008年8月1日起生效。

（1）适用范围。该安排第1条规定："内地人民法院和香港特别行政区法院在具有书面管辖协议的民商事案件中作出的须支付款项的具有执行力的终审判决，当事人可以根据本安排向内地人民法院或者香港特别行政区法院申请认可和执行。"其中包括婚姻家庭案件中有支付款项内容的终审判决。

（2）管辖法院。申请人在内地可选择向被申请人住所地或者经常居住地，或者财产所在地的中级人民法院提出，但不得同时向上述法院提出。在香港特别行政区向香港特别行政区高等法院提出。被申请人的住所地、经常居住地或者财产所在地，既在内地又在香港特别行政区的，申请人可以同时分别向两地法院提出申请，两地法院分别执行判决的总额，不得超过判决确定的数额。

（3）申请材料。申请人应当提交以下文件：①请求认可和执行的申请书；②经作出终审判决的法院盖章的判决书副本；③作出终审判决的法院出具的证明书，证明该判决属于终审判决，在判决作出地可以执行；④身份证明材料。

（二）大陆与澳门生效判决的认可与执行

《内地与澳门特别行政区关于相互认可和执行民商事判决的安排》于2006年2月13日由最高人民法院审判委员会第1378次会议通过，自2006年4月1日起生效。

（1）适用范围。该安排适用于内地与澳门特别行政区民商事案件中具有给付内容的生效判决。

（2）管辖法院。在内地，申请人可选择向被申请人住所地、经常居住地或者财产所在地之一的中级人民法院提出申请。澳门有权受理认可判决申请的法院为中级法院，有权执行的法院为初级法院。被申请人在内地和澳门均有可供执行财产的，申请人可以向一地法院提出执行申请。两地法院执行财产的总额，不得超过依据判决和法律规定所确定的数额。

（3）申请材料。申请人应当提交以下文件：①申请书；②生效判决书副本，或者经作出生效判决的法院盖章的证明书；③其他证明材料。

（三）大陆对台湾生效判决的认可与执行

《最高人民法院关于人民法院认可台湾地区有关法院民事判决的规定》于1998年1月15日最高人民法院审判委员会第957次会议通过，自1998年5月26日起施行。

（1）适用范围。该规定未特别限定适用于有给付内容的民事判决，因此可以理解为适用于所有民事判决。

（2）管辖法院。申请人住所地、经常居住地或者被执行财产所在地中级人民法院享有管辖权。

(3)申请材料。申请人应当提交以下文件：①申请书；②不违反一个中国原则的台湾地区有关法院民事判决书正本或经证明无误的副本、证明文件。

第三节 涉外婚姻家庭

一、涉外婚姻家庭

1. 涉外婚姻家庭的界定

涉外婚姻是指具有涉外因素的婚姻，亦即婚姻主体一方或双方为外国人或婚姻行为地在国外。 涉外婚姻家庭问题主要包括涉外结婚、离婚、收养、扶养、监护。

2. 涉外结婚的法律适用

我国《涉外民事关系法律适用法》规定，结婚条件，适用当事人共同经常居所地法律；没有共同经常居所地的，适用共同国籍国法律；没有共同国籍，在一方当事人经常居所地或者国籍国缔结婚姻的，适用婚姻缔结地法律。结婚手续，符合婚姻缔结地法律、一方当事人经常居所地法律或者国籍国法律的，均为有效。

在我国，办理涉外结婚登记的机关是省、自治区、直辖市人民政府民政部门或者省、自治区、直辖市人民政府民政部门确定的机关。

根据《中国公民同外国人办理婚姻登记的几项规定》第4条规定，下列人员不得同外国人结婚：（1）现役军人、外交人员、公安人员、机要人员和其他掌握重大机密的人员；（2）正在接受劳动教养和服刑的人。

3. 涉外婚姻家庭中人身、财产关系的法律适用

根据《涉外民事关系法律适用法》规定，涉外夫妻人身关系，适用共同经常居所地法律；没有共同经常居所地的，适用共同国籍国法律。

涉外夫妻财产关系，当事人可以协议选择适用一方当事人经常居所地法律、国籍国法律或者主要财产所在地法律。当事人没有选择的，适用共同经常居所地法律；没有共同经常居所地的，适用共同国籍国法律。

涉外父母子女人身、财产关系，适用共同经常居所地法律；没有共同经常居所地的，适用一方当事人经常居所地法律或者国籍国法律中有利于保护弱者

---

① 曹诗权、孟令志、麻昌华：《婚姻家庭继承法》，北京大学出版社2006年版，第260页。

权益的法律。

4. 涉外离婚的法律适用

根据《涉外民事关系法律适用法》规定，协议离婚，当事人可以协议选择适用一方当事人经常居所地法律或者国籍国法律。当事人没有选择的，适用共同经常居所地法律；没有共同经常居所地的，适用共同国籍国法律；没有共同国籍的，适用办理离婚手续机构所在地法律。诉讼离婚，适用法院地法律。

5. 涉外收养、扶养、监护的法律适用

根据《涉外民事关系法律适用法》规定，涉外收养的条件和手续，适用收养人和被收养人经常居所地法律。收养的效力，适用收养时收养人经常居所地法律。收养关系的解除，适用收养时被收养人经常居所地法律或者法院地法律。

涉外扶养，适用一方当事人经常居所地法律、国籍国法律或者主要财产所在地法律中有利于保护被扶养人权益的法律。

涉外监护，适用一方当事人经常居所地法律或者国籍国法律中有利于保护被监护人权益的法律。

■ 婚姻家庭继承法学

第二编 继承法

第十二章　继承法概述

【**本章重点难点提示**】学习本章内容，重点是掌握继承的本质和特征、继承法的基本原则、继承权的取得和丧失、遗产的范围等。难点是对继承法律关系和继承权性质的理解。

第一节　继承与继承制度

一、继承的概念和特征

继承是一个多含义的概念，人们一般在以下三个意义上使用继承的概念：最广义的继承是指对前人事业的承接和延续，如继承传统文化。广义的继承指对死者的财产、身份、政治权利等的继承。古代法上的继承即广义之继承，包括身份、财产和祭祀等的全面继承。狭义的继承仅指财产继承，指对死者财产的继承。现代绝大多数国家的法律实行狭义的财产继承制度。① 本书在没有特别说明时，均是从狭义的角度使用"继承"的概念。

在继承中，因死亡而将其生前所享有的财产移转给他人所有的死者称为被继承人。被继承人死亡时遗留下来的个人财产称为遗产。依法或者依遗嘱承受被继承人遗产的法定范围内的人称为继承人。

现代民法上的继承概念具有以下特征：

1. 继承以被继承人死亡为前提

这是继承首要的、最基本的特征，继承开始的原因只限于自然人的死亡，包括自然死亡和宣告死亡。没有死亡，就没有继承的开始。在人类早期曾有因

---

① 以英国为代表的少数保留君主制国家中对极少数人保留了皇位、贵族身份的继承；东亚、东南亚一些国家保留着一些身份和主持祭祀祖先的宗祧继承制度的痕迹，如韩国、日本、越南等，参见刘文：《继承法比较研究》，中国人民公安大学出版社2004年版，第1页。

丧失户主权，如丧失行为能力、丧失国籍等，作为继承开始的原因。但近现代后，各国一般都废除了身份继承而实行财产继承，即只有财产所有人死亡后，才能按照继承法律的规定转移财产的所有权，被继承人死亡成继承开始的唯一原因。

2. 继承发生在一定的亲属关系人之间

现代继承法中，继承大多限于特定亲属关系人之间。《中华人民共和国继承法》（以下简称《继承法》）中规定的继承人的范围都是与被继承人有密切关系的亲属，包括配偶和血亲以及特定条件下的姻亲①。无亲属关系的人不能作为继承人继承遗产，只能通过遗赠或遗赠扶养协议等非继承方式取得遗产。

3. 继承是概括承受被继承人财产的法律制度

这里的财产是指死者遗留的全部财产权利和义务的集合，包括积极财产即财产权利和消极财产即债务。继承是被继承人财产权利和义务的整体概括转移，是继承遗产与清偿被继承人生前债务相统一的制度。

二、继承的分类

继承可以从各种不同的角度分为不同的种类。为了更好地理解继承制度，下面简要地介绍几种与我国继承法有关的继承分类。

1. 祭祀继承、身份继承与财产继承

这是根据继承的标的不同所作的分类。

祭祀继承指承奉祖先祭祀的继承。我国古代的宗祧继承是集祭祀继承、身份继承与财产继承于一体的继承制度。财产继承必须以宗祧继承为前提，只有祭祀祖先，才能继承遗产。此继承制度在我国早已被废除。

身份继承指对死者生前地位的继承。如，官职、爵位、家长身份（户主权）等。通常身份继承后也就当然继承财产，财产关系依附于身份关系。目前，身份继承除被极少数国家（如韩国的户主继承）保留外，因其承认身份上的不平等，早已被绝大部分国家所摈弃。

财产继承指死者生前财产的继承。从继承的发展史看，继承从祭祀继承、身份继承，最后演变为单纯的财产继承。我国和世界上绝大多数国家均采取此种单纯的财产继承。

2. 法定继承与遗嘱继承

---

① 例如我国《继承法》第 12 条规定："丧偶儿媳对公、婆，丧偶女婿对岳父、岳母，尽了主要赡养义务的，作为第一顺序继承人。"

根据继承的方式所进行的分类，这是最基本、适用最广泛的分类。

法定继承指继承人范围、继承顺序、继承条件、继承份额、遗产分配原则及继承程序均由法律直接规定的继承方式。遗嘱继承指于继承开始后，继承人按照被继承人生前所立的合法有效的遗嘱继承被继承人遗产的一种继承方式。

二者的关系是法定继承发生在没有遗嘱继承的情况下。但是即使是遗嘱继承也要依照法律所作出的规定进行，否则，将可能被宣告无效。因此，从严格意义上说，法定继承实质上是无遗嘱继承。①

3. 限定继承与不限定继承

根据继承范围的不同所作的分类。

限定继承指继承人仅在一定范围内继承被继承人财产权利和义务的继承。不限定继承指继承人必须承受被继承人全部财产权利义务的继承。所谓"父债子还"，就是不限定继承的表现。不限定继承强调的是对被继承人的债权人利益的保护。我国《继承法》目前仅规定了限定继承。

值得注意的是，继承还可以区分为有限继承和无限继承。继承人的范围与继承财产的范围受限制的，为有限继承；反之，则为无限继承。此种分类实际上主要是关于继承人范围的限制问题，与我们此处的分类是两种不同的分类，侧重点不同。②

4. 共同继承与单独继承

根据参与继承的人数的不同所作的分类。

共同继承指法律规定由多个继承人继承被继承人遗产的继承。单独继承指法律规定继承人仅为一人的继承。

历史上的末子继承、旁系继承（如兄终弟及）、长子继承均属单独继承。现代法上已基本不存在单独继承。

5. 本位继承、代位继承与转继承

根据继承人参与继承时的地位所作的分类。

本位继承指继承人基于自己的继承地位、顺序和应继份额而继承。如子女继承父母的遗产。

代位继承指被继承人的子女先于被继承人死亡，由被继承人的子女的晚辈

---

① 参见刘春茂：《中国民法学·财产继承》，中国人民公安大学出版社1990年版，第6页。
② 参见房绍坤、范李瑛、张洪波著：《婚姻家庭继承法》，中国人民大学出版社2007年版，第229页。

直系血亲代替其继承被继承人遗产的继承。如孙子女代替其已故的父亲,继承祖父母的遗产。

转继承指继承人在继承开始后、遗产分割前死亡,其所应继承的遗产份额转由其继承人继承的制度。转继承本质上是两个本位继承,而遗产一次性处理的一种制度。

三、继承制度的根据和本质

继承的根据指继承人是基于何种原因承受被继承人遗产的,一直以来西方学者特别是德国学者,有不同的论述。较典型且影响较大的有以下几种学说①。(1)意思说。依被继承人的意思,将被继承人的财产转移于继承人,重视遗嘱自由。该说的合理性在于强调意思自治精神,但忽视了继承制度存在的其他重要因素。(2)家族协同说。继承是由于家族协同生活而发生的,没有一体的协同生活或协同感受,不应继承。这符合现代社会人们死后将其财产传于一定的家族或者亲属的普遍愿望。但是该说忽略了被继承人的意思,否定遗嘱自由,并且过分强调了家庭的作用和地位。(3)死后扶养说。死者生前负有扶养义务的人有权继承,无扶养义务或不需要扶养的人无权继承。而且遗产继承的范围也以扶养所必要者为限。该说强调扶养义务,尤其是在法定继承中具有合理性。但无法解释遗嘱继承和不需要扶养的继承人也可以通过继承取得遗产的问题。(4)无主财产归属说。人的人格因死亡而消灭,死后其财产成为无主财产,无主财产的归属属于继承问题,而这是要由国家的立法政策决定的。该说虽从主体角度说明继承发生的法律需求,但不能说明其他非财产权利义务为何不发生主体人格消灭后的归属问题。(5)共分说。该说认为因本人的财产中包含有亲属和国家的帮助,故被继承人的财产有三个所有权。被继承人死亡后所有权各归其主,应属于亲属的部分归于亲属(法定继承),应属国家的部分由国家收回(遗产税),应属于本人的部分则由本人自由处分(遗嘱处分)。共有说为国家取得遗产寻找到了根据,但与一物一权原则相违背,而且很多情况下,继承人并没有对被继承人取得财产提供过什么帮助。(6)先占说。该说认为死者的一切权利义务均随主体的死亡而消灭,故其财产也成为无主物,最先占有者取得其权利。而死者最近的亲属居于最先取得此无主物

---

① 参见杨立新、朱呈义著:《继承法专论》,高等教育出版社2006年版,第5~8页。房绍坤、范李瑛、张洪波著:《婚姻家庭继承法》,中国人民大学出版社2007年版,第235页。

的地位，所以可以取得遗产。但是先占说无法解释继承是遗产所有权的继受取得方式的问题，因为先占是原始取得。

以上各种学说从不同的方面解释了继承的根据，各有利弊。社会生活的复杂性决定了各种根据在继承法中都有体现，只是各国继承法的侧重点不同而已。不以单一学说作为继承的依据，符合多元社会的需求。立法者在决定继承人、继承份额等有关继承事项的时候，不能也不应只考虑一种要求，而是要根据国情、历史传统、风俗习惯等各方面因素，综合各方因素来确定。

上述学说从不同的方面反映了继承的本质，但均未提示出继承制度与生产关系的关联和其在阶级社会中表现出的特点。从继承制度的产生历史来看，继承是私有制的派生物，财产继承权是私有财产权的延伸和继续。① 根据马克思的辩证唯物主义和历史唯物主义观点，继承制度的本质是由它的经济基础——以生产资料私有制为核心的生产关系决定的，有什么样的经济基础，就有什么样的继承制度。奴隶社会、封建社会和资本主义社会下，继承制度都是为特定的私有制服务的。"继承是私有财产制的结果……继承权的消亡将是废除生产资料私有制的社会改造的自然结果。"② 社会主义社会下私有财产权仍然存在，作为保护私有财产权的继承制度就会继续存在下去。

案例：刘甲与刘乙是同村人，刘甲有一个门市部，刘乙先后九次在刘甲门市部购商品价值22130元。后刘乙因车祸死亡，其妻李丙、其子女刘丁和刘戊，其母朱己合法继承了其生前个人财产。刘甲找四被告承担清偿偿责任，被拒绝。诉至法院。法院判决四被告从继承刘乙遗产份额中偿还欠刘甲的22130元。

评析：本案的争议点在于依法继承死者生前个人合法财产的继承人，对其生前个人债务是否应当承担偿还责任。我国《继承法》中的继承仅指狭义的继承，即对被继承人的生前个人财产的继承，不包括身份和地位等的继承。就继承的财产而言，主要是指能使继承人财产增加的积极财产，但也包括被继承人的一定范围内的债务。为保护继承人的利益，我们实行限定继承，继承人只在继承遗产的范围内承担清偿责任，不再实行"父债子还"。

---

① 参见刘春茂著：《中国民法学·财产继承》，中国人民公安大学出版社1990年版，第11~15页。

② 《马克思恩格斯全集》第16卷，人民出版社1964年版，第414~415页。

婚姻家庭继承法学

第二节 我国继承法的基本原则

我国继承法是调整因自然人的死亡而发生的财产继承关系、确定遗产归属的法律规范的总和。继承法在性质上是与身份相联系的财产法,其与婚姻家庭关系的内在联系,决定了继承法必须要维护和充分实现婚姻家庭的伦理作用和社会职能,因此在继承法中体现出与其他民事法律相区别的特征,这充分体现在了继承法的基本原则之中。

继承法的基本原则是指能够贯穿全部继承法律规范内容的指导思想,它是继承法立法的基础,是人们处理遗产继承问题的基本准则。我国继承法的基本原则可归纳如下①:

一、保护私有财产继承权原则

我国《宪法》第13条、《民法通则》第76条、《继承法》第1条均规定要保护公民的私有财产的继承权。保护私有财产继承权,是我国继承立法的宗旨和出发点,也是继承法的首要原则,其基本内涵有五个方面:

(1) 凡自然人死亡时遗留的合法财产,均为遗产,都得由继承人依法继承。《继承法》第3条规定,遗产是公民死亡时遗留的个人合法财产,包括:公民的收入;房屋、储蓄和和生活用品;林木、牲畜和家禽;文物、图书资料;法律允许公民所有的生产资料;著作权、专利权中的财产权利;公民的其他合法财产。据此,我们可以认为,除法律禁止个人享有所有权的财产,只要有合法权源的财产都可以作为遗产由其继承人继承。

(2) 被继承人的遗产一般不收归国家所有,尽可能由继承人或受遗赠人取得。对于无人继承又无人受遗赠的遗产,首先依《继承法》第14条规定:"对继承人以外的依靠被继承人扶养的缺乏劳动能力又没有生活来源的人,或者继承人以外的对被继承人扶养较多的人,可以分给他们适当的遗产。"其次依《继承法》第32条规定,无人继承又无人受遗赠的遗产,死者生前是集体所有制组织成员的,应归所在集体所有制组织所有,而不是收归国家所有。

---

① 有人提出"限定继承"是我国继承法的一项基本原则。但是我们认为,限定继承仅是继承的一种类型,它在确定继承的范围,即继承人在继承被继承人的财产所承担的责任时有指导意义,对于继承法的其他内容并没有太多的影响,所以只能把限定继承看作是一种继承法的具体制度,而非基本原则。

(3) 继承人的继承权不得非法剥夺。除法律规定的丧失继承权的法定情形外(《继承法》第7条)，继承人的继承权不得因任何其他原因被剥夺。继承开始后，继承人没有明确表示放弃继承权的，视为接受继承，而不能作为放弃继承权处理。

(4) 保障继承人、受遗赠人的继承权、受遗赠权的充分行使。除具有完全民事行为能力的继承人、受遗赠人的继承权和受遗赠权本人行使继承权和受遗赠权外，如果本人是无民事行为能力人或者限制民事行为能力人，其继承权可以由法定代理人行使或征得法定代理人同意后行使。

(5) 继承人的继承权受到他人非法侵害时，继承人可以向侵害人请求恢复，也可以在法律规定的期间内通过诉讼程序请求人民法院依法予以法律保护。我国《继承法》第8条规定："继承权纠纷提起诉讼的期限为2年，自继承人知道或者应当知道其权利被侵犯之日起计算。但是，自继承开始之日起超过20年的，不得再提起诉讼。"

二、继承权平等原则

平等原则是民法的一项基本原则，在继承法中，继承权平等原则是民法平等原则的具体化。有些教材认为继承权男女平等是继承法的基本原则①。但是我们认为这种理解过于狭隘，继承权平等不仅包括男女平等，还体现在其他方面。具体而言，继承权平等原则主要体现在以下方面：

(1) 继承权男女平等。这是继承权平等原则的核心和基本表现，也是我国宪法确认的男女平等原则的具体体现之一。我国继承法中男女平等主要体现在：(1) 夫妻在继承上有平等的权利，有相互继承遗产的继承权；(2) 在继承人的范围和法定继承的顺序上，男女亲等相同，父系亲与母系亲平等；(3) 代位继承既适用于父系血亲，也适用于母系血亲；(4) 在遗嘱继承中，无论男女都有权按照自己的意愿处分自己的财产；(5) 为避免阻挠寡妇带产再嫁，《继承法》第30条规定："夫妻一方死亡后另一方再婚的，有权处分所继承的财产，任何人不得干涉。"

(2) 非婚生子女与婚生子女享有平等的继承权。有些国家对非婚生子女的继承权采取限制或否定的态度，这是对非婚生子女的歧视，尽管近代现非婚生子女的地位有所提高，但歧视仍然存在。相反，我国继承法承认非婚生子女

---

① 参见曹诗权、孟令志、麻昌华著：《婚姻家庭继承法》，北京大学出版社2006年版，第281页。

与婚生子女享有平等的继承权。

（3）养子女、形成事实上抚养关系的继子女与亲生子女继承权平等。《继承法》第 10 条明确了继承法中的子女包括养子女和有扶养关系的继子女。因此养子女和有扶养关系的继子女与亲生子女享有平等的继承权。

（4）儿媳与女婿在继承上权利平等。《继承法》第 12 条规定："丧偶儿媳对公、婆，丧偶女婿对岳父、岳母尽了主要赡养义务的，作为第一顺序继承人。"据此，儿媳、女婿在继承公婆和岳父母的财产的条件上和资格上是平等的，没有任何不同。因此，儿媳与女婿在继承上的权利平等，也是继承权平等的表现之一。

（5）同一顺序的继承人继承遗产的权利平等。我国《继承法》第 13 条规定，凡为同一顺序的继承人，不分男女、长幼，也不论职业、政治状况，继承被继承人遗产的权利一律平等。

三、权利义务相一致原则

权利义务相一致一般是指权利义务基于同一法律关系产生并具有一一对应关系，这种一一对应关系在合同法上的权利义务关系体现得最明显。继承法中关于继承的产生、遗产的分配等方面并不以权利义务相一致作为决定性因素，而且继承法上的权利义务相一致也不是严格意义上的权利义务相一致，但是我国《继承法》的确在许多方面体现了权利义务相一致原则。

（1）在遗产数额的确定上体现了权利义务相一致。我国《继承法》第 13 条规定，同一顺序继承人继承遗产份额，一般应当均等，但对被继承人尽了主要扶养义务或者与被继承人共同生活的继承人，分配遗产时，可以多分；有扶养能力和有扶养条件的继承人，不尽扶养义务的，分配遗产时，应当不分或者少分。将继承人对被继承人所尽扶养义务的多少作为确定遗产份额的一个考量因素，体现了权利义务相一致原则。

（2）丧偶儿媳对公婆、丧偶女婿对岳父母，尽了主要赡养义务的，作为第一顺序继承人。丧偶儿媳和丧偶女婿本不在继承顺序之中，对公婆、岳父母不享有继承权，但是法律考虑到他们对公婆、岳父母尽了主要赡养义务，因而规定他们享有继承权，并且是第一顺序的继承人。这充分体现了权利义务相一致的原则。

（3）无法定扶养义务而对被继承人扶养较多的人可分得遗产以及通过遗赠扶养协议取得遗产。对被继承人生前没有扶养义务而对被继承人扶养较多的人，有权取得适当遗产。相反，法定继承人虐待、遗弃、故意杀害被继承人的，则丧失继承权。在有遗赠扶养协议时，只有扶养人按照扶养协议尽了扶养义务，才有权取得遗赠。没有履行扶养义务的，不能取得遗产。这些都充分体现了权利义务相一致原则。

（4）接受遗产的继承人需清偿被继承人的债务与履行遗赠负担义务。继承人在接受遗产的同时，必须在所继承的遗产实际价值的限度内，对被继承人依法应当交纳的税款和债务负担清偿的责任。遗嘱继承或遗赠附有义务的，继承人或受遗赠人应当履行义务，没有正当理由不履行义务的，法院可以取消其继承或接受遗产的权利。

此外，从一定角度看，继承人的范围和继承顺序的确定上立法者也考虑到了权利义务相一致的特点。法定继承人的范围是与被继承人有相互扶养义务的人，第一顺序的继承人是负有法定的第一位的扶养义务的人。①

四、养老育幼、照顾弱者原则

继承法中的养老育幼、照顾弱者原则指继承法的各项制度及其动态运作都应有利于对老年人的赡养和未成年人的抚养教育，对缺乏劳动能力又没有生活来源的继承人要给予特别照顾。② 尊老爱幼、照顾弱者是中华民族长期形成的传统美德，特别是我国还处在社会主义初级阶段，经济水平和社会保障措施均还不足以使得国家和社会能负担起全体老人、未成年人和无劳动能力人的生活供给，扶养这些人的职责大部分还需要由家庭来承担。因此，在财产继承时，要充分考虑这些弱者的生存需要，予以适当照顾。

（1）保护缺乏劳动能力又没有生活来源者以及胎儿的权益。我国《继承法》第19条和第28条规定，被继承人以遗嘱处分其财产时，遗嘱应当为缺乏劳动能力又无生活来源的继承人保留必要的遗产份额；遗产分割时，应当保留胎儿的继承份额。这些规定体现了继承法通过限制被继承人的自由处分财产权，来保障这些弱者的基本生活需要。

（2）在遗产份额的确定上，我国《继承法》在规定份额均等的基础上，为保护老、弱、病、残等弱者，又规定应当照顾缺乏劳动能力又没有生活来源的继承人，尽可能满足其基本生活需要；对与被继承人共同生活的继承人，特

---

① 参见房绍坤、范李瑛、张洪波著：《婚姻家庭继承法》，中国人民大学出版社2007年版，第243页。

② 参见曹诗权、孟令志、麻昌华著：《婚姻家庭继承法》，北京大学出版社2006年版，第283页。

别是老年人和未成年人,分配遗产时应当多分。

(3) 为保护家庭成员特别是老人、未成年人的人身权利和财产权利,《继承法》明确规定继承人如果故意杀害被继承人、遗弃被继承人或者虐待被继承人,情节严重的,丧失继承权。

(4) 为保障子女已经死亡的老年人的经济或精神赡养问题,《继承法》确认了丧偶儿媳、女婿在满足一定条件下的第一顺序法定继承人的身份。

(5) 为保护父母已经死亡的孙子女、外孙子女的生活和成长,我国《继承法》第11条规定了被继承人的子女先于被继承人死亡的,由被继承人的子女晚辈直系血亲代位继承。

(6) 为保障鳏寡孤独者的生活,我国《继承法》还确立了遗赠扶养协议制度,以使这些鳏寡孤独者老有所养。

案例:甲将乙杀害后,甲自杀身亡,法院判决甲的继承人(本案三名被告)继承遗产后,在继承遗产的数额范围内给付乙的近亲属(本案原告)赔偿金。但是被告拒不执行判决。原告申请法院强制执行。法院在执行过程查明,甲与前夫早已离婚,婚生女丙(本案被告之一)一直随甲生活,由甲抚养,丙现为某中学学生,而甲的前夫下落不明。现甲的遗产不足以偿还原告的全部赔偿金。本案应如何执行?

评析:本案的争议焦点在于是否为被执行人丙保留必要的生活费用。丙作为在校学生,缺乏劳动能力,且其父下落不明,在此情况下,即使甲的遗产不足以清偿全部债务,也应当为丙保留适当的遗产作为其生活学习的费用,这是养老育幼原则的体现,也是保障人权尤其是保护未成年人合法权利的必然要求。

第三节 继承法律关系

一、继承法律关系概述

继承法律关系是指由继承法律规范所调整的,因自然人死亡而发生的各民事主体对其个人财产进行继承而发生的民事权利义务关系。

继承法律关系分为严格意义上的继承法律关系和非严格意义上的继承法律关系。严格意义上的继承法律关系仅指法定继承和遗嘱继承法律关系。但是我国《继承法》除此之外，还规定了遗赠、酌情分得遗产、遗赠扶养协议、无人承受遗产的归属等法定继承和遗嘱继承以外的转移遗产所有权的方式，这些法律关系也是因自然人的死亡而发生的财产移转关系，与严格意义上的继承法律关系密切，构成了我国《继承法》上的非严格意义上的继承法律关系。

继承法律关系包括三个要素，即主体、内容和客体。为了更好地理解继承法律关系，下面我们分别从这三个方面来介绍、分析继承法律关系。

二、继承法律关系的主体

继承法律关系的主体指依照法律的规定或遗嘱的指定而对被继承人的遗产享有权利和承担义务的民事主体。继承法律关系的主体与继承的主体不同，与受遗赠的主体也不同。继承的主体仅限于继承人；受遗赠的主体仅限于受遗赠人。而继承法律关系的主体则包括继承人、受遗赠人、继承参与人等以及一切社会组织和其他自然人。按照非严格意义的继承法律关系，我国继承法律关系的权利主体主要包括以下几个方面：

（1）继承人。严格意义上的继承法律关系主体，是法定继承人的范围以内的能够接受死者遗产的人，包括法定继承人和遗嘱继承人，且只能是自然人。

（2）受遗赠人。继承人之外的，按照遗嘱的指定而取得遗产的人。既可以是自然人，也可以是法人或非法人组织，还可以是国家。

（3）遗赠扶养协议的扶养人。根据遗赠扶养协议承担对死者的生养死葬义务同时享有取得遗产权利的人，可以是自然人，也可以是集体所有制经济组织。

（4）酌情分得遗产的人。继承人之外的，依法在一定条件下可以分得被继承人遗产的人。依照继承法的规定，可酌情分得遗产的人主要有两种：一是继承人以外的依靠被继承人扶养的缺乏劳动能力又没有生活来源的人；二是继承人以外的对被继承人扶养较多的人。

（5）利害关系人和继承参与人。利害关系人，指被继承人生前的债权、债务人，共同经营的合伙人等。继承参与人，指参与继承法律关系的诉讼活动或遗产转移，但并不承受实体权利义务的人，主要包括继承人之外的遗产管理人、遗嘱执行人、遗嘱见证人以及继承人、受遗赠人、酌情分得遗产的法定代理人。

继承法律关系的义务主体具有不确定性，其范围十分广泛，即任何自然人、法人等民事主体都负有不干涉、不妨害继承权利主体取得遗产的义务。在通常情况下，继承人和受遗赠人权利的实现，是不需要义务主体以积极的作为予以协助的，因此，法律的要求是，继承法律关系的义务主体应当履行不作为的义务。

需要说明的是，被继承人不是继承法律关系的主体，按照民法的规定，自然人的民事权利能力始于出生，终于死亡，而继承法律关系是以被继承人死亡为发生条件的，因此，被继承人不能成为继承法律关系的主体。但被继承人生前与继承人之间存在的婚姻、血缘和扶养关系以及被继承人生前实施的立遗嘱等法律行为，均是继承人或受遗赠人取得继承权、受遗赠权的法律依据。

三、继承法律关系的内容

继承法律关系的内容指继承法律关系的权利主体所享有的权利以及义务主体所承担的义务。由于参加继承法律关系的主体不同，即继承人、受遗赠人、遗赠扶养协议的扶养人、酌情分得遗产的人、利害关系人和继承参与人等，因而他们所享有的权利和承担的义务也不相同。① 囿于篇幅，本书在此处仅介绍最重要的内容即继承权。基于继承法律关系涵盖范围的不同，继承权有广义和狭义之分。广义的继承权是非严格意义上的继承权，除了狭义继承权之外，还包括受遗赠人的受遗赠权、酌情分得遗产权人的酌情分得遗产权以及国家、集体经济组织取得无人继承又无人受遗赠的遗产的权利；狭义的继承权即严格意义上的继承权，仅指法定继承人和遗嘱继承人享有的权利。鉴于法定继承和遗嘱继承是继承法规范和调整的重心，在继承法律关系中居于主导地位，现仅对狭义继承权进行分析。

（一）继承权的概念

继承权是指自然人依照法律的规定或遗嘱的指定，享有的继承被继承人遗产的权利。在理论上，继承权又分为客观意义上的继承权和主观意义上的继承权。

客观意义上的继承权，又称继承期待权，指继承开始前继承人依照法律规定或遗嘱指定而享有的继承被继承人遗产的资格。客观意义上的继承权只是继承人将来可参与遗产继承的客观的、现实的可能性，与继承人的个人意志无关，不可放弃也不能转让。

主观意义上的继承权，又称继承既得权，指继承人在继承法律关系中实际

---

① 参见刘春茂著：《中国民法学·财产继承》，中国人民公安大学出版社1990年版，第86~92页。

享有的继承被继承人遗产的权利。这是一种具有现实性、财产性的继承权,这种继承权与继承人的主观意志相联系,继承人可以接受或放弃继承权。

客观意义上的继承权要转化为主观意义上的继承权必须具备三个条件:第一,被继承人死亡;第二,被继承人留有遗产;第三,继承人未丧失继承权。

(二) 继承权的行使和放弃

继承权的行使是指继承人行使继承被继承人遗产的权利。由于客观意义上的继承权只是一种期待权,无行使的实际意义,所以继承人行使的只能是主观意义上的继承权。

完全民事行为能力人可以独立地行使继承权;无民事行为能力人的继承权由他的法定代理人代为行使;限制民事行为能力人的继承权,由他的法定代理人代为行使或者征得法定代理人同意后行使。法定代理人代为行使继承权时,不得损害被代理人的利益。原则上,代理人不得放弃继承权。

行使继承权应注意以下几点:第一,行使继承权是单方的意思表示,继承人本人所作的意思表示无须征得其他继承人的同意;第二,行使继承权的意思表示可以是默示的,只要继承人在遗产分割前不明确表示放弃继承,即视为接受继承;第三,接受继承权应当是无条件的,继承人如对接受继承附条件,视为继承人不接受继承。

继承权的放弃,是指继承开始后,继承人所作的放弃继承的意思表示。放弃继承是单方的意思表示,只要继承人以明示的方式作出,即发生法律效力。放弃继承权意味着继承人丧失继承人的资格,不再享有继承人的权利,也不再承担继承人的义务。但继承人因放弃继承权而导致其不能履行法定义务的,放弃继承权的行为无效。① 根据《继承法》规定,继承开始后,继承人放弃继承的,应当在遗产处理前,作出放弃继承的表示,没有表示的,视为接受继承。

(三) 继承权的丧失

继承权的丧失指继承人对被继承人或者其他继承人实施了某种犯罪行为或者其他违法行为,而被依法取消继承被继承人遗产的资格。根据我国《继承法》第7条的规定,继承权丧失的法定事由有四项:故意杀害被继承人;为争夺遗产而杀害其他继承人;遗弃被继承人或者虐待被继承人,情节严重;伪造、篡改或者销毁遗嘱,情节严重。

这里需要注意以下几个问题:

---

① 最高人民法院《关于贯彻执行〈中华人民共和国继承法〉若干问题的意见》第46条的规定。

（1）无论继承人的上述行为是发生在被继承人死亡之前，还是死亡之后，丧失继承权均应从继承开始之时起生效，且具有自然丧失继承权的法律效果。

（2）继承人只丧失对特定被继承人遗产的继承权；如发生其他继承关系，其继承权并不丧失。

（3）继承人丧失继承权，其晚辈直系血亲亦丧失代位继承权。

（4）丧失继承权既适用于法定继承，也适用于遗嘱继承；既适用于第一顺序继承人，也适用于第二顺序继承人。

（5）继承人虐待被继承人情节严重的，或者遗弃被继承人的，如以后确有悔改表现，而且被虐待人、被遗弃人生前又表示宽恕，可不确认其丧失继承权。[①]

四、继承法律关系的客体

（一）遗产的概念和特征

遗产是继承法律关系的客体，是继承人享有的继承权的标的。没有遗产，就没有继承法律关系。我国《继承法》第3条规定："遗产是公民死亡时遗留的个人合法财产。"此概念包含三个方面的意思：其一，遗产是自然人死亡时遗留下的财产；其二，遗产是自然人的个人财产；其三，遗产是自然人的合法财产。

其基本特征是：第一，性质上具有合法性，遗产必须是被继承人生前合法拥有的财产。第二，时间上具有限定性，遗产必须是被继承人死亡时所遗留的，被继承人死亡的时间是划定遗产的时间界限。第三，内容上具有财产性，遗产仅限于被继承人遗留的财产权利和义务，不包括人身方面的权利和义务。第四，处理上具有可转让性，遗产必须是依继承法规范能够转让给他人的财产。第五，范围上具有总体性，遗产是被继承人生前的财产权利与一定范围的财产义务的统一体。

（二）遗产的范围

根据我国《继承法》第3、4、33条的规定，立法一方面概括地规定遗产的范围，同时也列举了具体的遗产类型。根据我国《继承法》第3条的规定，遗产的范围主要包括以下几类：

1. 自然人的收入

---

① 参见曹诗权、孟令志、麻昌华著：《婚姻家庭继承法》，北京大学出版社2006年版，第287页。

收入,包括劳动收入和其他收入。劳动收入指被继承人通过自己的劳动所获取的工资、奖金、劳务报酬、收获物以及个人承包经营的收益。除此之外,还有来自继承、赠与的收入,以及根据最高人民法院《关于适用〈中华人民共和国婚姻法〉若干问题的解释(二)》第13条的规定,军人的伤亡保险金、伤残补助金、医药生活补助费等属于个人财产,也应当作为自然人的收入。还有个人资产投资所得的收益也属于收入。

2. 自然人个人的房屋、储蓄和生活用品

自然人的房屋是自然人最重要的生活资料。尽管我国土地属于国家和集体所有,但是我国法律历来承认个人对房屋的所有权,所以自然人的房屋可以被继承。

自然人的储蓄,是指自然人存入储蓄机构的属于其所有的货币及其利息。

自然人的生活用品,指自然人所有的为满足日常生活需要的生活资料,包括衣、食、住、行、用等各方面用途的生活资料。

3. 自然人的林木、牲畜和家禽

自然人的林木指依法归个人所有的树木、竹木等。自然人在其住宅地范围内或其承包经营的林地、自留山、自留地和依法承包的"四荒"土地上种植的林木归个人所有,可以作为自然人的遗产。

自然人的牲畜和家禽是指自然人自己饲养的马、牛、驴、猪、羊等牲畜和鸡、鸭、鹅等家禽。不论是为满足生产和生活需要,还是作为商品来饲养,均可以作为遗产来继承。

4. 自然人的文物、图书资料

自然人的文物是指自然人个人收藏的具有历史、艺术和科学价值的物品,或者至少具有其中一方面价值的物品。在我国法律上,文物是限制流通物,但这不妨碍它成为个人所有权的客体,我国《继承法》第3条和我国《文物保护法》第50条均明确承认文物依法可以被继承。

自然人的图书资料包括法律允许自然人个人所有的各种类型的藏书和资料,包括一般图书资料和机密资料。

5. 法律允许自然人所有的生产资料

生产资料是指劳动者进行生产所运用的资料和工具。对自然人拥有生产资料的所有权问题,我国采取逐步放宽的态度。① 只要是法律允许个人拥有的生

---

① 参见房绍坤、范李瑛、张洪波著:《婚姻家庭继承法》,中国人民大学出版社2007年版,第277页。

产资料,在被继承人死亡时都可以作为遗产。

6. 自然人的著作权、专利权中的财产权利

知识产权既包括人身权利,又包括财产权利。其中的财产权利符合遗产的要件,可以作为遗产来继承。虽然我国《继承法》只是规定了著作权和专利权中的财产权利可以继承,未涉及其他类型的知识产权,但是从立法精神看,应当扩张解释为包括全部的知识产权中的财产权利,如商标权、发现权、发明权和其他科技成果权等其他知识产权中的财产权利。

7. 自然人的其他合法财产

《继承法》在列举了上述遗产的范围之后,作了一般性规定。可作为遗产的自然人的其他合法财产一般是指:

(1) 自然人依法享有的用益物权。用益物权设定之后,在法定或约定的期限内物权人死亡,其享有的用益物权应纳入继承权的客体,由继承人继承。尽管我国物权法对于用益物权的继承问题未有涉及,但从我国其他现行法律和政策来看,自然人的大部分用益物权已在实际上被纳入了遗产的范围,即允许继承。① 只是一直以来我国农村土地承包经营权的继承问题比较复杂。依我国《农村土地承包法》第 31 条和第 50 条的规定,承包人应得的承包收益、林地的土地承包经营权、通过招标、拍卖、公开协商等方式取得的土地承包经营权可以继承。对于其他的土地承包经营权是否可以继承并未明确规定。但是因为家庭承包形式的土地承包经营权由于是以户为单位承包的,一般不存在继承问题。

(2) 自然人依法享有担保物权。依据《物权法》和《担保法》的规定,我国担保物权包括抵押权、质权和留置权,这三种物权都是为保证债的实现而对担保标的物的价值予以直接支配并排除他人非法干涉的物权,是财产权,不具有专属性,可以继承,只是需与其担保的主债一起构成继承的客体,当主债权发生继承时,其担保物权也一并被继承。

(3) 债权债务。履行标的为财产的债权债务均应属于遗产,可由继承人继承。不论是合同之债、侵权行为之债、不当得利之债,还是无因管理之债,均为财产权之一种,不具有专属性的,均可继承。有些教材认为"债权"属遗产范围,未提及债务,我们认为,继承不仅继承积极的财产,也继承消极的财产;不仅继承债权,一定范围的债务(限定在所继承的财产价值数额之内)也是继承的范围,这正是限定继承的含义所在。

---

① 例如,《海域使用管理法》第 27 条第 3 款:"海域使用权可以依法继承。"

(4)有价证券。有价证券具有财产性,不具有专属性,可以自由流通转让,因此在自然人死亡后,其所持有的有价证券可以作为遗产。

案例:原告之父程某与被告于2002年10月通过登载征婚启事相识、恋爱,后登记结婚。婚后,双方为生活习惯、性格差异时有矛盾。2004年2月18日深夜程某与被告发生冲突后服过量安眠药自杀未遂,次日晨被告前往所在地某邮政支局取出已投寄信件一封,后证实是程某所立的遗嘱。程某于2005年10月1日死亡,期间持续昏迷。原告起诉至法院要求确认被告丧失继承权。理由是其父系被被告逼愤自杀,被告对其父死亡负有责任,且被告还有藏匿遗嘱的行为。

评析:本案被告的行为不符合我国《继承法》第7条所规定的情形,原告之父的死亡非被告的故意杀害所致,藏匿遗嘱的行为也未达到情节严重,故继承权不丧失。但是因被告对原告之父的死亡确实负有一定的事实上的责任,故应该少分遗产。

第十三章 法定继承

【本章重点难点提示】本章学习的重点是法定继承的概念及其适用范围；法定继承人的范围；继承顺序；代位继承与转继承的概念，适用条件及二者的区别；法定继承人分配遗产的原则。本章学习的难点为代位继承与转继承的区别及适用。

第一节 法定继承概述

一、法定继承的概念和特征

法定继承又称无遗嘱继承，是指根据法律直接规定继承人的范围、继承顺序、遗产的分配原则等继承被继承人遗产的继承方式。

法定继承具有以下基本特征：

（1）法定性。法定继承是由法律直接规定的继承人继承遗产的继承方式，具有鲜明的法定性。在法定继承中哪些人作为继承人，继承人继承遗产的顺序及分配遗产的原则等都是由法律加以规定的，而不是由被继承人生前指定的，这一点是有区别于遗嘱继承。被继承人通过立遗嘱指定继承人，不受法律关于继承人范围、继承顺序以及遗产分配原则的限制。

（2）身份性。法定继承中的继承人，是以一定的身份关系为基础确定的。亲属关系是法定继承的本源，法律规定法定继承继承人的范围一般是根据继承人与被继承人之间存在的亲属关系，并且法律以亲属关系的远近确定法定继承顺序。亲属关系是一种身份关系，从这个意义上说，法定继承具有身份性。①

（3）强制性。法定继承中有关继承的范围、继承顺序以及遗产分配原则的规定，属于强制性的法律规范，除法律另有规定外，任何人不得随意变更法定继承人的范围、继承顺序、遗产分配原则等，否则即构成违法行为，造成他

---

① 郭明瑞、房绍坤：《继承法》，法律出版社1996年版，第100页。

人权益侵害的应承担法律责任。

二、法定继承的适用范围

法定继承的适用范围,是指在何种情况下适用法定继承,我国《继承法》第5条规定:"继承开始后,按法定继承办理;有遗嘱的,按遗嘱继承或者遗赠办理;有遗赠扶养协议的,按照协议办理。"从立法的规定看,我国《继承法》采取了世界各国通行的遗嘱继承在先的原则。承认遗嘱继承具有优先于法定继承的效力。但由于我国继承法建立了遗赠扶养协议制度,立法又肯定了遗赠扶养协议具有优先于遗嘱继承或遗赠的适用效力。因此,当被继承人死亡后,有遗赠扶养协议的,先执行遗赠扶养协议;没有遗赠扶养协议或协议无效时,先适用遗嘱继承,然后才能适用法定继承。

具体而言,法定继承适用下列范围:

(1) 被继承人生前没有同他人订立遗赠扶养协议,也没有立遗嘱的。

(2) 被继承人是与他人订立了遗赠扶养协议,但有下列情形之一的,适用法定继承:

①已订立的遗赠扶养协议失去法律效力;

②被继承人没有用遗赠扶养协议处理其全部财产,而未处分的遗产无遗嘱继承或遗赠适用的。

(3) 被继承人生前虽然立有遗嘱,但有下列情形之一,遗产的有关部分适用法定继承:

①被继承人的遗嘱没有处分其全部财产,遗嘱未处分的遗产;

②遗嘱经人民法院宣告全部无效或部分无效的,无效部分涉及的遗产;

③遗嘱继承人丧失继承权或受遗赠人丧失受遗赠权的遗产;

④遗嘱继承人放弃继承或受遗赠人拒绝接受遗赠的财产;

⑤遗嘱继承人或受遗赠人先于遗嘱人死亡的转归被继承人的遗产。

案例:张三夫妻共有存款5万元。张三有一老母亲,儿子甲刚参加工作,女儿乙在读初中。有一天,张三突然死亡。在清理遗物的时候发现张三亲笔签名书写的遗嘱一份,并注明年月日。遗嘱中提到5000元留给女儿乙读书。张三死时,其妻子怀孕四个月。

问题:财产究竟应该如何分割?

评析:根据《继承法》第5条的规定:继承开始后,按照法定继承办理;

有遗嘱的，按照遗嘱继承或者遗赠办理；有遗赠扶养协议的，按照协议办理。因此，死者的遗嘱如果有效，应按照遗嘱继承，5000元由其女儿继承。在死者没有遗嘱的其他遗产按照法定继承办理。

第二节　法定继承人的范围和继承顺序

一、法定继承人的范围

法定继承人是指由法律直接规定的，可依法继承被继承人遗产的人。法定继承人的范围是指适用法定继承方式时，哪些人可以作为死者遗产的继承人。我国法定继承人范围的立法依据是婚姻关系、血缘关系和扶养关系。依《继承法》的规定，我国法定继承人的范围包括：配偶、子女、父母、兄弟姐妹、祖父母和外祖父母、丧偶儿媳和丧偶女婿。

（一）配偶

所谓配偶，是指因结婚而确立夫妻身份的男女双方。在婚姻关系存续期间，夫和妻互为配偶。

作为法定继承人的配偶，必须男女双方存在合法的婚姻关系。我国婚姻法规定结婚登记作为结婚的形式要件，因此，对配偶身份的认定应以双方是否办理结婚登记领取结婚证书为标准。对于1994年2月1日以后以夫妻名义同居生活的、未婚同居的、姘居的以及各种无效婚姻，如果一方死亡的，他方无权以配偶身份继承遗产。

作为法定继承人的配偶，还必须是于被继承人死亡时与被继承人之间存在合法的婚姻关系。原与被继承人有婚姻关系，但与被继承人死亡时婚姻关系已经终止的，不再属于法定继承人的范围。婚姻关系的解除必须经过法定程序，如果夫妻双方协议离婚尚未办理离婚登记手续的，正处于离婚诉讼过程中的，或者在法院作出离婚判决没有发生法律效力前，双方的婚姻关系仍然存在，在此期间一方死亡，另一方仍可以配偶身份继承对方的遗产。

（二）子女

子女是基于出生和法律拟制而确定的直系卑亲属，是被继承人最近的直系晚辈亲属。《继承法》规定的子女包括：婚生子女、非婚生子女、养子女和形成扶养关系的继子女。在我国，这四类子女的继承地位平等。

（1）婚生子女。婚生子女是指具有合法婚姻关系的夫妻所生育的女子。由于婚生子女与父母属于自然血亲，因此婚生子女的继承权不受父母婚姻关系存续的影响。即使父母离婚,子女仍享有对生父母的遗产继承权。

(2)非婚生子。非婚生子是指没有合法婚姻关系的男女所生育的子女。我国的《继承法》明确规定非婚生子女与婚生子女享有同等的继承权,由于属于自然血亲,非婚生子女不仅有权继承生母的遗产,也有权继承生父的遗产,不受生父是否认领的限制。

(3)养子女。养子女是指依照法律规定的条件和程序而收养的子女。收养关系成立后,养父母与养子女之间形成拟制的直系血亲关系,产生婚姻法中父母子女间的权利义务。因此,养子女有权继承养父母的遗产。但收养关系成立,养子女与生父母间的权利义务关系消除。养子女不再享有对亲生父母的继承权,如果被收养人对养父母尽了赡养义务,同时又对生父母尽了较多的赡养义务的,依《继承法》的规定,既可以继承养父母的遗产,又可以适当分得生父母的遗产。

养子女作为法定继承人源于合法有效的收养关系。我国的《继承法》颁行后,不再承认事实收养。收养行为必须符合法律规定的条件和程序,否则不产生收养的法律效果。同时,这种合法有效的收养关系在养父母死亡时仍然存在。如果原来存在收养关系,但在养父母死亡时已经解除的,养子女不再作为法定继承人。

(4)继子女。继子女是指妻与前夫或夫与前妻所生的子女。继子女与继父母的关系,是子女因一方死亡或离婚,他方再行结婚而形成的。继子女作为法定继承人,享有双重继承权。一是对生父母的遗产享有继承权;二是对继父或者继母的遗产享有继承权。由于继子女与继父母之间没有血缘关系,因此继子女作为继承人继承继父或继母的遗产须具备一定的条件,即继子女与继父或者继母之间形成了扶养教育关系。而未形成扶养教育关系的继子女,不享有继承继父或继母遗产的权利。依据最高人民法院司法解释的规定:继子女继承继父母遗产的,不影响其继承生父母的遗产。

(三)父母

父母是基于出生和法律拟制而确立的直系尊亲属,是被继承人最近的直系长辈亲属。依《继承法》的规定,作为法定继承人的父母包括:生父母、养父母和形成扶养关系的继父母。

生父母对亲生子女的继承权包括对婚生子女的继承权和非婚生子女的继承权。生父母的继承权主要受收养制度的限制。收养关系成立之后,生父母对被他人收养的子女不再享有继承权。在收养关系解除的情况下,如果被收养的子女与父母恢复法律上的权利义务关系的,生父母享有对该子女的继承权;未恢复法律上的权利义务关系的,生父母不享有继承权。生父母对非婚生子女的继承权较为复杂。除受收养制度的限制外,还要区分二种情况。如果生父或生母与非婚生子女共同生活,履行了扶养教育义务的,当然享有继承权;如果生父或生母未与非婚生子女共同生活,也未履行法定义务是否丧失继承权,《继承法》未作明确规定。笔者认为在此情况下,依权利义务相一致的思想,生父或生母应丧失继承权。

养父母有权继承养子女的遗产。养父母的继承权随着收养关系依法成立而发生,同时随着收养关系的解除而消灭。养子女死亡时已经解除收养关系的,养父母则无权继承养子女的遗产。

继父母有权继承形成扶养关系的继子女的遗产。继父或者继母享有继承权的前提是与继子女形成了扶养教育关系,对于形成扶养教育关系的,继父母有权继承继子女的遗产。对于未形成扶养关系的,继父母则无权继承继子女的遗产。继父母的继承权也具有双重性,不仅享有对形成了扶养关系的继子女的遗产继承权,而且对亲生子女的遗产也同样享有继承权。

(四) 兄弟姐妹

兄弟姐妹是被继承人最近的旁系血亲亲属。依我国《继承法》的规定,兄弟姐妹包括同父母的兄弟姐妹、同父异母的兄弟姐妹或同母异父的兄弟姐妹、养兄弟姐妹、有扶养关系的继兄弟姐妹。上述兄弟姐妹继承遗产的法律地位平等。需要注意的是,养兄弟姐妹之间的继承权以收养关系的存续为条件。如果收养关系依法解除,养兄弟姐妹之间不再互享继承权。同时,被收养人因收养关系的成立,与其兄弟姐妹之间互相不再享有继承权。若收养关系解除后,被收养人与生父母恢复法律上的父母子女关系的,与亲兄弟姐妹之间的权利义务关系恢复,相互间享有继承遗产的权利。继兄弟姐妹之间并不当然的享有互相继承遗产的权利。继兄弟姐妹之间继承权是基于扶养关系而确立的。只有形成了扶养关系的继兄弟姐妹之间才享有互相继承遗产的权利。继兄弟姐妹之间相互继承遗产的,不影响其继承亲兄弟姐妹的遗产。

(五) 祖父母、外祖父母

祖父母与孙子女,外祖父母与外孙子女,是除父母子女外的最近的直系亲属。祖父母、外祖父母为孙子女、外孙子女的法定继承人。这里的祖父母包括亲祖父母、亲外祖母、养祖父母、养外祖母、形成了扶养关系的继祖父母和继外祖父母。

(六) 丧偶的儿媳和丧偶的女婿

我国继承法将丧偶的儿媳或丧偶的女婿对公婆或岳父岳母尽了主要赡养义

务的，作为第一顺位的继承人。继承法之所以把尽了主要赡养义务的丧偶儿媳和女婿列入法定继承人的范围，主要是基于权利义务相一致的思想，并提倡尊老爱老的优良传统。依继承法的规定，丧偶的儿媳和丧偶的女婿作为继承人是有条件的，即对公婆或岳父母尽了主要赡养义务。所谓尽了主要的赡养义务，是指提供了主要的经济来源，或在劳务方面给予了主要的扶助。而且不论经济上的供养和劳务上的扶助还必须具有经常性、长期性，偶尔的寄钱、看望或照顾，不能视为尽了主要赡养义务。丧偶的儿媳或女婿对公婆或岳父母尽了主要赡养义务作为第一顺位的继承人的继承地位，不受其是否再婚的影响。也不影响其晚辈直系血亲的代位继承权。

二、法定继承人的继承顺序

(一) 法定继承人继承顺序的概念及特征

法定继承人的继承顺序，是指法律规定的法定继承人继承遗产的先后顺序。在适用法定继承方式时，法定继承人应按法律规定的先后顺序参加遗产继承。法定继承顺序具有强制性、排他性和限定性的突出特点。

第一，强制性。法定继承人的继承顺序是法律根据继承人与被继承人之间的关系的亲疏远近及扶养关系确定的，其目的是为了保护不同情况的继承人的继承利益并避免、减少继承纠纷。因此，法定继承顺序属于强行性规范，任何机关和个人不得以任何理由随意改变。

第二，排他性。法定继承顺序的排他性是指前一顺位的继承人排斥后一顺位的继承人参加继承。继承开始后，先由前一顺位的继承人参加继承。在没有前一顺位的继承人或前一顺位继承人全部放弃继承权或丧失继承权的情况下，才由后一顺位的继承人继承遗产。即前一顺位的继承人享有优先继承权。而同一顺序继承人不分先后，同时继承。

第三，限定性。法定继承人的继承顺序仅限于法定继承中适用。在遗嘱继承中，遗嘱人在遗嘱中指定遗嘱继承人不受法定继承人顺序的限制，可以不指定前一顺位继承人继承遗产，而指定后一顺位继承人继承遗产。

(二) 法定继承人的继承顺序

我国《继承法》根据我国的实际情况，为法定继承人继承遗产设定了两个顺序。

1. 第一顺序

第一顺序的法定继承人为：配偶、子女、父母、对公婆和岳父母尽了主要赡养义务的儿媳和女婿。配偶、子女、父母作为第一顺位的继承人是因为夫妻之间、父母子女之间具有密切的人身关系和财产关系，而且具有法定的扶养义务。把他们列为优先顺位继承遗产，有利于实现家庭的职能。丧偶的儿媳和女婿对公婆、岳父母尽了主要赡养义务的作为第一顺位的继承人。这是我国继承法在继承顺位上的突出特色。它不仅体现了权利义务相一致的原则，而且有利于鼓励赡养老人的风尚，提倡家庭成员间的团结互助精神。

2. 第二顺序

第二顺序的法定继承人为兄弟姐妹、祖父母、外祖父母。兄弟姐妹、祖父母和外祖父母作为第二顺位的继承人，是因为他们与被继承人之间的血缘关系较近，而且在一定条件下存在相互扶养的法定义务。这里需说明继承法规定祖父母、外祖父母是孙子女、外孙子女的法定继承人，但并未规定孙子女和外孙子女作为祖父母、外祖父母的法定继承人，这是因为继承法在代位继承中，规定了孙子女、外孙子女等晚辈直系血亲可代替死亡的父或母继承祖父母、外祖父母的遗产。

在继承法的两个顺序之间，第一顺序继承人享有优先权，并排斥第二顺序继承人同时继承。同一顺序继承人继承地位平等。

现在各国继承法规定的法定继承人，一般都以血缘关系和婚姻关系为基础，但采取了不同的立法例：一是采取了"亲属继承无限制主义"。即法定继承人不受亲等的限制，如《德国民法典》规定的法定继承人范围是配偶、被继承人的直系血亲卑亲属、父母及其直系血亲卑亲属、祖父母（外祖父母）及其直系血亲卑亲属、曾祖父母及其直系血亲卑亲属、高祖父母及其直系血亲尊亲属、卑亲属。由此可见，德法典将与死者的高祖父母有血缘关系的一切亲属都纳入了法定继承人范围。二是采取"亲属继承限制主义"。即法定继承人只限于一定亲属以内的亲属和配偶。各国对亲属的限制的规定又有所不同。例如，法国民法典以十二亲等为限，意大利民法以六亲等为限，我国澳门特别行政区民法则以四亲等为限。当代继承立法确定法定继承人的范围的依据除了婚姻关系、血缘关系外，还将扶养关系作为确定法定继承人的依据。比如，保加利亚将与被继承人生前同居并对其照顾的人列入法定继承的范围；捷克将与死者生前共同生活一年以上或受死者生前扶养的人作为法定继承人。

各国继承立法在规定法定继承人继承顺序上也存在较大差异。首先表现在继承顺序上数量不同。继承人的范围较宽的国家，继承顺位数量较多。比如德国、美国、加拿大都规定了五个顺位。法国规定了四个顺位。继承人范围较窄的国家，有的规定了三个顺位，如保加利亚；有的规定两个顺位，如我国。其次，在确定法定继承人继承顺序时对血亲属存在三种立法例：一是亲等继承制,即按照亲等的远近来限定继承人的先后顺序。我国、伊朗、捷克等照此立法例。二是亲系继承制,即将血亲划为若干个亲系,各亲系按照血缘关系的远近确定继承的先后顺序。三是准亲等继承制。准亲等继承制,准亲等继承制一般是指除己身的直系卑亲属按亲等继承外,其余血亲的按亲系继承。我国台湾即尊此立法例。再次,对配偶的继承顺位上有两种立法例:一是将配偶列入法定继承顺序,大多数国家将配偶列入第一顺序,少数国家将其列入第二顺序。二是不把配偶列入一定顺序,而是规定配偶可以和任何顺序的血亲继承人一起继承。这一立法例被大陆法系绝大多数国家接受。

案例:甲、乙为夫妻无父母子女。甲只有一兄丙,乙只有一妹丁。丙、丁二人均独自生活,且与甲乙往来较少。2003年春节期间,甲、乙驾马车进城购买年货,回家途中因马受惊狂奔,甲、乙被摔下悬崖,戊路过时发现甲已死亡,乙尚存一点气息,乙在被送往医院过程中死亡。经查甲、乙共有房屋三间。各方对此三间房屋的继承发生了争议,该三间房屋应如何处理。

评析:本案中甲、乙二人为夫妻,甲先于乙死亡,甲、乙均无父母子女,乙为甲的唯一顺序继承人,乙继承甲的全部财产,甲、乙共有的三间房屋均归乙所有。乙死亡后盖三间房屋成为乙的遗产,乙无第一顺序继承人继承的,只有第二顺序继承人其妹丁,因此丁可独立继承全部三间房屋。

第三节 代位继承与转继承

一、代位继承的概念和性质

(一) 代位继承的概念

代位继承是指在法定继承中被继承人的子女先于被继承人死亡的,由被继承人子女的晚辈直系血亲代位继承被继承人遗产的法律制度。在代位继承法律关系中,先于被继承人死亡的子女称为被代位继承人,代替被代位继承人行使继承权的晚辈直系血亲称为代位继承人,代位继承人依法享有的权利称为代位继承权。代位继承的客体是被代位继承人的应继份额。

代位继承是对法定继承制度的必要补充。继承法设立代位继承制度的目的,是为了保障先于被继承人死亡的子女的晚辈直系血亲的物质利益。体现了我国继承制度的养老育幼原则。

（二）代位继承的性质

关于代位继承的性质，在法学理论上有两种不同的观点，即"代表权说"和"固有权说"。"代表权说"认为，代位继承人继承被继承人的遗产不是基于本身固有的权利，而是来自于被代位继承人的继承地位，当被代位继承人丧失继承权时，便不能发生代位继承，因为此时代位继承人属于"无位可代"。"固有权说"则认为，代位继承权是代位继承人本身固有的权利，并不以被代位继承人权利存在为前提，即使被代位继承人丧失或抛弃继承权，也不影响代位继承人的代位继承。现在学者通说采"固有权说"。① 采此说，有利于保护直系卑亲属的利益。我国最高人民法院《关于贯彻执行〈中华人民共和国继承法〉若干问题的意见》第28条规定："继承人丧失继承权的，其晚辈直系血亲不得代位继承。"由此可见，我国继承立法在代位继承的性质上采"代表权利说"的主张。

二、代位继承的适用条件

依据我国现行立法和司法解释的相关规定，适用代位继承应符合以下条件：

（1）被代位人限于被继承人的子女。我国继承法明确规定，代位继承只能发生于被继承人的子女先于被继承人死亡的情形，因此被代位人只限于被继承人的子女，而其他继承人均不能成为被代位人。这里的被继承人的子女，包括婚生子女、非婚生子女、养子女和形成了扶养关系的继子女。

（2）被继承人的子女先于被继承人死亡。我国继承法以被代位人先于被继承人死亡作为代位继承发生的前提条件。因为在后于被继承人死亡的情况下，继承已经开始，被继承人的子女完全可以第一顺位继承人身份参加继承，即使在遗产分割前死亡，也只能发生转继承的适用，而不发生代位继承。这里被继承人子女的死亡，包括民法上的自然死亡和宣告死亡。

（3）被代位人未丧失继承权。按"代表权利说"，代位继承人是代替被代位人行使继承权，因此要求被代位人必须具有继承权。如果被代位人丧失继承权，则晚辈直系血亲因无权可代而不适用代位继承。我国最高人民法院的司法解释中已明确规定，继承人丧失继承权的，其晚辈直系血亲不得代位继承。由于我国目前在代位继承理论上采"代表权利说"，那么被代位人未丧失继承权

---

① 史尚宽：《继承法论》，中国政法大学出版社2000年版，第86页。

应作为代位继承适用的一个条件。如果采用"固有权利说"将不受该条件限制。

（4）代位继承人必须是被代位继承人的晚辈直系血亲。我国继承法将代位继承人限定为被代位人的晚辈直系血亲，因此，被代位人的配偶、直系尊亲属和旁系血亲均无代位继承权。在我国，代位继承人可以是被代位人的子女、孙子女、外孙子女、曾孙子女、曾外孙子女等，代位继承人不受辈分的限制，但以亲等为序，亲等在先的先代位。同一亲等为二人以上的，共同代位继承。

（5）代位继承人继承的客体，是被代位人应得的遗产份额。因为代位继承人是代替被代位人的地位参加继承，因此代位继承人继承的客体应是被代位人继承可得遗产份额部分。代位继承人参加继承，不是与同一顺序的其他继承人平均分割被继承人的遗产，特别是代位继承人为数人的情况下，只能共同继承被代位人有权继承的份额。代位继承人继承客体有其特定性，但这并不排除继承法关于遗产分配原则的适用。按最高人民法院司法解释的规定，如果代位继承人缺乏劳动能力又没有生活来源，或者对被继承人尽了主要赡养义务，分配遗产时应予照顾，可以多分遗产。

三、转继承的概念和适用条件

（一）转继承的概念

转继承又称转归继承、连续继承、再继承，是指继承人在继承开始后，遗产分割前死亡，他所应继承的遗产份额转由其法定继承人继承的法律制度。死亡的继承人称为被转继承人，死亡继承人的合法继承人称为转继承人。

转继承是两个继承连续发生，一并处理，实质上是继承遗产权利的转移。我国继承法没有明确规定转继承制度，但最高人民法院的司法解释中承认了转继承，明确规定："继承开始后，继承人没有表示放弃继承，并于遗产分割前死亡的，其继承遗产的权利转移给他的合法继承人。"

（二）转继承的适用条件

转继承的适用，应具备以下条件：

（1）被转继承人于继承开始后，遗产分割前死亡。被转继承人死亡的时间具有特定性。如果先于被继承人死亡或在遗产分割后死亡，均不发生转继承。被转继承人的范围包括法定继承人、遗嘱继承人和受遗赠人。

（2）被转继承人享有继承权。被转继承人享有继承权是指在继承开始后，遗产分割前，未明确表示放弃继承，也未丧失继承权。如果被转继承人丧失或放弃继承权，则因其无权继承被继承人的遗产，而不发生转继承。

婚姻家庭继承法学

(3) 被转继承人有合法的遗产承受人。被转继承人的应取得的遗产份额，应转由其继承人继承或按遗嘱处理。如果被转继承人没有法定继承人，或法定继承人放弃、丧失继承权，又未立遗嘱指定受遗赠人的，固无遗产承受人不发生转继承。

四、代位继承与转继承的区别

代位继承与转继承尽管有相似之处，但二者在性质、适用条件、适用范围等诸多方面存在明显区别。

(1) 性质不同。代位继承是由代位继承人间接地一次性继承被继承人的遗产，具有替补继承的性质；而转继承是两个直接继承连续发生，具有连续继承的性质。

(2) 继承人死亡的时间不同。代位继承的发生是基于继承人先于被继承人死亡的事实；而转继承的发生是基于继承人后于被继承人死亡的事实。

(3) 主体范围不同。代位继承中的被代位人只限于被继承人的子女。而代位继承人只能是被继承人子女的晚辈直系血亲。转继承中的被转继承人可以是一切合法继承人、得产人。而转继承人则包括被转继承人的法定继承人、遗嘱继承人、得产人。

(4) 适用范围不同。代位继承只适用于法定继承，而不适用于遗嘱继承。而转继承既可适用法定继承，也可适用于遗嘱继承和遗赠等遗产转移方式。

关于代位继承世界各国和地区立法存在诸多不同。首先，对于代位继承的发生原因，我国《继承法》以被继承人的子女死亡为限，而《德国民法典》以死亡（第1929条）、继承拒绝（第1953条）、丧失继承权（第2344条）及以契约为继承之抛弃（第2436条）。《瑞士民法典》以死亡（第478条）、继承人废除（第541条）、继承拒绝（第566条）、继承缺格（第572条）为原因。《日本民法典》以及我国台湾地区"民法典"以死亡及丧失继承权为限。① 其次，在对待丧失继承权和放弃继承权的人的直系晚辈血亲是否享有代位继承权问题上，世界继承立法有两种不同的观点。持代表权说的国家不承认丧失或放弃继承权的直系血亲卑亲属享有代位继承权。我国和法国持此观点。持固有权说的国家和地区，则承认丧失或放弃继承权的人的直系血亲卑亲属享有代位继承权。持此种观点的有联邦德国、日本、意大利、奥地利、保加利

---

① 王利明：《中国民法典学者建议稿及立法理由》（人格权编·婚姻家庭编·继承编），法律出版社2005年版，第52页。

亚、匈牙利等国。我国台湾"民法"也持此种观点。① 再次，从世界各国和地区民法对代位继承人范围的规定来看，范围较小的是我国（包括台湾），仅限于被代位人的直系血亲卑亲属。范围较宽的国家是德国、日本、美国、英国、瑞士，其代位继承人的范围扩及祖父母的直系血亲卑亲属。而法国、保加利亚将代位继承人的范围扩及死者的兄弟姐妹及其卑亲属，即允许旁系血亲有代位继承权。②

案例：某大学教授郑某早年丧偶，育有三子一女，均已成年。2004年冬，郑某的大儿子因患癌症，医治无效死亡，留有两个儿子（即郑某的两个孙子）。2007年春，郑某去世，其子女当时因故遗产没有分割。2008年4月，郑某的两个儿子在郊游时不幸遭遇车祸死亡，各自遗有一个女儿（即郑某的两个孙女）。2008年11月准备处理郑某的财产，郑某的女儿、两个孙子、两个孙女为继承遗产发生纠纷。

评析：本案中，郑某的两个孙子根据代位继承法律制度享有继承权。因为被代位继承人郑某的大儿子于2004年冬死亡，早于2007年春死亡的被继承人郑某。被代位继承人郑某的大儿子是被继承人郑某的子女且没有丧失继承权，代位继承人郑某的两个孙子是被代位继承人郑某大儿子的晚辈直系血亲。综上，郑某的两个孙子是代位继承人，享有继承权。

本案中，郑某的两个孙女根据转继承法律制度享有继承权。因为，被转继承人郑某的两个儿子于2008年4月在车祸中死亡，而郑某已于2007年死亡，继承已经开始，但是因故没有分割遗产，这符合被转继承人在被继承人死亡以后，遗产分割以前死亡的要件，而被转继承人郑某的两个儿子没有丧失继承权或放弃继承权；转继承人郑某的两个孙女及其母亲分别是两个被转继承人郑某两个儿子的合法继承人，因此郑某的两个孙女及其母亲是转继承人，具有继承权。

---

① 刘春茂：《中国民法学·财产继承》，中国人民公安大学出版社1990年版，第313页。
② 刘春茂：《中国民法学·财产继承》，中国人民公安大学出版社1990年版，第318页。

第四节 法定继承中的遗产分配

一、继承人分配遗产的原则

遗产分配原则，是指在法定继承中，数个继承人共同继承被继承人遗产时，确定继承人应继承遗产份额的一般准则。我国《继承法》第13条规定了法定继承中的遗产分配以"一般均等"为基本原则，以特殊情况下的不均等为例外。

（1）继承人应均等分配遗产，是指在无法律规定的特殊情形时，继承人应按人数平均分配遗产，即各继承人的应继承的份额相等。

（2）特殊情形下不均等分配遗产。

法律规定在某些特殊情形下，遗产应作不均等分配。特殊情况下的不均等分配遗产，体现了继承法在遗产分配中贯彻了意思自治原则，照顾原则以及权利义务相一致的原则。依继承法的规定，有下列情形之一的，同一顺序的法定继承人分配遗产的份额可以不均等：

①对生活有特殊困难的缺乏劳动能力的继承人，分配遗产时应当予以照顾。对这类继承人进行照顾，即多份遗产，可以体现遗产在"死后扶养"的作用，以保障那些老弱病残没有劳动能力，又没有独立生活来源的继承人基本生活需求。

②对被继承人尽了主要赡养义务或与被继承人共同生活的继承人，分配遗产时可以多分。有扶养能力和扶养条件的继承人，不尽扶养义务的，分配遗产时应当不分或者少分。以继承人对被继承人尽了扶养义务的大小作为判断标准、决定继承人继承遗产份额的多少，这体现了权利义务相一致的思想，有利于鼓励尊老养老行为。

③继承人协商同意的，也可以不均等，继承法规定继承人可以协商处理继承问题。当继承人经平等协商对遗产作出不均分的决定，应当尊重继承人的选择，这是民法意思自治原则的体现。

二、继承人之外的遗产取得人

继承人之外的遗产取得人，是指法定继承人之外的依照法律规定有权取得被继承人遗产的公民。在法定继承中，继承人分配遗产时如果存在继承人以外的遗产取得人，应分配给他们适当的遗产，不得侵害其遗产取得权。

(一) 继承人以外的遗产取得人的种类

继承人以外的遗产取得人分得遗产，不是基于继承权，而是基于法律的特殊规定。根据我国《继承法》14条规定，继承人之外的遗产取得人包括以下两种：

(1) 依靠被继承人扶养的，缺乏劳动能力又没有生活来源的人。此类人作为遗产取得人必须同时具备三个条件：①缺乏劳动能力。主要是指那些尚未成年不具备劳动能力，或年老病残等原因丧失劳动能力的情况。②没有生活来源。一般认为没有经济来源是指无独立的经济收入，无法维持正常生活。③在被继承人生前依靠被继承人扶养。上述三个条件的应以被继承死亡时的状况为依据。

(2) 继承人以外的对被继承人扶养较多的人。这是指在被继承人生前对其尽了经济帮助、生活照顾、劳务扶助和精神慰藉的继承人以外的人。此类得产人以对被继承人尽了较多赡养义务作为条件。那么一般的照顾或偶尔提供物质帮助则不为赡养较多。

《继承法》规定的两种得产人，这两种得产人与被继承人之间均存在扶养关系。法律赋予其遗产取得权，主要是为保障扶养人的生活需要，同时体现了权利义务相一致的原则。

(二) 继承人之外的遗产取得人的遗产份额

我国《继承法》第14条规定了得产人分得遗产的一般原则，即"可分给他们适当的遗产"。何为适当的遗产，法律未作明确规定，这就需要具体情况具体分析。对于依靠被继承人扶养的人来说，应考虑满足其基本生活需要；对被继承人生前扶养较多的人，则需根据对被继承人生前的扶养情况而定，遗产的份额可能多于继承人的平均份额，也可能少于继承人的平均份额。

继承人以外的得产人的遗产取得权利受法律保护，当权利受到侵害时有权以独立诉讼主体资格向人民法院提起诉讼。

近现代各国继承立法关于法定继承方式中的遗产分配，主要有两种立法例：一是由法律直接规定各法定继承人应当继承的遗产份额。二是法律规定同一顺序的法定继承人平均分配遗产。在配偶的应继份额上，各国立法有较大的差异，主要有三种立法例：一是均等份额立法例，即配偶作为第一顺序继承人继承遗产取得平均份额。没有其他第一顺序继承人时，配偶取得全部遗产，如我国。二是不均等份额立法例。采用此种立法例的国家不确定配偶的继承顺序，而规定配偶可以和任何顺序的血亲继承人一起继承，其继承份额一般比其他继承人要高。这一立法例现为大多数国家接受。① 三是规定配偶享有一定的优先权包括配偶先取权和法定用益权两种。一些英美法系的国家采此种立法例。

案例：张某，妻王某。两人有房屋12间，存款15万元及耕牛等生产、生活资料价值10万元。长子张甲于1990年病故，其妻刘某抚养亲生儿子张乙和养女张丙与公婆共同生活，并尽赡养义务。次子张丁，因盗窃罪被判有期徒刑7年，服刑期间，其妻赵某离婚后带子张戊改嫁他人。张丁刑满释放后，认识了离异后带孩子李己单身生活的李某，两人结婚，生有一子张庚。张某的小女儿张辛，早已远嫁外地，多年来没回家探视父母。

2006年，张某病故。留有遗嘱将其财产中6万元存款给其早年非婚生子朱某。其妻王某要求分割遗产。张某的大哥张壬终生未娶，一直与张某相依为命，并帮助丧葬，提出应分得部分遗产。

评析：本案中首先需要确定的是遗产范围，张某与其妻王某共有的房屋12间，存款15万元及耕牛等生产、生活资料价值10万元等财产，不能都视为张某的遗产，需与其妻析产后，属于张某的部分才是张某遗产。其次要看是否有合法有效的遗赠扶养协议、遗嘱。张某遗嘱将其财产中6万元存款给其早年非婚生子朱某合法有效，应予执行。对于遗嘱未处分的遗产应按法定继承处理。法定继承中必须要确定继承人的范围和顺序。本案中张某的继承人包括其配偶王某、子女张甲、张丁、张辛、朱某（非婚生子女享有与婚生子女同等的继承权）和其兄张壬，这其中其配偶王某、子女张甲、张丁、张辛属第一顺序继承人，张壬属第二顺序继承人，因有第一顺序继承人继承，张壬在本案中不能参加继承，但考虑到他长期与张某共同生活，可以适当分得部分遗产。又因张甲先于其父去世且其妻刘某尽了主要赡养义务，因此刘某可以以第一顺序继承人身份参加继承，张甲的亲生儿子张乙和养女张丙可以代位继承人的身份继承张甲应继承的部分。

---

① 王利明：《中国民法典学者建议稿及立法理由》（人格权编·婚姻家庭编·继承编），法律出版社2005年版，第509页。

第十四章　遗嘱继承和遗赠

【本章重点难点提示】 学习本章内容，重点是遗嘱的形式、有效要件和法律效力。难点是遗嘱的效力，以及遗嘱与遗赠、遗赠与遗赠抚养协议之间的相互关系及其适用。

第一节　遗　　嘱

一、遗嘱与遗嘱能力

（一）遗嘱的概念和特征

遗嘱是公民生前按照法律规定的方式对自己的财产或其他事务作出处分并于其死亡时发生执行效力的一种法律行为。立遗嘱的公民称为遗嘱人，接受遗嘱指定继承遗产的人称为遗嘱继承人，接受遗嘱指定受赠遗产的人称为受遗赠人。

遗嘱作为法律概念，也常指遗嘱人处分他的遗产和其他事务的一种凭据。日常用语中的遗嘱通常是广义的，它包括死者临终前对其死后各类事务的处理和安排；继承法上所称遗嘱是狭义的，即仅指遗嘱人对其遗产和相关事务的处理。

不论是遗嘱继承还是遗赠，其适用都以合法有效的遗嘱存在为前提，因此在继承法上，遗嘱的地位非常重要。遗嘱具有以下法律特征：

（1）遗嘱是遗嘱人的单方法律行为。遗嘱人立遗嘱基于自己的意思表示即可，不必事先征求继承人或者受遗赠人的意见或同意，遗嘱人所立遗嘱只要符合法律的要求即可发生效力。

（2）遗嘱是在遗嘱人死亡时发生执行效力的法律行为。遗嘱是遗嘱人生前所为法律行为，但这种行为在立遗嘱后至遗嘱人死亡前，并未发生执行的效力。遗嘱的执行效力，应从遗嘱人死亡时开始。只要遗嘱人还健在，任何人都不得要求按照遗嘱人已立的遗嘱继承或者受赠遗产。遗嘱人在死亡以前，可以变更遗嘱、撤销遗嘱。

（3）遗嘱是要式的法律行为。依照继承法的规定，遗嘱必须要依照法定的方式订立。这也是保证遗嘱体现遗嘱人真实意愿的必要条件。

（4）遗嘱是处分行为。遗嘱在内容上是遗嘱人表示出来的处分自己的财产及安排相关事项的意思。对于遗嘱中与继承法无关的内容，可依相关法律的规定精神处理。

（5）遗嘱人必须具有遗嘱能力，遗嘱是遗嘱人亲自进行的法律行为。遗嘱人应具完全民事行为能力，无民事行为能力人、限制民事行为能力人所立遗嘱无效。遗嘱必须由遗嘱人亲自作出，不能由他人代理，在立遗嘱问题上，不适用民法上的一般代理制度。还须指出的是，遗嘱只在遗嘱人死亡时才发生执行的效力，因此，遗嘱人是否具有完全民事行为能力，应当以立遗嘱时的状况为准。

（二）遗嘱能力

遗嘱能力，是指自然人依法享有的以遗嘱形式处分其财产的资格或者能力。遗嘱是一种处分财产的民事行为，而且是立遗嘱人生前对其死后留下的财产预先进行处分并于其死后发生效力的民事行为，因此，遗嘱人应该具有遗嘱能力，遗嘱能力本质上属于民事行为能力的范畴。

各国继承法一般都对遗嘱人的遗嘱能力作出明确的规定。我国《继承法》第22条第1款规定，"无行为能力人或者限制行为能力人所立的遗嘱无效"。因此，在我国法上，无民事行为能力人或限制民事行为能力人是无遗嘱能力的人，而完全民事行为能力人是有遗嘱能力的人。

依《民法通则》的规定，18周岁以上的公民是完全民事行为能力人，但不能完全辨认或者不能完全辨认自己行为的成年精神病人除外；16周岁以上不满18周岁的公民，能以自己的劳动收入为主要生活来源的，视为完全民事行为能力人。这两类人具有遗嘱能力，可以立遗嘱处分自己的财产。不能辨认自己行为的精神病人和不满10周岁的未成年人是无民事行为能力人；10周岁以上的未成年人和不能完全辨认自己行为的精神病人是限制民事行为能力人。这两类人属于无遗嘱能力人，不得立遗嘱处分自己的财产。患有盲、聋、哑生理疾病但未患有精神病的成年人，是完全民事行为能力人，也享有遗嘱能力，不过应该为他们设立遗嘱提供方便。

遗嘱是一种民事行为，实施民事行为的行为人是否具有民事行为能力，应该以行为人实施行为时的能力状况为准。关于这个问题，最高人民法院《关于贯彻执行〈中华人民共和国继承法〉若干问题的意见》第41条规定，"遗嘱人立遗嘱时必须有行为能力。无行为能力人所立的遗嘱，即使其本人后来有了行为能力，仍属无效遗嘱；遗嘱人立遗嘱时有行为能力，后来丧失了行为能力，不影响遗嘱的效力"。

二、遗嘱自由原则

所谓遗嘱自由，是指公民可依法通过立遗嘱的方式处分自己的财产的权利。遗嘱自由原则各国继承法都给以确立的一项重要原则。我国《继承法》第16条规定，"公民可以依照本法规定立遗嘱处分个人财产"，这表明，遗嘱自由原则也得到了我国法律的确认。

遗嘱自由原则是私法自治原则在继承制度上的体现。继承法确立这一原则，不仅是对公民的个人意愿和财产所有权的尊重和保护，也为遗产的价值功能的实现创造了广阔的空间。在我国继承法上，遗嘱人可以通过订立遗嘱，变更法定继承人的继承顺序和应继承的份额，甚至可以取消法定继承人的继承权，将遗产赠与法定继承人以外的其他公民或者赠给国家、集体组织。由于立遗嘱人比其他人更了解自己的家庭情况，能够确定其认为最为合理的遗产分配方案，这有利于养老育幼、巩固发挥家庭的作用；允许遗嘱人把财产遗赠给国家或集体组织，有利于发展社会福利事业，发扬社会主义道德风尚。

公民的遗嘱自由在内容上是充分的，包括立遗嘱与不立遗嘱的自由、指定遗产继承人或者受遗赠人的自由、确定各继承人或者受遗赠人获得遗产的顺序和份额的自由、变更或者撤销遗嘱的自由、在遗嘱中附义务的自由等。

遗嘱自由原则对于保护公民的合法权益具有重要意义，但是它也可能带来一些不利影响，因此对遗嘱自由原则给以必要的限制，是各国继承法的共同选择。遗嘱人容易从个人的好恶出发，不一定考虑法定继承人的利益和国家、社会利益，一些遗嘱人甚至滥用立遗嘱的权利，随意剥夺法定继承人的继承权，为继承人设定一些违反社会道德的义务等，因此从实际情况看，也有必要对公民的遗嘱自由给以一定的限制。我国继承法在肯定遗嘱自由的同时，也对其进行了适当的限制，以使遗嘱更好地发挥作用。

遗嘱必须受法律的约束，不得违反宪法、民法、婚姻法、继承法等法律的规定；遗嘱不得违背社会主义道德准则和善良风俗。依据《继承法》第19条的规定，"遗嘱应当对缺乏劳动能力又没有生活来源的继承人保留必要的遗产份额"。这里所规定的保留必要的遗产份额，学说上称之为"必留份"、"必要的遗产份额"，是为保护受扶养的家庭成员的利益而对遗嘱自由原则所作的限制。最高人民法院《关于贯彻执行〈中华人民共和国继承法〉若干问题的意见》第37条规定,"遗嘱人未保留缺乏劳动能力又没有生活来源的继承人的遗产份额,遗产处理时,应当为该继承人留下必要的遗产,所剩余的部分,才可参照遗嘱确定的分配原则处理。继承人是否缺乏劳动能力又没有生活来源,应按遗嘱生效时该继承人的具体情况确定"。依《继承法》第28条规定,"遗产分割时,应当保留胎儿的继承份额。胎儿出生时是死体的,保留的份额按照法定继承办理"。从《继承法》的规定精神看,保留必留份的规定,也适用于胎儿。

三、遗嘱的形式与内容

（一）遗嘱的形式

遗嘱的形式是遗嘱人表达处分自己的财产以及有关事务的意思的方式。遗嘱的形式是记录和传递遗嘱内容的载体,是保证遗嘱真实合法的重要条件,也是遗嘱生效的形式要件。

遗嘱是要式法律行为,遗嘱的形式是法定的。《继承法》根据我国人民的传统习惯和民族特点,在总结实践经验的基础上,规定了公证遗嘱、自书遗嘱、代书遗嘱、口头遗嘱和录音遗嘱五种形式,并对每种形式都规定了严格的要求,遗嘱人可以根据法律的规定和具体情况选择采用。下面依《继承法》第17条等的规定予以具体叙述。

（1）公证遗嘱,是指依据公证程序和方式所订立的遗嘱。公证是由国家公证机关对法律事实的真实性、合法性予以确认的行为。以公证方式订立遗嘱的,公证人员应该遵循法律规定的公证程序,须由遗嘱人亲自申请办理公证,在公证员面前亲自书写或口述遗嘱内容。遗嘱人亲笔书写遗嘱的,要在遗嘱上签名或者盖章,并注明年、月、日;遗嘱人口授遗嘱的,由公证人员作出记录,然后向遗嘱人宣读,经过确认无误后,由在场的公证人员和遗嘱人签名盖章,并注明设立遗嘱的年、月、日。公证人员应对遗嘱的相关事项进行审查,包括审查遗嘱人的遗嘱能力、遗嘱的真实性、合法性等。公证机关经过审查,认为遗嘱人有遗嘱能力、遗嘱是遗嘱人的真实意思表示,符合法律规定的,由公证员出具公证书,公证机关和遗嘱人分别保存公证书。

（2）自书遗嘱,又称亲笔遗嘱,是遗嘱人生前亲笔书写的遗嘱。自书遗嘱由遗嘱人亲笔书写,不需要见证人在场见证,简便易行,又可节省费用、保守秘密,充分表明遗嘱人的真实意思,因此是遗嘱的法定形式之一。依据《继承法》,自书遗嘱必须由遗嘱人亲笔书写全文、签名,并注明制作遗嘱的年、月、日。如果对先前所立的遗嘱进行修改,也应由本人加以说明并签名,注明年、月、日。需要说明的是，遗书符合条件的，可按自书遗嘱对待。最高人民法院《关于贯彻执行〈中华人民共和国继承法〉若干问题的意见》第40条规定："公民在遗书中涉及死后个人财产处分的内容，确为死者真实的意思表示，有人签名并注明了年、月、日，又无相反证据的，可按自书遗嘱对待。"

（3）代书遗嘱，又称代笔遗嘱，是由遗嘱人口述内容，他人代为书写的遗嘱。在遗嘱人没有文字书写能力或其他原因而不能亲笔书写遗嘱的情况下，请他人代书是实现遗嘱人立遗嘱意愿的重要途径，它适合人民群众的实际需要。为保证遗嘱确实体现了遗嘱人的真实意思，《继承法》要求代书遗嘱时应当有两个以上见证人在场见证，由其中一人代书，代书人书写的遗嘱要经遗嘱人确认，注明年、月、日，并由代书人、其他见证人和遗嘱人签名。

（4）录音遗嘱，它是指遗嘱人口述遗嘱内容，以录音带录制来表达遗嘱人意愿的遗嘱形式。录音遗嘱是一种较新颖的遗嘱形式，具有简便易行、表达准确的特点，但是录音制品易为他人伪造、篡改，并且不易保管，所以，《继承法》也规定了严格的条件。制作录音遗嘱应由遗嘱人亲自叙述遗嘱的内容，要有两个以上的见证人在场见证，说明制作的地址和年、月、日，制作完毕以后要将遗嘱封存，并由见证人签名，注明年、月、日，然后交遗嘱人或见证人保管。

（5）口头遗嘱，又称口授遗嘱，是遗嘱人以口头形式设立的遗嘱。《继承法》第17条规定，"遗嘱人在危急情况下，可以立口头遗嘱"。口头遗嘱是遗嘱人处在生命垂危或其他紧急情况下，来不及订立其他形式的遗嘱时的一种特别遗嘱方式。口头遗嘱最为简便，适用于危急情况，但容易失实，难以认定，也易为他人篡改、伪造，所以，法律也规定了严格的条件。遗嘱人只有在生命垂危或其他紧急情况下，遗嘱人无法采取其他形式订立遗嘱时，才可以订立口头遗嘱；订立口头遗嘱必须有两个以上的与遗嘱无利害关系的见证人在场见证。遗嘱人口述遗嘱内容，见证人必须记录口述遗嘱的年、月、日，如果见证人文化水平低、不能记录时，应当牢记口述遗嘱的具体时间和地点。《继承法》第17条规定，"危急情况解除后，遗嘱人能够用书面或者录音形式立遗嘱时，原先所立的口头遗嘱无效"。

根据《继承法》的规定，订立代书遗嘱、录音遗嘱、口头遗嘱的时候，必须有两个以上的见证人在场见证。见证人是遗嘱人在立遗嘱时的证明人，见证人的证明直接关系到遗嘱的效力，因此，法律对见证人的资格也有要求。依照《继承法》第18条的规定，下列人员不能作为遗嘱见证人：（1）无民事行为能力人、限制民事行为能力人；（2）继承人、受遗赠人；（3）与遗嘱人、受遗赠人有利害关系的人。最高人民法院《关于贯彻执行〈中华人民共和国继承法〉若干问题的意见》第36条规定，"继承人、受遗赠人的债权人、债务人、共同经营的合伙人，也应当视为与继承人、受遗赠人有利害关系，不能作为遗嘱的见证人。"

上述我国《继承法》规定的五种形式是遗嘱人表达自己意愿、处分自己财产的不同方式。针对在实际中遗嘱人可能以不同的形式立数份内容相抵触的遗嘱的情况，《继承法》第20条规定，"遗嘱人可以撤销、变更自己所立的遗嘱。立有数份遗嘱，内容相抵触的，以最后的遗嘱为准。自书、代书、录音、口头遗嘱，不得撤销、变更公证遗嘱"。最高人民法院《关于贯彻执行〈中华人民共和国继承法〉若干问题的意见》第42条规定，"遗嘱人以不同形式立有数份内容相抵触的遗嘱，其中有公证遗嘱的，以最后所立公证遗嘱为准；没有公证遗嘱的，以最后所立的遗嘱为准"。

在实际中，还有两个以上公民合立一个遗嘱的情况，这种遗嘱在理论上被称为"合立遗嘱"或"共同遗嘱"，指的是两个或者两个以上的遗嘱人共同设立一份遗嘱，以处分共同遗嘱人各自所有的或者共同所有的财产，如夫妻合立的遗嘱等。合立遗嘱是一种共同民事行为，须有双方意思表示一致才能成立。合立遗嘱的内容具有相互制约性。在共同遗嘱人生存期间，一方变更、撤销遗嘱的或者对财产进行处分，将导致他方的遗嘱也失去效力；在共同遗嘱人之一死亡后，生存方原则上不得变更、撤销遗嘱或者进行与遗嘱内容相违背的财产处分。合立遗嘱的各个遗嘱人的死亡时间通常不一致，因此只有在共同遗嘱人全部死亡时，合立遗嘱才全部发生执行效力。①

(二) 遗嘱的内容

遗嘱的内容是遗嘱人处分遗产及有关事务的意思表示。遗嘱人要实现自己的意愿，对遗产的处分和事务的安排就应当具体化、明确化。继承法对于遗嘱的内容没有具体的限制性规定，遗嘱人当然要合法地处分自己的财产，并且不违背社会主义的道德准则和善良风俗。一般认为，遗嘱应包括以下内容：

(1) 明确遗产的范围、名称和数量。遗嘱是遗嘱人对其遗产的处分，遗嘱人在遗嘱中应该明确其遗嘱处分的遗产的范围、名称和数量等内容。遗嘱人只能以遗嘱处分自己的遗产，而不能处分他人的财产；遗嘱人如果只是处分了

---

① 房绍坤、范李瑛、张洪波：《婚姻家庭与继承法》，中国人民大学出版社2007年版，第330页。

自己的部分遗产，则没有处分的遗产，由法定继承人按法定继承方式继承。

（2）指定遗嘱继承人或受遗赠人。《继承法》第16条规定，"公民可以立遗嘱将个人财产指定由法定继承人的一人或者数人继承。公民可以立遗嘱将个人财产赠给国家、集体或者法定继承人以外的人"。立遗嘱人在遗嘱中指定的遗嘱继承人可以是法定继承人中的任何人，而不受法定继承顺序的限制；立遗嘱人指定的受遗赠人可以是自然人、法人或者国家和集体，但不能是法定继承人范围内的人。有学者建议，我国继承法还应该允许遗嘱人指定候补继承人、候补受遗赠人，在遗嘱中指定的继承人、受遗赠人不能继承或者受遗赠时，遗嘱中指定的候补继承人、候补受遗赠人可遗嘱继承或者受遗赠。①

（3）指明遗产的分配顺序、方法或者具体份额。遗嘱中指定继承的，应该指明具体的遗产；指定由数人继承的，应该指明继承人对遗产的分配方法或者各个继承人的遗产份额；遗嘱仅指定继承人继承全部遗产的，应推定遗嘱人处分了全部遗产；遗嘱未指明遗产的分配办法或者份额的，应推定各继承人等额继承。遗嘱指定遗赠的，也应照此办理。如前所述，遗嘱应当对缺乏劳动能力又没有生活来源的继承人保留必要的遗产份额，而且保留必要份额的规定，也适用于胎儿。②

（4）明确遗嘱人对遗嘱继承人或受遗赠人附加的义务。遗嘱人可以在遗嘱中对遗嘱继承人或者受遗赠人附加义务，如可以规定将遗产用于特定的用途或者将其所受财产移转给第三人等。当然，这种义务必须是合法的、可以履行的，否则附加的义务无效。《继承法》第21条明确规定："遗嘱继承或者遗赠附有义务的，继承人或者受遗赠人应当履行义务。没有正当理由不履行义务的，经有关单位或者个人请求，人民法院可以取消他接受遗产的权利。"

（5）指定遗嘱执行人。依《继承法》第16条规定，遗嘱中可以指定遗嘱执行人。有关遗嘱执行人的权利和义务等内容，在后文叙述。

四、遗嘱的有效、无效与不生效

（一）遗嘱有效

遗嘱有效，是指遗嘱符合法律规定的形式要件和实质要件，具有法律效力。有效的遗嘱产生两个方面的法律效力：一是设立效力，即遗嘱一经合法设

---

① 郭明瑞、房绍坤、关涛：《继承法研究》，中国人民大学出版社2003年版，第121页。

② 王丽萍主编：《婚姻家庭继承法学》，北京大学出版社2004年版，第421页。

立就受法律保护，除遗嘱人可以变更或者撤销遗嘱外，其他任何人均不得变更、撤销，更不得篡改、毁损遗嘱;① 二是执行效力，即遗嘱因遗嘱人的死亡而得以执行。② 遗嘱的设立效力是遗嘱的执行效力的前提，不具有设立效力的遗嘱也不存在执行的问题。具有设立效力的遗嘱也不是立即就可执行，继承人或受遗赠人也不能立即要求继承或接受遗嘱。虽然继承人或受遗赠人的权利义务已经确立，但继承人或受遗赠人对于遗嘱人所设定的权利不过是一种期待的权利。遗嘱人在死亡前可以变更、撤销自己所立遗嘱，继承人或受遗赠人在遗嘱人死亡之前不得请求继承或受赠遗产，遗嘱也可能因继承人或者受遗赠人先于遗嘱人死亡等原因而不发生执行效力。

遗嘱作为《继承法》上的民事行为，除应具备民法要求的一般有效要件外，还应该符合《继承法》规定的要求。依照《继承法》以及相关法律的规定，遗嘱有效应当满足以下条件：

（1）遗嘱人在立遗嘱时必须具有遗嘱能力。遗嘱人必须具有遗嘱能力，是具有完全的民事行为能力人。无民事行为能力人或限制民事行为能力人所立的遗嘱无效。遗嘱是遗嘱人处分自己财产的行为，不能由他人代理。无民事行为能力人所立的遗嘱，即使其后来有了行为能力，仍属无效遗嘱；遗嘱人立遗嘱时有行为能力，即使后来丧失了行为能力，也不影响其遗嘱的效力。

（2）遗嘱必须是遗嘱人的真实意思表示。遗嘱是公民生前的单方法律行为，不须他人同意就可直接发生效力，因此，遗嘱应是遗嘱人自己真实意思的表示。受胁迫、受欺诈所立的遗嘱无效。遗嘱被伪造的，伪造的遗嘱无效；遗嘱被篡改的，篡改的内容无效。

（3）遗嘱所处分的财产应为遗嘱人的个人财产。遗嘱只能处分公民个人的遗产即公民死亡时遗留下的个人合法财产。遗嘱人以遗嘱处分了属于国家、集体或者他人所有的财产的，遗嘱的该部分内容无效。

（4）遗嘱的内容不违反法律和公序良俗。继承法虽然肯定了公民享有订立遗嘱的自由，但这种自由也必须在法律许可的范围内行使。遗嘱不得剥夺对缺乏劳动能力又无其他生活来源的继承人的继承份额，不得取消应当为胎儿保留的继承份额。遗嘱不得违反宪法、民法、婚姻法、继承法等法律的规定，也

---

① 有学者建议，我国继承法应增加瑕疵遗嘱的撤销制度。参见郭明瑞、房绍坤、关涛：《继承法研究》，中国人民大学出版社2003年版，第128页。

② 也有学者认为，遗嘱有效就是指遗嘱具有法律上的执行力。参见郭明瑞、房绍坤、关涛：《继承法研究》，中国人民大学出版社2003年版，第126页。

不得违背社会主义道德准则和善良风俗。

（5）遗嘱的形式必须符合法律规定。遗嘱是要式法律行为，必须符合法律所要求的形式，也就是必须采纳《继承法》第17条所规定的5种形式，否则，即使其他条件都具备，遗嘱也是无效的。

（二）遗嘱无效

遗嘱无效，即遗嘱因不符合有效要件而不发生效力。无效的遗嘱既不具有设立效力，也不具有执行效力。无效遗嘱的存在，不影响遗嘱人设立新的遗嘱处分其遗产；继承人或者受遗赠人不能依据无效的遗嘱主张继承或者受赠与。遗嘱中有部分内容不符合法律规定的要求的，该部分内容无效。

（三）遗嘱不生效

遗嘱不生效，是指有效遗嘱不能被执行，即不能依照遗嘱的内容在当事人之间产生权利义务关系。

具备有效条件的遗嘱原则上在遗嘱人死亡时发生执行效力，但是，遗嘱订立以后，出现导致遗嘱不能被执行的情况也是有的。遗嘱不生效的情形主要包括：

（1）遗嘱指定的继承人、受遗赠人先于遗嘱人死亡。因为没有人可依据遗嘱的内容继承或者接受遗赠，遗嘱不发生效力。

（2）遗嘱指定的继承人、受遗赠人（公民）在遗嘱成立后，丧失继承权或者受遗赠权，则遗嘱不发生效力。

（3）在继承开始时，遗嘱的标的物已经不存在或者已经不属于遗产，则遗嘱不发生效力。

（4）附有解除条件的遗嘱，所附条件如果在遗嘱人死亡之前或者之时已经成就，则遗嘱不发生效力。

五、遗嘱的变更与撤销

（一）遗嘱的变更、撤销的概念和特点

遗嘱的变更是指遗嘱人依法改变原先所立遗嘱的部分内容。遗嘱的撤销是指遗嘱人废止原先所立遗嘱全部内容的行为。遗嘱的变更与撤销都是遗嘱人的单方民事行为，二者的区别在于对原先所设立遗嘱的内容的改变程度不同。

变更、撤销遗嘱，也是遗嘱自由原则的体现。《继承法》第20条明确规定，"遗嘱人可以撤销、变更自己所立的遗嘱"。遗嘱的变更与撤销具有以下特点：

第一，变更或者撤销遗嘱是遗嘱人的单方法律行为。与设立遗嘱一样，变更或者撤销遗嘱,都是遗嘱人的单方法律行为,无需他人的许可或者同意,他人也不得干涉。

第二,变更或者撤销遗嘱是遗嘱人的权利。遗嘱人可随自己的意愿,随时或者无须任何事由而变更或者撤销先前所立遗嘱。除了遗嘱人自己之外,其他任何组织或者个人都不得变更或者撤销遗嘱人的遗嘱。

第三,遗嘱的变更与撤销只能由遗嘱人本人亲自为之,他人不得代理。

(二) 变更、撤销遗嘱的方式

变更、撤销遗嘱有明示方式与推定方式。明示方式是指遗嘱人以明确的意思表示变更、撤销其所立遗嘱。推定方式是指遗嘱人未以明确的意思表示变更、撤销遗嘱,但根据法律规定可从遗嘱人的行为推定遗嘱人变更、撤销了其所立遗嘱。

遗嘱人以明示方式变更、撤销其遗嘱,通常是另立新的遗嘱,并在新的遗嘱中明确表示变更或者撤销原来的遗嘱。遗嘱人为变更或撤销遗嘱而立新的遗嘱,也应该选择法律规定的遗嘱形式。根据《继承法》第20条第3款规定,"自书、代书、录音、口头遗嘱,不得撤销、变更公证遗嘱",除公证遗嘱外,其他形式的遗嘱都可以相互撤销;公证遗嘱可以变更、撤销其他遗嘱,但要变更、撤销原来的公证遗嘱,只能设立新的公证遗嘱。

推定遗嘱变更、撤销的,可以有不同情形:(1) 遗嘱人立有数份遗嘱,而且彼此内容相互抵触的情形。《继承法》第20条第2款规定,"立有数份遗嘱,内容相抵触的,以最后的遗嘱为准"。最高人民法院《关于贯彻执行〈中华人民共和国继承法〉若干问题的意见》第42条规定,"遗嘱人以不同形式立有数份内容相抵触的遗嘱,其中有公证遗嘱的,以最后所立公证遗嘱为准;没有公证遗嘱的,以最后所立的遗嘱为准"。(2) 遗嘱人生前的行为与遗嘱内容相抵触的,推定遗嘱人变更、撤销了遗嘱。上述司法解释第39条规定"遗嘱人生前的行为与遗嘱的意思表示相反,而使遗嘱处分的财产在继承开始前灭失、部分灭亡或所有权转移、部分转移的,遗嘱视为被撤销或部分被撤销"。(3) 遗嘱人故意毁损、涂销遗嘱的,推定遗嘱人变更、撤销原来所立遗嘱。

(三) 遗嘱变更、撤销的法律后果

遗嘱变更、撤销也要具备有效要件,才能发生法律效力。遗嘱人在变更或者撤销遗嘱时必须具有遗嘱能力,遗嘱人在丧失遗嘱能力后对遗嘱进行变更、撤销的,不发生变更、撤销的效力;变更、撤销遗嘱应该是遗嘱人的真实意思表示,受欺诈、胁迫而变更、撤销遗嘱的,不发生变更、撤销的效力;遗嘱人变更、撤销遗嘱的形式和内容也必须符合法律的要求。

变更后的遗嘱合法有效，应依变更后的遗嘱执行，如果变更后的遗嘱是无效的，仍以原先所立的有效遗嘱为实际执行的遗嘱。遗嘱被撤销的行为合法，以新设立的合法有效的遗嘱来确定遗嘱的内容和效力；遗嘱被撤销后未设立新的合法有效遗嘱的，视为被继承人未设立遗嘱。

六、遗嘱的执行

（一）遗嘱执行的概念

遗嘱的执行是指在遗嘱发生执行的法律效力以后为实现遗嘱人对遗产所作的处分及其他有关事项而采取的必要行为及程序。遗嘱执行是为了实现遗嘱的内容，实现遗嘱人在遗嘱中所表达的意愿。就遗嘱的内容而言，有的事项可能是不需要执行的，有的事项是需要执行的。一般来说，凡是遗嘱中的积极事项，如清偿债务、分配遗产等都需要执行。遗嘱执行对于实现遗嘱人的遗愿，保护遗嘱继承人和其他利害关系人的合法权益具有重要意义。

遗嘱发生执行效力的时间自遗嘱人死亡时开始，这是世界各国的通例。但由于现实生活的复杂性，各遗嘱人所立的遗嘱的内容各不相同，特别是有的遗嘱附有条件，有的遗嘱附有义务等。附有条件的遗嘱特别是附有停止条件的遗嘱，有人认为应自条件成就之时发生法律效力，这是一种不够确切的认识。附停止条件的遗嘱不仅应具有设立效力，而且和所有的遗嘱一样，亦应当在遗嘱人死亡时发生执行的法律效力，所不同的只是遗嘱中附有某些停止条件的内容，应在条件成就之时才可执行，其他未附条件的遗嘱内容在遗嘱人死亡时即可执行。至于遗嘱附有义务的，我国《继承法》第21条明确规定："遗嘱继承或者遗赠附有义务的，继承人或者受遗赠人应当履行义务。没有正当理由不履行义务的，经有关单位或者个人请求，人民法院可以取消他接受遗产的权利。"

（二）遗嘱执行人的概念和法律地位

遗嘱执行人是指有权执行遗嘱内容以实现遗嘱人意愿的人。遗嘱在遗嘱人死亡后才发生执行效力，因此，遗嘱人不可能自己去执行遗嘱而必须由他人来执行。为了妥善保护遗嘱人、继承人及受遗赠人和其他利害关系人的利益，继承法特设遗嘱执行人制度。

遗嘱执行人一方面要执行遗嘱以实现遗嘱人的意愿，另一方面要保障继承人或受遗赠人的合法权益，使其继承权得以实现，因此，在遗嘱继承中具有很重要的作用。但是，遗嘱执行人的法律地位，即遗嘱执行人的权利是什么性质，则颇有争议，国外的立法也不一致。归纳起来，有两种代表性观点，即

婚姻家庭继承法学

"代理权说"和"固有权说"。代理权说认为，遗嘱执行人是遗嘱人的代理人或代表人；固有权说则认为，遗嘱执行人执行遗嘱是其固有的权利，既不代表遗嘱受益者，也不是遗嘱人的代理人。我国继承法没有明确遗嘱执行人的法律地位。我们认为，遗嘱执行人既不是遗嘱人的代理人，也不是继承人的代理人，其任务是实现遗嘱人的意愿，保护遗嘱继承人和其他受益人的合法权利，执行遗嘱是履行其职责所应有的权利。

（三）遗嘱执行人的条件与遗嘱执行人的确定

（1）遗嘱执行人的条件。也就是遗嘱执行人的资格问题，即遗嘱执行人是否具有执行遗嘱所必须具备的能力。我国继承法没有对此问题作出明确规定，但是，依民法的一般原理和《继承法》第22条的精神，一般认为无民事行为能力人和限制民事行为能力人，均不能作遗嘱执行人。因为遗嘱执行人要独立地管理遗产并依遗嘱对遗产进行分配，必须具有一定的社会知识和社会生活经验。

遗嘱执行人也不限于自然人，法人和其他社会组织均可以被指定为遗嘱执行人。当然，拒绝执行遗嘱执行人职责或有不当行为甚至违法行为等重大事由的，可认为遗嘱执行人放弃或丧失了执行人资格，可由其他符合条件的执行人履行相应职责。

（2）遗嘱执行人的确定。我国《继承法》第16条规定："公民可以依照本法规定立遗嘱处分个人财产，并可以指定遗嘱执行人。"据此，遗嘱人设立遗嘱时，可以用口头或书面的形式指定其信任的人执行遗嘱。遗嘱人也可能没有指定执行人，或者执行人不具备条件，或者不接受指定，在此情况下，遗嘱执行人的产生就要根据具体情况来确定。

①遗嘱人在遗嘱中指定遗嘱执行人。遗嘱人可以在遗嘱中指定具体的执行人，也可以在遗嘱中委托他人去指定遗嘱执行人；遗嘱人可以指定法定继承人为遗嘱执行人，也可以指定法定继承人之外的人为遗嘱执行人。如果是委托他人指定遗嘱执行人的，应当取得执行人的同意。

②法定继承人为遗嘱执行人。当遗嘱人没有指定遗嘱执行人或委托他人代为指定遗嘱执行人时，应由法定继承人为遗嘱执行人。遗嘱中指定的遗嘱执行人不能执行遗嘱时，也由法定继承人充任遗嘱执行人。我国继承法虽对此没有明文规定，但在民间已形成通例，这是符合我国国情的做法。法定继承人对遗嘱执行的意见不一致时，应协商解决；协商不成，可通过调解或诉讼程序确定遗嘱执行人。

③遗嘱人所在单位或遗嘱人最后居住地的基层组织为遗嘱执行人。这仅限

于遗嘱没有指定执行人或者指定的遗嘱执行人不能执行遗嘱；同时，也没有法定继承人或者虽有法定继承人但继承人不能执行遗嘱的场合。遗嘱人在没有继承人的情况下，通常将遗产遗赠给国家、集体、组织等，因遗嘱人所在单位或居住地的基层组织对遗嘱人和其财产状况最为了解，执行起来也较方便。

（四）遗嘱执行人的职责

遗嘱执行人负有管理遗产并负有执行遗嘱内容的职责。继承法没有明确规定执行人的具体事务，从司法实践的需要看，遗嘱执行人负有以下职责：

（1）制作遗产清单。

（2）管理遗产并为执行做必要的准备工作。管理包括必要的修缮、收取租金等，必要的准备工作包括所有权的转移、占有的交付、分割甚至变价处分等。

（3）继承人妨碍的排除。遗嘱执行人在履行执行职责时，继承人不得妨碍其履行职责，也不得自行处理遗嘱人在遗嘱内容中规定的有关财产。

（4）遗嘱执行人有数人时，如果在执行职务中有意见分歧，可以协商并采取少数服从多数的原则。

（5）为执行上的必要，可以作为独立的诉讼主体提起诉讼。

总之，遗嘱执行人在执行遗嘱时，应依法履行职责，管理处分财产，既要真正体现遗嘱人的意志，又要保障遗产继承人和受遗赠人的合法权益。如果遗嘱执行人违背法律和遗嘱内容，继承人和受遗赠人可起诉解除其执行人资格，并追究其赔偿责任。

关于遗嘱自由原则，《瑞士民法典》第481条规定：（1）被继承人在其自由处分权范围内，得以遗嘱或者继承契约处分其全部或部分财产；（2）被继承人不得处分的部分，归属于法定继承人。《日本民法典》第964条规定：遗嘱人得以包括或者特定的名义，处分其财产的全部或者一部分。但不得违反关于特留份的规定。

关于特留份，《意大利民法典》第536条规定：特留份继承人是那些由法律规定为他们的利益保留一部分遗产或者其他权利的人。他们是：配偶、婚生子女、私生子女以及直系尊亲属。《日本民法典》第1028条规定：兄弟姊妹以外的继承人，作为特留份应受取下列数额：（1）只有直系亲属为继承人时，为被继承人财产的三分之一；（2）于其他场合，为被继承人财产的二分之一。

关于遗嘱能力，《日本民法典》第963条规定：遗嘱人在为遗嘱时，要有为遗嘱的能力。《瑞士民法典》第467条规定：有判断能力且年满18岁的人，依法律规定的范围和方式，有权以遗嘱处分其财产。

关于遗嘱的形式，《法国民法典》第 969 条规定：遗嘱得为自书的，或以公证的或密封的方式作成。《瑞士民法典》第 498 条规定：被继承人得以公证方式、自书方式或者口头意思表示订立遗嘱。我国台湾地区"民法典"第 1189 条规定：遗嘱应依下列方式之一为之：(1) 自书遗嘱；(2) 公证遗嘱；(3) 密封遗嘱；(4) 代笔遗嘱；(5) 口授遗嘱。

关于遗嘱见证人，《瑞士民法典》第 503 条规定：无行为能力人、因判决而被褫夺公权的人、文盲、被继承人的直系血亲、兄弟姐妹及其配偶，以及被继承人的配偶，均不得作为公证官员或者证人参与订立遗嘱。

关于遗嘱的撤销，《日本民法典》第 1022 条规定：遗嘱人，无论何时，均得按遗嘱的方式将其遗嘱全部或者一部分撤销。《德国民法典》第 2253 条规定：被继承人得随时撤回遗嘱或者遗嘱中的个别处分。

关于遗嘱的效力，《日本民法典》第 985 条规定：(1) 遗嘱，自遗嘱人死亡时起，发生效力；(2) 遗嘱附停止条件场合，其条件在遗嘱人死亡后成就时，遗嘱自条件成就时起，发生效力。《瑞士民法典》第 519 条规定：(1) 因下述事由，得申请法院宣告遗嘱无效：①遗嘱系因被继承人在处分能力时订立；②遗嘱未正确表明遗嘱人的意思的；③遗嘱的内容或者其附加的条件违反善良风俗或违法的。(2) 与继承人或者受赠人有利害关系的，不论何人，均得提起宣告遗嘱无效之诉。

关于遗嘱执行人，《意大利民法典》第 701 条规定：不得任命不具备完全行为能力之人为遗嘱执行人。可以任命某一继承人或者某一受遗赠人为遗嘱执行人。《瑞士民法典》第 517 条规定：被继承人可以在其遗嘱中委托一名或若干有能力的人为其遗嘱执行人。

案例：被继承人罗某于 1979 年与祁某结婚，1980 年 4 月生育一女罗乙。1995 年 6 月，罗某与祁某离婚，罗乙随母亲祁某生活。同年 12 月 16 日，罗某被广州市精神病医院诊断为忧郁症。罗某因长期患有腰椎伤残疾病（一等伤残）以及其他多种疾病，生活上一直由侄女罗丁以及罗丙照顾。1998 年 8 月 3 日，罗某写下遗书，其中写有："罗乙是我的亲生女儿，是我用一生的血汗钱哺养她成人。我含辛茹苦，实在太爱她了，太疼她了……罗乙不认我这个亲生父亲。我对她的爱所付的一生重大心血白费了。我是一等伤残军人，她不能享受一等伤军人家属的有关一切待遇。此遗书，在我伤病情允许时，还会有补充继续写。"落款为"罗某亲笔，1998 年 8 月 3 日于住所"。

第十四章　遗嘱继承和遗赠

2001年8月20日,罗某与徐某登记结婚,婚后方双因性格不合导致夫妻关系恶化,双方无生育子女,亦无收养子女。

2002年1月22日,罗某再次写下遗书,其内容为:"如遇不幸,我的财产不能给女儿罗乙(无情无义、听其母的)和现在与我再婚的徐某。此人与我结婚,目的只是搞钱财……我与她法定的夫妻关系至今才8个月,今后也长久不了,我的财产她一分一厘不能给她。我已电告我侄女继承、处理我如不幸后的财产。"落款为"2002年1月22日,罗某亲笔,于本行保管箱房内所写"。2002年5月20日,罗某在某公证处办理了《遗嘱公证书》,公证遗嘱的内容是:"立遗嘱人:罗某。我,罗某,现立此遗嘱,决定于我去世后将依法属于我个人所有的坐落在××市××区应元路15号前座602房(××市房地产证:××地证字第0835975号)房屋和银行的存款,及我名下在海通证券有限公司的股票、现金遗赠给罗丙、罗丁二人,其他人无权干涉。"

2002年6月5日,罗某在住处跳楼身亡,其殡葬事宜均由罗丙、罗丁处理。罗某遗有××市××区应元路15号前座602房屋以及股票、存款等财产若干。罗某死亡后,因罗乙与罗丙、罗丁以及徐某就继承罗某遗产问题而发生纠纷。2002年11月,罗乙以罗某患有精神病多年,向法院提起行政诉讼,要求撤销遗嘱公证书及确认遗嘱内容无效。诉讼期间,法院于2003年1月9日委托某大学法医鉴定中心对罗某于2002年5月20日立遗嘱时的行为能力进行鉴定,同年3月20日,该中心作出鉴定结论为:罗某患有脑血管病致使精神障碍,2002年5月20日立遗嘱时处于发病期,其是限制民事行为能力人。故法院作出行政判决书,撤销上述遗嘱公证书。罗丙、罗丁对此判决不服,提起上诉。二审行政诉讼期间,法院根据罗丙、罗丁的申请,重新委托司法部鉴定中心对罗某在2002年5月20日立遗嘱时的行为能力进行鉴定,2003年8月8日,司法部鉴定中心作出鉴定结论为:罗某患有脑血管病致使精神障碍(器质性情感障碍),2002年5月20日立遗嘱时处于发病期,评定为具有限制民事行为能力。基于此,二审法院作出行政判决,作出驳回上诉,维持原判的终审判决。

2003年9月3日,罗丙、罗丁提起民事诉讼,要求依罗某的两份自书遗嘱和一份公证遗嘱受赠罗某的遗产。

评析:本案的关键在于罗某是否订立了合法有效的遗嘱。遗嘱人具有遗嘱能力是遗嘱有效的要件之一。关于罗某在2002年5月20日立公证遗嘱时的行为能力问题,已有司法鉴定和法院的判决加以认定,法院已撤销了遗嘱公证书,因此,罗丙、罗丁不能依据罗某所立的公证遗嘱受赠罗某的遗产。

既有的司法鉴定只是作出了罗某在2002年5月20日立公证遗嘱时"具有限制行为能力"的鉴定结论,对罗某此前发生的行为包括写遗书等行为并无作出相应能力的鉴定,因此,在没有鉴定证明罗某此前的行为能力的情况下,不能以一个时间段的鉴定推定罗某以往的民事行为均属限制民事行为能力情形下实施的行为。

两份遗书是罗某直接的意思表示,意思前后表达流畅,且处分财产涵盖明确,没有歧义,符合自书遗嘱的要求。《民法通则》第13条规定,"不能辨认自己行为的精神病人是无民事行为能力人,由他的法定代理人代理民事活动。不能完全辨认自己行为的精神病人是限制民事行为能力人,可以进行与他的精神健康状况相适应的民事活动;其他民事活动由他的法定代理人代理,或者征得他的法定代理人的同意"。从案件情况看,立遗嘱处分个人财产的行为是被继承人罗某内心想法的流露,并非是复杂的民事行为,罗某立自书遗嘱时的行为与其智力和预见力是相适应的,罗某在1998年8月3日和2002年1月22日分别立下两份自书遗嘱符合其民事行为能力的状况,属有效民事行为。因此,罗丙、罗丁作为遗嘱中指定的受遗赠人,可依据罗某的两份自书遗嘱取得遗产。

第二节 遗嘱继承

一、遗嘱继承的概念和特征

遗嘱继承是指继承人按照被继承人的遗嘱,继承被继承人遗产的继承方式。遗嘱继承中,遗产的继承人及其取得的遗产数额都由被继承人在遗嘱中指定,因此,遗嘱继承也称指定继承,遗嘱指定的继承人称遗嘱继承人。

《继承法》第16条第1款规定,"公民可以依照本法规定立遗嘱处分个人财产,并可以指定遗嘱执行人"。公民通过遗嘱处分其遗产,是自主行使其财产权的表现;继承法确立遗嘱继承制度,是对公民自主意愿的尊重和保护。作为一种继承方式,遗嘱继承具有以下法律特征:

(1) 遗嘱继承以存在被继承人所立的合法有效遗嘱为前提。遗嘱直接表示了被继承人的意愿,也是继承人取得遗产的依据,存在被继承人所立的合法有效的遗嘱,是继承人依据遗嘱继承遗产的前提条件。遗嘱必须符合继承法规定的实质条件和形式要件，否则不能成为合法有效的遗嘱。遗嘱全部无效时不发生遗嘱继承；遗嘱部分无效时，遗嘱中有效的部分可发生效力。

（2）遗嘱继承的开始，由被继承人立有合法有效的遗嘱和立遗嘱的被继承人死亡两个法律事实构成。两个事实必须同时具备，缺一不可。被继承人所立遗嘱无效或被撤销，不发生遗嘱继承；被继承人所立遗嘱合法有效但被继承人还未死亡，则遗嘱不发生执行效力，继承人不得依遗嘱而请求继承遗产。

（3）被继承人在遗嘱中指定的继承人在法定继承人的范围之内。《继承法》第16条第2款规定，"公民可以立遗嘱将个人财产指定由法定继承人的一人或者数人继承"。遗嘱中指定的取得遗产的人，如果是国家、集体或者法定继承人以外的人，则此种处分遗产的方式属于遗赠而不是遗产继承。

（4）遗嘱继承中的继承人的顺序、遗产份额，由遗嘱人在遗嘱中指定。立遗嘱人可以在遗嘱中按自己的意愿，确定各遗嘱继承人的继承顺序和遗产份额，一般不受《继承法》对法定继承所规定的法定继承人的继承顺序和遗产分配原则的限制，但遗嘱应当对缺乏劳动能力又没有生活来源的继承人保留必要的遗产份额。继承人必须按遗嘱的要求行使继承权。当然遗嘱继承人依遗嘱取得遗产后，不影响其依法取得遗嘱未处分的遗产。

二、遗嘱继承与法定继承的关系

在继承法上，遗嘱继承是法定继承的对称。遗嘱继承和法定继承都是继承人继承被继承人遗产的方式，遗嘱继承人也在法定继承人的范围内，被继承人死亡既是法定继承开始的事由，也是遗嘱发生执行效力的事由，因此遗嘱继承与法定继承有着密切的联系。

遗嘱继承以遗嘱的合法有效存在为前提，如果被继承人没有订立遗嘱或者所立遗嘱无效，当然不发生遗嘱继承。在被继承人立有合法有效的遗嘱的情况下，各国继承法都确立了遗嘱继承优先于法定继承的规则。我国《继承法》第5条规定，"继承开始后，按照法定继承办理；有遗嘱的，按照遗嘱继承或者遗赠办理；有遗赠扶养协议的，按照协议办理"。根据这个规定，遗嘱继承（包括遗赠）优先于法定继承，但是，在被继承人与扶养人订立遗赠扶养协议的情况下，对于遗赠扶养协议中约定遗赠给扶养人的遗产，不能按照遗嘱继承（包括遗赠）处理。

我国《继承法》第27条规定，"有下列情形之一的，遗产中的有关部分按照法定继承办理：（1）遗嘱继承人放弃继承或者受遗赠人放弃受遗赠的；

(2) 遗嘱继承人丧失继承权的；(3) 遗嘱继承人、受遗赠人先于遗嘱人死亡的；(4) 遗嘱无效部分所涉及的遗产；(5) 遗嘱未处分的遗产"。因此，遗嘱未处分的遗产、遗嘱无效部分所涉及的遗产、遗嘱继承人放弃继承以及不能继承的遗产，都按法定继承处理。

案例：1998年3月3日，李某与被告范某、滕某之子范甲登记结婚。2002年8月27日，范甲与××区房产经营公司签订《××市直管公有住房买卖契约》，购买位于该区安居里，建筑面积为45.08平方米的306室房屋。同年9月，范甲以自己的名义办理了房屋所有权证、国有土地使用证。2004年1月30日，李某和范甲共同与某医院生殖遗传中心签订了人工授精协议书。通过人工授精，李某于当年10月22日产一子，取名范乙。2004年4月，范甲因病住院。2004年5月20日范甲在医院自书遗嘱，内容是："(1) 通过人工授精（不是本人精子），孩子我坚决不要；(2) 私房拆迁后分的一套房子，坐落在安居里的306室，当时由母亲出资15000元按房改政策以我的名义购买的房子，赠与父母范某和滕某，别人不得有异议。"范甲于2004年5月23日病故。之后，李某与范某、滕某就范甲的遗产继承发生争议，遂与范乙一起诉至法院，要求继承遗产。

评析：范甲在遗嘱中表示，"通过人工授精（不是本人精子），孩子我坚决不要"，这实际上意味着范甲否认其与范乙的父子关系，进而否定了范乙的法定继承人地位。最高人民法院在1991年7月8日作出的《关于夫妻离婚后人工授精所生子女的法律地位如何确定的复函》中规定："在夫妻关系存续期间，双方一致同意进行人工授精，所生子女应视为夫妻双方的婚生子女，父母子女之间权利义务关系适用《婚姻法》的有关规定。"范甲因无生育能力，签字同意医院为其妻子即李某施行人工授精手术，表明了想通过人工授精方法获得其与李某共同的子女的意思表示。范甲要反悔此事，依法必须取得李某的同意。只要夫妻双方同意通过人工授精生育子女，所生子女无论是与夫妻双方还是与其中一方没有血缘关系，均应视为夫妻双方的婚生子女。因此，范甲在遗嘱中否认其与李某所怀胎儿的父子关系，是无效民事行为。李某生育的范乙，是范甲的合法继承人。

范乙出生后缺乏劳动能力又没有生活来源，范甲没有在遗嘱中为范乙保留必要的遗产份额，不符合《继承法》的规定。登记在被继承人范甲名下的安居里306室，是属于范甲与李某夫妻关系存续期间取得的夫妻共同财产。范甲死亡后，该房屋的一半应归李某所有，另一半才能作为范甲的遗产。范甲在遗嘱中，将安居里306室全部房产处分归其父母，侵害了李某的房产权，遗嘱的这部分应属无效。因此在遗产处理时，应分割出李某的财产，同时应当为范乙留下必要的遗产，剩余部分才可以按遗嘱确定的分配原则处理。

第三节 遗　　赠

一、遗赠的概念和特征

遗赠是公民以遗嘱的方式将个人合法财产的一部分或全部赠送法定继承人以外的人，并于遗嘱人死亡时发生执行效力的单方法律行为。遗嘱人在遗赠中也称为遗赠人，遗嘱指定接受遗赠财产的人称为受遗赠人，也称遗赠受领人。

我国《继承法》第16条第3款规定："公民可以立遗嘱将个人财产赠给国家、集体或者法定继承人以外的人。"法律允许公民通过遗嘱将遗产处分给法定继承人以外的人，不仅充分尊重了遗嘱人的意愿，也有利于更好地实现财产的社会价值。遗赠以遗嘱的存在为前提，可以是遗嘱内容的一部分，也可以是遗嘱的全部，而且受遗赠人取得的是遗赠人遗产的一部分或全部，所以，遗嘱所应具有的条件和特征也适用于遗赠。遗赠人应具有遗嘱能力，遗赠也是单方的、要式的民事法律行为，而且是遗赠人死后发生执行效力的行为，遗嘱人也可以变更、撤销遗赠等，是遗赠应具有的要求。作为遗赠所特有的法律特征，我们认为，主要体现在以下两方面：

（1）遗赠是给他人以财产利益的无偿行为。不同于法定继承人的是，受遗赠人与遗赠人之间没有法律上的血缘关系、婚姻关系、扶养关系等，遗赠人给予他人的财产利益，是无偿的移转，不以受遗赠人应尽法律上的义务为前提。在遗赠中，虽然有时也附有某种义务，但这种义务不可能是对等的。遗赠人不能只将财产义务赠与他人，也不能使受赠人所负的义务超过其所享受的权利，所以，遗赠必须是无偿的。

（2）受遗赠人是国家、集体组织或法定继承人以外的人。法定继承人不能作为受遗赠人，而只能称为遗嘱继承人。法定继承人基于遗嘱取得遗产也可能是无偿的，但在继承法上把这种情形归之于遗嘱继承的遗产取得方式。法定继承人只是自然人，而受遗赠人不仅可以是自然人，也可以是法人和集体组织。遗嘱继承人限于法定继承人的范围内，受遗赠人只能在法定继承人范围以外指定。

总之，按照我国继承法规定的精神，遗赠和遗嘱继承之间主要是主体的不同，并无原则性的差别。有人认为，遗赠是从继承人那里取得财产，而不是从遗嘱人处取得财产。我们认为这是没有法律依据的看法，受遗赠人由于常常不知道遗赠的事实，其取得遗产要经遗嘱继承人或执行人之手，但它并不意味着接受遗赠的权利是从属于遗嘱继承人的权利，受遗赠人和遗嘱继承人在取得遗产时都是独立的、平等的权利主体。

二、遗赠与遗嘱继承、赠与的区别

遗赠与遗嘱继承都是遗嘱人以遗嘱处分其财产的方式，都是在遗嘱人死亡时发生执行效力，依我国法律的规定，二者主要区别如下：

(1) 受遗赠人与遗嘱继承人的范围不同。如前所述，遗嘱中的受遗赠人可以是国家、集体或法定继承人以外的人；可以是自然人、法人和其他组织；可以是与遗赠人有密切联系的人，也可以是与遗赠人没有任何关系的人。遗嘱继承人只限于法定继承人中的一人或数人，只能是自然人，而且与遗嘱人有血缘关系、婚姻关系、扶养关系。

(2) 受遗赠人与遗嘱继承人所负义务不同。遗嘱继承是对遗嘱人的财产权利和义务的概括继承。受遗赠人是无偿取得遗产，原则上只享受权利不承担义务。

(3) 受遗赠人与遗嘱继承人取得遗产的方式不同。受遗赠人一般不直接参与遗产分配，而是从遗嘱继承人或者遗嘱执行人那里取得遗赠人的财产。遗产继承人可直接参与遗产的分配以实现其继承权。

遗赠中，受遗赠人是无偿取得遗赠人的遗产，和民法上所讲的赠与关系有相通之处，都是无偿移转财产的方式，但是两者之间的差别是很明显的，具体体现在以下方面：

(1) 两者的法律性质不同。遗赠是遗赠人的单方法律行为，遗嘱人立遗嘱时不必征得受遗赠人的同意，就可以在遗嘱中作出遗赠的意思表示，受遗赠人依据遗赠人的遗嘱就对其遗产取得了受遗赠的权利。赠与属于双方法律行为，是赠与人与受赠人之间的合同关系，赠与人的赠与行为只有在得到受人的承诺，即双方意思表示一致，赠与合同才能成立，发生法律效力。

(2) 意思表示的方式不同。遗赠是要式法律行为。遗赠以遗嘱的存在为前提，即必须以遗嘱的方式进行，受遗赠人取得财产的依据只能是遗嘱，遗赠人遗赠其财产应遵守法律对于遗嘱的规定。赠与是非要式法律行为，一般没有严格的形式要求,除法律对特殊标的赠与有形式上的要求外,当事人双方可以用口头或书面的形式达成一致。

(3) 发生效力的时间不同。遗赠和赠与都应合法才能受到法律的保护。遗赠的生效时间实际上是遗嘱的生效时间。遗赠在遗嘱订立时具有设立效力,但必须在遗赠人死亡后才发生执行效力。赠与合同在双方当事人意思表示的一致时发生法律效力,一般情况下是赠与人生前生效的法律行为。

(4) 处分财产的范围不同。遗赠人按遗赠方式处理其财产,应符合法律的要求,如不得剥夺无独立生活能力又无其他生活来源的法定继承人的遗产份额,受遗赠人可取得的遗产应是偿还了遗嘱人生前所欠债务后才可分得的财产。赠与人处理自己的财产给受赠人,法律上一般不加限制,当然赠与人不应以逃避债务为目的而将财产赠给受赠人。

三、遗赠的接受、放弃与执行

遗赠的接受,是指受遗赠人同意受领遗嘱人赠给的遗产的意思表示。遗赠的放弃,则是指受遗赠人不予受领遗嘱人赠给的遗产的意思表示。《继承法》第25条第2款规定,"受遗赠人应当在知道受遗赠后两个月内,作出接受或者放弃受遗赠的表示。到期没有表示的,视为放弃受遗赠"。按照法律的这个规定,受遗赠人接受遗赠的,应当以明示的方式表示接受,而且必须在知道受遗赠后两个月内作出这种意思表示;受遗赠人放弃受遗赠的,可以以明示的方式作出,也可以以默示的方式作出,受遗赠人在两个月期限内没有作出接受或者放弃受遗赠的表示的,推定其放弃受遗赠。

最高人民法院《关于贯彻执行〈中华人民共和国继承法〉若干问题的意见》第53条规定,"继承开始后,受遗赠人表示接受遗赠,并于遗产分割前死亡的,其接受遗赠的权利转移给他的继承人"。从这个规定看,受遗赠人接受遗赠的,在其死亡后,接受遗赠的权利移转给其继承人;颇有争议的问题是,在受遗赠人没有及时作出是否接受遗赠的意思表示而死亡的情况下,其继承人是否可以代受遗赠人作出接受遗赠的意思表示?对此,有学者认为,受遗赠权是财产权,只要遗嘱生效,受遗赠人就取得受遗赠权;受遗赠人有权接受遗赠,只是对受遗赠权的一种承认或者认可,受遗赠人放弃受遗赠,则是对受遗赠权的放弃,是处分受遗赠权的行为,因此,受遗赠权应当可以继承,如果受遗赠人在规定期限内没有作出是否接受遗赠的意思表示而死亡的,应当允许受遗赠人的继承人作出接受或者放弃受遗赠的意思表示。① 我们认为这种观点有其合理性，值得重视。上述司法解释第 8 条规定，"法定代理人代理被代理人行使继承权、受遗赠权，不得损害被代理人的利益。法定代理人一般不能代理被代理人放弃继承权、受遗赠权。明显损害被代理人利益的，应认定其代理行为无效"。据此，受遗赠人的法定代理人一般不能放弃代理被代理人放弃受遗赠权，从保护未成年人的利益出发，如果其法定代理人未在法律规定的两个月内作出接受遗赠的意思表示的，应该推定受遗赠人的法定代理人接受遗赠。

遗赠的执行，是指受遗赠人按照遗嘱人的遗嘱取得所赠遗产。遗赠的执行是以遗嘱的合法有效存在为前提的，而且受遗赠人应该是没有丧失受遗赠权或者放弃受遗赠。受遗赠人一般不直接参与遗产分配，而是从遗嘱继承人或者遗嘱执行人那里取得遗赠人的财产。《继承法》第 34 条规定，"执行遗赠不得妨碍清偿遗赠人依法应当缴纳的税款和债务"。根据这个规定，受遗赠人所得的财产应该是遗嘱人所欠的税款和债务得到清偿后剩余的财产。

《瑞士民法典》第 484 条规定：被继承人，得将某财产上的利益遗赠给某人，而不指定其为继承人。被继承人得将遗产中的某物，或全部或部分遗产的收益权，遗赠给受赠人；亦得委托继承人或受赠人，从遗产价值中支付受赠人一定金额或免除其义务。第 503 条规定：公证官员、证人、或者直系亲属、兄弟姐妹及其配偶，均不得为遗嘱中指定的继承人或者受遗赠人。《日本民法典》第 994 条规定：（1）遗赠，在遗赠人死亡以前受遗赠人死亡时，不发生效力。（2）关于附条件的遗赠，受遗赠人在其条件成就以前死亡时，亦与前项同。但遗赠人在其遗嘱中表示特别的意思时，从其意思。《法国民法典》第 1043 条规定：如指定的继承人或受遗赠人拒绝接受遗赠，或无接受能力时，遗嘱处分失其效力。

案例：黄某与何某 1987 年结婚，婚后何某一直没有生育，由此给双方家庭生活蒙上阴影。1994 年，黄某认识了一名女子张某，并在第二年开始与张某同居。何某发现后，一直对二人进行劝告阻止，但黄某仍坚持与张某同居。2005 年 3 月，黄某到医院检查，确认自己到了肝癌晚期。在黄某住院期间，张某一直守候在黄某的病床边。2005 年 4 月 20 日，黄某自书遗嘱一份，内容为："我决定，将与何某共同购买的位于本市××

---

① 郭明瑞、房绍坤、关涛：《继承法研究》，中国人民大学出版社 2003 年版，第 143 页。

区××路100号5号楼2单元301室住房的一半,以及手机、电脑遗留给我的朋友张某。我去世后骨灰盒由张某负责安葬。"同年5月5日,黄某到该区公证处对这份遗嘱进行了公证,5月17日,黄某去世。之后,张某依据遗嘱向何某索要财产,但遭到拒绝。张某遂至法院。

评析:关于如本案中的黄某所立的遗嘱是否有效的问题,在实践中争议极大,理论上的认识也不一致。从形式上看,黄某的遗嘱没有什么瑕疵,但不少人认为,黄某将财产处分给与其有不正当关系的"第三者",违背了社会公德,因此这种遗嘱应属无效的遗嘱,张某不能获得遗赠;也有人认为,黄某与张某的同居关系违法,但并不能因此认为黄某的遗嘱违法,黄某处分自己的财产是其真实的意思表示,而且《继承法》上规定的遗嘱无效的情形中并不包括此种情形,因此,黄某的遗嘱应属有效遗嘱。本书作者倾向于遗嘱无效的观点。

第四节 遗赠扶养协议

一、遗赠扶养协议的概念和特征

遗赠扶养协议,是指受扶养人(亦是遗赠人)和扶养人之间订立的,扶养人承担受扶养人的生养死葬义务,受扶养人将自己的财产于其死后转归扶养人所有的协议。我国《继承法》第31条规定:"公民可以与扶养人签订遗赠扶养协议。按照协议,扶养人承担该公民生养死葬的义务,享有受遗赠的权利。公民可以与集体所有制组织签订遗赠扶养协议。按照协议,集体所有制组织承担该公民生养死葬的义务,享有受遗赠的权利。"

遗赠扶养协议的当事人之间是一种平等、有偿和互为权利义务的民事法律关系,实际上它既是一种经济关系,又是当事人之间的互助合作关系,扶养人对受扶养人尽扶养义务而取得其财产并不是根本的目的,而是发扬扶助老弱病残的友爱精神。遗赠扶养协议作为继承法上的一项制度,是我国继承制度中具有创造性的内容,具有鲜明的中国特色,对于养老、扶老,减轻国家、社会的负担,稳定社会秩序都具有重要的意义。

遗赠扶养协议实际上也是当事人处理自己遗产的一种方式,而且也充分体现了财产所有人的自由意志。遗赠扶养协议与遗嘱继承和遗赠具有密切的联系,但又有着自己的鲜明特征,这主要体现在:

(1) 遗赠扶养协议是双方民事行为。遗赠扶养协议，是双方当事人平等协商基础上的意思表示一致。遗赠扶养协议也是有偿的法律行为，双方当事人互享权利、互负义务。遗赠扶养协议，不是遗赠人与扶养人之间的商品交换关系，扶养人付出的代价不一定与取得的遗产价值相等。

(2) 协议主体具有一定的特殊性。受扶养人必须是自然人，而且一般实际上多是孤寡没有法定继承人的老人。扶养人是法定继承人以外的人，也可以是集体所有制组织。扶养人和受扶养人之间以信任关系为基础，这是双方当事人之间能订立遗赠扶养协议的重要条件。

(3) 遗赠扶养协议的扶养人的权利只能在受扶养人死亡时实现。遗赠扶养协议是受扶养人生前与扶养人订立并且发生法律效力的协议，扶养人必须于受扶养人生前履行协议规定的义务，但必须等到遗赠人死后才能取得受扶养人的遗产，扶养人在遗赠人生前不得提出取得遗赠财产的要求。

(4) 遗赠扶养协议在适用上具有优先性。依照我国《继承法》第5条规定："继承开始后，按照法定继承办理；有遗嘱的，按照遗嘱继承或遗赠办理；有遗赠扶养协议的，按照协议办理。"具体而言，如果遗赠扶养协议与遗嘱没有抵触，遗产分别按协议和遗嘱处理，如果有抵触，则应按协议处理，与协议抵触的遗嘱全部或部分无效。

二、遗赠扶养协议与遗赠的区别

遗赠扶养协议与遗赠都是财产所有人对自己所有的财产在生前作出处分而在死后实现财产所有权转移的行为，但是二者仍有明显的区别，这主要有：

(1) 二者的法律性质不同。遗赠扶养协议是一种合同行为，需要扶养人和被扶养人按照书面合同的方式和要求，双方意思表示一致才能成立。遗赠以遗嘱的方式订立，是单方法律行为，只要有遗赠人一方的意思表示即可，无须征得受遗赠人的同意。遗赠以遗嘱为存在的形式，必须符合法定的形式，因而是要式行为，而法律对遗赠扶养协议并没有限定必须采取的形式，因而其属于不要式行为。

(2) 二者在是否有偿上不同。遗赠扶养协议属有偿的法律行为，受扶养人以将其财产转归扶养人为代价得到扶养人的生养死葬，扶养人取得受扶养人的财产，也必须对其尽生养死葬的义务。遗赠是无偿的法律行为，受遗赠人只享有接受遗赠财产的权利，一般不承担相对的义务。

(3) 两者发生效力的时间不同。遗赠扶养协议自订立起即对双方有法律约束力，在受扶养人生前，扶养人就应对受扶养人尽生养死葬的义务。遗赠是遗赠人死后生效的法律行为，遗赠人生前虽然以遗嘱的方式将其财产赠送给受赠人，但受赠人只有在遗赠人死亡后才能实现接受遗赠财产的权利。遗赠人在死亡前可以随时变更或撤销其所立的遗嘱。

三、遗赠扶养协议的效力

遗赠扶养协议具有优先适用的效力。《继承法》第5条规定，"继承开始后，按照法定继承办理；有遗嘱的，按照遗嘱继承或者遗赠办理；有遗赠扶养协议的，按照协议办理"。最高人民法院《关于贯彻执行〈中华人民共和国继承法〉若干问题的意见》第5条进一步明确，"被继承人生前与他人订有遗赠扶养协议，同时又立有遗嘱的，继承开始后，如果遗赠抚养协议与遗嘱没有抵触，遗产分别按协议和遗嘱处理；如果有抵触，按协议处理，与协议抵触的遗嘱全部或部分无效"。

遗赠扶养协议是双方当事人均具有约束力。协议合法成立即受法律保护，双方都必须按照协议的约定履行，任何一方都不能随意变更或撤销协议，如果给对方造成损失，则应负赔偿损失的责任。扶养人对受扶养人履行生养死葬的义务，妥善安排受扶养人的生活，不得虐待受扶养人，也不能随意中断对他的扶养和照顾。扶养人按照协议切实履行自己的扶养义务后，有权按照协议的约定取得被扶养人的约定的遗产。受扶养人应当恪守协议，不得擅自变更或撤销协议。受扶养人不能将协议中约定处分给扶养人的财产，用遗嘱方式及其他手段处分给扶养人以外的人。当然，如果扶养人先于受扶养人死亡或丧失扶养能力，或者受扶养人恢复了劳动能力，受扶养人可以要求终止遗赠扶养协议。上述司法解释第56条规定，"扶养人或集体组织与公民订有遗赠扶养协议，扶养人或集体组织无正当理由不履行，致协议解除的，不能享有受遗赠的权利，其支付的供养费用一般不予补偿；遗赠人无正当理由不履行，致协议解除的，则应偿还扶养人或集体组织已支付的供养费用"。

案例：吴某为某村村民，没有儿女，在妻子去世后，孤苦无依。吴某长期得到邻居王某的照顾。为了使自己老有所依，在村组干部的见证下，吴某与王某订立了遗赠扶养协议，双方约定，王某对吴某履行生养死葬的义务；吴某去世后，其所有的三间房屋归王某所有。协议签订后，王某不时将吴某接到自己的家中居住，对吴某尽心照顾。后来，村里修路，吴某的房子因落在路边而升值，在旁人的唆使下，吴某便将自己的房子卖给了他人并表示自己可以住在侄子家里，不需要王某的照顾。王某得知后，请求王某要回房屋，但遭到拒绝。王某遂诉至法院，请求确认吴某的卖房行为无效。

评析：遗赠扶养协议自双方协议依法成立之日起生效，但扶养人在协议生效时并不能取得受扶养人的遗产。在本案中，王某还没有取得吴某的房屋，王某要求确认吴某卖房行为无效的请求，难以得到法院的支持。王某有权要求解除双方所签遗赠抚养协议，并可要求吴某偿还其已经支付的供养费用。

第十五章 遗产的处理

【本章重点难点提示】 学习本章内容，重点要理解继承开始的效力、放弃继承的条件、我国遗产债务的清偿原则、遗产分割原则、遗产分割的限制。本章的难点在于限定继承、遗产分割的效力。

第一节 继承的开始

一、继承开始的概念及意义

（一）继承开始的概念

继承开始是法律确认的既得继承权产生的事实。继承开始之前，继承人享有的继承权称为期待继承权。只有继承开始，继承权才成为既得继承权，即可以实现的继承权。法律确认继承开始，旨在明确继承关系发生的时间、地点、继承标的及效力。继承开始作为法律确认的事实，其所产生的法律效果具有法定性，任何人不能通过约定变更。

我国《继承法》第2条规定："继承从被继承人死亡时开始。"被继承人死亡包括自然死亡和宣告死亡两种。

自然死亡，也称生理死亡。生理死亡如何判定，标准不一。有以心脏停止跳动死亡为标准，也有以脑干死亡为标准。不同的死亡标准，其时间认定不同。从形式上看，死亡时间主要以医院死亡证书记载的时间为死亡时间，有其他相反证据证明的除外。

生活中经常发生相互有继承关系的人在同一事件中死亡的情况。因死者之间互相有继承关系，在不能确定死亡先后顺序时，有必要通过法律特别确定死亡时间，此为死亡时间的推定。各国对此都有所规定，但标准不一。主要考虑年龄、性别、身份关系、辈分等因素。① 我国最高人民法院《关于贯彻执行继承法若干问题的意见》第2条规定："相互有继承关系的几个人在同一事件中死亡,如不能确定死亡先后时间的,推定没有继承的人先死亡。死亡人各自都有继承人的,如几个死亡人辈分不同,推定长辈先死亡;几个死亡人辈分相同,推定同时死亡,彼此不发生继承,由他们各自的继承人分别继承。"

宣告死亡以"判决宣告之日为其死亡的日期。判决书除发给申请人外,还应当在被宣告死亡的人住所地和人民法院所在地公告。被宣告死亡和自然死亡的时间不一致的,被宣告死亡所引起的法律后果仍然有效,但自然死亡前实施的民事法律行为与被宣告死亡引起的法律后果相抵触的,则以其实施的民事法律行为为准"②

（二）继承开始的意义

继承开始是继承制度适用的前提条件,其意义具体表现在以下几个方面:(1) 确定继承标的。继承标的是继承法律关系的客体,即遗产,无遗产则无继承。而遗产的范围、形态、数额从继承开始时确定。(2) 确定继承人的范围和地位。遗嘱指定的继承人先于被继承人死亡的,该遗嘱将无效;在法定继承中,如果继承人在继承开始前死亡的,继承人的晚辈直系血亲将作为代位继承人参加第一顺序的继承;如果继承人在继承开始后遗产分割前死亡,继承人的继承人作为转继承人参加继承。(3) 确定继承权最长诉讼时效的起算点。我国《继承法》规定,"自继承开始之日超过20年的,不得再提起诉讼"。

二、继承开始的通知和地点

（一）继承开始的通知

继承开始的通知是指将被继承人死亡的事实通过特定的形式告知继承利害关系人的行为。法律规定继承开始通知的目的是确定通知义务人、通知对象和通知的内容,以保证继承利害关系人行使权利。

我国《继承法》第23条的规定："继承开始后,知道被继承人死亡的继

---

① 如《法国民法典》第718～722条曾规定：死亡的数人均不满15岁时,推定其中年龄最大的为后死者；数人年龄均在60岁以上时,推定年龄最小的为后死者；数人年龄在15岁以上、60岁以下且年龄相同,或者年龄相差不到1岁时,推定男性为后死者；如果死亡数人的性别相同,采用能够使继承按照自然顺序开始的推定,年轻者后死。本章所引《法国民法典》条文及其规定皆出自罗结珍译：《法国民法典》,法律出版社2004年版。

② 最高人民法院《关于贯彻执行〈中华人民共和国民法通则〉若干问题的意见》第36条。

承人应当及时通知其他继承人和遗嘱执行人。继承人中无人知道被继承人死亡或者知道被继承人死亡而不能通知的,则被继承人生前所在单位或者住所地的居民委员会、村民委员会负责通知。"据此可知,通知义务人是已知继承开始的继承人、被继承人生前所在单位或住所地居委会、村委会;通知对象限于其他继承人和遗嘱执行人;通知的内容没有明确,应当包括死亡开始的时间和地点。如果知道有继承人无法通知的,分割遗产时,也应当保留其应继承的遗产。

外国立法主要通过公示催告程序进行公告。

(二) 继承开始的地点

继承开始的地点是指法律确认的处理继承问题的场所。各国继承制度都有关于继承开始的地点的规定。如《日本民法典》第883条规定:"继承,于被继承人的住所开始。"《意大利民法典》第456条规定,"继承在其最后住所地进行"。①

立法确定继承开始的地点,主要目的在于解决继承遗产过程中发生的属地管辖问题,包括发生诉讼纠纷、遗产税的征收、遗产管理人的选任等。

关于继承开始的地点的确定,有本籍地主义、住所地主义、死亡地主义、财产所在地主义等多种。继承开始地点的选择,取决于地点的确定性和方便性。而本籍地、死亡地、财产所在地多有不确定,故各国均以住所地作为继承开始的地点。

我国继承法没有明确规定继承开始的地点。有观点认为可以准用《民事诉讼法》第34条。《民事诉讼法》第34条规定的是继承纠纷的管辖法院,即继承纠纷提起的诉讼,由被继承人死亡时住所地或者主要遗产所在地人民法院管辖。至于涉外继承开始的地点,则在我国《涉外民事关系法律适用法》中有明确规定。

三、遗产管理

我国《继承法》第24条规定:"存有遗产的人,应当妥善保管遗产,任何人不得侵吞或者争抢。"最高人民法院《关于贯彻执行继承法若干问题的意见》第44条还规定:"人民法院审理继承案件时,如果知道有继承人而无法

---

① 本章以下所引《日本民法典》条文,皆出自渠涛编译:《最新日本民法》,法律出版社2006年版;《意大利民法典》皆出自费安玲等译:《意大利民法典》,中国政法大学出版社2004年版。

通知的，分割遗产时，要保留其应继承的遗产，并确定该遗产的保管人或保管单位。"我国规定的存有遗产的人负有保管义务，过于宽泛。国外立法一般规定继承人作为遗产管理人，无继承人的或继承人放弃继承的，由法院选任遗产管理人或保存人。存有遗产的人，实际上是遗产的占有人，包括继承人和其他基于合同或法律规定占有遗产的人，其他占有遗产的人根据与被继承人之间的法律关系负有相应的义务，而不是遗产管理义务。如被继承人所有的房屋出租给承租人，租期未届满，被继承人便死亡，承租人虽然占有被继承人的遗产，应当只负担租赁关系中应付的义务，不能还由其承担遗产保管义务，这是两个性质不同的义务。

四、放弃继承

放弃继承与接受继承相对应，同属继承开始的效力的范畴，各国立法对两者都有所规定。但接受继承所产生的法律关系复杂，包括限定继承、遗产债务清偿、遗产的分割，而放弃继承所产生的法律关系则相对简单。本章第二、三节都是接受继承的内容，放弃继承关涉继承人的继承利益，故特别作为一个问题阐述，同时也体现了我国继承法及其司法解释对放弃继承的重视。我国《继承法》第25条规定："继承开始后，继承人放弃继承的，应当在遗产处理前，作出放弃继承的意思表示。没有表示的，视为接受继承。"最高人民法院《关于贯彻执行继承法若干问题的意见》用了7个（第46~52条）条文对放弃继承进行规范。

(一) 放弃继承的概念和特点

放弃继承，又称继承权的抛弃，有广义和狭义之分。

广义的放弃继承是指抛弃继承权，包括期待继承权和既得继承权。如《德国民法典》第2346条规定了法定继承权的抛弃，即"被继承人的血亲以及配偶可以通过与被继承人订立合同，抛弃他们的法定继承权。抛弃继承权的人被排除在法定顺序之外，如同在继承开始时已不再生存。抛弃继承的人没有特留份的权利"。同时在第1943条又规定了遗产的接受和拒绝制度，有继承资格的人拒绝接受遗产的，将"视为未发生对拒绝人的遗产归属"（《德国民法典》第1953条），理论上引用该规定时，也被认为是继承的放弃，属于既得继承权的放弃。

狭义的放弃继承是指继承开始后继承人作出的不接受遗产继承的单方行为，其实质是放弃既得继承权。如我国台湾地区"民法典"第1174条规定"继承人得抛弃继承权"，但需要"溯及继承开始时发生效力"（台湾地区

"民法典"第1175条),这就是说,我国台湾不承认期待继承权的抛弃。如果有在继承开始前抛弃继承权的,包括订立的抛弃继承权的契约,都将被认定为无效。①

我国《继承法》第25条明确规定放弃继承应当在继承开始后,属于狭义的放弃继承。放弃继承是对继承权的具体行使,放弃继承后,继承人不再取得遗产,也不承担遗产上的债务。如果只有一个继承人,其放弃继承以后,则该遗产成为无人继承的遗产。为此,放弃继承的有效条件及效力都从狭义角度出发。

古代社会曾经实行强制继承制度,继承人不能放弃继承必须接受,接受继承不仅是继承人的权利,同时也是义务。在古罗马,继承人不仅继承被继承人的遗产,同时也继承被继承人的人格。直到罗马大法官创立"不参与遗产权"(jus abstinendi)制度后,才允许继承人拒绝接受遗产。我国根植"父债子还,天经地义"观念,强制继承更为典型,一直实行到清末。② 到了近代,受人格独立、自己责任的影响,继承权演变为财产权,继承人有放弃继承的自由。从强制继承到放弃继承,体现了"从身份到契约"的进步社会的运动。

放弃继承与其他弃权行为比较,具有以下特点:

(1) 放弃继承是单方法律行为。单方法律行为是指以当事人一方的意思表示即可使民事法律关系发生、变更和终止的行为。放弃继承权不需要征得任何人的同意,可以自由进行,基本不受限制。

(2) 放弃继承是专属行为。继承权是基于特定的身份关系享有的权利,专属于特定的主体,因此,放弃继承必须由继承人亲自为之,他人不得代为放弃。即便是对行为能力欠缺的继承人也不能代理为放弃继承。

(3) 放弃继承须为以作为方式为之。作为方式是指继承人必须以积极的意思表示放弃继承权,包括明示以及推定行为;沉默或默示不能作为放弃继承的表意方式。

(4) 放弃继承的客体是全部遗产。放弃继承是指的全部遗产的拒绝接受。遗产是概括性财产,包括权利和义务。放弃继承是放弃全部遗产,而不能为部分放弃。

(5) 放弃继承的法律后果是失去继承人资格。放弃继承不同于放弃遗产本身,后者是对所继承遗产的抛弃,而放弃继承则是放弃了继承人资格,放弃

---

① 史尚宽:《继承法论》,中国政法大学出版社2000年版,第326页。
② 参见张玉敏:《继承制度研究》,成都科技大学出版社1994年版,第10页。

继承的继承人的晚辈直系血亲也不能因此获得代位继承。

(二) 放弃继承的有效条件

放弃继承是继承人单方的意思表示作出,是否发生放弃继承的效力,必须符合法定的条件。各国对此规定不一,以下着重对我国放弃继承的条件进行阐述。

1. 放弃继承的意思表示须在继承开始后的法定期间内作出

继承开始前作出放弃继承的意思表示不生放弃效力,在继承开始后如果没有另行作出放弃表示的,视为接受继承。继承开始后的法定期间,各国规定不一。我国规定的是在"遗产分割前",日本民法规定是"自知道自己的继承开始之时起三个月内"(第915条)。相比较而言,我国没有规定遗产处理的具体期限,自继承开始到遗产处理期间如果时间较长,继承关系随时可因继承人放弃继承的表示而变更,这势必使遗产继承关系处于不确定状态;另外,当遗产本身造成他人损害的,继承人放弃继承就可以逃避偿债责任。为此,我们应当借鉴其他国家立法明确放弃继承的期限。

2. 放弃继承的意思表示方式应当采用明示形式

我国最高人民法院《关于贯彻执行继承法若干问题的意见》第47条规定:"继承人放弃继承应当以书面形式向其他继承人表示,用口头方式表示放弃继承,本人承认,或者有其他充分证据证明的,也应当认定其有效。"据此,我国规定放弃继承的方式采用明示形式或可推知的形式。相比外国立法,我国对此规定过于宽泛,放弃继承作为对继承权的放弃,定要式行为为妥。各国立法对于放弃继承的方式,要么采用公证,要么向法院提出。形式上的严格要求,将有利于减少纠纷。

3. 放弃继承的意思表示对象既可以是其他继承人也可以是法院

根据我国最高人民法院《关于贯彻执行继承法若干问题的意见》第47、48条的规定,放弃继承可以向其他继承人作出,在诉讼中也可以向法院作出。意大利民法规定必须向公证员或者初级法院的书记员作出方有效,日本民法规定必须向家庭法院申述,我国台湾地区则规定必须以书面形式向法院提出。对比之下,我国规定难以解决一人继承时如何放弃继承的问题以及向继承人以外的第三人表示放弃继承的意思的效力问题。

4. 放弃继承的意思表示不得附条件或期限

继承放弃和接受追溯到继承开始生效,若规定期限和条件将使继承变得不确定,不仅损害遗产债权人的利益,也将影响继承顺序在后的继承人的地位。

5. 放弃继承不得部分放弃

遗产具有概括性，选择部分放弃或部分接受，影响遗产继承人及其他继承人的利益。接受或拒绝，不得限于遗产的一部分。部分接受或部分拒绝遗产无效。

6. 放弃继承的意思表示不得撤回

放弃继承作为单方法律行为，一经符合法定的条件作出，即便在放弃继承的有效期间内，也不得撤回。如果允许撤回，将不利于继承关系的稳定。我国立法对此没有明确规定。只是在最高人民法院《关于贯彻执行继承法若干问题的意见》第50条规定，"遗产处理前或在诉讼进行中，继承人对放弃继承反悔的，由人民法院根据其提出的具体理由，决定是否承认。遗产处理后，继承人对放弃继承反悔的，不予承认"。该条规定可以解释为法院根据"翻悔理由"是否认可其放弃行为，从规范内容来看，应当属于可撤销行为的范畴。当然，撤回不同于撤销，撤回是法律直接赋予行为人收回自己意思表示的效力；撤销则是符合法定条件下由法院裁决否定意思表示的效力。如果放弃继承是基于胁迫、欺诈作出的，可以请求撤销。

（三）放弃继承的效力

1. 放弃继承的溯及力

大陆法系国家立法都采取当然继承主义，即继承开始，无须经继承人同意，遗产便归属于继承人所有或共有。当继承人作出放弃继承的意思表示后，各国立法均规定其效力追溯到继承开始。在继承开始后，放弃继承人所参与的继承活动都不产生继承效力。

2. 对放弃继承者的效力

继承人作出放弃继承的意思表示后，对其在继承法上的地位将产生影响。各国立法对此规定不一。《日本民法典》第939条规定："已放弃继承的人，在继承关系中视为自始即非继承人。"德国立法从继承开始的效力角度规定"遗产被拒绝的，视为未发生对拒绝人的遗产的归属"（《德国民法典》第1953条）。《意大利民法典》第521条规定，放弃继承人视为自始不曾参加继承。放弃继承的人可以在可处分份额范围内享有赠与物或者请求属于他的遗赠①。

我国对此没有明确规定。由于各国设立的继承制度不同，如有的规定有归口制度、特殊赠与、特留份制度等，自然影响到放弃继承的继承人的地位。我国继承制度较为简单，放弃继承作为既得继承权的放弃，实际上就是不能再作

---

① 该遗赠不同于我国继承法规定的遗赠。

婚姻家庭继承法学

为继承人的地位参与继承，其应当继承的份额不能转给其代位继承人，应当按照继承法规定的继承顺序和范围处理；放弃继承人不负责清偿遗产债务。但如果继承法有特别规定的，如规定承担被继承人的丧葬费等，则不因其放弃继承而免除。

3. 对继承标的的效力

继承标的，即遗产。共同继承中有放弃继承的，遗产归属于未放弃继承的人共有。继承人只有一人，也表示放弃继承的，遗产归属于谁，各国立法一般作为无人继承的财产处理。

(四) 放弃继承的无效和撤销

放弃继承是单方法律行为，应当受一般民事法律行为制度的规范。如果继承人在作出放弃继承的意思表示时，不具有行为能力或者意思表示不真实，受到胁迫或欺诈作出的，法律应当考虑该放弃行为的效力。

放弃继承的无效是指违反放弃继承的禁止条件及强制性规定，使该放弃行为不发生法律效力。如附条件和附期限的放弃行为、对部分遗产的放弃行为、他人代为放弃的行为、未按照法定方式实施的放弃行为等，皆无效。我国最高人民法院《关于贯彻执行继承法若干问题的意见》第46条规定："继承人放弃其继承权，致使其不能履行法定义务的，放弃继承权的行为无效。"如继承人对第三人负有债务，继承开始后，继承人为了逃避对第三人的债务而作出放弃继承意思表示的，第三人可以主张该放弃行为无效。

放弃行为的可撤销是指对放弃意思表示不真实的行为，继承人可以请求撤销。《日本民法典》第919条第3款规定，放弃继承的撤销权自可追认时起6个月内不行使而消灭。撤销放弃继承的，应当向家庭法院陈述。《意大利民法典》第526条规定，因胁迫或欺诈而作出放弃继承权决定的人，可以提起撤销之诉。提起撤销之诉的权利，自停止胁迫或者发现被欺诈之日起经过5年不行使而消灭。

我国继承法未规定放弃继承的可撤销制度，可以适用民法通则的相应规范，期待将来在继承法修改时弥补。

案例：北京的吴某夫妇有二子二女。长子结婚后在上海工作，生有一子；次子结婚后自己买了房子与父母分开在北京居住，生有一女。大女儿在国外结婚定居，生有三子。小女儿正上大学，未婚，与父母一起生活。吴某夫妇觉得儿子都已经成家，工作也不错，只是担心小女儿今后的生活，于是，就与二个儿子商量，希望儿子不要与小女儿争遗产。为此，吴某夫妇起草了一份协议,内容是,吴某夫妇现在所有的财产包括一套150平方米的房子死后都归小女儿,二个儿子放弃继承。协议完成后,吴某夫妇、长子、次子、小女儿都在上面签了字。不久,大女儿回国看望双亲,并带着双亲一起到上海看望哥哥。一天,吴某夫妇、长子、大女儿乘坐的出租车发生交通意外,不幸全部死亡。

评析:吴某夫妇之长子、次子在协议中作出的同意放弃继承的行为无效。因为,放弃继承的意思表示只有在继承开始后作出才产生法律效力,被继承人尚未死亡,在协议中虽然签了字,但父母死亡后,继承人没有表示放弃继承的,视为同意接受。被继承人死亡后,长子已经死亡,无法作出放弃继承的意思表示,故由长子的代位继承人或转继承人决定是否放弃继承。次子在父母死后,如果明确表示放弃继承,吴某夫妇的其他遗产可归其他继承人继承。吴某夫妇的其他遗产应当是生前协议所指财产之外的其他财产,吴某夫妇与子女签署的协议中指定遗产归小女儿继承,应当作为遗嘱执行。

交通事故中同时死亡的四个人之间相互有继承关系,不能确定死亡先后顺序的,推定没有继承人的人先死;各自都有继承人的,辈分相同,彼此不发生继承;辈分不同,推定长辈先死。本案中同时死亡的四个人都有继承人,无法适用"没有继承人的先死"的规定;吴某夫妇辈分相同,故吴某夫妇之间,推定同时死亡,彼此不发生继承。各自还有其他遗产的,由各自的继承人分别继承。吴某夫妇与长子、大女儿之间,辈分不同,吴某夫妇作为长辈,推定其先死。长子和大女儿之间,属于第二顺位的继承人,也有继承关系,他们各有自己的继承人,辈分相同,推定同时死亡,不发生继承。当然,有第一顺位的继承人的,第二顺位的继承人不能参加继承。

第二节 债务清偿与遗产分割

一、债务清偿

(一)遗产债务的范围

遗产是被继承人死亡时遗留的财产,债务是指相对法律关系中的义务主体应履行的行为。遗产上的债务,则可从以下角度观察:(1)从清偿角度分析,所谓遗产债务是指应当用遗产清偿的债务,没有遗产,债务当然无法清偿;(2)从遗产归属角度分析,遗产归属于继承人,遗产债务是由继承人负责清偿的债务；(3) 从遗产发生角度分析，遗产是被继承人遗留的财产，遗产债务是基于被继承人生前的法律事实所产生的债务，实际上是被继承人所负的债务；(4) 从遗产债务发生角度分析，遗产债务包括被继承人生前所负的债务和遗产自身所产生的债务，如遗产中的动产有缺陷造成他人损害的，也应当属于遗产债务的范畴。

理论上以及各国立法所立足的视角不同，确定的遗产债务范围亦异。由此遗产债务有广义和狭义之分，遗产债务清偿也有有限清偿和无限清偿之分。广义的遗产债务是指被继承人生前所欠的债务以及被继承人死后所产生的丧葬费、遗产管理费和继承费用等。狭义的遗产债务仅指被继承人生前所负的债务，也称被继承人的债务。有限清偿是指仅限于遗产价值进行清偿；无限清偿是指超过遗产价值的债务，由继承人负责偿还。民间所说的"父债子还"即为无限清偿。

一般说来，围绕被继承人及其遗产可能产生的债务包括以下几类：(1) 被继承人生前应当履行的非人身性的合同之债、不当得利之债、无因管理之债、侵权行为之债以及其他法律事实所发生的债；(2) 被继承人遗体所生之债，如丧葬费用；(3) 遗产的管理分配所产生的继承费用，包括遗产管理人的报酬、公告费及其他清理、分配遗产所发生的费用、遗产缺陷造成他人损害费用等；(4) 被继承人生前和死后的遗产所发生的公法上的费用，如税款、罚金、滞纳金。

有的主张以上都应当纳入遗产债务的范围①；有的主张是被继承人生前以个人名义欠下的完全用于被继承人个人需要的或者完全由其个人承担法律责任的债务，不包括家庭共同债务和丧葬费用②；有的主张继承费用、丧葬费不属于遗产债务，因为继承费用是遗产本身的变化，清偿遗产债务仅限于遗产的实际价值，遗产的实际价值是扣除继承费用后所剩余的价值。所以继承费用从遗产中支付不属于遗产债务；丧葬费用是特殊的费用，不论是从法律上还是从道德上讲，继承人都有义务殡葬被继承人，故应由继承人承担。③

我国《继承法》没有明确规定遗产债务的范围，只是规定"继承遗产或接受遗赠应当清偿被继承人依法缴纳的税款和债务"，在最高人民法院《关于

---

① 刘春茂主编：《中国民法学·财产继承》，中国人民公安大学出版社1990年版，第552页。
② 刘素萍主编：《继承法》，中国人民大学出版社1988年版，第354~355页。
③ 郭明瑞、房绍坤：《继承法》，法律出版社1996年版，第211页。

贯彻执行继承法若干问题的意见》第61、62条笼统提到"清偿债务",未单列"依法缴纳的税款",可见,我国继承法对债务采用了模糊处理技术。随着社会交易方式的复杂化和财产的多样化,责任自负原则的张扬,立法有必要确定遗产债务的范围。遗产债务的存在,势必在遗产债权人、继承人、受遗赠人之间产生利益冲突,公平解决冲突的前提就是合理界定遗产债务的范围。我们认为,遗产债务应当从其发生根据界定,然后以排除方法限定。故属于遗产债务的范围包括被继承人生前所欠债务、税款、罚金、遗产继承费用等,丧葬费应当排除。

(二) 遗产债务的清偿原则及清偿程序

1. 我国遗产债务的清偿原则

遗产债务的清偿原则是立法和司法过程中规定、实施清偿遗产债务所遵循的准则。遗产债务不同于一般债务。一般债务是谁设债,谁清偿;而遗产债务则是设债主体已经死亡,而清偿主体却是继承人,且继承人须没有放弃继承。再加之,被继承人生前可能对其遗产已经进行处分,指定了遗嘱继承人,故并非所有继承人都是清偿主体。正是基于以上区别,遗产债务清偿应当遵循以下原则:

(1) 有限清偿原则。有限清偿原则是指以遗产实际价值为限清偿债务。即遗产债务以遗产清偿,无遗产,则不负清偿责任;对超过遗产实际价值的部分,继承人可以自愿偿还,自愿偿还后,不得再以其他理由请求返还;继承人放弃继承的,对被继承人的遗产债务不负偿还责任。

(2) 保留必留份原则。保留必留份原则是指在遗产不足以清偿债务时,必须为法律规定的特定人保留适当的遗产后才能清偿遗产债务。我国最高人民法院《关于贯彻执行继承法若干问题的意见》第61条规定,"继承人中有缺乏劳动能力,又没有生活来源的人,即使遗产不足以清偿债务,也应当为其保留适当遗产",然后再根据继承法和民事诉讼法的规定清偿债务。

(3) 顺位比例清偿原则。顺位比例清偿原则是指遗产同时存在的不同性质的债务和不同的清偿主体,根据法律确定的清偿顺位依次清偿,同一顺位的,按照比例清偿。不同性质的债务如继承费用、税款、被继承人生前所欠的合同之债、侵权行为之债等,依照民事诉讼法规定的清偿次序清偿。1992年最高人民法院《关于适用民事诉讼法若干问题的意见》第299条的规定,执行的财产不足以清偿债务的,应当按照《民事诉讼法》第204条规定的法定顺位清偿。由于第204条于2007年随着民事诉讼法的修改被废除,该第204条实际上被2006年颁布的《破产法》第113条所取代,故清偿债务可参照破产法规定的顺位清偿。具体应当是先清偿继承费用，次之是被继承人所欠税款，然后才是被继承人生前的普通债务。

另外，顺位清偿还表现在不同的清偿主体上。如遗产上存在法定继承、遗嘱继承和遗赠等多种法律关系主体，都负有清偿遗产债务的义务。他们之间是否有顺位关系，从我国继承法的规定看，不同清偿主体顺位有别。如最高人民法院《关于贯彻执行继承法若干问题的意见》第62条规定："遗产已被分割而未清偿债务时，如有法定继承又有遗嘱继承和遗赠的，首先由法定继承人用其所得遗产清偿债务；不足清偿时，剩余的债务由遗嘱继承人和受遗赠人按比例用所得遗产偿还；如果只有遗嘱继承和遗赠的，由遗嘱继承人和受遗赠人按比例用所得遗产偿还。"

（4）优先清偿原则。优先清偿原则是指清偿遗产债务优先于执行遗赠、继承人分割遗产。我国《继承法》第34条规定："执行遗赠不得妨碍清偿遗赠人依法应当缴纳的税款和债务。"采取优先清偿原则，对于保护遗产债权人更为有利。

2. 限定继承

（1）限定继承的概念。所谓限定继承是指继承人声明以继承所得的遗产为限，偿还被继承人债务的制度。我国台湾地区"民法典"明确规定"限定继承"；日本民法称之为"限定承认"①。限定继承作为一项制度，包括限定继承的意思表示发出时间、形式及其效力。

限定继承，来源于罗马皇帝优士丁尼于公元531年发布的赦令，规定继承人若对被继承人财产出具清册，则可享受所谓"财产清册利益"（beneficium inventarii），即对遗产债务承担有限责任。后发展为限定继承。②

限定继承与我国规定的有限清偿原则理论基础相同，但两者的适用前提有所不同。我国的有限清偿是法定的，只要继承人没有放弃继承，就适用有限清偿。继承人自愿清偿也为有效清偿；而限定继承是继承人以有限清偿作为承认继承的保留条件，继承人作出单纯继承的，则承担无限清偿责任。对比两者，我国的有限清偿就是法定的限定继承，不需要继承人的意思表示；而限定继承是从保护遗产债权人的利益出发，同时尊重继承人的意思表示。因此，限定继

---

① 《日本民法典》第922条规定："继承人，可以以只在因继承而取得财产的限度内清偿被继承人的债务及遗赠为保留条件，承认继承。"

② 周枏：《罗马法原论》（上册），商务印书馆1994年版，第472页。

承是单纯继承①的例外，而我国的有限清偿原则则否认了单纯继承的存在。

（2）限定继承的表意期间。既然限定继承是由继承人单方的意思表示决定，故应给予一定期间限制。《日本民法典》第915条规定，继承人自其知道自己的继承开始之日时起三个月内，须就继承表示单纯承认或限定承认。我国台湾"民法典"也规定从继承开始3个月内作出限定继承的意思表示。如果有必要可以请求法院延期。以继承开始起算，对继承人有利。如果继承人长久不知继承开始，则继承关系始终不稳定。

（3）限定继承的方式。限定继承的方式是指限定继承意思表示的有效形式。我国台湾"民法典"第1156条规定，限定继承者开具遗产清册呈报法院。早在罗马法，这种限定继承的表示形式就采用要式，后德国、日本从之。限定继承作为有限清偿遗产债务的保留条件，是单方法律行为，同时也是要式法律行为，只要作成遗产清册或目录进行呈报，并进行相应的陈述，即可完成。法院只进行形式审查，然后根据法定的程序，由遗产债权人申报债权并按规定进行清偿。

（4）限定继承的主体。继承人为一人时，只要符合在法定期间内作成符合形式的意思表示，即生限定继承的效力。继承人为数人时，有的主张限定继承，有的主张单纯继承，也有的未作任何表示，如何处理，各国或地区有不同的规定。《日本民法典》第923条规定"只能由共同继承人全体共同作出"；法国、德国、瑞士立法都规定只要一人作出限定继承的意思表示，对其他共同继承人都有效力。我国台湾"民法典"第1154条也规定"继承人有数人时，其中一人主张为限定继承，其他继承人视为同为限定之继承"。

（5）限定继承的效力。符合法定形式的限定继承意思表示被法院或相关机构受理后，对继承人、继承标的以及利害关系人等都产生一定的约束力。限定继承人只以基于继承所得的遗产负清偿责任。遗产债权人申报债权，请求清偿，但在法定的公示期间内，继承人可以拒绝清偿。继承人的财产与被继承人的遗产分离，如果单纯继承，因从继承开始遗产所有权归属于继承人，则继承人与被继承人的权利义务发生混同，因此消灭相应的权利。限定继承，则使继承人财产与被继承人财产分离，使遗产成为独立财产，进行清算。在清偿债务之前，不得对受遗赠人交付遗赠。限定继承人须以对其个人所有财产同样的注意管理遗产。违反管理义务，对遗产债权人和受遗赠人承担损害赔偿责任。

---

① 单纯继承也称单纯承认，是指继承人不表示限定继承，而自由以无限责任清偿遗产债务的继承形式。

3. 遗产债务清偿程序

继承人承认继承是清偿遗产债务的前提。单纯继承的情况下，继承人承担无限清偿责任，实质上是债的主体发生变更，即被继承人变更为继承人，按照债务履行期限和条件履行。而在限定继承情况下，如何保障债权人获得充分受偿，保障受遗赠人有遗赠可接收，保障继承人还有剩余遗产可供继承，则成为重要的问题。尤其是，遗产不足以清偿债务时，如何保证债权人之间公平受偿，如何协调不同性质的遗产债权人之间、遗产债权人与享有必留份主体之间的利益冲突，将成为问题的关键。为解决以上问题，有必要制定债务清偿程序。

不论是限定继承清偿债务还是有限清偿原则，都需要按照遗产债务清偿程序进行清偿，以保证公平清偿之秩序。考察各国立法，遗产债务清偿程序有以下几个步骤：公示催告限定继承——申报债权——指定遗产管理人——清理遗产——制定清偿方案并实施。遗产债务清偿程序类似于破产清算程序。我国台湾"民法典"对此规定较为典型。①

我国继承法没有明确规定遗产债务清偿程序及其相关规则。对债务清偿程序，外国立法已经相对成熟，将来修改继承法时可予以借鉴。

4. 遗产破产程序

所谓遗产破产程序，是指被继承人死亡后，若其遗产不足以清偿所欠债务，债权人、继承人或者遗产管理人、遗嘱执行人等提出申请，由法院针对遗产宣告破产用以清偿债务的程序。②

遗产破产的本质就是通过破产清算程序来清偿遗产债务的制度。当遗产债务超过了遗产的价值，遗产债权人、继承人、遗产管理人以及遗嘱执行人等都可以申请适用遗产破产程序。继承人申请破产的前提是不放弃继承也未被剥夺继承权。对遗产实施破产的目的是通过对遗产进行清算，通过特定的程序确定

---

① 该"法"第1157、1162条规定，法院接到清册呈报后，按公示催告程序，进行公告，命令被继承人的债权人于规定期限（最低3个月）内申报债权。在公告期限内，继承人不得对被继承人的债权人清偿债务。期限届满后，继承人对在期限内申报的债权及继承人已知的债权，均应按其数额、比例计算，以遗产分别偿还。但不得损害有优先权人的利益。债权人未在规定期限内申报债权的，且继承人不知其为债权人的，仅就清偿申报债权和已知债权后的剩余遗产，行使其权利。

② 《日本破产法》第129条规定，不能以继承财产清偿继承债权人及受遗赠人的债务时，法院因申请可以裁定宣告破产。对继承财产的破产申请权人包括：继承人、遗产管理人以及遗嘱执行人。

遗产债权人,然后统一用清理的遗产按照法定顺序和范围进行分配。实行遗产破产制度,不仅保护遗产债权人的利益,也有利于公平分配遗产并建构和谐的遗产继承秩序。

二、遗产的分割

(一) 遗产分割概述

1. 遗产分割的概念

遗产分割是指终止遗产共有关系的事实。一般情况下,遗产上有多个继承人,继承开始后,遗产归继承人共有,通过遗产分割,终止共有关系,同时也终止继承关系。因此,遗产分割是共同继承中的一个重要环节,一个人单独继承不存在遗产分割问题。

遗产分割不同于一般的共有财产的分割。一般共有是指在同一项财产上共同享有所有权,其分割是从物理形态上看是同一项财产,而遗产则是概括财产,是被继承人所享有的财产权利的概括,既包括有形财产,也包括无形财产,从物理形态看是多项财产的集合。因此,遗产分割是对遗产的整体分割,而不是对某项财产的分割。

共同继承人之间作为按份共有关系,主要根据法律确定的遗产分割原则,法定继承的份额或遗嘱指定的份额进行分割,遗产经过分割,继承人取得应得部分的遗产所有权。

继承开始后,共同继承人就享有遗产分割请求权。当然,该权利也受到必要的限制。遗产分割后,将发生分割效力。

2. 遗产分割请求权

所谓遗产分割请求权,是指共同继承人随时请求分割遗产的权利。共同继承中,不论是实行按份共有还是共同共有,都允许继承人随时请求分割遗产,同时,也受到规定遗产分割的限制。"随时请求分割"是指不得限制请求分割遗产的时间和理由。在遗产共同共有立法例下,随时请求分割遗产成为共同共有的例外。因为,共同共有关系是建立在主体之间的共同体基础之上,共同体如果继续存续,除非有重大事由否则不得分割共同共有的财产。然而为了共同继承人的利益,特赋予随时请求分割权。在遗产按份共有立法例下,共有人本身就享有分割的权利,因为按份共有不依赖于共有基础关系的存在而存在。

我国继承法没有规定遗产分割请求权,但参照国外立法,将来的继承法中应当增加这一内容,具体包括分割请求权的行使及限制。

遗产分割请求权是形成权,它的内容是终止遗产共有关系,而分割请求权关系主体是继承人，这一权利行使受遗嘱和法律规定的限制。

（二）遗产分割的原则

遗产分割的原则是遗产分割中应当遵循的基本准则。遗产分割不仅关系到继承人及其利害关系人的利益，也对遗产效用的发挥和社会公益产生影响，为此，我国《继承法》第29条明确规定："遗产分割应当有利生产和生活需要，不损害遗产的效用。"立足继承的本质，根据现行法的规定，遗产分割应当遵循以下原则。

（1）按照应继份分割原则。应继份是指共同继承人根据遗嘱或法律规定应当继承的份额。不管是法定继承还是遗嘱继承，都应当遵循继承人应当继承的份额进行分割。理论上概括的"保留胎儿的应继份原则"、"平均份额原则"可以涵盖在该原则之中。

（2）公平分割原则。遗产分割，不仅应当按照各个继承人的应继份分割，而且还应注重公平分割。公平分割要求在考虑应继份确定的遗产数额时，也要考虑财产与受领继承人的关系以及继承人和被继承人生前的关系。比如分割房屋，该房屋一直是继承人与被继承人一起居住，分割时，应当尊重继承开始前的居住事实、扶养情况确认房屋所有权的归属。公平分割原则是继承法"权利义务相一致原则"的具体贯彻。我国《继承法》第13条规定："对被继承人尽了主要扶养义务或者与被继承人共同生活的继承人，分配遗产时，可以多分。"

（3）自由分割原则。自由分割原则是指分割的方法、时间、数额等应当尊重被继承人、继承人的意思表示。被继承人遗嘱有指定的分割数额和分割方法的，按照遗嘱办理；遗嘱的指定也需要符合法律的限制。没有遗嘱限制的，继承人可以随时请求分割。上述理论概括的"尊重被继承人意愿的原则"应当包括在自由分割原则之中，遗产分割不仅尊重被继承人的意愿，也应当尊重继承人的意愿，继承人"协商分割原则"也属于自由分割原则的范畴。

（4）照顾弱者原则。照顾弱者原则是指在遗产分割时，应当对缺乏必要的生活能力、劳动能力的继承人给予照顾。我国《继承法》第13条规定："对生活有特殊困难的缺乏劳动能力的继承人，分配遗产时，应当予以照顾。"继承人中的胎儿、双无人员（无劳动能力和无生活来源）都属于弱者的范畴，遗产分割时应当特别照顾。

（5）物尽其用原则。该原则是理论上普遍认可的原则也是各国继承法确认的原则。物尽其用原则要求遗产分割应当有利于生产和生活需要，不损害遗产的效用。最高人民法院《关于贯彻执行继承法若干问题的意见》第58条进一步对该原则进行解释:"人民法院在分割遗产中的房屋、生产资料和特定职业所需要的财产时,应依据有利于发挥其使用效益和继承人的实际需要,兼顾各继承人的利益进行处理。"

(三) 遗产分割的限制

共同继承人虽然有请求分割遗产的自由,但各国立法都对遗产分割给予诸多限制。限制的目的在于维护弱势继承人的利益、尊重被继承人的意思、保护遗产债权人、受遗赠人的权利以及实现遗产资源的有效利用。

我国继承法没有对遗产分割的限制制度,应当说是一项缺漏。将来立法增补时,借鉴各国规定,我们认为应当对遗产分割作如下方面的限制。

1. 遗产义务上的限制

遗产义务是指需要由遗产进行清偿的被继承人债务、履行遗赠义务和负担义务。分割遗产,是否先履行遗产义务,有两种不同的方式:一是先清偿后分割的方式,德国、瑞士采用①;二是不清偿也可分割的方式,如日本(第899条)、法国(第890条)和我国台湾"民法典"都不要求以清偿遗产债务作为遗产分割的条件。对比两者,从维护遗产债权人的角度出发,前者更优。因为,在第二种方式下,继承人可以不偿债而先分割,分割的同时把遗产债务一并分配给继承人清偿,尽管规定了各继承人之间连带责任予以保障,但如果多个继承人耗费遗产而无力偿债时,遗产债权人的利益无法保障。因此,我们应当借鉴德国立法,明确履行遗产义务后,方可进行遗产分割。

2. 遗嘱上的限制

遗嘱中,被继承人既可以对生前所有的财产进行处分,确定应继份和遗赠,还可以对遗产的存续状态表达意愿。为了充分尊重遗嘱人的意思,除了按照遗产指定的份额进行分割外,对于其遗产存续状态的意思表达也为立法所认可。各国立法都规定,遗嘱指定一定期间内不得分割遗产的,不得分割。当然,遗嘱指定的期限也需要符合法律的规定。②

3. 胎儿利益保护的限制

---

① 如《德国民法典》第2046条规定,非先清偿遗产债务,不得进行遗产分割。《瑞士民法典》第610条第3项也规定,各继承人得请求于遗产分割前,清偿被继承人的债务或提供担保。

② 如我国台湾地区"民法"第1165条规定:"遗嘱禁止遗产分割的,禁止的效力,以十年为限。"日本规定为5年。我们认为,遗嘱禁止遗产分割的期限定为5年为宜。5年是最长期间,遗嘱禁止分割的期限超过5年的,超过部分无效。

婚姻家庭继承法学

为了保护胎儿的继承利益,在分割遗产时,各国立法也给予限制。具体做法有两种:一种是绝对禁止分割。如《意大利民法典》第715条规定:继承人中有一人是胎儿的,则在胎儿出生以前不得分割遗产;《德国民法典》(第2043条)也如此规定。二是可以分割,但必须保留胎儿的应继份额。如我国台湾"民法典"第1166条第1款规定:"胎儿为继承人时,非保留其应继份,其他继承人不得分割。"我国《继承法》第28条也规定:"遗产分割时,应当保留胎儿的继承份额。"这两种做法可谓殊途同归,都能够起到保护胎儿的作用。

4. 发挥遗产效用的限制

涉及对财产的处分时,物尽其用原则是各国立法的公理性原则,遗产分割也不例外。继承开始后,如果分割遗产可能会给遗产造成严重损失的,根据继承人的请求,司法机关可以作出一定期限内就全部或部分遗产分割暂停的决定。这项限制是必要的,不仅能够发挥遗产的最大效用,而且有利于社会经济的发展。对此,我们可以借鉴《意大利民法典》第717条的规定,如果立即分割遗产将会造成严重损失,根据请求,可以作出最长不超过5年期限的分割全部或部分遗产的决定。

5. 其他方面的限制

其他方面可以根据本国立法传统、人文观念等作出限制。如《意大利民法典》第715条规定,在胜诉情况下有权取得遗产的人提起的有关确认婚生子身份或非婚生亲子关系的诉讼进行期间,也同样不得分割遗产。继承人提供了适当担保的,司法机构可以准许进行遗产分割。共同继承人可以订立不得分割遗产的协议限制遗产分割。

(四)遗产分割方案

遗产分割应当根据遗产分割的法律原则制作遗产分割方案。遗产分割方案是具体实施遗产分割的依据,其形成须符合法定的条件;其内容应当表明遗产范围、继承人范围及其可分割的数额、分割方法以及交付时间等事项。

1. 遗产分割方案的形成

遗产分割方案的形成是指遗产分割方案的制作过程。根据各国立法规定,主要认可三种形式,即被继承人的遗嘱、继承人协议、法院裁判。

被继承人遗嘱是其处分自己的财产的意思表达。为了尊重被继承人的意思，各国立法均规定允许立遗嘱人制作遗产分割方案并且将优先适用。① 被继承人的指定也必须符合法定的要求，遗嘱指定的第三人提供的分割方案亦同，否则继承人可以请求确认无效，通过裁判制定。

继承人协议是指没有被继承人遗嘱方案或遗嘱方案无效、不完全的情况下，由共同继承人达成遗产分割协议。协议分割协议属于不要式行为，须经过全体继承人的同意，行为能力欠缺的继承人须经过其法定代理人的同意。遗产分割协议必须符合民事法律行为的有效条件同时符合继承法的特别规定，方为有效。

法院裁判是指被继承人无遗嘱且继承人不能达成协议时，继承人可以向法院提起诉讼，法院通过裁判进行分割。

2. 遗产分割方案的内容

遗产分割方案的内容是实施遗产分割的依据。由共同继承人围绕全部遗产，遵循法定的分割原则，确定各个继承人的分配额度及其财产样态，明确具体的分割方法等。

关于分割方法，我国《继承法》第29条第2款规定："不宜分割的遗产，应当采取折价、适当补偿或者共有等方法处理。"我国《物权法》第100条也规定了具体的分割方法，即"共有人可以协商确定分割方式。达不成协议的，共有的不动产或者动产可以分割并且不会因分割减损价值的，应当对实物予以分割；难以分割或者因分割减损价值的，应当对折价或者拍卖、变卖取得的价款予以分割"。综上规定，遗产分割的方法有：（1）实物分割。采用该方法分割的遗产应当是可分物，且分割不减损财产的价值。每个继承人都可以请求以遗产中的动产或不动产的实物形态满足自己的遗产份额。但在实物分割时，不动产尤其是住房的分割有一定难度。涉及不适宜分割或分割将会严重损害公共经济利益或者环境卫生的，或者不将不动产拆散就无法进行分割的，应当整体保留不动产，由取得不动产的继承人以现金形式向其他共同继承人承担返还超过自己应得份额遗产的责任。由于不动产价值的特殊性，该不动产归属于谁，我国继承法和物权法都没有规定。对此，我们可以参照意大利的做法，其民法典第720条规定，"不动产可以分配给对其享有最大份额的继承人，也可以分配给提出请求的数名继承人。如果没有继承人提出请求，则对该不动产进行拍

---

① 如《德国民法典》第2048条规定："被继承人可以以终意处分作出分割指示。被继承人尤其可以指示：应按照第三人的公平裁量进行分割。第三人依照该项指示做出的规定显失公平的，该规定对继承人没有约束力；在此情况下，依照判决进行规定。"

卖。如果全体共同参与分割的人，对出售不动产的约定和条件不能达成一致，由司法机关作出决定。"对于均等分配的份额，以抽签方式决定实物的归属（《意大利民法典》第729条）。(2) 变价分割，是指遗产不宜进行实物分割，且继承人都不愿取得该遗产的，可以采用将遗产出售，换取价金，进行分割。(3) 补偿分割，是指在实物分割部分不均等的，差额部分应当以现金结清。(4) 保留共有，即不采取其他分割方法，继承人愿意采用共有形式分割的，也可以继续保持共有关系。本来遗产分割是为了终止遗产共有关系的，保留共有的方法是否违背了遗产分割的目的，非也。该保留共有不再是基于继承产生的遗产共有关系，而是转变为基于遗产分割形成的一般共有关系。一般共有关系只受物权法的调整；而遗产共有主要受继承法的调整，继承法没有规定的，适用物权法的规定。

（五）遗产分割的效力

遗产分割的效力是指遗产分割后对参与分割的继承人产生的法律约束力。具体包括分割的溯及力、担保责任、连带责任等。

1. 遗产分割的溯及力

遗产分割的溯及力解决的是遗产分割的生效时间问题。分割的效力是在分割完成后生效还是从继承开始时生效，有两种立法例：一是追溯到继承开始时生效；二是不具有追溯效力，自分割完成时生效。前者要求继承开始后，遗产便归属于共同继承人共有，在分割之前，一直保持共有状态，分割后，继承人所分得的遗产视为自继承开始便归自己单独所有。① 后者则意味着分割遗产只不过是一种交换，继承人因分割而互相让与各自的应有部分，从而取得分配给自己财产的单独所有权。如《德国民法典》第2033条的规定。我国多数学者赞同遗产分割有追溯力的立法例。

2. 遗产分割的担保责任

遗产分割的担保责任是指遗产分割后，各继承人按其所得部分，对其他继承人因分割而取得的遗产可能存在的标的瑕疵和权利瑕疵承担担保责任。

继承标的可能因附条件附期限、也可能因为是风险债权，使分得该遗产的人存在无法实现的可能，如遇到债务人无力偿债，如果共同继承人之间不承担担保责任，必然分得债权的继承人不能满足其应继的份额。因此，各继承人之间负有与出卖人同样的瑕疵担保责任。遗产也可能还会存在权利瑕疵，当继承人分得的遗产被第三人追夺时，其他继承人应当负权利瑕疵担保责任。共同继

---

① 如《日本民法典》第909条、《法国民法典》第833条。

承人之间仅应当就基于遗产分割前的事由发生的纠纷和追夺相互担保。遗产分割文书中明确免除共同继承人之间的担保的，或者追夺是由于继承人自己的过失造成的，不产生担保责任。

我国现行法没有关于遗产分割后共同继承人之间承担担保责任的规定，实为不足。为防止个别继承人分割有瑕疵遗产而造成的实质不公，将来修改继承法时予以完善。

3. 遗产分割的连带责任

遗产分割后，对于未清偿的遗产债务，各继承人对遗产债权人承担连带清偿责任。如果按照先清偿债务后分割遗产的程序，这种情况发生较少。而更多的情况可能是已经分割遗产，债务尚未清偿。我国继承法对此没有限制。最高人民法院《关于贯彻执行继承法若干问题的意见》第62条规定，遗产已经被分割而未清偿债务的，先由依法定继承取得遗产的人清偿债务；不足以清偿时，剩余的债务由遗嘱继承人和受遗赠人按比例用所得遗产偿还。该规定只是解决了依不同方式分割遗产后的债务清偿问题，但未解决当某种继承人的遗产不足以清偿债务的如何处理的问题。根据财产共有原理，共有财产对外负有责任的，共有人应当共同承担责任，共有人之间负连带清偿责任。我国《物权法》第102条规定，因共有的不动产或动产产生的债权债务，在对外关系上，共有人享有连带债权、承担连带债务，但法律另有规定或第三人另有约定的除外。

各继承人对遗产债务，如经遗产债权人同意，各继承人可以免除连带责任，只承担按份责任。

案例：李天志与妻子朱兰、女儿李梅（11周岁）一家三口住在贫困山村。为脱贫致富，李天志分别向信用社和复员军人张海各借款1万元，写下欠条1万元，共计3万元，购买邻村一台旧卡车开始货运业务。在尚未办理各项车辆运输保险的情况下，李天志冒着下雪天，山路十分滑的危险为村民刘江运货进城，不幸坠入山谷，车毁货损人亡。朱兰得知后，痛不欲生，当晚上吊自杀，留下孤儿李梅。村委会在全权处理李、朱丧事并清查其财产、债务后，会同乡民政干部组织召开了一个特别会议，参加人有村委会和乡民政干部、邻村村长、信用社负责人、刘江、张海、李梅和李梅的堂叔李天容。会议形成了一个书面协议，内容是：（1）朱兰名下存折2000元清偿刘江的货损；（2）瓦房1间及农具、家庭生活用品约价值1万元由张海负责处理，折抵其借款1万元；（3）丧葬费1000元由村委会承担；(4) 欠信用社和邻村的2万元由李梅在年满18周岁以后5年内还清，但不计利息；(5) 李梅今后由其堂叔李天容抚养。参会人员分别签字盖章，李梅也签字同意并加按手印。但李天容虽同意抚养李梅，却提出自己家境过于贫困，难以保证李梅的学习和生活，建议在财产上有所照顾。①

评析：李天志、朱兰遗留的遗产共有2000元存款、房屋和家庭生活用品，应由作为唯一的继承人李梅继承。李梅为未成年人，又无其他生活来源，故应为其保留必要的财产份额，以满足其基本生活需要。故其堂叔李天容要求在财产上给予照顾不仅合理且有法律根据，同时把所有的遗产用于清偿债务的条款无效。李梅是限制行为能力人，其签署的协议对李梅不生法律效力。李梅虽然同意继承，但清偿债务也应当以扣除李梅的必留份后剩余的遗产的实际价值为限，故协议第4条款由李梅成年后再继续清偿条款无效。

第三节 无人继承遗产的处理

一、无人继承遗产的概念和发生的原因

此处所称无人继承遗产，即无人继承又无人受遗赠的遗产。它是指继承开始后，在法定期限内没有继承人以及受遗赠人承受的遗产。

遗产无人继承又无人受遗赠的情况一般发生在：

(1) 公民死亡时，既没有法定继承人，也没有受遗赠人。没有法定继承人，当然也就不可能有遗嘱继承；同时死者也未用遗嘱指定受遗赠人（包括生前未签订遗赠扶养协议或者遗赠扶养协议已经解除）。

(2) 公民死亡时，虽有法定继承人，或者遗嘱继承人，或受遗赠人，但是他们全部放弃继承或是拒绝接受遗赠。即继承人明确放弃继承、受遗赠人在两个月内表示放弃或是没表示接受遗赠。

(3) 公民死亡时，虽有法定继承人或是遗嘱继承人，但全部丧失了继承权；同时又没有受遗赠人或是受遗赠人放弃受遗赠。

(4) 被继承人没有法定继承人，只用遗嘱处分了一部分遗产，其余未加处分的那一部分遗产也属于无人继承又无人受遗赠的遗产。

---

① 案例选自2000年法律硕士全国联考民法学试题中的案例分析题。

二、无人继承遗产的归属的立法例

(1) 古代无人继承遗产的归属。在古罗马,无人继承的遗产称为"绝产"(bona vocantia)。最初有,但国库须代偿死者债务并执行遗赠,至产尽为止。国库也有拒绝接受,该遗产作为无主物,任何人可以依先占原则,经一定期间后(一般是1年)便取得所有权。后来,大法官规定,发生无人继承遗产的情况时,由遗产债权人出卖该遗产并受清偿,但债权人应当首先提出申请,获得批准后才能占有或变卖被继承人的遗产。帝政初期,奥古斯都为了解决国家财政困难,颁布了《优利亚法》和《帕披亚·波拜亚法》将无人继承的遗产的收归国库所的权利,任由利害关系自行处理。① 依罗马法,尽管国库取得无人继承的遗产,但不是以遗产继承名义取得,因而不继承死者的法律地位。它只是取得财产的方式。②

我国古代实行宗祧继承,身份继承,以宗族祭祀权为核心,决定遗产归属。没有男性后代的,则称为"户绝"。死亡后,户绝者,且未立遗嘱,其遗产以前直接归属宗族,但唐律、明律等都规定,如无同宗应继承之人,由亲生女儿继承,无女者则入官。入官也是一种财产取得方式,官库不作为继承人。

(2) 现代无人继承遗产的归属。现代各国在确定无人继承遗产的归属时,主要有以下共性:通过特定的程序认定无人继承的事实,最终归属国库。但在国库取得遗产的根据上,由国库或国家作为法定继承人继承和直接由国库取得两种不同立法例。

三、我国无人继承遗产的归属

我国《继承法》第32条规定:"无人继承又无人受遗赠的遗产,归国家所有;死者生前是集体经济组织成员的,归所在集体所有制组织所有。"据此规定,我国无人继承遗产的归属,采用的是直接取得遗产的立法例。但与其他国家规定不同的是考虑被继承人的身份。如果被继承人是集体经济组织成员,归集体所有制组织所有;如果是非集体经济组织成员,其死后无人继承的遗产方归国家。

集体经济组织是根据所有制划分的一种经济体制,与国家经济组织相对

---

① 周枏:《罗马法原论》(下册),商务印书馆2002年版,第587页。
② [意] 彼得罗·彭梵得:《罗马法教科书》,中国政法大学出版社1992年版,第521页。

应，体现在具体成立时的营业执照以及具体的成立文件中。一般说来，归集体组织所有的情况包括：死者生前是城市集体所有制企业、事业单位的职工，死后无人继承的遗产归该所在的企业、事业单位所有；死者生前是农民的，归其所在的村集体所有。我国继承法当时对无人继承遗产作如此处理，是由当时特定的历史背景决定的。随着市场经济体制的确立，单位与组织者之间成立劳动关系，所有的主体都是平等，这种以身份确定归属的做法值得反思。

案例：某村有一个退伍军人，未结婚，无儿女，有远房本家兄弟（非法定继承人）。靠领取的退伍津贴及村委会提供的烧柴、粮食等生活。该军人死后，遗留有祖上的房屋三间。远房本家兄弟随即占有该房屋。村委会认为，该房屋应当属于村委会，并把该房屋转让给了同村村民。军人死后不到一年，有一个自称是军人的养子，请求收回房子。经确认，军人确实在某村驻军期间收一养子，是牺牲的战友的孩子，办理过收养手续。后养子生病后走失失去联系。

评析：这是一个典型的无人继承的遗产纠纷。军人的远房本家兄弟没有继承人资格，不能占有房屋；村委会虽然对被继承人予以照顾，但转让该房屋的行为因继承人的出现，使之无效。收养关系并不因失踪而解除，同样还享有继承权。

第十六章 继承法附论

【**本章重点难点提示**】学习本章内容，重点掌握涉港、澳、台继承及涉外继承的概念、特征及其法律适用，了解港、澳、台在继承问题上的基本原则和法定继承上的具体规定，难点是掌握冲突规范在涉外继承中的作用。

第一节 涉港澳台继承

一、区际继承关系概述

在一个主权国家内，如果存在不同的继承制度，当继承关系涉及不同的继承制度时，就会发生区际继承关系。在我国，区际继承关系是指在继承关系的各项因素中，至少有一项因素涉及香港、澳门或台湾地区。这些因素中或是继承的主体涉及香港、澳门或台湾，或是继承的客体涉及香港、澳门或台湾，或是继承的法律事实与香港、澳门或台湾有关。三项因素中只要有一项因素涉及香港、澳门或台湾，就属于区际继承关系。

区际继承关系之所以成为一个需要研究的问题，是因为香港、澳门、台湾与大陆有关继承的实体法规范不同，因此法律冲突在所难免。香港、澳门虽然分别已于1997年7月1日和1999年12月20日回归祖国，但实行一国两制，香港、澳门原有的法律制度基本保持不变，涉及香港、澳门的继承问题在法律适用上就会产生区际法律冲突，此其一；其二，我国香港地区的原有法律制度属于英美法系，与大陆分属不同法系，之间的冲突也必然影响到区际继承问题的处理；澳门原有法律虽然同属于大陆法系，但基本的渊源却是葡萄牙的法律传统，与我国大陆的法律分属两种不同社会制度的法律，因此法律冲突在所难免。台湾调整继承关系的台湾"民法典"与大陆的相关法律差异很大，在法律适用上也存在冲突。

婚姻家庭继承法学

二、区际继承关系的法律特征

（1）继承关系中至少有一个因素涉及香港、澳门或台湾。继承关系的因素包括继承主体、继承客体以及导致继承发生的法律事实，其中至少有一个因素涉及香港、澳门或台湾。

（2）继承关系通过区际法律冲突规范进行间接调整。与涉外继承一样，涉港、澳、台继承因涉及两个不同的实体法规范，应当适用何种法律为准据法，必须经过区际冲突规范的间接调整。我国大陆和香港、澳门、台湾地区之间，在没有建立起解决有关继承关系的法律冲突的特定规范以前，根据最高人民法院的司法解释，应比照涉外继承关系的冲突规范来确定准据法。

（3）实行专属管辖。我国涉外继承案件实行专属管辖，涉港、澳、台案件依照涉外案件处理，也实行专属管辖。根据我国《民事诉讼法》第34条的规定，涉港、澳、台案件由不动产所在地人民法院、被继承人死亡时住所地人民法院、主要遗产所在地人民法院专属管辖。

三、区际继承关系的法律适用

区际继承虽然不是涉外继承，但在目前尚无处理大陆与三地间继承关系特定制度的情况下，最高人民法院的意见是比照涉外继承关系来处理此类案件。即采取区分制，动产继承适用被继承人死亡时的住所地法，不动产继承适用物之所在地法。

四、港、澳、台继承制度简介

我国大陆继承制度和港、澳、台继承制度均各有特点，虽然在基本原则上没有大的区别，但在具体的制度规范上有较大的差异，尤其是法定继承制度和遗嘱继承制度。在此着重介绍港澳台的法定继承制度和遗嘱继承制度。

（一）香港继承制度简介

香港继承法律制度由一系列的法例组成，没有一部统一的继承法典。这些法例主要有《遗嘱条例》、《遗嘱认证及遗产管理条例》、《无遗嘱者遗产条例》、《遗产税条例》、《遗属生活费条例》等。这些法例都是香港地区继承法律制度的重要渊源，它们对于调整香港居民的财产继承关系，维护家庭生活的正常秩序和香港社会的安定，起着十分重要的作用。

1. 香港地区法定继承制度

香港的法定继承制度与大陆相比较，不论在继承人的范围和继承人的继承顺序，还是继承遗产的份额上都有较大的差异。

（1）法定继承人的范围。①配偶；②子女，包括婚生子女、非婚生子女、养子女；③父母；④兄弟姐妹，包括同父母的全血缘兄弟姐妹以及同父异母或同母异父的半血缘兄弟姐妹，都为法定继承人；⑤祖父母、外祖父母；⑥姑、伯、叔、舅、姨，包括无遗嘱者的父或母的全血缘兄弟姐妹、无遗嘱者的父或母的半血缘兄弟姐妹；⑦子女的后嗣和兄弟姐妹的子女。子女的后嗣是子女的代位继承人；兄弟姐妹的子女是兄弟姐妹的代位继承人。

（2）法定继承人的顺序。①血亲继承的顺序：第一顺序，子女及其后嗣；第二顺序，父母；第三顺序，全血缘兄弟姐妹及其子女；第四顺序，半血缘兄弟姐妹；第五顺序，祖父母、外祖父母；第六顺序，全血缘的伯、叔、姑、舅、姨；第七顺序，半血缘的伯、叔、姑、舅、姨。②配偶继承人的顺序：配偶（包括妾）是不固定顺序的法定继承人。他（她）可以视不同的情况参与第一、二、三顺序的继承，即可以与子女、父母、全血缘的兄弟姐妹及该兄弟姐妹的子女一起共同继承遗产。

（3）法定继承的份额。

①配偶与第一顺序子女共同继承时，配偶继承人与血亲继承人各自的法定继承份额。如果无遗嘱者死亡时，遗下配偶及第一继承顺序死者的子女的，首先应从遗产中拨出50万元，连同去世之日起至遗产分配时止的利息，归配偶；剩余遗产的一半归配偶，另一半归死者的子女。如果无遗嘱者死亡时无配偶，遗下第一顺序死者的子女的，遗产全部归死者的子女。① 如子女人数超过一人，则每名子女得相等的份额。②

②配偶与第二顺序父母共同继承时，配偶继承人与血亲继承人各自的法定应继承份额。如果无遗嘱者死亡时无子女，遗下配偶及第二继承顺序死者父母的，首先应从遗产中拨出100万元，连同自去世之日起至遗产分配时止的利息，归配偶；剩余遗产的一半归配偶，另一半归死者的父母。如该父母为二人的，该遗产份额由二人均分。如果无遗嘱者死亡时无子女和配偶，遗下第二继承顺序死者的父母的，遗产全部归该父母，由父母均分。如果死者的父母只有一人的，遗产全部归该父母一人所有。③

③配偶与第三顺序全血亲兄弟姐妹及其子女共同继承时，配偶继承人与血

---

① 参见香港《无遗嘱者遗产条例》第4（3）、（5）条。
② 参见香港《无遗嘱者遗产条例》第5（1）（a）条。
③ 参见香港《无遗嘱者遗产条例》第4（4）、（6）、（7）条。

亲继承人各自的法定应继承份额。如果无遗嘱者死亡时无子女和父母，遗下配偶及死者的兄弟姐妹及其子女的，首先应从遗产中拨出 100 万元，连同自去世之日起至遗产分配时止的利息，归配偶；剩余遗产的一半归配偶，另一半归死者的全血亲兄弟姐妹。如果无遗嘱者死亡时无配偶、子女和父母，遗产全部归属全血亲兄弟姐妹。全血亲的兄弟姐妹的子女则为该兄弟姐妹的代位继承人，只能继承被代位人的应继承份额。①

④配偶与妾单独继承时的法定应继承份额。如果无遗嘱者死亡时，遗下配偶而无第一、二、三继承顺序死者的子女、父母、或全血亲的兄弟姐妹及其子女的，遗产全部归死者的配偶。② 如果死者同时遗下配偶及妾，则遗产的三分之二归妻子，三分之一归妾。如为一夫多妾关系中的男方死亡，则该男方遗产的三分之一由其数名妾均分。③

⑤第四顺序血亲继承人半血亲兄弟姐妹的法定应继承份额。如果无遗嘱者死亡时无配偶、子女、父母和全血亲的兄弟姐妹及其子女，遗产全部归属死者的半血亲兄弟姐妹。④

⑥第五顺序血亲继承人祖父母、外祖父母的法定应继承份额。如果无遗嘱者死亡时无配偶、子女、父母、全血亲兄弟姐妹及其子女和半血亲兄弟姐妹，遗产全部归属于死者的祖父母、外祖父母。如果祖父母、外祖父母有数人的，则按人数均分遗产。⑤

⑦第六顺序血亲继承人全血亲的伯、叔、姑、舅、姨的法定应继承份额。如果无遗嘱者死亡时无配偶、子女、父母、全血亲兄弟姐妹及其子女、半血亲兄弟姐妹和祖父母、外祖父母，遗产全部归属死者全血亲的伯、叔、姑、舅、姨。⑥

⑧第七顺序血亲继承人半血亲的伯、叔、姑、舅、姨的法定应继承份额。如果无遗嘱者死亡时无配偶、子女、父母、全血亲兄弟姐妹及其子女、半血亲兄弟姐妹以及祖父母、外祖父母和全血亲的伯、叔、姑、舅、姨，遗产全部归属半血亲的伯、叔、姑、舅、姨。⑦

---

① 参见香港《无遗嘱者遗产条例》第 4 (4)、(8) 条。
② 参见香港《无遗嘱者遗产条例》第 4 (2) 条。
③ 参见 1995 年修订的香港《无遗嘱者遗产条例》第 13 条的附表第 4 (1)、(2) 条。
④ 参见香港《无遗嘱者遗产条例》第 4 (8) 条。
⑤ 参见香港《无遗嘱者遗产条例》第 4 (8) 条。
⑥ 参见香港《无遗嘱者遗产条例》第 4 (8) 条。
⑦ 参见香港《无遗嘱者遗产条例》第 4 (8) 条。

2. 香港地区遗嘱继承制度

香港遗嘱继承的法律主要有《遗嘱条例》、《财产继承（供养遗属及受养人）条例》、《遗嘱认证及遗产管理条例》和《无争议遗嘱认证规则》等。

（1）遗嘱能力。即有资格订立遗嘱的人，包括：成年人；虽未成年但属于已婚者、实际服役于海军、陆军或空军的人员及海上的船员或海员。①

（2）遗嘱自由和遗属供养。遗嘱自由是香港继承法的原则之一，规定任何人可以按照条例而签立遗嘱处置其财产。遗属供养是对遗嘱自由的限制，这与大陆继承法规定的对特定人和胎儿的必留份额是一致的。在香港遗属供养包括三类人：一是在紧接死者去世前，与之有夫妻或夫妾关系的人；二是死者的幼年子女，或死者的因精神病或身体不健全而无力维生的人；三是在紧接死者去世前，完全或主要靠死者赡养的其他亲友。②

（3）遗嘱的形式。香港法律规定的遗嘱形式有三类：普通遗嘱、特别遗嘱和国际遗嘱。③

普通遗嘱，即一般情况下的遗嘱，此类遗嘱要求书面性和目的性。所谓目的性是指遗嘱人欲以其签署而令该遗嘱生效或其他遗嘱性文件在任何看来是体现立遗嘱人的遗愿。

特别遗嘱，是指主体的特别，指实际服役于海军、陆军或空军的人员及海上的船员或海员，可以无须遵照普通遗嘱的规定，而以遗嘱处置其任何财产。

国际遗嘱是指按照1973年华盛顿《国际遗属公约》的附件规定所订立的遗嘱。该规定要求：一是由立遗嘱人亲自书写，文字不限；二是遗嘱人须在两名见证人及一名获授权就国际遗嘱行事的人面前，声明有关文件是其遗嘱而他知悉该文件的内容；三是遗嘱人及见证人须按照特别的签署要求进行签署。

（二）澳门继承制度简介

澳门继承制度主要体现在《澳门民法典》中。

1. 澳门法定继承制度

（1）法定继承人的范围。依据《澳门民法典》第1972、1973条的规定，法定继承人包括配偶；直系卑血亲；直系尊血亲；与死者有事实婚关系之人；兄弟姐妹及其直系卑血亲；四亲等以内的其他旁系血亲；澳门地区。

---

① 参见香港《遗嘱条例》第4条和《已婚者地位条例》。
② 参见香港《遗嘱条例》第3条、《财产继承（供养遗属及受养人）条例》第3、4、5、10、13条。
③ 参见香港《遗嘱条例》第2、5、6、23D条。

（2）法定继承人的继承顺序。第一顺序为配偶及直系卑血亲；第二顺序为配偶及直系尊血亲（在没有直系卑血亲作为继承人时，配偶则与第二顺序继承人直系尊血亲共同继承遗产）；第三顺序为与死者有事实婚关系之人；第四顺序为兄弟姐妹及其直系卑血亲；第五顺序为四亲等内的其他旁系血亲；第六顺序为澳门地区。

依据《澳门民法典》第 1974 条、1975 条的规定，每一顺序可继承遗产的人，均优先于下一顺序可继承遗产的人；在每一顺序中，亲等较近的血亲优先于亲等较远的血亲。

（3）法定继承份额。

①配偶与子女及其直系卑血亲共同继承时各自的继承份额。配偶与子女共同继承时，遗产按人数等份分割。如被继承人无生存配偶，则遗产由子女平分。如子女不能或不愿接受遗产，在由其直系卑血亲代位继承其应继承之份额。①

②配偶与直系尊血亲共同继承时各自的继承份额。卑继承人无直系卑血亲而有配偶和直系尊血亲，则遗产的 2/3 归配偶，1/3 归直系尊血亲。在无配偶时，由直系尊血亲继承全部遗产。在直系尊血亲继承时，每一顺序以亲等近者优先继承，同一顺序血亲继承人等份继承。无直系卑血亲及直系尊血亲时，则由配偶继承全部遗产。②

③与被继承人有事实婚姻关系之人的应继承份额。在无配偶、直系卑血亲、直系尊血亲时，由在被继承人死亡时与其有事实婚姻关系之人继承，但在此之前该关系须至少已持续 4 年。③

④兄弟姐妹及其直系卑血亲的继承份额。在无配偶、直系卑血亲、直系尊血亲及与被继承人有事实婚姻关系之人时，由被继承人的兄弟姐妹继承，且在代位继承的情况下，由兄弟姐妹的直系卑血亲继承。同父同母之兄弟姐妹与同父异母或同母异父兄弟姐妹共同继承时，每名同父同母之兄弟姐妹的继承份额或其直系血亲卑亲属的代位继承份额，相当于每名同父异母或同母异父之兄弟姐妹继承份额的两倍。④

⑤其他旁系血亲的法定继承份额。无上述各顺序的继承人时，由四亲等内

---

① 参见《澳门民法典》第 1979、1980、1981 条。
② 参见《澳门民法典》第 1982、1983、1984、1975、1976 条。
③ 参见《澳门民法典》第 1985 条。
④ 参见《澳门民法典》第 1986、1987 条。

其他旁系血亲继承，在任何情况下，以亲等近者为先。即使在被赋权继承之人中有人与死者有双重血亲关系，分割仍按人数为之。如无上述所有顺序自然人继承人时，则由澳门地区继承全部遗产。①

2. 澳门遗嘱继承制度②

澳门遗嘱继承制度主要有遗嘱能力、遗嘱自由与特留份、遗嘱方式、遗嘱内容和遗嘱执行等内容。以下主要介绍遗嘱能力、方式和遗嘱自由及限制。

（1）遗嘱能力。《澳门民法典》规定，所有未被法律规定为无能力立遗嘱的人，都可订立遗嘱。无能力立遗嘱的人是指亲权未解除的未成年人和因精神失常而导致禁治产的人。

（2）遗嘱自由。遗嘱自由是一项通例，在澳门是指澳门民众对自己的财产享有身后处分的权利。

（3）特留份。特留份是对遗嘱自由的限制，是依法必须留给特留份继承人的份额，遗嘱人不得处分的遗产部分。规定了特留份继承人的范围、顺序和份额，与其他地区相关制度相比极具特色。

①特留份继承人的范围。特留份继承人为配偶、直系卑血亲及直系尊血亲。

②特留份继承人的顺序。第一顺序为被继承人的直系卑血亲；第二顺序为被继承人的直系尊血亲。配偶为不固定顺序的特留份继承人。

③特留份的份额。

其一，配偶单独为特留份继承人时，则特留份份额为遗产的1/3。

其二，配偶与子女共同继承特留份时，则特留份为遗产的一半；当只有子女为特留份继承人时，若仅有一名子女，特留份份额为遗产的1/3，若有两名或两名以上子女，特留份份额为遗产的一半。

其三，二亲等及二亲等以外的直系卑血亲，有权享有其直系尊血亲应有的特留份，其各人所占的部分须按有关法定继承的规定而定。

其四，配偶与直系尊血亲共同继承特留份时，则特留份为遗产的一半；如直系尊血亲单独为特留份继承人，当特留份继承人为被继承人的父母时则特留份份额为遗产的1/3，当特留份继承人为被继承人的二亲等及二亲等的直系尊血亲时，特留份份额为遗产的1/4。

④遗嘱方式。在澳门订立遗嘱有普通和特别两种方式。

---

① 参见《澳门民法典》第1988、1989条。
② 参见《澳门民法典》第1867、1994～1999、2025～2028、2038～2053条。

其一，普通方式遗嘱，又分为公证遗嘱和密封遗嘱两类。公证遗嘱即指由公证员按公证法的规定而书写的遗嘱。密封遗嘱即指由遗嘱人书写并签名，又或由他人应遗嘱人的要求而书写并由遗嘱人签名的遗嘱。

其二，特别方式遗嘱。分为海上遗嘱、航空器上订立的遗嘱和公共灾难时订立的遗嘱三种。海上遗嘱又分为海上公证遗嘱和海上密封遗嘱两种。航空器上订立的遗嘱适用海上遗嘱的规定。公共灾难时订立的遗嘱，是指当事人因身处疫症流行地或因其他公共灾难而无法通过普通方式订立遗嘱，可以按照海上遗嘱规定的程序，在任何公证员、法官和司祭面前订立的遗嘱。

（三）台湾地区继承制度简介

台湾地区的继承法律制度一直是沿用民国政府 1930 年公布的民法典继承编。该继承制度承袭日本、德国的继承制度，后经社会变迁继承制度也几经修订，废除了一些落后的、具有封建残余的条款。台湾是大陆法系，具有成文法传统，其继承法律制度的渊源主要是台湾"民法典"继承编，此外还有"民法继承编施行法"、"涉外民事法律适用法"等。

1. 台湾法定继承制度

（1）法定继承人的范围

①直系血亲卑亲属，包括被继承人的子女、孙子女和外孙子女、曾孙子女和曾外孙子女等。继子女没有继承权，认为继父母与继子女是直系姻亲关系，不属于血亲关系。

②父母，包括生父母和养父母。对婚生子女，生父母均享有继承权。对于非婚生子女，生母享有继承权，生父对经准正或认领后的非婚生子女的遗产享有继承权。在收养关系存续期间，生父母对已被收养的子女无继承权。

③兄弟姐妹，包括全血缘的兄弟姐妹和半血缘的兄弟姐妹，因收养而形成的养兄弟姐妹之间互有遗产继承权。被收养人与亲兄弟姐妹之间因收养关系的成立，而丧失相互间的继承权。

④祖父母，包括被继承人的父系祖父母和母系祖父母，即祖父母和外祖父母。

⑤配偶，配偶之间的继承权以双方有合法婚姻关系为前提。生存配偶在丧偶后再婚的，不丧失继承权。①

（2）法定继承人的顺序。第一顺序是直系血亲卑亲属，此一顺序中以亲

---

① 参见台湾"民法典"第 1138 条。

等近者为先;① 第二顺序为父母;第三顺序是兄弟姐妹;第四顺序是祖父母。

配偶没有固定的继承顺序,可以与第一顺序至第四顺序的所有血亲继承人共同继承,被继承人的配偶在与不同的继承人共同继承时,其所应继承的份额各不相同。

(3) 法定继承的份额。

①配偶继承人的法定继承份额。② 被继承人的配偶与第一顺序继承人共同继承时,配偶与此一顺序的所有继承人共同平均分割遗产;配偶继承人与第二顺序或第三顺序继承人共同继承时,其应继承份额是遗产的1/2,其余的1/2由第二顺序或第三顺序继承人平均分配;配偶继承人与第四顺序继承人共同继承时,其应继承份额为遗产的2/3,其余1/3的遗产由此一顺序的被继承人的祖父母(含外祖父母)按人数平均分配;如无上列第一顺序至第四顺序的血亲继承人时,则配偶继承人继承全部遗产。

②血亲继承人的法定应继承份额。③ 遗产在除去由配偶继承人应继承份额外,其余遗产由同一继承顺序的继承人平均分配。

2. 台湾遗嘱继承制度

台湾的遗嘱继承制度主要规定在台湾"民法典"和"民法继承编实行法"中,内容包括遗嘱能力、遗嘱自由与特留份、遗嘱形式和遗嘱执行等。该制度中的遗嘱能力和遗嘱自由的规定与澳门法的规定大致相同,在此重点介绍特留份制度和遗嘱形式的规定。④

(1) 特留份制度。台湾的特留份制度同样也是对遗嘱自由的限制,主要有特留份的份额和特留份的保障。

①特留份的份额。直系血亲卑亲属的特留份,为其应继份的1/2;父母的特留份,为其应继份的1/2;配偶的特留份,为其应继份的1/2;兄弟姐妹的特留份为其应继份的1/3;祖父母的特留份为其应继份的1/3。

②特留份的保障。应得特留份的人,如因被继承人所为之遗赠,致其应得之数不足者,得按其不足之数由遗赠财产扣减之。

(2) 遗嘱形式。依台湾"民法典"的规定,台湾地区的遗嘱形式有五种,即自书遗嘱、公证遗嘱、密封遗嘱、代笔遗嘱和口授遗嘱。五种遗嘱形式不

---

① 参见台湾"民法典"第1139条。
② 参见台湾"民法典"第1138、1144条。
③ 参见台湾"民法典"第1138、1144条。
④ 参见台湾"民法典"第12~15、1186、1187、1189~1198、1223~1225条。

同，要求也就不同，但一个中心的思想是保障遗嘱体现遗嘱人的真实意思。

第二节 涉外继承

一、涉外继承概述

涉外继承是指在继承法律关系中有一项或多项要素涉外的情形。这些法律要素无外乎主体、客体和法律事实三个方面，具体是：

（1）继承法律关系的主体涉外。继承主体涉外是指继承法律关系的主体是外国人或无国籍人。

（2）继承法律关系的客体涉外。继承客体涉外是指作为继承法律关系客体的遗产在国外。遗产包括动产和不动产。

（3）继承法律关系中的法律事实涉外。继承法律事实涉外是指引起继承法律关系产生、变更或者消灭的客观情况发生在国外，如被继承人在国外死亡或被宣告死亡等。

二、涉外继承的特征

（1）有一项或多项继承要素涉外。在涉外继承法律关系中至少有一项法律关系要素涉外。这是涉外继承法律关系的本质特征。

（2）通过国际私法的冲突规范进行间接调整。涉外继承必然涉及不同的准据法的适用，只能通过冲突规范的指引来确定适用相关国家的准据法，因为各国都没有直接调整涉外继承关系的法律规范，各国之间也没有统一的实体法公约。1961年《有关遗嘱处分方式法律冲突公约》、1973年《遗产国际管理公约》和1988年《死者遗产继承的准据法公约》都是涉及冲突规范或管辖权的公约，而非统一实体法规范。冲突规范不解决实体问题，只能通过冲突规范的援引，来确定适用某个国家的国内实体法来处理。

（3）管辖的专属性。各国国内法一般对涉外继承规定为专属管辖，以维护本国公民的利益和国家的利益。专属管辖规范一般以被继承人的国籍、生前住所地或遗产所在地为依据，将被继承人的本国法院、被继承人的生前住所地法院、遗产所在地法院确定为行使管辖权的法院。

三、涉外继承的法律适用

涉外继承的法律适用是指涉外继承准据法的确定。一般说来，涉外继承包括涉外法定继承、涉外遗嘱继承和涉外无人继承财产等三种情形。各国国内法和国际公约对涉外继承的准据法的确定，因不同继承关系而有所区别。

(一) 涉外法定继承中的法律适用

大致上各国立法对涉外法定继承准据法的选择上，存在着两种不同的规定，分别是单一制和区别制。

(1) 单一制。单一制又称同一制，是指在涉外法定继承中，不作动产和不动产的区分，适用统一的准据法。一般分为两种情况：一是被继承人的属人法，包括被继承人本国法和被继承人的住所地法。采用依被继承人本国法的有日本、意大利、荷兰等国家；采用依被继承人住所地法的有前苏联和拉美的一些国家。二是遗产所在地法。单一制的优点是方便简捷，法律适用统一；缺点是具有实行障碍，如遗产不在被继承人本国或住所地国时，不利于遗产判决的承认和执行。

(2) 区分制。区分制又称之为区别制、分别制和分割制，是指在涉外继承中，将被继承人的遗产区分为动产和不动产，分别适用不同的准据法的情形。动产适用被继承人的属人法，不动产适用物之所在地法。当今世界许多国家采用此种做法，如英国、美国、法国、比利时、保加利亚等国。

我国《涉外民事关系法律适用法》规定，涉外法定继承，适用被继承人死亡时经常居所地法律，但不动产法定继承，适用不动产所在地法律。

(二) 涉外遗嘱继承中的法律适用

涉外遗嘱继承的法律适用主要涉及遗嘱人能力、遗嘱方式、遗嘱实质要件和效力的准据法的确定。

(1) 遗嘱人能力的准据法。一般认为应适用遗嘱人的属人法，具体包括以下几种方式：一是波兰等国家采取依遗嘱人立遗嘱时的本国法；二是英国、美国等国家采取的区分制确定遗嘱能力的准据法，即区分动产和不动产分别适用不同的法律，涉及动产的遗嘱人能力适用遗嘱人的住所地法律，涉及不动产的遗嘱人能力适用不动产所在地法；三是瑞士等国家采用选择适用遗嘱人的本国法或住所地法作为确定遗嘱人能力的准据法。

(2) 遗嘱方式的准据法。关于遗嘱方式的准据法，基本上有两种不同的主张，一是采用遗产区分制分别适用准据法，认为不动产遗嘱适用物之所在地法，动产遗嘱适用遗嘱人属人法或遗嘱行为地法。英国、美国、日本等国采用这种做法。二是遗嘱方式统一适用立遗嘱人属人法或立遗嘱地法。波兰、泰国、荷兰、奥地利等国家采取这种做法。

(3) 遗嘱实质要件及效力的准据法。各国立法对确定遗嘱实质要件及效力的冲突规范都有明确的规定，但这些冲突规范又有很大的差异，大致有以下做法用以确定它的准据法：①立遗嘱人的本国法，日本、德国、波兰等国采用此法。②立遗嘱人的住所地法，认为遗产的继承与被继承人的住所地有密切联系。泰国采取这种做法。③遗产所在地法，有拉丁美洲少数国家采用此法。④区分动产和不动产适用不同的准据法。动产遗嘱适用遗嘱人住所地法，不动产遗嘱适用不动产所在地法，美国、英国等国采用这种区分制。

在我国，遗嘱方式，符合遗嘱人立遗嘱时或者死亡时经常居所地法律、国籍国法律或者遗嘱行为地法律的，遗嘱均为成立。遗嘱效力适用遗嘱人立遗嘱时或者死亡时经常居所地法律或者国籍国法律。

(三) 涉外继承中无人继承遗产的法律适用

无人继承财产，是指被继承人死亡时无法定继承人或受遗赠人，或合法继承人和受遗赠人放弃继承或拒绝接受遗赠时所形成的财产状态。这种遗产不论是本国公民所遗留，还是外国人死后遗留，通例是由遗产所在国政府收归国有。但国家以何种名义收取，各国立法规定不尽相同，大致有两种主张：

(1) 继承权主义。即认为国家是以特殊继承人或最后继承人的身份取得无人继承的财产，因此，适用被继承人本国法作为解决涉外无人继承财产归属的准据法。采用此种做法的国家有意大利、西班牙等国。

(2) 先占权主义。认为国家是以属地先占权为原因而取得无人继承的财产，因此，适用遗产所在地法作为解决涉外无人继承财产归属的准据法。采用这一做法的有英国、美国、法国等国家。

在我国，无人继承遗产的归属，适用被继承人死亡时遗产所在地法律。

后　　记

《婚姻家庭继承法学》是一部供普通高等学校法学专业本科使用的教材，也是北京市精品课程建设项目的教学科研成果。

家庭是社会的细胞，和谐的社会离不开和谐的家庭，而和谐家庭的关键和基础则是和谐的婚姻。婚姻家庭在人类生活和社会发展中发挥着广泛持久的、极其重要的、不可替代的作用。建设和维系稳定和谐的婚姻家庭关系，不仅是每个家庭成员的个人意愿，也是社会的责任、法律的使命。正因为如此，新中国成立后颁布的第一个全国性法律就是1950年婚姻法。

婚姻家庭继承学以婚姻家庭继承法律制度为研究对象，是我国社会主义法学体系中基础而重要的部门法学，是普通高等法学教育中不可或缺的课程。由于婚姻家庭继承制度具有高度的伦理性，许多婚姻家庭问题并不一定都通过法律途径来解决，道德的作用往往更为人们所重视。因而，婚姻家庭继承法学课程的教学不仅是法律、法学知识的传播过程，同时也必然是社会主义伦理道德教育的过程。这也就决定了我们在学习婚姻家庭继承学的过程中，既要有法律的视角，同时也必须有伦理道德的意识。此外，由于婚姻家庭领域受封建制度和传统思想影响最深，男尊女卑的思想从未彻底根除，因此认识婚姻家庭问题特别是婚姻家庭法律制度问题时，还必须具有社会性别视角。摒弃单纯的法律视角，注重伦理视角和社会性别视角，是本书的一个显著特色。

本书的编著者都是长期从事婚姻家庭继承法学教学和研究的专家学者。主编李明舜教授是中国法学会婚姻家庭法学副会长、秘书长，中国婚姻家庭研究会常务理事，中国社工协会婚姻家庭工作委员会专家组成员。本书以现行法律、法规及司法解释为依据，注意吸收婚姻家庭法与继承法的最新研究成果，借鉴外国立法，结合司法实务，根据法学专业本科生的学习特点和教学规律，系统阐述婚姻家庭法与继承法的基本知识、基础理论和基本制度。对于刚刚公布的《最高人民法院关于适用〈中华人民共和国婚姻法〉若干问题的解释（三）》中的相关内容，本书也给予了详尽的解读和评析。本书的编写程序，先由集体讨论确定编写大纲和写作要求，再由各撰稿人分工撰写，最后由主编、副主编统改定稿。

本书撰稿分工如下（以撰写章节顺序为序）：

邓　丽：第一章、第九章；

李秀华：第二章；

林建军：第三章；

但淑华：第四章；

樊丽君：第五章、第六章；

李明舜：第七章；

张冬梅：第八章；

杨晓林、党日红：第十章；

王竹青：第十一章、第十六章；

黄　晶：第十二章；

赵学云：第十三章；

周应江：第十四章；

付翠英：第十五章。

本书的出版得到了武汉大学出版社特别是武汉大学出版社田红恩同志的大力支持，在此深表谢忱。

编著者

2011 年 8 月